Conoce todo sobre técnicas multivariantes de interdependencia

Casos reales y prácticos de investigación

Conoce todo sobre técnicas multivariantes de interdependencia

Casos reales y prácticos de investigación

Vidal Díaz de Rada

Ra-Ma®

La ley prohíbe
fotocopiar este libro

Editado por:
RA-MA Editorial
Madrid, España
Código para acceder al contenido en línea: 9788499647258

Colección American Book Group - Negocios y Empresa - Volumen 3.
ISBN No. 978-168-165-704-2
Biblioteca del Congreso de los Estados Unidos de América: Número de control 2019935023
www.americanbookgroup.com/publishing.php

Maquetación: Antonio García Tomé
Diseño de portada: Antonio García Tomé
Arte: Rawpixel.com / Freepik

Para Ana

ÍNDICE

INTRODUCCIÓN 11

CAPÍTULO 1. INTRODUCCIÓN AL ANÁLISIS MULTIVARIANTE 15

    1.1   DEFINICIÓN... 15

    1.2   BREVE HISTORIA DE LA DISCIPLINA... 17

    1.3   CLASIFICACIÓN DE TÉCNICAS MULTIVARIANTES.................................. 18

    1.4   UNA PRECISIÓN SOBRE EL CONTENIDO DE LA OBRA 23

**CAPÍTULO 2. PRIMER ACERCAMIENTO A LOS DATOS: ANÁLISIS
EXPLORATORIO** 27

    2.1   INTRODUCCIÓN: OBJETIVOS DE LA TÉCNICA 27

    2.2   EXPLICACIÓN MEDIANTE UN *CASO* PRÁCTICO: EXPLORACIÓN
            UNIVARIANTE 30

            2.2.1   Definición del caso a investigar: "distribución de ingresos de una
                     región"... 30

            2.2.2   Proceso de realización del análisis exploratorio utilizando el
                     programa estadístico SPSS... 32

            2.2.3   Visualización de la distribución: examen gráfico de los datos............... 44

            2.2.4   Comprensión de la distribución utilizando estadísticos univariantes..... 58

            2.2.5   Transformaciones de la distribución 67

    2.3   APLICACIÓN A UN CASO CON DOS VARIABLES: DISTRIBUCIÓN DE
            INGRESOS DE UNA REGIÓN CONSIDERANDO EL TAMAÑO DE LOS
            MUNICIPIOS 71

            2.3.1   Selección de los procedimientos: proceso de realización del análisis
                     exploratorio 71

            2.3.2   Interpretación de resultados.. 74

2.4   EVALUACIÓN DE LOS SUPUESTOS DEL ANÁLISIS
        MULTIVARIANTE 79

2.5   OTRAS TÉCNICAS DE ANÁLISIS PARA CONOCER LA DISTRIBUCIÓN
        DE LOS DATOS 84

CAPÍTULO 3. ANÁLISIS FACTORIAL **89**

3.1   INTRODUCCIÓN: OBJETIVOS DE LA TÉCNICA 89

3.2   TIPOS DE ANÁLISIS FACTORIAL 91
        3.2.1   Análisis de Factores Principales 92
        3.2.2   Análisis de Componentes Principales 92
        3.2.3   Otros tipos 94

3.3   ANÁLISIS FACTORIAL DE COMPONENTES PRINCIPALES.
        EXPLICACIÓN MEDIANTE UN CASO PRÁCTICO 95
        3.3.1   Definición del caso a investigar: "actitud de los consumidores ante
                diversos comportamientos de compra" 96
        3.3.2   Primer análisis de la información 103
        3.3.3   Proceso de realización del análisis factorial con el programa SPSS 107
        3.3.4   Primeros resultados: comprobación del ajuste del modelo 114
        3.3.5   Interpretación de resultados 135
        3.3.6   Puntuaciones factoriales 147
        3.3.7   Ayudas a la interpretación: representaciones gráficas 156

3.4   EJEMPLOS RECIENTES DE INVESTIGACIONES UTILIZANDO EL
        ANÁLISIS FACTORIAL 159

3.5   PROFUNDIZANDO EN LA FORMACIÓN CON CASOS PRÁCTICOS......162
        3.5.1   Caso práctico sencillo: indicadores sociedad del conocimiento 162
        3.5.2   Caso práctico con datos reales: Mentalidad de la sociedad ante las
                drogodependencias 163

CAPÍTULO 4. ANÁLISIS DE CORRESPONDENCIAS **165**

4.1   INTRODUCCIÓN: OBJETIVOS DE LA TÉCNICA 165

4.2   LA LÓGICA DEL ANÁLISIS DE CORRESPONDENCIAS 169

4.3   ANÁLISIS DE CORRESPONDENCIAS SIMPLES, EXPLICACIÓN
        MEDIANTE UN CASO PRÁCTICO 178
        4.3.1   Definición del problema a investigar: "razones más importantes
                para acudir a establecimientos comerciales" 178
        4.3.2   Primer análisis de la información 182
        4.3.3   Proceso de realización del análisis de correspondencias simples con
                SPSS 187
        4.3.4   Interpretación de resultados 198
        4.3.5   Análisis de los componentes gráficos 210
        4.3.6   Otras informaciones complementarias 221

4.4   ANÁLISIS FACTORIAL DE CORRESPONDENCIAS MÚLTIPLES:
      APLICACIÓN A UN ESTUDIO SOBRE CONSUMIDORES.........................224
      4.4.1   Definición del caso a investigar 224
      4.4.2   Primer análisis de la información..225
      4.4.3   Proceso de realización del análisis de correspondencias múltiples
              con el programa estadístico SPSS 230
      4.4.4   Interpretación de resultados..241
4.5   EJEMPLOS RECIENTES DE INVESTIGACIONES UTILIZANDO EL
      ANÁLISIS DE CORRESPONDENCIAS 261
4.6   MEJORANDO LA COMPRENSIÓN CON CASOS PRÁCTICOS.................264
      4.6.1   Caso práctico sencillo: estudio de mercado sobre agua mineral..........265
      4.6.2   Caso práctico con datos reales: "una propuesta de tipologización
              de las comunidades autónomas según sus patrones de gasto" 267

CAPÍTULO 5. ANÁLISIS DE CONGLOMERADOS (CLUSTER) 269
5.1   INTRODUCCIÓN: OBJETIVOS DE LA TÉCNICA 269
5.2   TIPOS DE ANÁLISIS DE CONGLOMERADOS..270
5.3   ANÁLISIS DE CONGLOMERADOS JERÁRQUICO: EXPLICACIÓN
      MEDIANTE UN CASO PRÁCTICO 274
      5.3.1   Definición del caso a investigar: "agrupación de las comunidades
              autónomas considerando la actividad de las salas de proyección
              (cines)" 274
      5.3.2   Primer análisis de la información..276
      5.3.3   Proceso de realización del Análisis de Conglomerados Jerárquico
              con el programa SPSS 286
      5.3.4   Explicación de los resultados obtenidos.......................................296
      5.3.5   Interpretación de la clasificación resultante: características de los
              conglomerados 305
5.4   ANÁLISIS DE CONGLOMERADOS NO JERÁRQUICO APLICADO A LOS
      RESULTADOS DEL ANÁLISIS DE COMPONENTES PRINCIPALES........311
      5.4.1   Definición del caso a investigar 311
      5.4.2   Proceso de realización del Análisis de Conglomerados No
              Jerárquico con el programa SPSS 313
      5.4.3   Análisis de resultados...318
      5.4.4   Validación de la clasificación efectuada.......................................325
      5.4.5   Una tipología del consumidor 331
5.5   EJEMPLOS RECIENTES DE INVESTIGACIONES UTILIZANDO EL
      ANÁLISIS DE CONGLOMERADOS..334
5.6   PROFUNDIZANDO EN LA FORMACIÓN CON CASOS PRÁCTICOS......338
      5.6.1   Caso práctico sencillo: equipamiento hogares españoles....................338
      5.6.2   Caso práctico con datos reales: distribuidor alimentario....................339
5.7   ANEXO: MEDIDAS DE DIFERENCIA Y SIMILITUD 340

ANEXO. DESCRIPCIÓN DEL ARCHIVO DE DATOS UTILIZADOS EN LA EXPLICACIÓN. CASOS PRÁCTICOS 347

GLOSARIO 365

REFERENCIAS BIBLIOGRÁFICAS...371

MATERIAL ADICIONAL..381

ÍNDICE ALFABÉTICO 383

INTRODUCCIÓN

Existe un considerable número de trabajos sobre el funcionamiento de programas de análisis de datos, la mayor parte centrados en la explicación de un variado conjunto de técnicas estadísticas: análisis de varianza, regresión, etc. Este texto tiene un planteamiento diferente en la medida que su objetivo no es la exposición de técnicas de análisis de datos, sino que se centra en cómo llevar a cabo una investigación utilizando determinadas técnicas de análisis. Este "proceso de investigación" requerirá utilizar técnicas de análisis de datos, oportunidad que será "aprovechada" para exponer el uso y la interpretación de cada una de éstas. En síntesis, el punto de partida es un proceso de investigación, que precisa conocer determinadas técnicas, y no las técnicas en sí mismas.

Esto implica un importante cambio vista respecto a otros textos en la medida que el interés se centra en justificar los motivos por los que se utiliza una determinada técnica, y en cómo interpretar los resultados que proporciona. No preocupa la comprensión de fórmulas matemáticas complejas, que además se tratarán de evitar en la medida de lo posible, sino que se profundiza en la utilización de determinadas técnicas de análisis de datos y en la interpretación de los resultados que proporcionan.

En definitiva, tres aspectos diferencian este texto del gran número de libros sobre el tema actualmente publicados. En primer lugar el objetivo fundamental no es explicar una aplicación estadística[1], sino utilizarlo como una "herramienta" para solucionar problemas de investigación. El enorme desarrollo de los paquetes estadísticos, unida a la amplia difusión de ordenadores personales, lleva a centrar la atención en los *criterios de utilización* de las técnicas de análisis de datos y a

---

[1] A lo largo de todo el texto se utilizarán indistintamente los términos "aplicación", "paquete estadístico" y "programa".

la *interpretación de los resultados* proporcionados. Concretamente, el objetivo es comprender la *utilidad* de las diversas técnicas multivariantes (descubrir para que sirven); las *condiciones de utilización* (esto es, cuando emplearlas) y la *interpretación* de los resultados obtenidos (esto es, que información proporcionan).

Más importante, desde el punto de vista del autor, es que la exposición de cada capítulo no comienza con los objetivos de la técnica (multivariante) a tratar, sino con una situación de investigación concreta. Esta situación de investigación precisa –para su resolución– de la utilización de esta técnica. Se adopta, de este modo, el conocido como "método de caso" que busca colocar a los lectores en situaciones reales de investigación, lo que les ayuda a comprender mejor el uso y especificidades de cada técnica. Se busca potenciar al máximo el componente práctico, considerando que la mejor forma de aprender a investigar es investigando, y el uso del "método del caso" emplea situaciones reales de investigación, situaciones a las que un investigador se encuentra todos los días. Planteado un caso/situación de investigación, el texto trata de "llevar de la mano" al lector para que comprenda como se resuelve y se accede a las conclusiones logradas.

Por último, a diferencia de los textos en los que se explican los desarrollos matemáticos de cada técnica, o de aquellos otros donde se presentan sucesivamente las distintas partes de un programa estadístico, este texto se centra en problemas concretos de investigación, y cómo la utilización de un programa concreto permite resolver adecuadamente el objeto central de la investigación.

En el texto se trabajan cuatro técnicas basadas en otros tantos ejemplos: Análisis Exploratorio, Factorial de Componentes, Factorial de Correspondencias y Conglomerados; precedidas de un capítulo sobre Análisis Exploratorio. El análisis exploratorio no es una técnica de análisis multivariante, pero la *exploración* de los datos es paso previo e imprescindible antes de llevar a cabo cualquier análisis multivariante. La estructura del texto está pensada para leer cada capítulo en el orden que se prefiera, aunque antes de aplicar cualquier técnica multivariante el lector deberá conocer todos los aspectos del análisis exploratorio, por lo que el segundo capítulo es el único que debe ser leído antes que cualquier otro.

Por otra parte, pensando en el público al que va destinado, personas con escasos conocimientos y estudiantes en formación, se ha intentado emplear el mínimo aparataje matemático[2], enfocando la exposición en la resolución de "problemas" concretos. Esto es, no se trata de un "discurrir" de técnicas, sino como puede utilizarse cada una para resolver un problema concreto.

---

2   "Cada fórmula matemática divide por dos el número de lectores de la obra", señala J. Sevilla Mo-róder (2005: 17).

Junto con el *caso* utilizado en la explicación se proporcionan otros dos casos prácticos –procedentes de investigaciones reales– para que los lectores practiquen y lleguen a *dominar* cada una de las técnicas. Este *dominio* se logra más fácilmente al constatar que los casos prácticos disponen, además del archivo de datos original, una posible "solución" sobre cómo aplicar la técnica y presentar los resultados.

Ana María ha "sufrido" pacientemente las múltiples versiones previas de este y otros trabajos anteriores, a ella va dedicado.

Terminar deseando que el lector disfrute tanto en su lectura como el autor disfrutó con la escritura.

Pamplona-Iruña, junio de 2017

1

INTRODUCCIÓN AL ANÁLISIS MULTIVARIANTE

1.1 DEFINICIÓN

En numerosas ocasiones la investigación sobre la realidad social se encuentra con fenómenos complejos cuya comprensión precisa considerar una gran cantidad de aspectos, un número elevado de variables. Estos fenómenos no pueden ser analizados con las *clásicas* técnicas univariantes o bivariantes al no permitir la consideración conjunta e integrada de todos los aspectos implicados. Por ello estas situaciones deben ser abordadas mediante técnicas multivariantes, caracterizadas por realizar un análisis conjunto de muchas variables, adoptando así un tratamiento de datos *multidimensional*.

Es recomendable realizar una breve digresión sobre el término utilizado, análisis multivariante, por la presencia en castellano de varias palabras con el mismo significado. Se trata, concretamente, de los términos "análisis multivariable", "análisis multivariante" y "análisis multivariado"; todos ellos derivaciones del término anglosajón "multivariate analysis". Bisquerra (1989) señala su preferencia por el término "multivariable" al estar referido al análisis de más de dos variables, aunque en los trabajos publicados en los últimos años predomina el término "multivariante", de la misma forma que se utilizan más el análisis *univariante* y *bivariante*, en lugar de *univariable* y *bivariable*. En cualquier caso, se trata de términos referidos a un mismo significado, técnicas de análisis de datos que analizan conjuntamente más de dos variables y, por este motivo, este texto utilizará indistintamente los términos multivariante y multivariable.

Esta aclaración terminológica da paso a la definición del término. Una de las primeras definiciones, realizada por Sheth en 1968, considera que el análisis multivariable "incluye los métodos estadísticos que se preocupan por el análisis de las múltiples medidas que se han hecho sobre un cierto número de objetos, formando parte del mismo, en general, cualquier análisis simultáneo de más de dos variables". Unos años más tarde Kendall define el análisis multivariante como "el conjunto de las técnicas estadísticas que analizan simultáneamente más de dos variables en una muestra de observaciones" (Kendall, 1975); definiciones criticadas por Montanero (2008) porque consideración deja fuera el análisis de correspondencias y el análisis de conglomerados (en la medida que la clasificación podría hacerse a partir de una variable). Este experto propone definir el análisis multivariante en función de los procedimientos utilizados, tratando de lograr siempre una reducción de la dimensión inicial de los problemas. Por su parte, uno de los pioneros del análisis multivariante en nuestro país, el profesor Cuadras, lo considera como la "rama de la estadística y del análisis de datos que estudia, analiza, representa e interpreta los datos que resultan de observar más de una variable estadística sobre una muestra de individuos.Las variables observables son homogéneas y correlacionadas, sin que alguna predomine sobre las demás" (Cuadras, 2014).

Una definición más general proporcionan Dillon y Goldstein cuando señalan que puede ser "simplemente definido como la aplicación de métodos que analizan simultáneamente grandes conjuntos de medidas (variables) de un objeto en una o varias muestras" (1984). Para Hair et al. (2009) el análisis multivariante se refiere a todos los métodos estadísticos que analizan simultáneamente medidas múltiples de cada individuo u objeto sometido a investigación..., presentando en un análisis simple aquello que requirió varios análisis utilizando técnicas univariantes.

Aunque otros autores realizan definiciones más restrictivas que limitan el análisis multivariable al análisis de múltiples variables con una distribución normal multivariante, e incluso al análisis de variables aleatorias e intercorrelacionadas que no pueden estudiarse separadamente (Hair et al., 2009), en este trabajo se adopta una definición amplia referida a las técnicas que analizan conjuntamente más de dos variables. La compilación de los términos más comunes en las definiciones anteriores lleva a considerar el análisis multivariable como la parte de la estadística que se ocupa del análisis conjunto de más de dos variables, constituyendo así una extensión del análisis univariable y bivariable.

1.2 BREVE HISTORIA DE LA DISCIPLINA

Las primeras técnicas de análisis multivariable aparecieron a principios del siglo XX, aunque la complejidad de los cálculos limitaron su utilización y propagación. De hecho la difusión del análisis multivariable se ha producido en los últimos 25 años por el gran desarrollo de la informática y los paquetes estadísticos que permiten realizar cálculos complicados en breves espacios de tiempo. Además del progreso de la informática, existen otros factores que han influido decisivamente en el desarrollo del análisis multivariante.

En primer lugar, el gran crecimiento de la *investigación de mercados* y los *estudios de opiniones* en la sociedad americana de mediados de siglo. Este hecho produce un desarrollo del muestreo y de las técnicas de encuesta, que son utilizadas masivamente por las empresas para estudiar los comportamientos de sus clientes.

Un segundo factor está relacionado con las limitaciones del hombre para comprender grandes volúmenes de información, lo que lleva al desarrollo de una herramienta que facilite esta tarea. El análisis multivariable surge como una forma de hacer asimilable al comportamiento humano esta gran cantidad de datos, sintetizando los aspectos más relevantes y perdiendo el mínimo de información posible.

En tercer lugar, la consideración que el mercado es un fenómeno muy complejo por la gran cantidad de factores que intervienen entre las actividades de marketing de las empresas y las respuestas del mercado. La gran complejidad del mercado precisa la utilización de técnicas que consideran esta *multidimensionalidad* de factores, multidimensionalidad que no puede ser captada por las técnicas uni y bivariables. De hecho, el mayor desarrollo de las técnicas multivariantes se han producido en el ámbito de la investigación comercial.

Por último, otro factor que ha contribuido al desarrollo del análisis multivariable ha sido la publicación -en los últimos años- de numerosos libros con una orientación menos matemática y más dirigida a investigadores y usuarios. Dentro de éstos es preciso destacar los volúmenes sobre técnicas multivariantes publicados dentro de la clásica colección *Quantitative Applications in the Social Sciences* de la editorial Sage, y la aparición de una nueva colección dedicada específicamente a las técnicas multivariantes (*Advanced Quantitative Techniques in the Social Sciences*).

1.3 CLASIFICACIÓN DE TÉCNICAS MULTIVARIANTES

Los primeros desarrollos del análisis multivariante tuvieron lugar en el ámbito de la psicología, con los trabajos de Spearman sobre el análisis factorial, aunque ha sido la investigación de opinión y mercado la disciplina donde más se ha utilizado este tipo de análisis. De hecho los primeros intentos de clasificación de las técnicas multivariables se realizan en este ámbito, y fueron publicadas en una revista de este ámbito: *Journal of Marketing*, volumen 35 (Kinnear y Taylor, 1971; Sheth, 1971).

A grandes rasgos existen dos criterios para clasificar las técnicas multivariantes: el primero tiene en cuenta los *objetivos analíticos* de la investigación, considerando el objeto de la investigación y los modelos de hipótesis elaborados, mientras que el segundo tiene en cuenta varios *criterios técnicos* como el número y relación entre las variables. Atendiendo al primer criterio es posible distinguir cuatro tipos de investigaciones: exploratorias, descriptivas, explicativas y predictivas; que a su vez pueden agruparse en dos clases: investigaciones que tratan de *describir* una realidad, e investigaciones cuyo fin es *explicar* esta realidad. Al primer grupo pertenecen las investigaciones exploratorias y descriptivas, y se caracterizan por el empleo de *técnicas multivariantes descriptivas*; mientras que al segundo pertenecen las investigaciones explicativas y predictivas, utilizando técnicas *explicativas*. Veamos en detalle cada una:

1. Las *técnicas descriptivas* realizan un acercamiento a la realidad sin hipótesis elaboradas previamente, buscando nuevos conocimientos mediante la observación de la información recogida. A este grupo pertenecen el análisis factorial exploratorio, el análisis de correspondencias, el escalamiento multidimensional y el análisis de conglomerados.

2. Las *técnicas explicativas* parten de unas hipótesis extraídas de un marco teórico, y la investigación trata de validarlas empíricamente. En este grupo se encuentran los distintos análisis de la varianza y covarianza, regresión múltiple, regresión logística, análisis discriminante, y modelos log-lineales.

El segundo criterio para clasificar las técnicas multivariantes considera una serie de *aspectos técnicos* relativos a la relación entre las variables, criterios utilizados en las primeras clasificaciones publicadas (Kinnear y Taylor, 1971; Sheth, 1971). Sheth realiza una clasificación atendiendo a tres consideraciones:

1. La existencia o ausencia de variables dependientes e independientes. Cuando no puede realizarse esta diferencia se habla de técnicas de interdependencia, mientras que las técnicas de dependencia serán utilizadas cuando existen variables dependientes e independientes.

2. Las técnicas de dependencia pueden dividirse considerando el número de variables dependientes.

3. En tercer lugar se considera la escala de medida de cada variable, diferenciando entre variables cuantitativas (métricas) y cualitativas (no métricas). Dentro de las primeras están las variables de intervalo y razón, y a las segundas pertenecen las variables medidas a nivel nominal y ordinal.

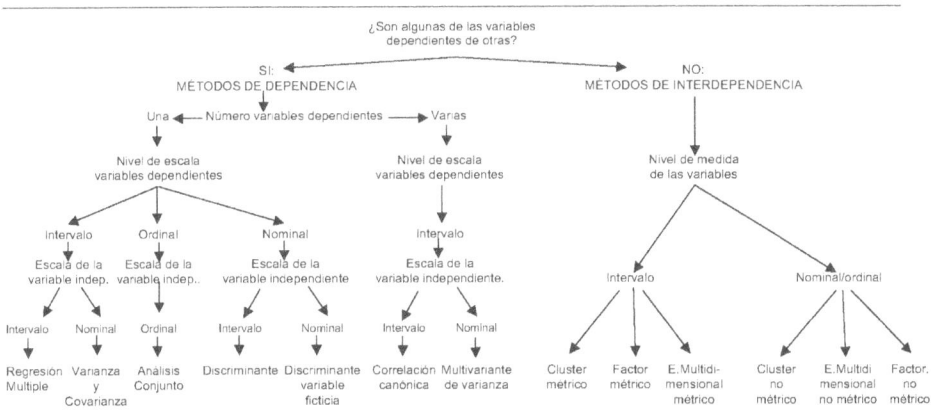

Fuente: Kinnear y Taylor, 1998: 589.

Figura 1.1. Clasificación de las técnicas multivariantes propuesta por Kinnear y Taylor

Esta clasificación es completada por Kinnear y Taylor (1971) al incluir una cuarta consideración, referida al nivel de medición de las variables independientes en las técnicas de dependencia, algo que no fue contemplado por Sheth. La clasificación de Kinnear y Taylor se muestra en l figura 1.1 y, además de mostrar las distintas técnicas multivariantes, puede utilizarse como una "guía de selección" de la técnica a utilizar en cada investigación.

Cuando el objetivo de la investigación plantea relaciones de dependencia la atención se centrará en las técnicas situadas en la parte izquierda del cuadro 1.1, considerando a continuación el número de variables dependientes y su escala de medición (métrica). Estos criterios indicarán con precisión la técnica a utilizar. Así la regresión múltiple, situada más a la izquierda, se emplea para determinar el grado de influencia de un conjunto de variables independientes de intervalo en una variable dependiente de intervalo. En la situación opuesta, el análisis multivariante de la varianza, es utilizado para conocer si existen diferencias significativas entre las varias poblaciones o grupos (definidos por dos o más variables nominales) respecto a un conjunto de variables de intervalo consideradas en conjunto.

En la parte derecha, dedicada a las técnicas de interdependencia, llama la atención la ausencia del Análisis de Correspondencias. La literatura anglosajona no ha prestado mucha atención a este análisis, de origen francés, y por este motivo no aparece en esta y otras clasificaciones realizadas por autores americanos e ingleses. Este hecho explica también su ausencia en algunos de los programas estadísticos más utilizados, y de hecho es una de las técnicas que más tarde se han incorporado al SPSS; concretamente en la versión aparecida en 1990.

Una clasificación sustancialmente distinta presentan Tabachnick y Fidell (2014) al considerar el objetivo principal de la investigación a un nivel más desagregado. Al número de variables dependientes e independientes añaden la existencia de covariables. Las covariables son *variables extrañas*, generalmente relacionadas con el término dependiente, cuya influencia es eliminada en el transcurso de la investigación. Esta influencia puede ser controlada *a priori*, por medio del diseño de investigación, o *a posteriori* mediante la utilización de determinadas técnicas de análisis de datos.

Un cambio sustancial de planteamiento presenta una de las clasificaciones más exhaustivas, como es la propuesta realizada por Tacq en 1997, que clasifica las técnicas multivariantes considerando doce criterios (cuadro 1.1). Los cuatro primeros generan una clasificación similar a las presentadas en páginas anteriores al estar referidos a la presencia de técnicas de dependencia y de interdependencia, el número de variables dependientes, y el nivel de medición de las variables dependientes e independientes. El esquema de Tacq comienza a ser más interesante a partir del quinto criterio, referido a la estructura aditiva o interactiva entre las variables. Los análisis de varianza y covarianza permiten detectar la existencia de *interacción* entre las variables, esto es, que el efecto de una variable independiente (X_1) en la variable dependiente (Y) cambia en cada una las categorías de otra variable (X_2). El sexto criterio considera la existencia de uno o varios pasos jerárquicos para el procedimiento de cálculo; mientras que el séptimo clasifica las técnicas según se centren en el "problema de las variables" (*problem-variable*) o en el "problema de la relación" (*problem-relation*). Las primeras analizan cómo unas variables influyen en otras, mientras que el "problema de la relación" implica considerar las relaciones de causalidad entre las variables, detectando la presencia de relaciones espurias en el modelo.

Los tres criterios siguientes (del ocho al diez) están referidos a la existencia de variables manifiestas o latentes, su número, y la presencia o ausencia de relación entre éstas. A continuación se considera el nivel de medida de las variables en las técnicas de interdependencia (criterio once), y si el objeto de análisis se centra en las variables o en las unidades. La clasificación de las técnicas multivariantes considerando los doce criterios apuntados se muestra en el cuadro 1.1.

CUADRO 1.1
Criterios de clasificación de las técnicas de análisis multivariante

1. Técnicas de dependencia y de interdependencia.

Técnicas de DEPENDENCIA	Técnicas de INTERDEPENDENCIA.
- Regresión múltiple	- Análisis factorial.
- Correlación parcial	- Análisis de conglomerados.
- Análisis de varianza	- Escalamiento multidimensional.
- Análisis de covarianza	- Análisis de la correlación canónica.
- Análisis discriminante	

2. Número de variables dependientes.

UNA dependiente	VARIAS dependientes.
- Regresión múltiple	- Regresión multiple multivariante
- Análisis de varianza	- Análisis múltiple de varianza
- Análisis de covarianza	- Análisis múltiple de covarianza
- Análisis discriminante	- Análisis discriminante múltiple (dos grupos)

3. Nivel de medición de las variables dependientes.

INTERVALO/Razón	NOMINAL	ORDINAL
- Regresión múltiple	- Anál. discriminante.	-Análisis múltiple de tablas de contingencia.
- Correlación parcial		
- Análisis de varianza		
- Análisis de covarianza		

4. Nivel de medición de las variables independientes.

INTERVALO/Razón	NOMINAL	ORDINAL
- Regresión múltiple	- Análisis varianza	- Análisis covarianza
- Correlación parcial		
- Análisis discriminante		

5. Estructura aditiva o interactiva.

Estructura ADITIVA	Estructura INTERACTIVA
- Regresión múltiple	- Regresión multiple multivariante
- Regresión múltiple	- Análisis de varianza
- Correlación parcial	- Análisis covarianza
- Análisis discriminante	- Análisis múltiple de varianza
- Análisis factorial	- Análisis múltiple de covarianza
- Análisis de conglomerados	
- Escalamiento multidimensional.	

6. Uno o varios pasos jerárquicos para el procedimiento de cálculo.

UN PASO JERÁRQUICO	VARIOS pasos JERÁRQUICOS
- Regresión múltiple	- Path análisis
	- LISREL
	- Análisis de la correlación parcial

7. Importancia del "problema de las variables"/"problema de la relación".

Problema de las VARIABLES	Problema de la RELACIÓN
- Regresión múltiple	- Correlación parcial
- Análisis de varianza	
- Análisis de covarianza	
- Análisis discriminante	

8. Presencia de variables manifiestas o latentes.

SIN variables LATENTES.	Técnicas Con variables LATENTES.
- Regresión múltiple	- Análisis factorial
- Análisis de varianza	- Análisis de la correlación canónica
- Análisis de covarianza	- Escalamiento multidimensional
- Análisis discriminante	
- Análisis de correlac. parcial	

9. Número de variables latentes.

SIN variables LATENTES.	UNA variable LATENTE.
- Regresión múltiple	- Escalamiento multidimensional (Gutmman, Mokken y otros)
- Correlación parcial.	
- Path análisis	- Análisis factorial, modelo un factor
- Análisis de varianza	
- Análisis de covarianza	
- Análisis discriminante	

VARIAS variables LATENTES.	GRUPOS de variables LATENTES.
- Análisis factorial	- Correlación canónica
- Esc. Multidimensional	
- LISREL.	
- Análisis factorial de orden superior	

10. Presencia de ortogonalidad en las variables latentes.

Técnicas de análisis con variables latentes:

Variables NO RELACIONADAS	Variables RELACIONADAS
- Análisis componentes principales y otros análisis factoriales (con rotación ortogonal)	- Análisis factorial confirmatorio (LISREL)
- Escalamiento multidimensional	- Análisis factorial exploratorio con rotación oblicua.
- Correlación canónica (entre pares)	- Correlación canónica. (dentro de cada par).

11. Nivel de medida en las técnicas interdependientes.

MÉTRICO:	NO MÉTRICO
- Análisis componentes principales	- Análisis factorial confirmatorio
- Análisis factorial	- Análisis clúster
- Correlación canónica	- Análisis componentes no lineal,
- Escalamiento multidimensional	- Análisis de correspondencias
	- Análisis múltiple de tablas de contingencia.

12. Análisis de variables o unidades.

VARIABLES	AMBOS	UNIDADES
Todas las técnicas menos análisis factorial tipo R	- Correspondencias	- Análisis factorial Q
		- Análisis clúster.

Fuente: Tacq, 1997: 35-55.

La clasificación de Tacq es sumamente interesante, aunque puede ser demasiado complicada para los lectores con escaso conocimiento en la materia. De hecho, el proceso de elección de una técnica multivariante es mucho más sencillo considerando las clasificaciones de de Kinnear-Taylor y Tabachnick-Fidell que siguiendo la presentada por Tacq. Sin embargo, la clasificación de Kinnear y Taylor presenta el problema que olvida la presencia de covariables, mientras que Tabachnick y Fidell no analizan en detalle el nivel de medición de las variables. Tacq, por su parte, presenta una clasificación más complicada que no es recomendable a las personas que se inician en la materia. Estas razones han llevado al autor a elaborar una clasificación de las técnicas multivariantes que, de una forma rápida y cómoda, pueda utilizarse como una "guía de selección" de la técnica a utilizar. Esta clasificación, que se presenta en el cuadro 1.2, está dividida en dos partes atendiendo a la existencia de relaciones de dependencia o interdependencia entre las variables. A continuación, se considera el número de variables dependientes y su nivel de medición, para posteriormente hacer lo propio con las variables independientes. En tercer lugar se atiende a la posibilidad de eliminar la influencia de variables intervinientes, considerando el número de éstas y su nivel de medición. En la columna de la derecha aparece el nombre de cada una de las técnicas.

En la segunda parte del cuadro 1.2 se presentan las técnicas multivariantes de interdependencia, clasificadas según el objetivo de la investigación y la escala de medición de las variables. Se ha indicado que las técnicas de interdependencia se enfrentan a la realidad sin unas hipótesis de trabajo, estudiando la interdependencia entre todos los elementos con el fin de *reducir* el número de éstos para describir de forma clara la información relevante incluida en las observaciones. Esta *reducción* de elementos puede estar referida al número de observaciones (casos) y al número de variables. Comenzando por estas últimas, el análisis factorial realiza una reducción de la complejidad cuando las variables son métricas, buscando la detección de factores latentes. Cuando las variables están medidas a un nivel nominal u ordinal debe utilizarse el análisis de correspondencias.

En ocasiones se dispone de datos referidos a distancias, similaridades o preferencias, que será preciso analizarlos mediante el escalamiento multidimensional. Por último, cuando lo que se desea es agrupar observaciones similares clasificando a los sujetos (o casos) en grupos homogéneos se utilizará el análisis de conglomerados (cluster), también conocido como análisis tipológico o análisis de clasificación.

1.4 UNA PRECISIÓN SOBRE EL CONTENIDO DE LA OBRA

Aunque en un primer momento la intención era realizar un trabajo sobre todas las técnicas multivariantes, la complejidad de algunas –unida a limitaciones de espacio– ha recomendado modificar el objeto de estudio, *reduciendo la amplitud* temática con el fin de *ganar en profundidad*. Es decir, se prima una explicación exhaustiva de una técnica frente al deseo de analizar someramente todas ellas. Este hecho obliga a elegir una serie de técnicas, optando por las técnicas de interdependencia puesto que han recibido menos atención en la bibliografía. Además, estas técnicas están más libres de supuestos restrictivos, lo que les confiere una mayor utilización.

De modo que el presente libro se ocupa de las técnicas de interdependencia presentadas en la segunda parte del cuadro 1.2, a excepción del escalamiento multidimensional, puesto que el gran desarrollo experimentado en los últimos años ha generado una gran cantidad de métodos imposibles de resumir en unas pocas páginas.

Todos los capítulos siguen la misma estructura: comienzan con una introducción donde se describe la técnica, para proceder con su explicación utilizando un caso práctico basado en una explicación con datos reales, datos procedentes de investigaciones realizadas. Ya con los datos del caso elegido, se produce una exposición dividida en cuatro apartados: en primer lugar se lleva a cabo una definición del objeto de estudio, posteriormente el proceso de realización de una determina técnica con el programa estadístico SPSS, y una tercera dedicada a la interpretación de los resultados y, cuando proceda, una mejora en el ajuste del modelo. Finalizado el caso, posteriormente se lleva a cabo una relación de investigaciones recientes utilizando esa mis técnica, concluyendo con dos prácticas utilizando datos reales.

Por último, es importante recordar al lector que el objetivo de este trabajo es realizar un acercamiento a diversas técnicas de análisis multivariante, realizando una explicación "intuitiva" de cada técnica centrados más en las características de la técnica (*para qué sirve*) y en las condiciones de utilización (*cuándo utilizarla*), que en las condiciones matemáticas y en sus complicados procesos de cálculo. La proliferación en el uso de paquetes estadísticos para ordenadores personales nos ha llevado a realizar las operaciones utilizando un programa estadístico determinado, el SPSS para Windows, centrando nuestra atención en la interpretación de resultados a partir de los listados que proporciona el ordenador. A los interesados en el desarrollo matemático de cada técnica aconsejamos la lectura de las referencias bibliográficas presentadas al final del libro.

CUADRO 1.2
Una clasificación de las técnicas multivariantes

Técnicas de dependencia:

Variables dependientes		Variables Independientes		Influencia espuria		Nombre de la técnica
Escala	Número	Escala	Número	Escala	Número	
Cuantitativa	Una	Cualitativa	Una	Ninguna		A. VARIANZA un factor Dif de medias (t-test)
Cuantitativa	Una	Cualitativa	Varias	Ninguna		A. VARIANZA varios factores
Cuantitativa	Una	Cualitativa	Varias	Cuantitativa	Varias	A. COVARIANZA ("a posteriori")
Cuantitativa	Una	Cualitativa	Varias	Cualitativa	Una	A. COVARIANZA ("a priori")
Cuantitativa	Varias	Cualitativa	Una	Ninguna		A. MÚLTIPLE VARIANZA un factor
Cuantitativa	Varias	Cualitativa	Varias	Ninguna		A. MÚLTIPLE VARIANZA varios f.
Cuantitativa	Varias	Cualitativa	Varias	Cuantitativa	Varias	A. MÚLTIPLE COVARIANZA
Cuantitativa	Una	Cuantitativa	Una	Ninguna		CORRELACIÓN (LINEAL)
Cuantitativa	Una	Cuantitativa	Una	Cuantitativa	Una	CORRELACIÓN PARCIAL
Cuantitativa	Una	Cuantitativa	Varias	Ninguna		REGRESIÓN (LINEAL) MÚLTIPLE
Cualitativa	Una	Cuali/Cuanti	Varias	Ninguna		REGRESIÓN LOGÍSTICA
Cualitativa	Una	Cuantitativa	Varias	Ninguna		A. DISCRIMINANTE
Cualitativa	Una	Cualitativa	Una	Cualitativa	Varias	NEUTRALIZACIÓN VARIABLES.
Cualitativa	Una	Cualitativa	Varias	Ninguna		SEGMENTAC. JERÁRQUICA (CHAID)
Cuantitativa	Una	Cuali/Cuanti	Varias	Ninguna		SEGMENTAC. JERÁRQUICA (AID)

Técnicas de interdependencia:

Objetivo	Escala variables utilizadas	Nombre
Clasificación variables (reducción complejidad)	Cuantitativa	A. FACTORIAL (Clásico)
Clasificación variables (reducción complejidad)	Cualitativa	CORRESP. SIMPLES
Clasificación variables (reducción complejidad)	Cualitativa	CORRESP. MÚLTIPLES
Representar similitudes y preferencias	Cuanti/Cuali	ESCALAM. MÚLTIDIMENSIONAL
Clasificación en grupos	Cuanti/Cuali	CONGLOMERADOS o TIPOLOGÍA

Fuente: basado en Tabachnick y Fidell, 2014: 61-63

.

2

PRIMER ACERCAMIENTO A LOS DATOS: ANÁLISIS EXPLORATORIO

2.1 INTRODUCCIÓN: OBJETIVOS DE LA TÉCNICA

Todo análisis de datos comienza con un estudio detallado de la información recogida; premisa que debe seguirse SIEMPRE, con independencia de las técnicas a utilizar y de su nivel de complejidad. Hay que tener en cuenta que los datos, desde que fueron recogidos hasta que son analizados, experimentan una serie de procesos que escapan –en su mayor parte– del control del investigador. La información obtenida tiene su origen en la respuesta a un cuestionario –o es el resultado de un experimento– realizado por alguien que, en ese momento, podría estar cansado y que no prestó una gran atención a su trabajo. La respuesta a un cuestionario se pudo realizar rápidamente, por una persona que tenía mucha prisa y que no pensó lo suficiente sobre el contenido de las preguntas.

Además esta información pudo ser anotada rápidamente, en un cuaderno de notas utilizando –en ocasiones– abreviaturas y/o notaciones simbólicas propias del "recolector" de la información. La mayor parte de las veces la información no es codificada en el momento que se recoge sino tiempo después, lo que dificulta aún más la comprensión de las anotaciones realizadas. Pasado un tiempo se procede a codificar esta información, para ser colocada en una determinada posición dentro de un fichero de datos. Tras la introducción de datos es preciso definir su localización y denominar los valores perdidos.

En todo este proceso se han podido producir varios errores, y de ahí la importancia de comenzar la investigación con una exploración de la información recogida. Algunos errores son fácilmente localizables, por ejemplo la utilización de un valor inválido, la visualización del valor 684 en la variable edad, el olvido en definir un valor como perdido, etc.; mientras que otros son difíciles –o imposibles– de detectar, como el hecho de escribir la edad 65 en vez de 56.

Esta *exploración* ilustrará también al investigador de determinadas características de sus datos, como por ejemplo la ausencia de determinados valores dentro de la distribución, lo que le llevará a preguntarse por las razones de esta situación. Supóngase una variable sobre la distribución de ingresos de un colectivo donde no aparecen los ingresos entre 10.000 y 12.000 Euros. ¿Será porque nadie tiene tales ingresos?, ¿o se trata de un problema de selección muestral? Sea lo que fuera, el análisis exploratorio ha alertado al investigador de un fenómeno extraño en la información recogida, al que deberá buscar una explicación antes de proceder con el proceso de interpretación de los datos. En esta misma exploración puede detectar que en esa variable aparecen tres personas con unos ingresos que cuadriplican el ingreso medio, lo que le llevará a preguntarse por las razones de esta situación.

Todas estas situaciones justifican que la investigación comience con un examen detallado de los datos con el fin de evitar que los errores "contaminen" la información recogida (Alvira, 2011). Este primer análisis de los datos adquiere una gran importancia a partir de la publicación del clásico libro *Exploratory Data Analysis* de Tukey (1977). Tukey desarrolla nuevas técnicas gráficas y analíticas con el fin de conseguir un conocimiento previo de los datos, siempre desde una perspectiva exploratoria, propugnando un cambio de actitud y un nuevo enfoque metodológico ante el análisis de la información (Ferrer et al., 1992). Freixá et al. (1992) y Escobar (1999) señalan las cinco características esenciales del *Análisis Exploratorio de Datos*:

1. Potenciación de técnicas gráficas. Enorme importancia concedida a la representación gráfica de las variables, considerando que observar el gráfico de la distribución proporciona una información excelente para conocer la distribución de las puntuaciones obtenidas por los objetos analizados.

2. Atención al análisis de residuales, a las diferencias entre los datos reales y el ajuste del modelo. Esto implica una concepción inductiva de la estadística basada en la distinción entre el ajuste y el residuo que no considera al residual como un error, sino más bien como un indicador del proceso de datos "escondido" tras los patrones específicos. Como señala Escobar, "el análisis exploratorio intenta buscar el mejor ajuste a los datos a través de pruebas iterativas con el fin de reducir los residuos al mínimo" (1999: 8).

3. Utiliza transformaciones de los datos con el objetivo de conseguir modelos más ajustados.

4. Énfasis puesto en la resistencia de los estadísticos, definida como la propiedad de algunos estadísticos que les hace insensibles a la presencia de datos alejados de la mayoría de los valores de la distribución. Un estadístico resistente mostrará pocas variaciones cuando un pequeño número de los valores originales sean sustituidos por valores diferentes. Las medidas que cumplen esta propiedad conceden gran importancia a la parte central de la distribución, y poca a los puntos más alejados.

5. La característica anterior produce un importante cambio en las pautas de utilización de los estadísticos "clásicos", propugnando la utilización de estadísticos *robustos*, esto es, estadísticos poco sensibles a desviaciones de los supuestos de los modelos probabilísticos (Freixá et al., 1992). Mientras la estadística tradicional destacaba por su elevada utilización de la media aritmética y la varianza, el análisis exploratorio destaca por el empleo creciente de la mediana y la amplitud intercuartílica, más resistentes a la presencia de casos extremos.

Frente al análisis estadístico tradicional, que supone un modelo determinado de realidad y a esta se adaptan los datos en un intento confirmatorio y de contrastación, el análisis exploratorio –a juicio de Francisca Blanco Moreno (2015)– parte de un conocimiento profundo de los datos para, trabajando inductivamente, llegar a un modelo ajustado a los datos. Es decir, no se trata de que los modelos generen datos, sino más bien de utilizar estos datos para generar modelos. Esto implica, a juicio de Blanco Moreno (2015), seguir un proceso dividido en dos etapas.

1. En primer lugar se realiza un análisis detallado de las variables incluidas en la matriz de datos, estudiando gráficamente la forma de cada distribución.

2. El conocimiento de las variables da paso a la transformación de éstas.

En la primera etapa se ha podido detectar la presencia de valores extremos, distribuciones asimétricas, varianzas desiguales, etc. características que dificultan la utilización de determinadas técnicas de análisis de datos. En la segunda etapa se llevan a cabo determinadas transformaciones de las variables con el fin de hacerlas simétricas, que se aproximen a la curva normal, etc.

Las técnicas exploratorias, al ser menos restrictivas en sus condiciones de aplicación, constituyen una alternativa importante a las técnicas estadísticas más clásicas. Sin embargo, en la mayor parte de las ocasiones la investigación precisa de la utilización conjunta de técnicas exploratorias y confirmatorias. Las primeras ayudarán a comprobar las condiciones de aplicación de las pruebas de hipótesis, detectando errores y valores anómalos, proponiendo transformaciones de los datos, etc. Éstas indicarán al investigador las transformaciones a realizar para que los datos se distribuyan normalmente, o para que las varianzas de los grupos sean similares, e incluso aconsejarán la utilización de técnicas no paramétricas. En definitiva, las técnicas exploratorias "preparan el camino" para la correcta aplicación de las técnicas confirmatorias.

2.2 EXPLICACIÓN MEDIANTE UN *CASO* PRÁCTICO: EXPLORACIÓN UNIVARIANTE

Es importante precisar que todas los técnicas de análisis de datos serán explicadas utilizando ejemplos reales con el objetivo de colocar al lector en "situaciones reales de investigación". Además, la utilización de ejemplos reales contribuye también a hacer más fácil las explicaciones sobre las condiciones de utilización de cada una.

El análisis exploratorio tiene así un papel trascendental en el análisis multivariante al proporcionar un primer conocimiento de los resultados obtenidos, por lo que este análisis se utiliza –la mayor parte de las veces– complementando a otras técnicas más complejas. Los investigadores deben conocer la distribución de las variables y la presencia de casos ausentes antes de someterlas a un *análisis factorial*, el *análisis de correspondencias* requiere prestar una gran atención a las categorías con pocos sujetos, etc.

2.2.1 Definición del caso a investigar: "distribución de ingresos de una región"

De lo expuesto en el párrafo anterior se desprende que todos los procedimientos presentados en este libro precisarán –en sus primeras etapas– de un análisis exploratorio para realizar el primer acercamiento a los datos. Se explicará el análisis exploratorio con un ejemplo sobre la distribución de ingresos en una Comunidad Autónoma, por ejemplo Navarra, sin perjuicio que a lo largo del libro se vuelva a emplear el análisis exploratorio como un paso previo a la utilización de técnicas más complejas.

Unos inversores desean conocer el nivel de renta de una Comunidad Autónoma a fin de decidir sobre la conveniencia de construir una serie de equipamientos comerciales. Algunas instituciones conocen –a través de diversos documentos– la renta de todas las personas que residen en esta área, y se les solicita la distribución de esta información. Diversos problemas impiden la difusión de esos datos, con lo cual los promotores solicitan a un equipo de investigación que estimen la renta de las personas que residen en esta Comunidad Autónoma, en la medida que coincide con la previsible área de influencia de los nuevos equipamientos comerciales. Para conseguir este objetivo se diseña una muestra de 1.200 personas mayores de 18 años, estratificada por sexos y grupos de edad.

(Aunque el objetivo central de la investigación es conocer el nivel de renta del hogar variable ING), por diversos motivos se ha considerado conveniente recoger también el número de miembros del hogar y el lugar de residencia del entrevistado, diferenciando entre un hábitat rural (municipios menores de 5.001 habitantes), semirrural (municipios entre 5.001 y 10.000 habitantes), semiurbano (municipios mayores de 10.000 habitantes), y urbano (capital de la comunidad autónoma, 180.000 habitantes). De modo que tras la recogida de información se elabora una matriz de datos donde quedan recogidos la renta media anual neta por persona, número de miembros de la familia, y lugar de residencia del entrevistado. Para facilitar análisis posteriores se añade también el número de cuestionario.

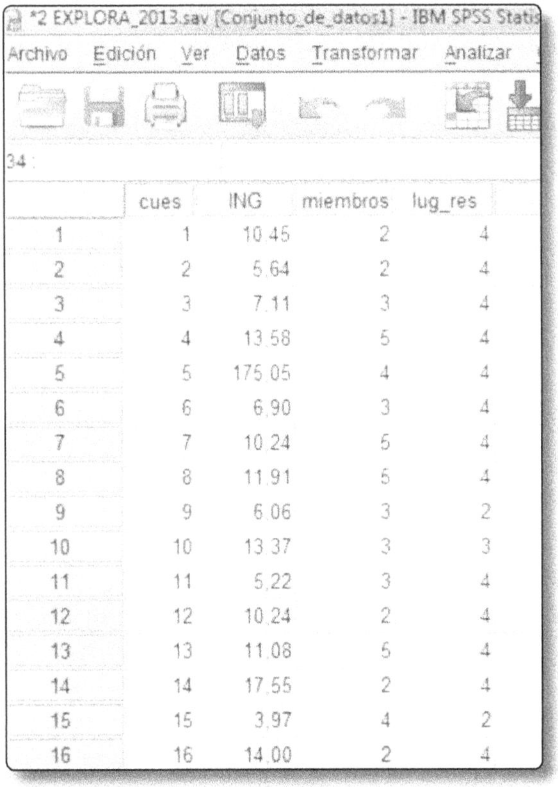

	cues	ING	miembros	lug_res
1	1	10.45	2	4
2	2	5.64	2	4
3	3	7.11	3	4
4	4	13.58	5	4
5	5	175.05	4	4
6	6	6.90	3	4
7	7	10.24	5	4
8	8	11.91	5	4
9	9	6.06	3	2
10	10	13.37	3	3
11	11	5.22	3	4
12	12	10.24	2	4
13	13	11.08	5	4
14	14	17.55	2	4
15	15	3.97	4	2
16	16	14.00	2	4

Figura 2.1. Editor de datos de SPSS

La información de los 16 primeros entrevistados se muestran en la figura 2.1; la variable CUES recoge el número de cuestionario, ING la renta media anual (neta) por persona (en miles de Euros), MIEMBROS el número de miembros del hogar, y LUG_RES el tamaño del municipio donde reside el entrevistado. En esta última variable el valor 1 corresponde a un hábitat rural menor de 5.000 habitantes, el valor 2 a municipios entre 5.001 y 10.000 habitantes, el 3 a municipios mayores de 10.001 habitantes, y el 4 a la capital de la comunidad autónoma. El análisis de cada una de las líneas del editor de datos indican los rasgos de cada entrevistado. Así el entrevistado número 1 vive en un hogar formado por dos personas con unos ingresos per cápita de 10,45 mil Euros y que reside en la capital de la provincia; mientras que en el 9 los tres residentes presentan tiene una renta de 6,06 mil Euros cada uno, y viven en un municipio entre 5.000 y 10.000 habitantes.

La simplicidad de este ejemplo, el más sencillo de todos los utilizados en el libro, tiene la doble tarea de iniciar el proceso de trabajo con SPSS e introducir suavemente al lector en un tema relativamente complejo como es el análisis multivariante.

2.2.2 Proceso de realización del análisis exploratorio utilizando el programa estadístico SPSS

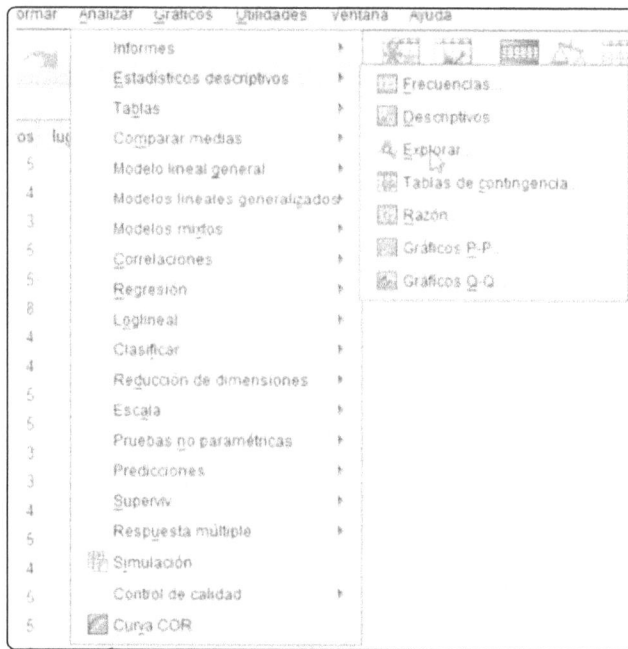

Figura 2.2. Funciones y subfunciones de SPSS: Analizar→Estadísticos descriptivos /Explorar...

Pulsando el menú *Analizar, Estadísticos Descriptivos* y *Explorar*[3] (figura 2.2) surge el cuadro de diálogo de la figura 2.3 que muestra, en la ventana de la izquierda, todas las variables del fichero de datos, en este caso el "número de cuestionario" (CUES), el "nivel de ingresos" (ING), el "lugar de residencia" (LUG_RES), y el "número de miembros del hogar" (MIEMBROS). En la parte derecha aparecen varias ventanas donde deberán colocarse las variables seleccionadas para el análisis.

La exposición comienza considerando inicialmente la ventaja superior, encabezada con el rótulo *Dependientes*, para analizar más adelante el resto de ventanas. Para incluir una variable en el área derecha hay que seleccionarla con el ratón y posteriormente pulsar el *botón-flecha* situado entre ambas ventanas; en este caso el botón superior. Señalar también que es posible seleccionar una o varias variables *factor* cuyos valores definirán los casos de la variable dependiente (ventana central), así como utilizar una variable para *Etiquetar los casos* (ventana inferior). Estas ventanas se explicarán con detalle en el apartado 3.

Analizar→Estadísticos descriptivos→Explorar...

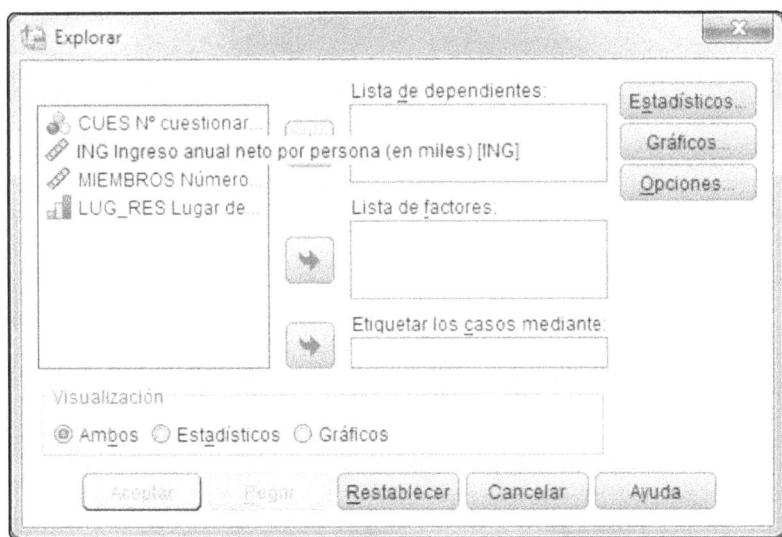

Figura 2.3. Cuadro de diálogo Explorar

En la figura 2.4 puede observarse que la variable ING ha pasado a la ventana de la derecha, y que el botón situado entre las ventajas ha cambiado el sentido de la

---

3   A lo largo de todo el texto las instrucciones del programa se reproducirán en cursiva. El nombre de las variables, para diferenciarse del texto aparecerán entrecomilladas.

flecha. En la figura 2.3 la *flecha* apuntaba hacia la derecha, mientras que en la figura 2.4 apunta hacia la izquierda. Si se hubiera cometido un error en la selección de la variable, o si el investigador deseara explorar otra variable, pulsando el *botón-flecha* situado en el centro la variable ING volvería a la ventana de la izquierda.

Cuando el investigador desea eliminar toda la selección de las variables debe pulsar el botón *Restablecer*, que despeja totalmente el área de variables seleccionadas (ventana derecha), volviendo a la situación de partida mostrada en la figura 2.3. Además del botón *Restablecer* es necesario recordar –en esta explicación introductoria– el resto de botones situados en la parte inferior de la figura 2.4, y que se repiten en todos los cuadros de diálogo del SPSS: *Cancelar* cierra el cuadro de diálogo y *Ayuda* presenta una explicación resumida de cómo debe procederse con esta técnica.

Analizar→Estadísticos descriptivos→Explorar…

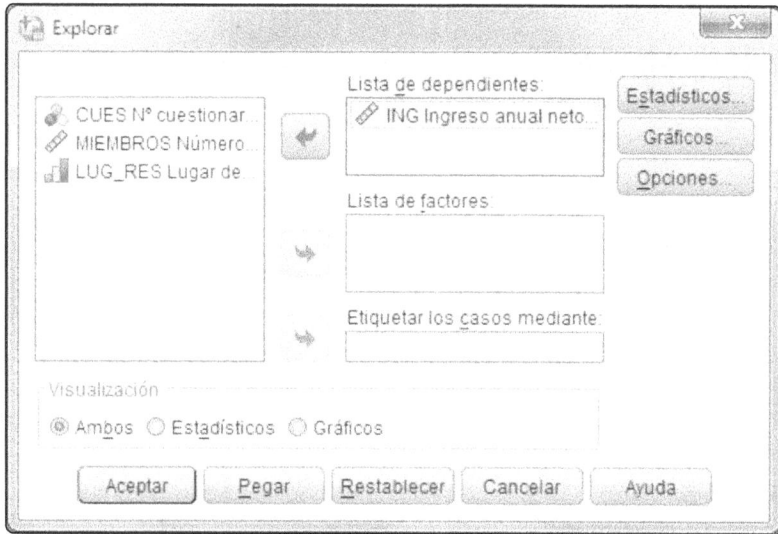

Figura 2.4. Cuadro de diálogo Explorar seleccionada la variable ING

Del resto de botones, *Aceptar* realiza la ejecución de las órdenes realizadas; mientras que *Pegar* presenta los *comandos de sintaxis* en una nueva ventana denominada *editor de sintaxis*. Más adelante (figura 2.9) se explicará en detalle las ventajas e inconvenientes de trabajar con los comandos de sintaxis. Si se comparan las figuras 2.3 y 2.4 puede comprobarse que en la primera los botones *Aceptar* y *Pegar* aparecen con una tonalidad más clara, que indica que están desactivados. Cuando se incluye alguna variable en la ventana de la derecha la tonalidad de estos botones cambia, ver figura 2.4, indicando que es posible llevar a cabo el análisis exploratorio.

Si bien los botones inferiores son comunes a todos los procedimientos del programa, los situados en la parte superior derecha del cuadro de diálogo son específicos del procedimiento *Explorar*. El botón *Estadísticos* da paso al cuadro de diálogo mostrado en la figura 2.5, que dispone de cinco opciones:

Analizar→Estadísticos descriptivos→Explorar… Botón *Estadísticos*

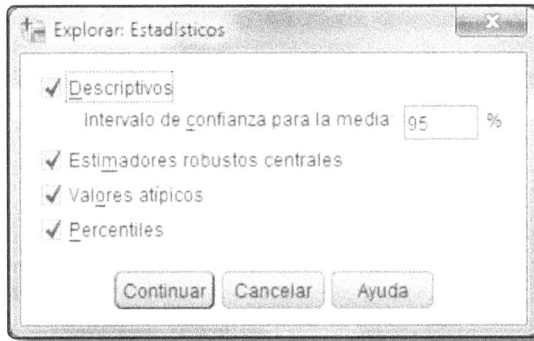

Figura 2.5. Cuadro de diálogo Explorar: Estadísticos

▼ *Descriptivos*: estadísticos descriptivos, divididos en tres grupos atendiendo al ámbito de referencia:

- Medidas de localización y tendencia central: media, mediana, media recortada al 5%. Intervalo de confianza para la media, que por defecto se calcula con un nivel de confianza del 95%.

- Medidas de dispersión o variabilidad: errores típicos, varianza, desviación típica, mínimo, máximo, rango (amplitud), y amplitud intercuartílica.

- Medidas de forma de la distribución: asimetría y curtosis, con sus correspondientes errores típicos.

▼ *Estimadores robustos centrales*: alternativas robustas a la mediana y a la media para estimar el centro de la localización. Estimador *M de Huber*, estimador en *onda de Andrews*, estimador *M redescendente de Hampel*, y estimador *bioponderado de Tukey*.

▼ *Valores atípicos*: muestra los cinco valores mayores y menores, acompañados del número de caso donde se encuentran.

▼ *Percentiles*: muestra los valores en los que aparecen situados los percentiles 5, 10, 25, 50, 75, 90 y 95.

Una vez seleccionados los estadísticos necesarios, en este caso todos los disponibles, el botón *Continuar* permite volver al cuadro principal del procedimiento Explorar (figura 2.4). Pulsando *Cancelar* se vuelve al menú principal cancelando la selección efectuada, de modo que el programa tan sólo mostrará los estadísticos preseleccionados por defecto.

El botón *Gráficos* permite representar gráficamente las distribuciones de las variables, uno de los aspectos más interesantes del análisis exploratorio. El programa dispone de cuatro tipos de gráficos (figura 2.6):

Analizar→Estadísticos descriptivos→Explorar… Botón Gráficos

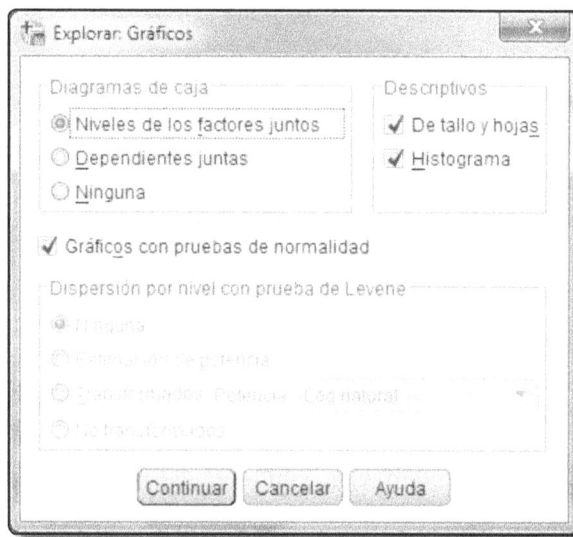

Figura 2.6. Cuadro de diálogo Explorar: Gráficos

▼ *Diagramas de caja*: gráficos de caja, muy interesantes para el estudio de las colas (los extremos) de la distribución. Cuando se trabaja con varias variables dependientes es posible elegir tres formas de representación:

- Niveles de los factores juntos: realiza una presentación para cada variable dependiente, generando tantos gráficos como variables dependientes.

- Dependientes juntas: representa todas las variables en un mismo gráfico. Esta opción se utiliza cuando las variables representan una misma característica medida en momentos distintos. En este ejemplo se ha utilizado únicamente una variable dependiente, de modo que los resultados serán los mismos al solicitar una u otra opción.

- Ninguno: suprime los gráficos de caja.

▼ Gráficos *descriptivos de tallo y hojas* e *histogramas*, de gran interés para el análisis del centro de la distribución.

▼ *Gráficos con pruebas de normalidad*: presenta los diagramas de probabilidad normal y de probabilidad sin tendencias. Para contrastar la normalidad con más precisión el programa realiza el test de Kolmogorov-Smirnov con el nivel de significación de Lilliefors, o el test de Shapiro-Wilk, muy interesante cuando la muestra tiene menos de 50 observaciones.

Analizar→Estadísticos descriptivos→Explorar… Botón *Gráficos*

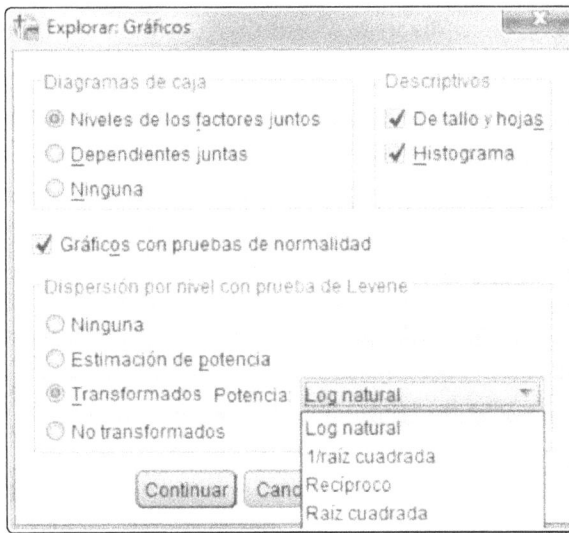

Figura 2.7. Cuadro de diálogo Explorar: Gráficos, transformaciones de potencia.

▼ Gráficos de *dispersión por nivel con pruebas de Levene*, disponible únicamente cuando se selecciona una variable factor en la ventana central de la figura 2.4 (rotulado con el nombre *Factores*), y utilizado para controlar la transformación de los datos para los gráficos de dispersión por nivel. En cada gráfico se muestra la pendiente de la recta de regresión, la estimación de potencia, así como las pruebas de Levene de igualdad de varianzas. Cuando se selecciona una transformación, las pruebas de Levene consideran los datos transformados. Los gráficos de dispersión presentan cuatro opciones:

• *Ninguno*: no presenta ningún gráfico (opción preseleccionada por defecto).

- *Estimación de potencia* produce un gráfico de dispersión donde se comparan, para cada grupo, el logaritmo natural de las medianas casillas (en el eje de abscisas) con el logaritmo natural de las amplitudes intercuartílicas (eje de ordenadas), junto con una estimación de la transformación de potencia necesaria para conseguir varianzas iguales.

- *No transformados* genera gráficos de los datos brutos (equivalente a una transformación con una potencia de 1).

- *Transformados* permite seleccionar una de las transformaciones de potencia, generando gráficos de los datos transformados. Cuando se marca esta opción el botón *Potencia* cambia de color, permitiendo llevar a cabo diversas transformaciones de los datos al seleccionar cada una de las potencias disponibles (figura 2.7):

  - *Log natural*: sustituye cada valor de los datos por su logaritmo natural. Opción por defecto.

  - *Recíproco*: proporciona el inverso de cada valor.

  - *Raíz cuadrada*: sustituye el valor de cada observación por su raíz cuadrada.

  - *1/raíz cuadrada*: para cada valor de los datos se calcula el inverso de la raíz cuadrada.

  - *Cuadrado*: sustituye el valor de cada observación por su cuadrado.

  - *Cubo*: sustituye el valor de cada observación por el cubo.

De la figura 2.7 se seleccionan todos los gráficos disponibles: el diagrama de caja, los descriptivos y los gráficos con pruebas de normalidad. En este primer ejemplo no se ha seleccionado ninguna variable factor, de modo que no es posible solicitar el gráfico de dispersión. Tras pulsar el botón *Continuar* se accede al menú principal.

El tercero de los botones disponibles dentro del menú principal (figura 2.4), denominado *Opciones*, está dedicado al tratamiento de los valores perdidos (figura 2.8); permitiendo trabajar con los sujetos que tienen valores válidos para cada par de variables (*Excluir casos según pareja*), o incluir únicamente aquellos que disponen de valores válidos para todas las variables analizadas (*Excluir casos según lista*). Esta última opción –seleccionada por defecto– es más restrictiva al eliminar del análisis *todas* las unidades que tengan –al menos– un valor perdido en cualquiera de las variables consideradas. Existe una tercera opción que, en vez de eliminar los valores perdidos, los considera como una categoría diferente (opción *Mostrar los valores*). En este momento se deja la opción por defecto, *Excluir datos según lista*, aunque más adelante se expondrá con detalle los efectos generados al optar por una u otra opción.

Analizar→Estadísticos descriptivos→Explorar… Botón *Opciones*

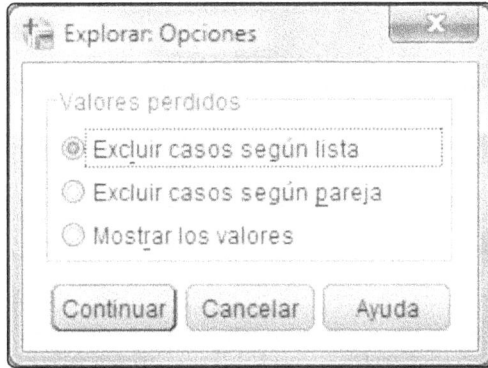

Figura 2.8. Cuadro de diálogo Explorar: Opciones

Pulsando *Continuar* se vuelve al menú principal (figura 2.4), de modo que tan sólo resta dedicar unas palabras a las opciones situadas en la parte inferior izquierda, que indican al programa que muestre los estadísticos, los gráficos, o ambos, que es la opción por defecto. Por último, basta con pulsar el botón *Aceptar* para llevar a cabo el análisis con las opciones solicitadas, aunque en lugar de proceder con éste, se optará por marcar el botón *Pegar* que abrirá una nueva ventana donde se muestran los comandos de sintaxis (figura 2.9). Los comandos de sintaxis son un conjunto de instrucciones que ordenan al programa las operaciones y cálculos solicitados.

Los lectores conocedores de las versiones de SPSS para MS-DOS reconocerán rápidamente esta forma de proceder, de modo que se llevará a cabo una pequeña explicación de cada una de las instrucciones que ahí se exponen, esperando no asustar a los usuarios de las versiones en Windows. Las instrucciones comienzan con la palabra *Examine*, que es el nombre del comando que el SPSS utiliza para llevar a cabo un análisis exploratorio de datos y, a continuación, se indican las variables incluidas en el análisis. En la línea 3 (considerando la numeración de la izquierda) se muestran los gráficos solicitados, concretamente el gráfico de caja (*boxplot*), tallo y hojas (*stemleaf*), histograma (*histogram*) y los gráficos con las pruebas de normalidad (*npplot*).

La línea 4 está referida a las formas de representación del gráfico de caja cuando se trabaja con varias variables dependientes. Unas páginas más atrás se ha explicado que es posible realizar una presentación distinta para cada variable dependiente, o bien representar todas las variables en un mismo gráfico. La primera opción se solicita con la instrucción */compare groups*, que es la opción preseleccionada por defecto, y la segunda con */compare variables*.

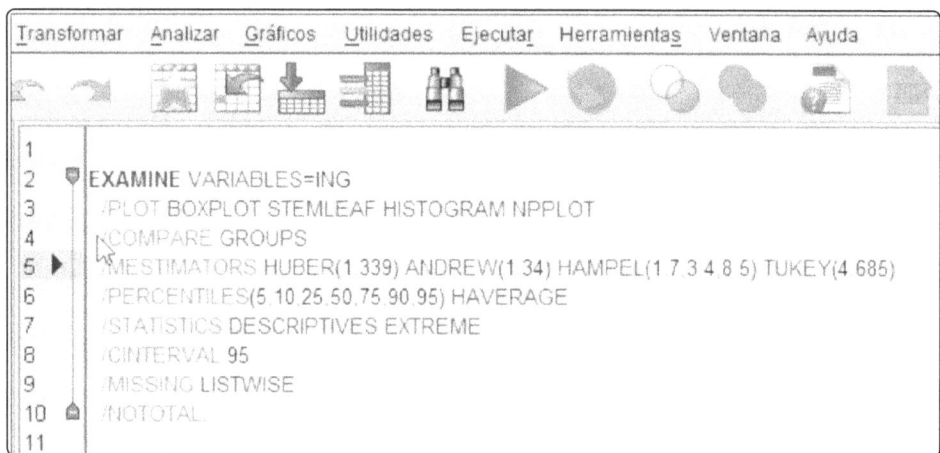

Figura 2.9. Editor de sintaxis: Análisis exploratorio

En las siguientes líneas aparecen los mandatos especificados por el cuadro de diálogo *Estadísticos* mostrado en la figura 2.5. Así, en la quinta, se solicitan los estimadores robustos centrales, en la sexta los percentiles, y en la siguiente los estadísticos descriptivos, los valores atípicos, y el intervalo de confianza para la media con un nivel de significación del 5%. Las dos últimas líneas indican el tratamiento de los valores perdidos, excluir casos según lista, y los resultados proporcionados cuando se incluye una variable factor en el modelo. La palabra TOTAL indica que el programa mostrará los estadísticos y gráficos de la variable dependiente, junto con los estadísticos y gráficos de esta variable en cada una de las categorías de la variable factor. La opción NOTOTAL, que aparece preseleccionada por defecto, muestra únicamente los resultados de la variable dependiente en cada una de las categorías de la variable factor. En este ejemplo, con una única variable, colocar una u otra opción no presenta ninguna variación en los resultados. Por último, todas las instrucciones de SPSS terminan con un punto.

Las instrucciones del lenguaje de sintaxis están disponibles en el menú de ayuda de SPSS, y su acceso es muy rápido y sencillo. Situados en cualquier parte de la instrucción mostrada en la figura 2.9, basta con pulsar el botón 🖳 de la barra de herramientas (penúltimo botón en la figura 2.9, situado bajo la función *Ayuda*) para que el programa presente todos los comandos y subcomandos del procedimiento que está siendo utilizado (figura 2.10).

EXAMINE

```
EXAMINE is available in the Statistics Base option.

EXAMINE VARIABLES=varlist [[BY varlist] [varname BY varname]]

  [/COMPARE={GROUPS** }]
           {VARIABLES}

  [/{TOTAL**}]
    {NOTOTAL}

  [/ID={case number**}]
       {varname     }

  [/PERCENTILES [[({5,10,25,50,75,90,95})=[{HAVERAGE   }] [NONE]]
                    {value list          }  {WAVERAGE  }
                                            {ROUND     }
                                            {AEMPIRICAL}
                                            {EMPIRICAL }

  [/PLOT=[STEMLEAF**] [BOXPLOT**] [NPPLOT] [SPREADLEVEL(n)] [HISTOGRAM]]

          [{ALL  }]
           {NONE}

  [/STATISTICS=[DESCRIPTIVES**] [EXTREME({5})]]
                                        {n}

                [{ALL }]
                 {NONE}

  [/CINTERVAL {95**}]
              {n   }

  [/MESTIMATOR=[{NONE**}]]
               {ALL   }

              [HUBER({1.339})] [ANDREW({1.34})]
                    {c    }           {c    }

              [HAMPEL({1.7,3.4,8.5})]
                     {a ,b ,c }

              [TUKEY({4.685})]
                    {c    }

  [/MISSING=[{LISTWISE**}] [{EXCLUDE**}] [{NOREPORT**}]]
            {PAIRWISE  }   {INCLUDE  }   {REPORT    }

**Default if the subcommand is omitted.
```

Figura 2.10. Ayuda de sintaxis: instrucciones del comando Examine

Si bien las versiones de Windows de SPSS han eliminado las referencias a los comandos de sintaxis utilizados en las versiones anteriores, se ha optado por incluirlas por varios motivos. En primer lugar porque en las técnicas de análisis más complejas existen una gran cantidad de opciones que no están disponibles en la interfaz gráfica del SPSS, y que la única posibilidad de utilizarlas es mediante el uso del lenguaje de sintaxis.

En segundo lugar, trabajar con el lenguaje de sintaxis permite un importante ahorro de tiempo al eliminar determinadas tareas repetitivas que tienen lugar cuando el investigador desea modificar alguna opción dentro de un mandato. Un ejemplo permitirá explicar mejor este argumento. Supóngase que después de ejecutar la instrucción expuesta más atrás el investigador considera conveniente ampliar el intervalo de confianza para la media. Para hacerlo debe repetir todo el procedimiento visto anteriormente, pulsando consecutivamente *Analizar→Estadísticos descriptivos→Explorar→*botón *Estadísticos*. Una vez aquí se sustituye el *95* del *Intervalo de confianza para la media* por el *90*. Para realizar esta tarea en el editor de sintaxis basta con cambiar el valor situado a la derecha de la orden /*cinterval*.

Aunque algunos lectores pueden considerar que el ahorro de tiempo no es tal, el carácter *exploratorio* de algunas técnicas multivariantes lleva a tener que elaborar varios modelos hasta conseguir uno que se ajuste adecuadamente a los datos. En el análisis factorial que se expondrá en el próximo capítulo se utilizan cuatro modelos hasta conseguir un buen ajuste, y algo similar sucede con el análisis de correspondencias múltiples, que requiere el empleo de tres modelos. El elevado número de veces que es preciso cambiar los modelos multivariantes constituye una buena razón para la utilización de los comandos de sintaxis. Esta opinión es compartida también por Consuelo del Val cuando, en una recensión de un libro de análisis de datos señala que "en muchas ocasiones resulta más sencillo y directo el uso de la sintaxis que el recurso a interminables menús que complican el proceso de selección y transformación de variables" (2000: 269).

Sin embargo, y conscientes también de la gran dificultad que puede suponer el trabajo mediante los comandos de sintaxis, en este texto se propone un procedimiento de trabajo relativamente sencillo que no requiere el dominio en el conocimiento de este lenguaje. El fundamento operativo se basa en, una vez elaborada la instrucción mediante los cuadros de diálogo, acudir al editor de sintaxis para modificar únicamente los elementos precisos. De esta forma es posible cambiar el intervalo de confianza para la media, eliminar algún gráfico, incluir más variables en el análisis, etc.

Un tercer motivo que justifica la utilización de los menús de sintaxis es la posibilidad de guardar este archivo de instrucciones para su utilización en sesiones posteriores del programa. Este archivo es guardado en *formato texto*, puede ser leído y modificado por cualquier editor de textos, y se puede pegar, copiar, imprimir, etc. como cualquier otro texto.

Por último, para proceder con el cálculo de estas instrucciones basta con pulsar el menú *Ejecutar* del editor de sintaxis (figura 2.11), marcando posteriormente la opción que más interese:

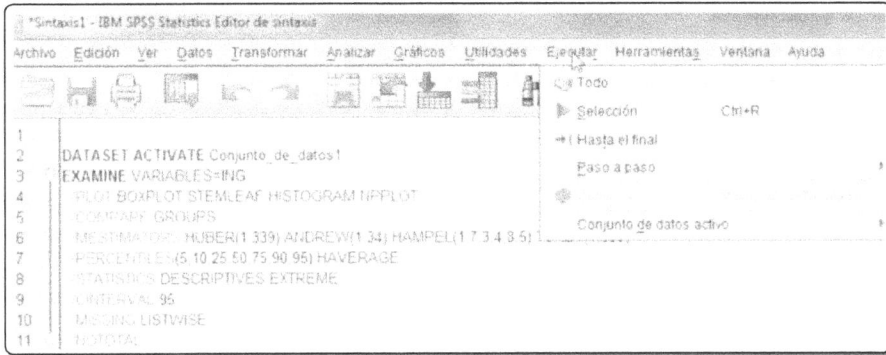

Figura 2.11. Ejecución de un mandado desde el editor de sintaxis

▼ *Todo*: ejecuta todas las instrucciones incluidas en el editor de sintaxis.

▼ *Selección*: el programa ejecuta una o varias instrucciones que han sido seleccionadas.

▼ *Hasta el final*: ejecución de las instrucciones desde el lugar donde se encuentra el cursor hasta el final.

▼ Paso a paso: realiza una ejecución secuencial de las diferentes órdenes presentes en la ventana de sintaxis; ofreciendo la posibilidad de ejecutar todo el archivo o desde el lugar donde se encuentre el cursor.

Tras ejecutar la primera instrucción el programa se detiene, lo que permite analizar los resultados. Pulsando la orden *Continuar* (quinta línea en el menú despegable de la figura 2.11) el programa procede con la ejecución de la siguiente orden.

Más sencillo es ejecutar las instrucciones donde se encuentra el cursor, pulsando el *botón-flecha* de la barra de herramientas que se encuentra debajo de *Ejecutar* (el duodécimo botón comenzando a contar desde la izquierda).

Una vez ejecutado el editor de sintaxis, o los cuadros de diálogo expuestos anteriormente, el programa proporciona los resultados que serán comentados en los siguientes apartados. Ahora bien es preciso indicar que los resultados no se muestran como son proporcionados por el programa, sino que han sido colocados buscando llevar a cabo una adecuada interpretación. De hecho, el programa presenta primero los estadísticos univariantes y después los gráficos, mientras que aquí se han situado al revés, primero la distribución gráfica y posteriormente los estadísticos. El autor del texto está convencido que es mejor "acercarse" a los resultados numéricos cuando ya se conoce la distribución por medio de análisis gráficos.

2.2.3 Visualización de la distribución: examen gráfico de los datos

La interpretación comienza analizando los resultados gráficos seleccionados en el cuadro de diálogo de la figura 2.6: el gráfico de caja, los gráficos descriptivos de tallo y hojas, el histograma, y los gráficos con pruebas de normalidad. En un primer momento el interés se concentra en la parte central de la distribución, analizando para ello el histograma y el gráfico de tallo y hojas.

El histograma realiza una representación de la distribución de frecuencias utilizando rectángulos verticales para representar las frecuencias obtenidas por cada categoría. El centro de cada rectángulo es el punto medio de la categoría, la anchura es igual al tamaño del intervalo, y las alturas son proporcionales a las frecuencias obtenidas por cada opción de respuesta. De modo que cuando los rectángulos tienen la misma base, que es lo más frecuente, la altura de los rectángulos es proporcional a la frecuencia que representan.

Cuando se trabaja con variables cualitativas los rectángulos suelen aparecer separados unos de otros, adoptando el nombre de gráfico de barras, mientras que cuando se representan variables métricas (cuantitativas) los rectángulos aparecen unidos para ilustrar la idea de continuidad en la escala de valores de las categorías.

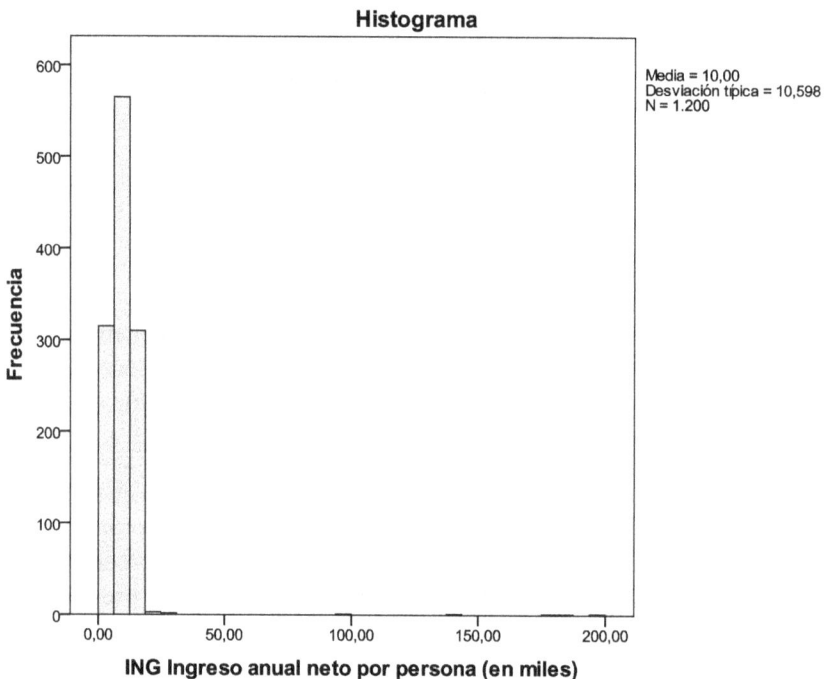

Gráfico 2.1. Gráficos descriptivos: histograma

Con los datos del ejemplo, y considerando que el valor más bajo de la distribución es 3,76 y el mayor 195,04, el programa calcula automáticamente el número y la amplitud de los intervalos dividiendo el rango de los valores observados en intervalos iguales. En el gráfico 2.1 se muestra un histograma en el que, a primera vista, se aprecian tres rectángulos en la parte izquierda y ligeros "aumentos de valores (casi imperceptible)" en el valor 100, antes del 150 y del 200. A la derecha del gráfico aparece la media de la distribución, 10,00 Euros, la desviación típica y el número de casos. Como se demostrará más adelante (gráfico 2.6) una distribución exactamente igual, pero cuyos ingresos máximos sean 100.000 Euros, proporcionará un histograma totalmente diferente.

La representación mediante histogramas plantea un problema derivado de la división de la distribución en intervalos. Las más de 300 personas con ingresos menores pueden distribuirse uniformemente a lo largo de todo el intervalo, aunque también podría ser que prácticamente todos ganen la misma cantidad. La información proporcionada por el histograma no aclara esta situación. Este problema se evita utilizando el gráfico de tallo y hojas (gráfico 2.2), que es uno de los instrumentos más adecuados para conocer la distribución de las variables. En la parte central del gráfico aparece el tallo (*stem*) que indica –tal y como se informa en la base del gráfico (*stem width*)– los miles de Euros[4], y a la derecha están las hojas (*leaf*). La hoja es la segunda cifra de los valores de la distribución y cada una representa *dos* casos, según se indica en la base del gráfico: *each leaf: 2 cases*. Las unidades utilizan el símbolo &. Así, un tallo de 3 con una hoja de 7 representa los ingresos 3,7 miles de euros, y el tallo 18 con la hoja & después del 8 indica que tres entrevistados tienen unos ingresos de 18,8 miles de euros.

```
Frequency    Stem &  Leaf

  64,0    3 . 77777777777777999999999999999999
 100,0    4 . 11111111111111133333333335555555555888888888888
 124,0    5 . 0000000000000222222222222222444444444466666666666666888888888888
 130,0    6 . 00000000000002222222222222222222222244444444446666666666888888888888
  99,0    7 . 1111111111133333333333555555555577777779999999
  96,0    8 . 1111111113333333333333333355555555577777799999999
  67,0    9 . 11111111444446666666888888888888
  97,0   10 . 0000000002222222222444444444444446666668888888888
  71,0   11 . 00000222222222444444477777779999999
  94,0   12 . 1111111111333333555555555577777999999999999999
  71,0   13 . 1111111111133333335555555555577777
  78,0   14 . 0000000002222222222444444446666668888888
  45,0   15 . 000002224444446668888888
  34,0   16 . 000333335577799
  17,0   17 . 1115559&
   6,0   18 . 18&
   7,0 Extremes    (>=25,8)

        Stem width:      1,00
        (Ancho del tallo)
        Each leaf:     2 case(s)
        (Cada hoja)

        & denotes fractional leaves
        (& indica fracción de hoja)
```

Gráfico 2.2. Gráfico de tallo y hojas

4   Conviene recordar que los datos del archivo se han expresado en miles de Euros.

La longitud de cada línea refleja el número de casos de la distribución[5], y se interpreta de forma similar a los rectángulos del histograma, diferenciándose en que cada caso se representa con un símbolo que corresponde al valor observado. Comenzando con la primera línea, el valor 3 del tallo indica que en esa línea están representadas las personas cuyos ingresos comienzan con el 3 y tienen dos dígitos, es decir con ingresos entre 30 mil y 39 mil Euros. Al analizar las hojas de esta fila se aprecia la existencia de catorce 7 y dieciocho 9, que multiplicados por los dos casos que representa cada hoja, desvela que 28 (14*2) personas tienen unos ingresos medios ligeramente superiores a los 37 mil Euros, mientras que 36 (18*2) casos ganan 97 mil y más Euros. La suma de ambos proporciona la frecuencia, 64 (columna izquierda).

La columna de la izquierda informa el total de casos (personas entrevistadas aquí) en esta situación, de modo que hay un predominio de ingresos que comienzan con el tallo 6… y el 5…, con 130 y 124 elecciones respectivamente.

Comparado con el histograma, donde los rectángulos reflejan las frecuencias de cada intervalo, la información que presenta el gráfico de tallo y hojas es mucho más detallada puesto que las hojas permiten apreciar con precisión el número de casos de cada valor incluido en el intervalo. En el histograma se vio que algo más de 300 entrevistados tienen ingresos inferiores (columna de la izquierda); mientras que el gráfico de tallo y hojas indica los ingresos de 288 (64 + 100 + 124) entrevistados con ingresos inferiores a los 58 mil Euros: 64 ganan entre 37 y 39 mil Euros, 100 entre 41y 48 mil Euros, y el resto entre 50 y 58 mil Euros.

En la última línea del gráfico aparecen 7 casos extremos con ingresos superiores a los 25,808 Euros. Más abajo, en la parte final del gráfico, aparece el símbolo & que indica las hojas que representan menos de dos casos, como sucede en la línea penúltima y antepenúltima.

La enorme amplitud de esta distribución genera que cada fila (tallo) represente una decena. Cuando se representa una distribución menos amplia, por ejemplo el tamaño del hogar, el tallo queda dividido en varias líneas y aparecen unos nuevos elementos entre el tallo y las hojas, como puede apreciarse en el gráfico 2.2. El símbolo * indica que en esa línea se representan los valores 0 y 1, la t (de *two-three*) el 2 y el 3, la f (de *four-five*) el 4 y 5, la s (de *six-seven*) el 6 y el 7, y el punto (.) los valores 8 y 9. Al tratarse de los miembros del hogar, estas filas aparecen vacías porque prácticamente la totalidad de los hogares están formados por menos de cinco miembros, pero el ejemplo sirve perfectamente para explicar la representación de las distribuciones con pocos valores.

---

5   No siempre el tallo está formado por una sola línea. Cuando ocupa dos, en la primera aparecen los dígitos del 0 al 4, y en la segunda del 5 al 9.

```
 Frequency      Stem &  Leaf

   59,00         1 *  00000000
     ,00         1 t
     ,00         1 f
     ,00         1 s
     ,00         1 .
  260,00         2 *  0000000000000000000000000000000000000000
     ,00         2 t
     ,00         2 f
     ,00         2 s
     ,00         2 .
  273,00         3 *  000000000000000000000000000000000000000
     ,00         3 t
     ,00         3 f
     ,00         3 s
     ,00         3 .
  314,00         4 *  0000000000000000000000000000000000000000000000
     ,00         4 t
     ,00         4 f
     ,00         4 s
     ,00         4 .
  179,00         5 *  000000000000000000000000000
     ,00         5 t
     ,00         5 f
     ,00         5 s
     ,00         5 .
   72,00         6 *  0000000000
   42,00 Extremes     (7,0), (8,0), (9,0)

 Stem width:          1,00
 Each leaf:           7 case(s)
```

Gráfico 2.2. bis Gráfico de tallo y hojas. Distribución con pocos valores

Sintetizando, comparado con el histograma el gráfico de tallo y hojas presenta una serie de mejoras que pueden resumirse en cinco: a) mantiene los valores originales y no agrupa los datos en intervalos, lo que posibilita un análisis más detallado de la distribución; b) sencillez para localizar los valores centrales de la distribución, c) facilita la identificación de concentraciones de datos y posibilita la localización de "saltos" o discontinuidades en la serie de datos (ausencia de determinados niveles de ingresos, por ejemplo); d) permite la identificación de aquellos valores poco frecuentes y los valores desviados del conjunto, y; e) facilita el estudio de la *forma* de la distribución (Freixa et al., 1992).

El gráfico de tallo y hojas proporciona una información detallada de los valores centrales de la distribución, pero contribuye muy poco al estudio de los casos extremos, de modo que será necesario utilizar otras representaciones que aporten más información sobre los extremos de la distribución. El *diagrama/gráfico de caja* permite solventar estos problemas al mostrar de forma resumida la información más relevante del centro de la distribución, y permitir un análisis más detallado de las colas.

En la parte inferior central del gráfico 2.3 aparece una especie de "caja" con una tonalidad oscura y dividida por una línea horizontal. Los límites inferior y superior de la caja son los percentiles 25 y 75 respectivamente, y la línea horizontal indica la mediana, esto es, el percentil 50. Cuando esta línea esté situada en el centro de la caja estará indicando que se trata de una distribución simétrica. La situación opuesta estará mostrando una distribución asimétrica: asimétrica positiva si la media está más cerca del tercer cuartil[6], y negativa cuando está más cerca del primero. En una distribución asimétrica negativa la media está situada por debajo de la mediana (y hay un mayor número de casos en la parte derecha de la distribución); mientras que cuando la asimetría es positiva la media se sitúa por encima de la mediana, concentrándose un mayor número de casos a la izquierda. Así sucede en este caso, asimetría 13, media 10,0 y mediana 9,0; tal y como muestra la tabla 2.3, página 59. Entre los percentiles 25 y 75 se concentra el 50% de los casos de la distribución, y esta distancia indica la dispersión de la distribución, que como se verá en el próximo apartado equivale al recorrido intercuartílico.

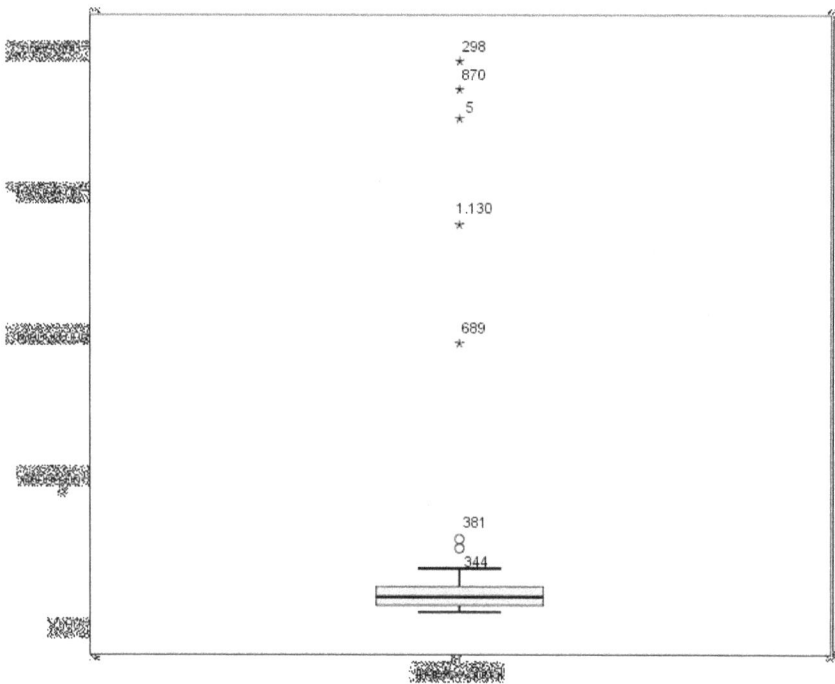

Gráfico 2.3. Gráfico de caja

---

6   Como ocurre aquí.

Ahora bien, ¿dónde está el resto de casos de la distribución? Para responder a esta pregunta es necesario ampliar la atención y observar que la caja está "apoyada" en una especie de "T" invertida, y rematada en su parte superior con otra "T". En la base del punto de apoyo está situado el valor observado más pequeño que no es un caso atípico, que en este caso corresponde al nivel de ingresos más bajos, el 3,76. La parte más elevada de la "T" sobre la caja indica el valor observado más grande que no llega a ser atípico, atípicos que el gráfico de tallo y hojas ha indicado que comienza en los ingresos superiores a 25,81. En este caso, en el gráfico 2.3 el primer atípico está identificado con el número 344: se trata del caso número 344, con unos ingresos de 25,81 Euros. Debe tenerse en cuenta que la representación es distinta al gráfico de tallo y hojas. En el diagrama de caja los valores más bajos de la distribución se representan en la parte inferior, mientras que en el gráfico de tallo y hojas los valores menores estaban colocados en la parte superior.

El tamaño de la tabla mostrada en el gráfico 2.3 puede entorpecer la comprensión de todos estos conceptos por lo que se ha procedido a colocar un ejemplo, con datos similares, en el diagrama 2.1; donde puede apreciarse con más precisión todos los conceptos explicados anteriormente, y otros que serán tratados en los siguientes párrafos.

Los casos atípicos son observaciones con valores extremos en una o varias variables, observaciones muy diferentes del resto de valores de la distribución, y que a su vez tienen un importante efecto sobre las medidas no resistentes de localización y variabilidad (Hartwig y Dearing, 1979). Según esta definición la localización de estos valores precisará la utilización de una *regla* que defina los valores diferentes o aquellos "situados lejos" del resto de la distribución. Tarea difícil en la medida que los conceptos lejanía y cercanía–o similaridad y diferencia– pueden adoptar valores muy diferentes en función del contexto en el que se utilizan. Los 620 kilómetros que separan Madrid y Barcelona serán calificados de forma diferente –en cuanto a cercanía y lejanía–por un residente en los Estados Unidos que para un español, acostumbrado a distancias más pequeñas. La misma distancia tiene una valoración totalmente diferente para una cultura y otra. Este mismo problema se plantea a la hora de definir la *lejanía* de un valor en una distribución.

Partiendo de esta distribución

CUARTILES		ESTADÍSTICOS	
Cuartil 1º:	6,06	Mediana:	8,98
Cuartil 2º	8,98	Media:	9,38
Cuartil 3º:	12,53	" truncada:	9,2
Amplitud inter-			
cuartil (IQR):	6,48	Valores superiores 16,8 25,8 y 37,5	

Extremos o atípicos

Extremos ("): + de 3 veces IQR desde final superior
(3 * 6,48) + 12,54 = 31,98

Outliers (o): + de 1,5 veces IQR desde final superior
(1,5 * 6,48) + 12,54 = 22,26

Se obtiene la siguiente representación

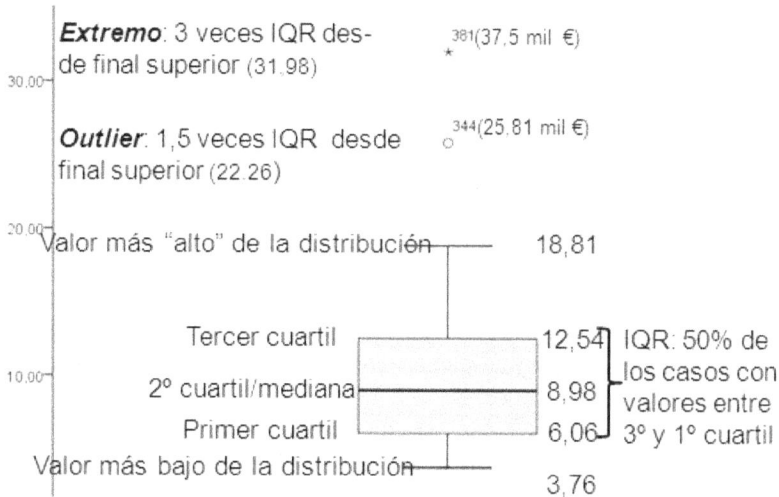

Diagrama 2.1. Apoyo para la comprensión del gráfico de caja

Supóngase dos distribuciones, en la primera el 95% de los casos están situados entre los valores 1 y 9, y en la segunda entre el 2 y 158. La presencia de un determinado valor –por ejemplo el 8– en ambas distribuciones va a producir definiciones distintas en una y en otra. El valor 8 será un caso atípico (muy diferente) en la primera distribución, mientras que en la segunda es un caso muy común. De esta explicación se deduce que una *regla* adecuada para definir los valores atípicos deberá considerar la amplitud de la distribución. Una medida que cumple esta condición es el recorrido intercuartílico, que como ya fue expuesto concentra el 50% de los casos de la distribución.

El análisis exploratorio del SPSS diferencia dos tipos de casos atípicos que reciben los nombres de *extremos* y *outliers*. Los primeros, representados en el gráfico con el símbolo * son aquellos que se encuentran a una distancia del percentil 75 tres veces superior a la longitud de la caja (recorrido intercuartílico), o del percentil 25 en su parte inferior. Los *outliers*, representados en el gráfico con la letra "O", están separados del percentil 75 (o 25) entre 1,5 y 3 veces la longitud de la caja y, lógicamente, afectan menos a los valores promedios de la distribución. El gráfico 2.3 muestra siete casos atípicos: en la izquierda se representan el tipo de caso atípico (extremo/outlier) y a la derecha el número de línea donde se ha obtenido ese valor. este informa que los entrevistados números 344 y 381 son definidos como "outlier"; mientras que el resto (números 689, 1.130, 5, 870 y 298) son casos extremos. El análisis de la última línea del gráfico de tallo y hojas señala que todos reciben unos ingresos superiores a los 25.808 Euros (Gráfico 2.2).

Estos valores pueden conocerse también marcando la opción *Valores atípicos* en el cuadro de diálogo de la figura 2.5. En este caso el programa proporciona una tabla donde se presentan los cinco valores más bajos y más altos, dentro de estos últimos se encuentran los cuatro casos atípicos antes citados. Debe tenerse en cuenta que con esta opción se muestran los cinco valores más altos y más bajos, sean o no atípicos, y de hecho ninguno de los mostrados en la parte inferior de la tabla 2.1 son atípicos.

Respecto a la interpretación de los elementos de esta tabla, bajo el rótulo *Número de caso* aparece una localización del lugar donde se encuentra cada valor, utilizando el número de línea donde están colocados, que en ocasiones (como aquí) coincide con el número del cuestionario como sucede en este ejemplo (ver coincidencia variable CUES y número de línea en la figura 2.1). En las ocasiones que el número de línea es distinto al número de cuestionario es conveniente utilizar este último para identificar los valores extremos. Esto se soluciona colocando la variable CUES en la ventana inferior de la figura 2.4 (*Etiquetar los casos mediante...*), o añadiendo una línea en el editor de sintaxis donde se escribe "/ID=nombre de variable". En el presente ejemplo el texto añadido será "/ID=CUES". Para añadir esta línea hay que eliminar el punto situado al final de las instrucciones, y colocar la nueva frase después de esta línea.

			Número del caso	Valor
Ingreso anual	Mayores	1	298	195,04
		2	870	185,09
		3	5	175,05
		4	1130	138,14
		5	689	97,04
	Menores	1	1125	37,76
		2	1042	37,76
		3	1002	37,76
		4	923	37,76
		5	904	37,76[a]

a. En la tabla de valores extremos menores sólo se muestra una lista parcial de los casos con el valor 54.

Tabla 2.1. Valores extremos

Cuando una distribución tiene un gran número de casos atípicos el análisis de los cinco casos más altos y más bajos proporcionan una imagen parcial de la realidad, de modo que será conveniente analizar un mayor número de casos. En esta situación es necesario recurrir de nuevo al editor de sintaxis y escribir, después de la palabra EXTREME y –entre paréntesis– el número de casos que se desean analizar: por ejemplo EXTREME (15).

El gráfico de caja también es muy útil para comparar la distribución de varias variables dependientes, o para comparar la distribución de una variable dependiente considerando para los grupos formados por una variable factor. En el comentario al cuadro de diálogo *Gráficos* incluido en la figura 2.6 se señaló que cuando en el análisis exploratorio se incluyen varias variables dependientes es posible elegir dos tipos de representación en el gráfico de caja. La primera, definida con *niveles de los factores juntos*, realiza una presentación distinta para cada variable dependiente, mientras que la opción *dependientes juntas* representa todas las variables en un mismo gráfico. Con el fin de mostrar las diferencias entre ambas opciones se analizará conjuntamente la distribución de las variables ING y MIEMBROS.

Se comienza introduciendo ambas variables en la ventana *Dependientes* del cuadro de diálogo principal del procedimiento *Explorar*. Una posibilidad es editar el cuadro de diálogo mostrado en la figura 2.4 pulsando consecutivamente las opciones *Analizar→Estadísticos descriptivos→Explorar*, y una vez aquí seleccionar la variable MIEMBROS y pasarla a la ventana de la derecha (figura 2.12). Otra opción es acudir al editor de sintaxis y añadir MIEMBROS en la segunda línea, tras la instrucción *Variables* ING. Los que opten por el segundo procedimiento deberán utilizar el menú *Ejecutar* del editor de sintaxis, y el resto pulsar el botón *Aceptar* del cuadro de diálogo. Los resultados se muestran en el gráfico 2.4.

Analizar→Estadísticos descriptivos→Explorar…

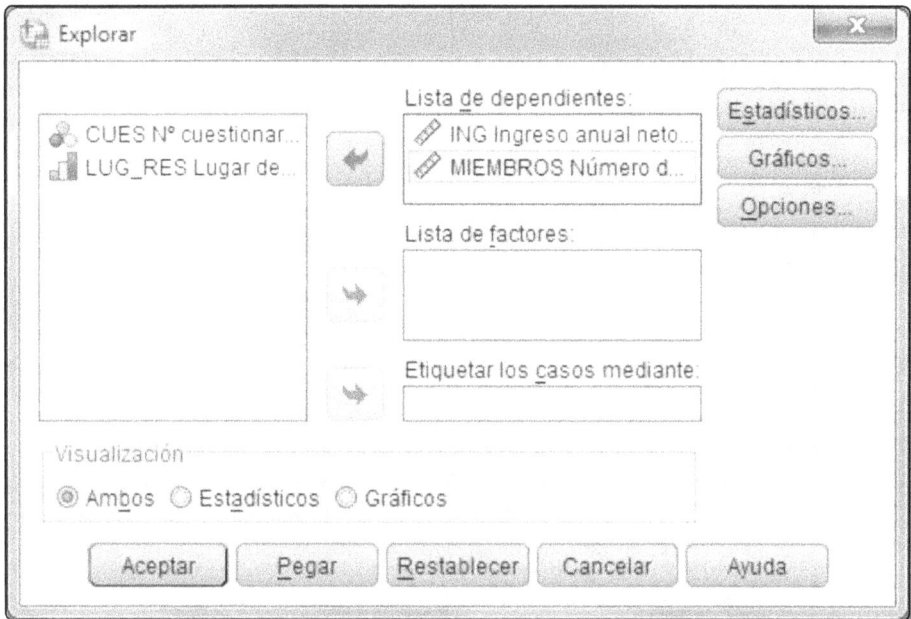

Figura 2.12. Cuadro de diálogo Explorar con dos variables dependientes.

La opción *niveles de los factores juntos* realiza dos presentaciones, una para cada variable dependiente, muy apropiada para realizar una primera definición de la realidad a analizar. Como ya es conocida la distribución de la variable ING, en el gráfico 2.4 se ha presentado únicamente la variable MIEMBROS. El análisis de la mediana, muy cercana al percentil 75, desvela una concentración de las respuestas en los valores bajos de la distribución, que origina una asimetría hacia la izquierda, es decir, asimetría positiva. El 50% de los casos se encuentran entre los valores 2 y 4, y el análisis de las colas desvela la escasa amplitud de la distribución, con un rango de valores entre el 1 y el 6. A éstos hay que añadir 17 casos atípicos en la parte superior de la distribución, que corresponden a familias con más de 6 miembros.

Niveles de los factores juntos

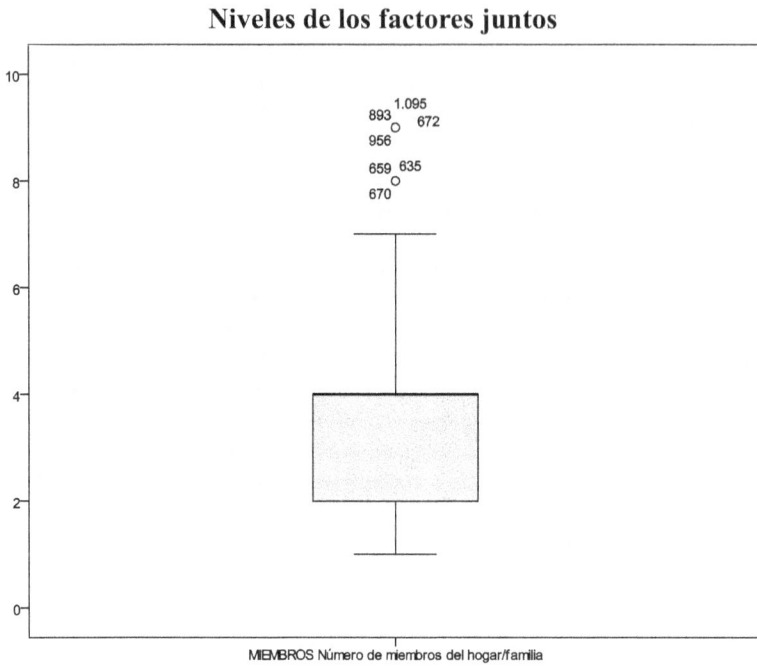

MIEMBROS Número de miembros del hogar/familia

Dependientes juntas

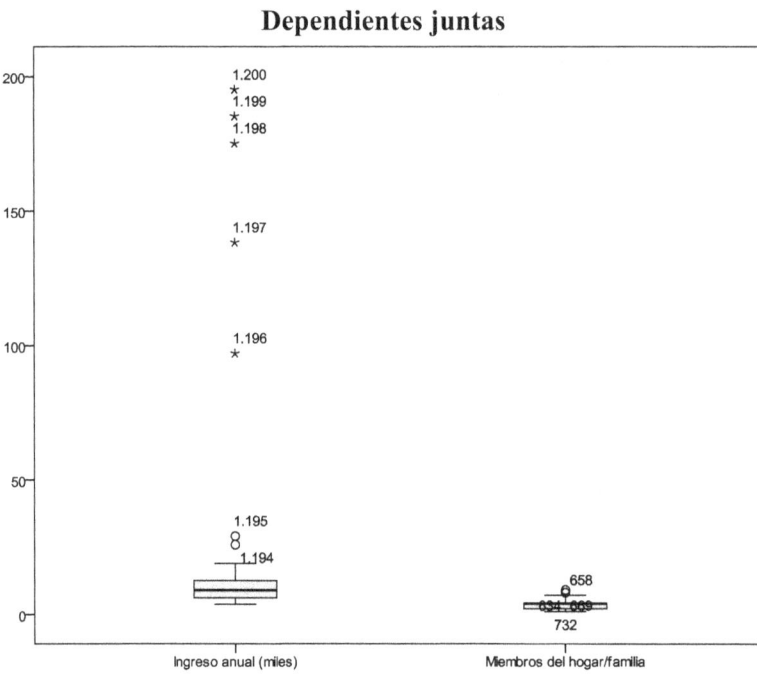

Gráfico 2.4. Gráfico de caja con varias variables dependientes

Por su parte la opción *Dependientes juntas* representa las variables en un mismo gráfico, permitiendo comparar fácilmente varias distribuciones, aunque es recomendable que ambas tengan una dispersión similar. La gran diferencia entre los rangos de las variables mostradas en el gráfico 2.4 dificulta la comparación entre ambas distribuciones, puesto que la elevada amplitud de la variable ING ha generado un eje vertical que oscila entre el valor 0 y el 200. Al adaptar el gráfico a una escala tan amplia, apenas puede apreciarse la distribución de la variable MIEMBROS. Más adelante (gráfico 2.7) se mostrará un ejemplo donde pueda apreciarse con claridad las ventajas de este tipo de representación.

En definitiva, por lo explicado hasta el momento el gráfico de caja resulta adecuado para: a) examinar la situación del 50% central de la distribución definido por la longitud de la caja; b) examinar la forma del 50% central de la distribución en función de la posición que ocupa la mediana dentro de la caja; c) evaluar el posible sesgo en las colas de la distribución en función de la longitud de las "patas", y; d) detectar posibles valores atípicos (Freixa et al., 1992).

Los últimos gráficos solicitados en la figura 2.6 se utilizan para evaluar los supuestos de *Normalidad*, comparando la distribución obtenida con otra teórica con el fin de comprobar si la primera es similar a la segunda. En estos gráficos se compara cada valor observado con su valor esperado; con la puntuación típica que tendría si la distribución fuera normal estandarizada. En abscisas se representan los valores observados desde el más pequeño al mayor, y en ordenadas las puntuaciones típicas normales. Cuando la variable tiene una distribución normal ambos puntos coinciden, superponiéndose en una misma línea. Las desviaciones de la diagonal indican desviaciones de la normalidad.

En la parte superior del gráfico 2.5 la distribución normal se representa con una recta inclinada. Los datos del citado gráfico desvelan una ligera diferencia entre esta recta y la línea dibujada por la variable ING, hecho que indica la falta de ajuste a la curva normal. A continuación se muestra el gráfico de probabilidad normal eliminando la tendencia lineal, de modo que la distribución normal está representada con una línea horizontal. Cuando la distribución es normal los valores se reparten aleatoriamente alrededor de la línea horizontal, sin revelar ningún patrón determinado, hecho que no ocurre con los datos del ejemplo. Obsérvese, por otro lado, como se aprecia la situación de los siete casos con valores atípicos.

Gráfico Q-Q normal de ingreso anual

Gráfico Q-Q normal de ING Ingreso anual neto por persona (en miles)

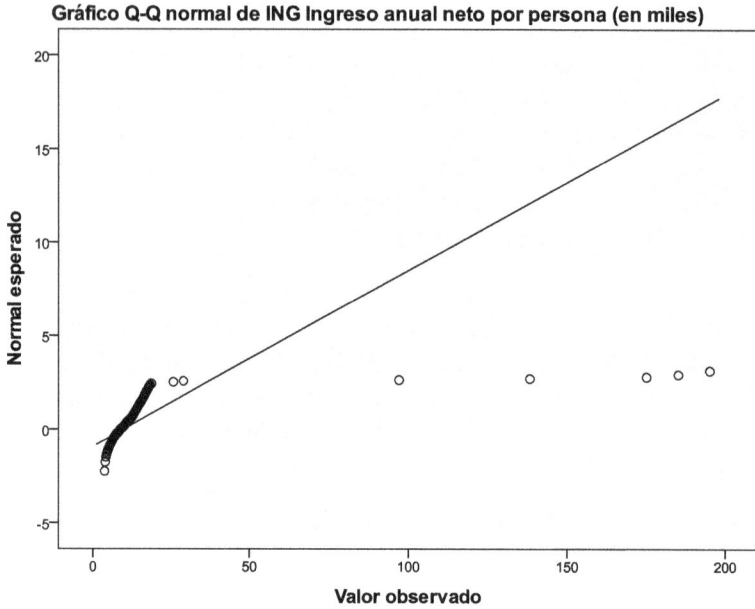

Gráfico Q-Q normal sin tendencias de ingreso anual

Gráfico Q-Q normal sin tendencias de ING Ingreso anual neto por persona (en miles)

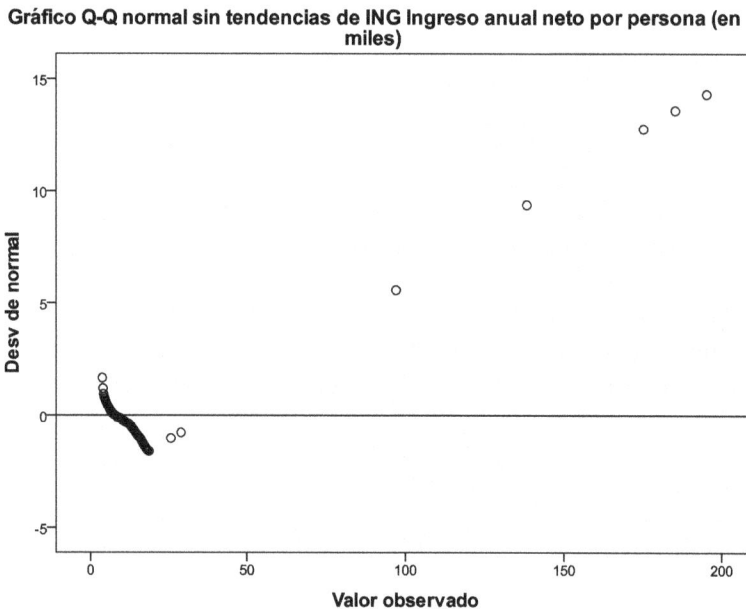

Gráfico 2.5. Gráficos para comprobar la normalidad

Estos gráficos revelan más información sobre la *forma* de la distribución. Así una variable con valores inferiores a la diagonal está indicando una distribución platicúrtica, y leptocúrtica cuando sobrepasa la diagonal (Hair et al., 2009). En el presente caso la variable ING tiene una distribución en forma de "S", con una distribución leptocúrtica en los extremos de la distribución, y platicúrtica en el centro.

Como complemento a estas representaciones gráficas el SPSS realiza un contraste de hipótesis utilizando el contraste de Lilliefors, basado en el test de Kolmogorov-Smirnov cuando las medias y las varianzas son desconocidas. La hipótesis nula plantea que el universo del que se ha extraído esta muestra es normal. El nivel de significación indica la probabilidad de error cuando se rechaza la hipótesis nula y esta es verdadera (error tipo 1). El valor obtenido en esta prueba es de 0,278, que con 1.200 grados de libertad presenta una significación del 0,000 (tabla 2.2). Estos datos llevan a rechazar la hipótesis nula, esto es, se rechaza que la variable tenga una distribución normal con una probabilidad de equivocarse del 0,0%.

Kolmogorov-Smirnova			
	Estadístico	gl	Sig.
Ingreso anual	0,278	1200	,000

Shapiro-Wilk			
	Estadístico	gl	Sig.
Ingreso anual	0,277	1200	,000
a. Corrección de la significación de Lilliefors.			

Tabla 2.2. Pruebas de normalidad

El problema que se presenta es que con distribuciones no normales no es posible utilizar determinados test estadísticos (por ejemplo la F de Snedecor), de modo que será necesario utilizar algún procedimiento para *adaptar* o *ajustar* esta variable a este requisito. Sin embargo, Tabachnick y Fidell (2014) señalan que cuando el tamaño de la muestra es elevado prácticamente todos los test de ajuste rechazan la hipótesis nula. Estas autoras señalan que es prácticamente imposible encontrar datos distribuidos normalmente, y de hecho para la mayor parte de las pruebas estadísticas basta con que los datos sean aproximadamente normales. Por este motivo cuando se trabaja con elevados tamaños muestrales es importante, más que prestar atención al nivel de significación, analizar en detalle las diferencias respecto de la normalidad.

En el apartado 2.5 se mostrarán diversas transformaciones de datos para llevar a cabo esta tarea, aunque antes de proceder con la transformación debe tenerse en cuenta que la ausencia de normalidad puede ser la manifestación de la violación de otros supuestos, de modo que será necesario analizar previamente todos los supuestos del análisis multivariante antes de proceder con la transformación. En muchas ocasiones al remediar el resto de *violaciones* se soluciona el problema de la no normalidad (Tabachnick y Fidell, 2014).

Señalar, por último, que existen otros gráficos para representar la distribución, a los que se accede por medio del menú *Gráficos* del editor de datos. No se prestará atención a éstos por haber sido expuestos en una publicación anterior (Díaz de Rada, 2009).

2.2.4 Comprensión de la distribución utilizando estadísticos univariantes

Además de las representaciones gráficas, el análisis de los estadísticos de resumen permitirá completar el conocimiento de la distribución de ingresos en un entorno determinado. Estos estadísticos suelen dividirse en varios grupos atendiendo al ámbito de referencia: *medidas de tendencia central* y *localización* cuando el objetivo es realizar un resumen, una representación del conjunto de valores de la distribución; *medidas de dispersión o variabilidad* que reflejan las diferencias entre los datos resumidos; y *medidas de forma* referidas a la forma de la distribución. Los valores de estos estadísticos para la variable analizada se muestran en la tabla 2.3.

Comenzando con las primeras, las medidas de localización se refieren al valor o valores donde se concentra una determinada distribución. Las medidas de tendencia central más utilizadas son la moda, la mediana y la media; pudiéndose distinguir entre la media aritmética, geométrica y armónica. La *moda* es el valor más frecuente de la distribución, el que se repite más veces, el valor más común. En el histograma la moda está representada por el rectángulo más alto, en el ejemplo utilizado la cuarta barra, que ha sido elegida por 130 personas. 130 personas viven en hogares con unos ingresos entre 60.000 y 68.000 Euros. Una de las ventajas de la moda es su facilidad para reconocerla, aunque presenta el inconveniente de no ser siempre única al existir distribuciones con varias modas.

La *media aritmética*, uno de los estadísticos más utilizados, representa el valor *promedio* de una distribución, al ser el resultado de la suma de todos los datos dividida por el número de éstos. El promedio de ingresos por habitante en la muestra seleccionada son 10,00 mil Euros. La media aritmética es un estadístico excelente para calcular tendencias centrales, y por eso es uno de los más utilizados, pero presenta el problema de su baja resistencia al ser sensible a la presencia de casos extremos.

El *error típico* de la media es la desviación de la distribución muestral del estadístico, y se utiliza para calcular el valor de la media en el universo del que se ha extraído los datos. Cuanto menor sea el error típico mayor es la probabilidad de que un estadístico extraído de una muestra aleatoria se acerque al valor poblacional. A continuación, se muestra el *intervalo de confianza* para la media, que son los valores entre los que se situará la media en el universo, con un nivel de confianza del 95%. Para calcularlos se multiplica el error típico por el valor sigma de la curva normal a un nivel de confianza del 95%, en este caso 1,96, y este valor es sumado y restado a la media. Así el promedio de ingresos por persona en la comunidad autónoma de la investigación oscila entre 9,4 y 10,6 Euros, con un nivel de confianza del 95%.

Posteriormente aparece la media recortada al 5%, conocida como *media truncada* o *trimedia*, que es la media de los casos centrales de la distribución, esto es, la media eliminando el 5% de los casos inferiores y superiores. De modo que es la media aritmética calculada para el 90% de los casos situados en el centro de la distribución. Más adelante se analizarán las ventajas de su utilización para el presente ejemplo, aunque ya es posible anticipar que se trata de un estadístico más resistente que la media aritmética al eliminar la influencia de los valores extremos.

La *mediana* es el valor central de la distribución, el valor que deja por debajo al 50% de los casos y por encima el otro 50%, el punto que divide al histograma en dos partes del mismo área. La gran ventaja de la mediana para estimar tendencias centrales es su elevada resistencia al mantenerse constante aun cuando la distribución tenga casos extremos o individuos atípicos, aunque tiene el problema que no considera todos los sujetos de la variable, sino tan sólo el valor central. En este ejemplo el valor de la mediana es 8,98, de modo que un 50% de la muestra vive en hogares con ingresos inferiores a 8,98 mil Euros, y la otra mitad dispone de unos ingresos superiores a esa cantidad.

			Estadístico	**Error típ.**
Ingreso anual	Media		10,0003	,30594
	Intervalo de confianza para la media al 95%	Límite inferior	9,4001	
		Límite superior	10,6006	
	Media recortada al 5%		9,2764	
	Mediana		8,9862	
	Varianza		112,321	
	Desv. típ.		10,59818	
	Mínimo		3,76	
	Máximo		195,04	
	Rango		191,28	
	Amplitud intercuartil		6,48	
	Asimetría		13,307	,071
	Curtosis		208,394	,141

Tabla 2.3. Primeros resultados: descriptivos

Es preciso recordar que la distribución normal es simétrica de modo que deben coincidir los valores de la moda, media y mediana, caso que no ocurre aquí puesto que la media supera a la mediana en casi siete puntos. Al volver a observar el gráfico de tallo y hojas se aprecia que de las 17 líneas que cuenta el gráfico el valor 8.986 (mediana) está en la línea seis. Otro indicador que desvela la ausencia de normalidad al comprobar que hay una mayor concentración de las respuestas en los valores bajos de la distribución, esto es, que se trata de una distribución asimétrica hacia la izquierda.

	Percentiles						
	5	10	25	50	75	90	95
Promedio ponderado	3,97	4,597	6,060	8,99	12,54	14,84	16,09
Bisagras deTukey			6,06	8,99	12,54		

Tabla 2.4. Percentiles

Los *cuartiles* son los valores que dividen a la distribución en cuatro partes iguales, de modo que el primer cuartil es el valor de la variable que deja por debajo el 25% de los casos, el segundo es la mediana, y el tercero es el valor de la variable que deja por debajo el 75% de los casos. Un *percentil* es el valor de la variable que deja por debajo a un correspondiente porcentaje de datos, y por encima el resto. El percentil 10, por ejemplo, es el valor de la variable que deja por debajo el 10% de los datos y por encima el 90% restante; el valor 4,597 en el ejemplo propuesto. Los percentiles 10, 20, 30,... 90 reciben el nombre de *deciles*: decil 1°, decil 2°, decil 3°,... decil 9°, etc. En el análisis exploratorio se utilizan también otras medidas similares como los cuartos o bisagras de Tukey, los octavos, los dieciseisavos, los treintaidosavos... definidos como la mediana de las medidas de localización precedentes (Escobar, 1999).

Una vez presentados los estadísticos de tendencia central es el momento de decidir cuál se ajusta mejor a los requerimientos de nuestra investigación, buscando salir del tópico –muy repetido en algunas publicaciones– que todos son complementarios. Por supuesto que todos son interesantes y que algunos se complementan a la perfección, pero a la hora de analizar una distribución, ¿a qué estadístico debe prestarse más atención? La media aritmética es el estadístico que utiliza más información en su elaboración, en la medida que todas las puntuaciones de la distribución intervienen en su cálculo. Al ser una suma de los valores dividida entre el número de casos, la media está muy afectada por la presencia de valores extremos. Un ejemplo de esta situación se muestra en la tabla 2.6. Tras eliminar los siete valores atípicos detectados en el gráfico 2.3 la media experimenta una disminución hasta los 9.380 Euros, acercándose notablemente a las cifras de renta ofrecidas por otros organismos, como el Instituto Nacional de Estadística en la Encuesta de Condiciones de Vida del año 2013 (INE, 2013)[7]. Por su parte la mediana, al recoger información de un solo valor, tan sólo está influenciada por el valor central. El problema de la mediana es que recoge información de muy pocos valores.

En la búsqueda de un estadístico que no esté afectado por los valores extremos, pero que recoja información de toda la distribución, se encuentra la media truncada. Esta mejora la media aritmética ya que no está afectada por los valores extremos, al eliminar el 5% de los valores superiores e inferiores de la distribución, al tiempo que mejora el valor de la mediana al utilizar en su cálculo el 90% de los valores centrales. Una comparación de los valores en las tablas 2.3 y 2.6 desvela la enorme estabilidad en el valor obtenido por este estadístico en las tres distribuciones.

Existen otras medidas de tendencia central que, al estar basadas en la mayor parte de los casos, se caracterizan por su robustez al no verse afectados por los casos atípicos. Algunas de éstas se presentan en la tabla 2.5 y reciben el nombre de Mestimadores, Estimadores robustos centrales, o estimadores de localización. Estos estadísticos reducen la influencia de los casos extremos ponderando cada valor en función de su distancia al centro de la distribución. Las observaciones centrales se ponderan por el máximo valor, la unidad, y los coeficientes de ponderación van disminuyendo a medida que las observaciones se alejan del centro de la distribución. En algunas ocasiones, cuando la distancia es muy grande, algunos valores llegan incluso a recibir una ponderación nula (0). De este modo cuanto más alejada del centro se encuentra una observación recibe una ponderación menor, reduciéndose así su contribución en el cálculo del estadístico correspondiente.

La diferencia entre los distintos Mestimadores está en el tipo de ponderación que aplican: Huber pondera con la unidad todos los valores situados a menos de 1,339 de la mediana, mientras que Tukey y Andrews ponderan con un valor de 0 los valores situados a 4,385 y 4,2066 de la mediana. Hampel, por su parte, utiliza tres coeficientes de ponderación según cada valor se encuentre a una distancia de la mediana de 1,7, 3,4 y 8,5.

La utilización de cada estimador depende del tipo de distribución, aunque no existe un criterio consensuado sobre el mejor estimador para cada distribución. Diversas investigaciones recomiendan utilizar el de Hubber cuando la distribución se acerca a la normalidad y no hay valores extremos, mientras que los desarrollados

---

7   Esta fuente señala que el ingreso medio anual neto por persona de los residentes en Navarra era de 9.326 Euros.

por Tukey y Andrews son más adecuados en distribuciones afectadas por casos atípicos (Norusis, 2012; Freixá et al., 1992). En cualquier caso todos los estimadores robustos reducen notablemente el valor de la media de la distribución, situándose mucho más cerca del valor de la mediana (ver tabla 2.3).

	Estimador-M deHuber[a]	Biponderado de Tukey[b]	Estimador-M de Hampel[c]	Onda de Andrews[d]
Ingreso anual	9,1266	9,1227	9,1978	9,1240

a. La constante de ponderación es 1,339.
b. La constante de ponderación es 4,385.
c. Las constantes de ponderación son 1,700, 3,400 y 8,500.
d. La constante de ponderación es 1,340*pi (4,2066).

Tabla 2.5. Estimadores robustos centrales

Terminado el análisis de las medidas de tendencia central, llega el turno de las *medidas de dispersión o variabilidad*, que reflejan el grado en el que los datos tienden a extenderse alrededor de un valor medio. A grandes rasgos es posible diferenciar entre dos tipos de medidas de variabilidad: según se considere la amplitud de la escala en la que se distribuyen las puntuaciones, o la variación producida entre todos los valores de la distribución y un índice de tendencia central.

Dentro de los primeros (amplitud) se consideran el rango y del recorrido intercuartílico. El *rango* es la diferencia entre el valor más alto y más bajo, reflejando la amplitud total de la distribución. Considerando que el valor mínimo de la variable ingresos de la unidad familiar es 3,76 y el máximo 195,04, el rango de esta distribución es 191,28. Uno de los problemas que presenta esta medida es que depende únicamente de los valores extremos de la distribución, y por lo tanto es muy sensible a la presencia de valores atípicos. Cuando se elimina la presencia de los cinco casos atípicos "extremos" el rango es 25,26, descendiendo hasta 15,05 cuando se eliminan también los "outliers" (ver tablas 2.3 y 2.6).

El *recorrido intercuartílico* (amplitud intercuartil en SPSS) elimina estos problemas puesto que la diferencia entre el tercer y el primer cuartil es menos sensible a la presencia de datos extremos. El análisis de la tabla 2.4 desvela que la resta entre el percentil 75 (tercer cuartil) y el percentil 25 (primer cuartil) proporciona un valor de 6,48 (12,54 –6,06), valor que se mantiene constante en las distribuciones de la tabla 2.3 y 2.6. El 50% de los ingresos de las personas analizadas se sitúan entre los 6,06 y los 12,54 mil Euros. En algunas ocasiones se utiliza también el *recorrido semiintercuartílico*, también conocido como *desviación semiintercuartil* o *amplitud intercuartil*, que es el recorrido intercuartílico dividido entre dos ([180 - 87] /2).

El segundo grupo de medidas de variación consideran la dispersión producida entre todos los valores de la distribución y un índice de tendencia central. Dentro de este grupo está la *desviación media*, promedio de las desviaciones absolutas de los datos respecto de la media aritmética, la *desviación típica* y la *varianza*. La varianza es la media aritmética de los cuadrados de las desviaciones de los datos respecto de la media, mientras que la *desviación típica* es la raíz cuadrada de la varianza. Esta última es, sin duda, la medida de dispersión más utilizada. En distribuciones normales:

▼ El 68,26% de los casos están comprendidos entre los valores que resultan al sumar la media y la desviación típica, y al restar a la media la desviación típica.

▼ El 95,44% de los casos están comprendidos entre los valores que resultan al sumar la media y la desviación típica multiplicada por dos, y al restar a la media la desviación típica por dos.

▼ El 99% de los casos están comprendidos entre los valores que resultan al sumar la media y la desviación típica por 2,58, y al restar a la media la desviación típica por 2,58.

Ahora bien, en una variable que oscila entre el 3,76 y el 195,04, ¿una desviación típica de 10,6 es alta o baja? La mejor forma de responder a esta pregunta es calcular las veces en las que la desviación típica contiene a la media, es decir, realizar el cociente de la desviación típica entre la media: 10,60/10,00 = 1,06. Una puntuación lejana a la unidad está indicando una escasa diferenciación entre las respuestas de cada uno de los entrevistados o, dicho de otro modo, que la muestra elegida presenta una considerable concentración en las respuestas obtenidas.

A diferencia de las medidas de dispersión vistas en el primer grupo, la desviación típica recoge información de todos los datos de la distribución, está influenciada por todos los datos, de modo que recogerá también la influencia de los casos extremos. En páginas anteriores se señaló que la media es sensible ante la presencia de casos extremos, de modo que lo mismo ocurrirá con la desviación típica en la medida que la media interviene en su cálculo. Incluso la influencia de los casos extremos en la desviación típica es superior que en la media al elevar al cuadrado la diferencia de cada valor respecto de la media. Lo mismo ocurre con la varianza. De hecho al comparar las tablas 2.3 y 2.6 se aprecia una diferencia considerable entre la desviación típica de las distribuciones, que recuérdese se diferencia únicamente en la ausencia de casos atípicos.

En la búsqueda de un estadístico de variabilidad que no esté influenciado por los valores extremos se localiza el recorrido intercuartílico. Unas líneas más atrás se señalaba que en una distribución normal el 68,26% de los casos se encuentra entre los valores que resultan al sumar la media y la desviación típica, y al restar la media a la desviación típica. El recorrido intercuartílico se interpreta de forma similar, la mitad del universo tiene un nivel de ingresos entre 6,06 mil y 12,54 mil Euros.

Otra medida de dispersión muy robusta es el *coeficiente de variación intercuartílico*, calculado dividiendo la diferencia entre los cuartiles (recorrido intercuartílico) entre su suma. En el ejemplo la resta de cuartiles es 6,47 (12,54–6,06), y su suma 18,59 (12,53 + 6,06), de modo que el cociente entre ambos es 0,35. En la medida que los cuartiles son los mismos en la distribución con todos los casos y en aquellas sin atípicos (tablas 2.3 y 2.6), este estadístico muestra una elevada robustez a la presencia de casos extremos. De hecho, este coeficiente se utiliza frecuentemente para comparar la dispersión entre variables con distintos rangos, y es la alternativa robusta al coeficiente de variación clásico.

El último tipo de medidas para conocer la distribución están referidas a la asimetría y al apuntamiento de la variable, a su forma, y por ello son conocidas como *medidas de forma*. La primera analiza el grado de simetría de una distribución dividida por la mediana, hasta qué punto la mediana divide una distribución en dos partes con formas iguales. Una asimetría positiva está indicando un gran número de puntuaciones altas y la distribución aparece escorada hacia la izquierda, como es el caso de la variable ING donde el valor de la media supera la mediana. La asimetría negativa se produce cuando existe un elevado número de puntuaciones altas, y por lo tanto la "joroba" de la distribución aparece en la parte derecha. En esta situación el valor de la media es inferior a la mediana, la media está situada a la izquierda de la mediana y de la moda, asimetría positiva.

			Sin casos extremos n = 1195	Sin casos extremos ni outliers n = 1193
Ingreso anual	Media		9,3808	9,3505
	Intervalo de confianza para la media al 95%	Límite inferior	9,1599	9,1333
		Límite superior	9,6016	9,5677
	Media recortada al 5%		9,2452	9,2330
	Mediana		8,9862	8,9862
	Varianza		15,145	14,620
	Desv. típ.		3,89170	3,82361
	Mínimo		3,76	3,76
	Máximo		29,02	18,81
	Rango		25,26	15,05
	Amplitud intercuartil		6,48	6,48
	Asimetría		,458	,327
	Curtosis		-,331	-,994

Tabla 2.6. Distribución sin casos atípicos

El análisis del histograma presentado en el gráfico 2.1 ayudará a comprender mejor el valor de la asimetría de la distribución obtenida. Una asimetría de 13,03 refleja una distribución inclinada hacia la izquierda, que como se ha señalado se produce por un elevado número de puntuaciones bajas y una ausencia de puntuaciones altas. Los resultados analizados hasta el momento indican que 1.193 casos tienen ingresos menores a 19 mil euros, mientras que cinco casos tienen ingresos superiores a los 100 mil Euros. Anteriormente se señaló que 1.193 casos están concentrados en los primeros rectángulos, y siete valores en el resto de rectángulos. Se trata claramente de una distribución asimétrica positiva inclinada hacia la izquierda.

En el gráfico 2.6 se muestra el histograma y el gráfico de tallo y hojas de la distribución eliminando todos los casos atípicos, y cuyos estadísticos se han mostrado en la tabla 2.6. Eliminar estos casos cambia la escala del histograma, lo que permite apreciar mucho mejor las características de la distribución. De hecho, se trata de una distribución que es mucho más simétrica que la anterior, aunque sigue teniendo una ligera asimetría como consecuencia del elevado número de personas con ingresos menores a los 8 mil Euros (517 entrevistados, casi la mitad de la muestra).

Este histograma –aún con sus limitaciones– ofrece una mejor interpretación que el mostrado en el gráfico 2.1, donde los casos extremos disminuían notablemente el tamaño de la superficie representada, lo que impedía una adecuada visión de la distribución. En esta nueva distribución los valores que oscilan entre 3,76 y 18,81 (tabla 2.6). El cálculo automático del número y la amplitud de los intervalos, dividiendo el rango de los valores observados en intervalos iguales, muestra 37 rectángulos con una amplitud de 0,4067 mil Euros ([18,81 – 3,76] / 37), y cuyos puntos medios son –de nuevo– difíciles de identificar.

Histograma

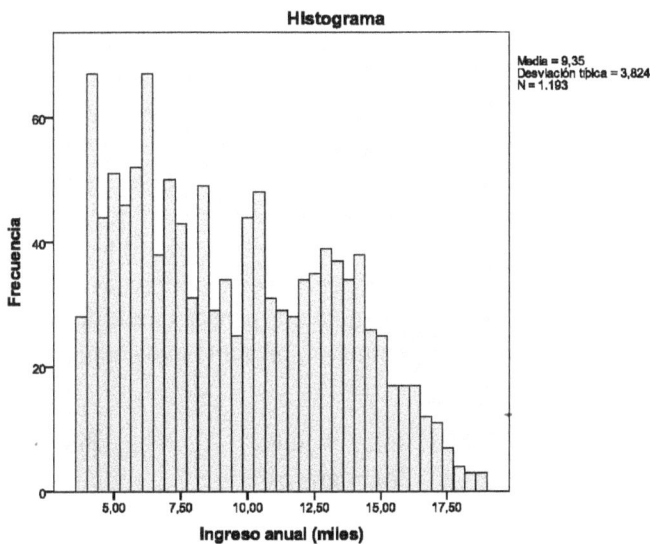

Media = 9,35
Desviación típica = 3,824
N = 1.193

Ingreso anual (miles)

Gráfico de tallo y hojas

```
Frequency       Stem&Leaf

  84,0    3 . 7777777777777799999999999999999999
 100,0    4 . 11111111111111113333333333355555555555588888888888
 124,0    5 . 00000000000000222222222222222444444444466666666688888888888
 130,0    6 . 0000000000000222222222222222222224444444444466666666688888888888
  99,0    7 . 1111111111111333333333355555555577777777999999
  96,0    8 . 111111111133333333333333355555555577777777999999999
  67,0    9 . 1111111144444666666888888888888888
  97,0   10 . 0000000000222222222224444444444444666666668888888888
  71,0   11 . 00000222222224444447777779999999
  94,0   12 . 1111111111333333355555555555557777799999999999999
  73,0   13 . 111111111113333333355555555555577777
  78,0   14 . 0000000002222222224444444466666888888
  45,0   15 . 000002224444466688888
  34,0   16 . 000133335577799
  17,0   17 . 1115555&
   6,0   18 . 18&
```

Stem width: 1,00

Each leaf: 2 case(s)

& denotes fractional leaves.

Gráfico 2.6. Histograma y gráfico de tallo y hojas (sin atípicos)

Del análisis de las alturas se desprende que alrededor de 30 entrevistados tienen ingresos inferiores a 3,76 mil Euros (valor más bajo), frecuencia que se duplica cuando se considera la representación del siguiente nivel de ingresos (3,76 + 0,406) 4,17 mil Euros. A la derecha del gráfico vuelve a aparecer la media de la distribución, 9,35 mil Euros, la desviación típica y el número de casos. Al comparar estos valores con la distribución mostrada en el gráfico 2.1 y 2.2 se aprecia que la eliminación de siete casos –en una distribución de 1.200 casos, que supone un 0,58% de los entrevistados– genera una disminución en la media de ingresos de 0,65 mil Euros, y un descenso en la desviación típica de 10,6 a 3,8. El lector debe reflexionar sobre cuál de las dos distribuciones recoge mejor los ingresos del universo objeto de estudio. Nuestro punto de vista se inclina a pensar que esta última, donde hay únicamente 7 personas menos que la anterior, presenta unos datos más cercanos a la realidad del universo.

Al observar el gráfico de tallo y hojas se aprecia que, en realidad, las categorías con más elecciones son los ingresos entre 5 y 69 mil Euros. Se estaría hablando, en definitiva, de una distribución bimodal.

Otros estadísticos de asimetría más robustos como los índices de simetría *Yule* y *Kelley* presentan Freixa et. al (1992: 39-40) y Escobar (1999: 30). Realizaremos una breve exposición del índice de Kelley, siguiendo el texto de Escobar. El índice de simetría de Kelley utiliza los deciles primero y noveno, que son sumados y divididos entre dos, y el valor resultante es restado de la mediana (cuadro 2.1). Cuando los valores del decil superior son muy elevados se produce una simetría hacia la derecha, arrojando valores negativos al superar el promedio de deciles el valor de la mediana.

El último de los estadísticos de forma se refiere al apuntamiento de una distribución, a la altura de esta respecto al origen de coordenadas. Considerando una distribución unimodal y simétrica, una curtosis positiva está indicando una elevada altura sobre el origen, una distribución con un elevado grado de apuntalamiento que recibe el nombre de *leptocúrtica*. En la situación opuesta, una curtosis negativa está reflejando una distribución muy cercana al origen de coordenadas que recibe el nombre de *platicúrtica*. La distribución leptocúrtica está indicando una distribución de frecuencias muy concentrada en unos pocos valores, mientras que la platicúrtica se caracteriza por una distribución más uniforme. En la primera una gran parte de las 1.200 unidades del ejemplo utilizado habrían elegido las mismas respuestas, mientras que en la segunda todas las respuestas han sido muy elegidas. La distribución con un valor de curtosis de 0 recibe el nombre de *mesocúrtica*.

El análisis de la variable presenta una curtosis de 208, que desvela una distribución leptocúrtica muy concentrada en unos pocos valores. Como ya se vio en la interpretación de la asimetría debe tenerse en cuenta que se trata de una distribución que –entre los ingresos 25 y 195– tiene tan sólo 7 valores, y el resto se concentra entre 3,76 y 18,81. Al eliminar los atípicos la distribución sufre un cambio importante, adoptando la curtosis un valor de -0,994 que indica la presencia de una distribución *platicúrtica*. Un índice más robusto es el *Coeficiente de curtosis K2*, que no será tratada aquí por problemas de espacio. A los interesados en el mismo se aconseja la lectura de Freixá et al. (1992) y Escobar (1999). Terminar señalando que cuando la asimetría y la curtosis sean 0 se estará en presencia de una distribución norma (Tabachnick y Fidell, 2014).

2.2.5 Transformaciones de la distribución

Como se indicó en las primeras páginas de este capítulo, el análisis exploratorio aboga por la realización de transformaciones de las observaciones con el objetivo de conseguir cambios en la distribución de las variables, buscando obtener modelos más ajustados. Es preciso señalar, como punto de partida, que las transformaciones se aplican a los datos observados, nunca a datos estandarizados o previamente modificados. A grandes rasgos puede hablarse de cuatro tipos de cambios, si bien el primero no llega a ser considerado como una transformación por el Análisis Exploratorio de Datos (Hartwig y Dearing, 1979). Veamos en detalle cada uno:

1. Cambios *lógicos* originados por la unión de categorías para reducir la amplitud de las variables. Se trata de reducir el rango de la variable uniendo unas categorías con otras, eliminando categorías sin respuestas, convirtiendo variables de intervalo en variables ordinales o nominales, creando variables ficticias (dummy), etc. Para llevar a cabo esta tarea con el SPSS se utilizan las funciones *Transformar→Recodificar*, como ya fue expuesto en las páginas 188-211 de un trabajo anterior (Díaz de Rada, 2009).

2. Transformaciones *lineales* obtenidas al sumar, restar, multiplicar o dividir las observaciones originales por una constante. Al trabajar con una constante los valores transformados son una combinación lineal de los originales, de modo que no se cambia la forma de la distribución, ni las distancias entre los valores, ni el orden. Por este motivo estas transformaciones se utilizan para mejorar la interpretación, pero no generan cambios importantes en las variables.

3. Transformaciones *algebraicas*, también conocidas como *no lineales monotónicas* (Hartwig y Dearing, 1979), obtenidas al aplicar operaciones distintas a la adición o multiplicación de constantes, como por ejemplo la raíz cuadrada, cúbica, logaritmos, etc. Estas transformaciones cambian las distancias entre los valores originales, modificando por tanto la forma de la distribución, aunque siguen manteniendo el orden.

Aplicar una transformación determinada a los datos originales producirá una dispersión en una parte de la distribución, dispersión que podrá ser más o menos acusada según la función utilizada. De modo que a la hora de aplicar una transformación deben considerarse dos aspectos, por un lado la potencia de transformación, y por otro el lugar de la distribución donde se desean efectuar los cambios.

Nivel del sesgo:	-2	-1	-1/2	0	1/2	1	2	3	4
Función:	$-1/x^2$	$-1/x$	$-1/R\ x$	$\log x$	$R\ x$	x	x^2	x^3	Antilog
	Fuerte			Débil		Sin cambio			
	Asimetría positiva							Asimetría negativa	

Fuente: Tabachnick y Fidell, 2014: 121.

Tabla 2.7. Escala de transformaciones

Considerando ambos aspectos Tukey elabora una "escalera de las transformaciones" donde se muestra el tipo de transformación más conveniente atendiendo al grado de asimetría de la distribución original, y al lugar (derecha o izquierda) donde se produce esa asimetría. La asimetría negativa se corrige mediante antilogaritmos cuando es muy elevada, y con elevaciones cúbicas y cuadráticas cuando es más suave. Por su parte las distribuciones asimétricas positivas pueden corregirse con raíces cuadradas y logaritmos naturales cuando tienen valores bajos, y con funciones inversas o inversos cuadráticos cuando son elevadas, tal y como se muestra en la tabla 2.7.

Para ilustrar el proceso de transformación se realizará la explicación utilizando los datos de la variable ING, que como se vio presenta una ligera asimetría positiva. Las transformaciones que corrigen este tipo de asimetría son, de menor a mayor potencia, la raíz cuadrada, la transformación logarítmica, y el negativo del inverso de la raíz cuadrada. Para realizar estas transformaciones con el SPSS es preciso seleccionar el menú *calcular* dentro de la función *transformar* (figura 2.13).

Transformar→Calcular...

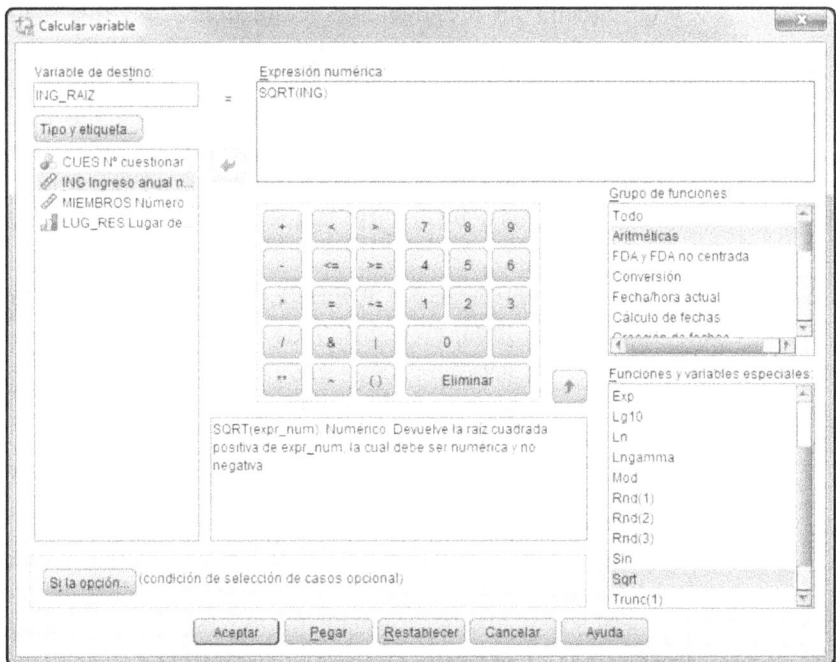

Figura 2.13. Cuadro de diálogo Calcular variable

El cálculo de la primera transformación se lleva a cabo colocando en la ventana superior izquierda el nombre de la variable de destino, y a la derecha la expresión numérica correspondiente (figura 2.13). Para calcular la raíz cuadrada de la variable ING es preciso seleccionar, en primer lugar, el grupo de funciones al que corresponde, utilizando para ello el recuadro derecho central (denominado *Grupo de funciones*). Tras seleccionar la opción *Aritméticas* en el recuadro derecho inferior (*Funciones y variables especiales*) aparecen todas las disponibles, entre las que se encuentra *SQR*. Una vez localizada se traslada a la ventana superior pulsando el *botón-flecha* situado entre ambas ventanas. Posteriormente se acude a la ventana inferior izquierda para seleccionar la variable correspondiente. Una vez seleccionada se pulsa el *botón-flecha* entre las ventanas y así pasa a formar parte de la expresión numérica. Un proceso similar se lleva a cabo para elaborar una variable formada por el logaritmo de los datos originales, variable ING_LOG, y el negativo inverso de la raíz cuadrada ING_IN_R.

Efectuados los cálculos vuelven a examinarse las nuevas distribuciones obtenidas, utilizando los gráficos y los estadísticos explicados más atrás. En la tabla 2.8 tan sólo se ha mostrado una pequeña parte de estos resultados. Tras comparar los efectos producidos por cada transformación se elige aquella que presenta una mejora en la asimetría. En este ejemplo la transformación más suave (raíz cuadrada) no llega a simetrizar la distribución, algo que consigue la transformación logarítmica. En el caso que las diferentes transformaciones no hubieran conseguido el propósito buscado lo mejor será utilizar la variable original en el resto de los análisis. Por último, cuando dos transformaciones proporcionen los mismos resultados debe elegirse la que tenga menor potencia.

	Variable Original	Raíz cuadrada	Logaritmo	Negativo inverso
Media	10,00	3,03	2,16	0,34
Mediana	8,99	2,99	2,19	0,33
Asimetría	13,31	5,37	0,73	0,34
Desv.intercuartílica	6,48	1,08	0,73	0,12

Tabla 2.8. Valores de la variable transformada

Señalar, por último, que combinando las transformaciones lineales y las algebraicas es posible modificar los extremos de la distribución. Para ello en un primer paso se realiza una transformación lineal de modo que la nueva variable tenga como límites los valores 0,005 y 0,995, y posteriormente se le aplica una determinada función algebraica para proceder con el suavizado de los valores extremos (Hartwig y Dearing, 1979).

4. Transformaciones no lineales no monotónicas: cambian las distancias y el orden entre los valores. Son las más difíciles de utilizar porque cambian totalmente la información original (Blanco Moreno, 2015).

Terminar este apartado reproduciendo una advertencia de Etxeberría cuando aconseja prudencia a la hora de llevar a cabo estas transformaciones puesto que "toda variable tiene una parte de información y otra de error, y con las transformaciones los errores también puede resultar profundamente alterados (Etxeberría et al., 2004).

2.3 APLICACIÓN A UN CASO CON DOS VARIABLES: DISTRIBUCIÓN DE INGRESOS DE UNA REGIÓN CONSIDERANDO EL TAMAÑO DE LOS MUNICIPIOS

Todo el proceso realizado hasta el momento se ha centrado en el análisis de una sola variable dependiente, concretamente el nivel de ingresos, aunque en ocasiones es conveniente *explorar* el comportamiento de una variable dependiente en los subgrupos creados por una variable independiente o factor. Con el fin de ilustrar esta situación se procede a la exposición de un ejemplo simple con dos variables, tratando de conocer la distribución de los ingresos según el tamaño del municipio donde reside el entrevistado. La hipótesis a demostrar plantea que el nivel de ingresos apenas presenta diferencia con el tamaño del municipio de residencia, aunque la variabilidad de estos ingresos es mayor en los municipios más grandes.

2.3.1 Selección de los procedimientos: proceso de realización del análisis exploratorio

En páginas anteriores se han expuesto dos procedimientos para llevar a cabo un análisis exploratorio, el primero basado en la utilización de funciones y subfunciones utilizando la interfaz gráfica de SPSS (*Analizar→Estadísticos descriptivos→Explorar...*), y el segundo utilizando los comandos de sintaxis en el editor de sintaxis. Se aprovechará la ocasión para explicar otra forma de acceso a los cuadros de diálogo con el fin de complementar la explicación realizada en las páginas anteriores, realizando una rellamada a los cuadros de diálogo utilizando la *barra de herramientas* del menú principal. Para ello hay que marcar con el ratón el símbolo de la barra de herramientas 🖫, que se encuentra en el cuarto lugar, contando de izquierda a derecha. Este símbolo realiza una rellamada al cuadro de diálogo mostrando las últimas operaciones realizadas. Así en la figura 2.14 aparecen todas las operaciones utilizadas en un texto anterior (Díaz de Rada, 2009), junto con la exploración de los datos realizada en este capítulo. Haciendo un clic de ratón en una de ellas aparece en pantalla el cuadro de diálogo correspondiente, evitando hacer un "recorrido" por las distintas funciones y subfunciones.

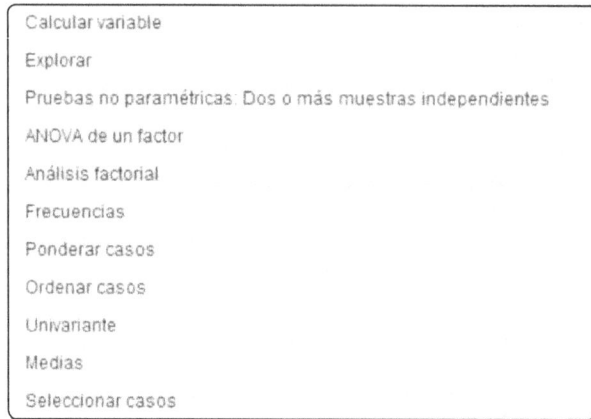

Calcular variable

Explorar

Pruebas no paramétricas: Dos o más muestras independientes

ANOVA de un factor

Análisis factorial

Frecuencias

Ponderar casos

Ordenar casos

Univariante

Medias

Seleccionar casos

Figura 2.14. Llamada a los cuadros de diálogo

Marcando la línea *explorar* surge el cuadro de diálogo de la figura 2.4, página 34. Partiendo de esta situación, el cuadro de diálogo *Explorar* con la variable ING en la ventana *Dependientes*, se procede a introducir la variable LUG_RES en la ventana central derecha encabezada con el nombre de *Factores*, proceso que se muestra en la figura 2.15. La forma en que se ha "recuperado" el cuadro de diálogo hace que aparezcan preseleccionados todos los estadísticos y gráficos que fueron marcados en los cuadros de diálogo 2.5, 2.6 y 2.8, de modo que será preciso desactivar aquellos que no sean necesarios.

Analizar→Estadísticos descriptivos→Explorar…

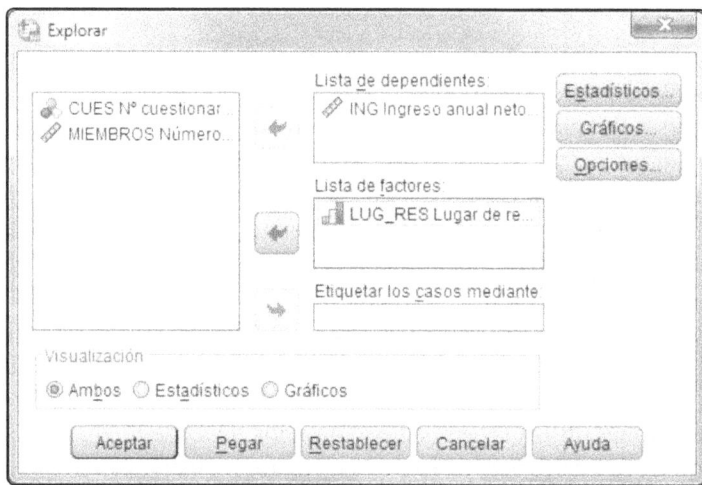

Figura 2.15. Cuadro de diálogo Explorar: una variable dependiente y una variable factor

En este ejemplo la selección realizada anteriormente parece adecuada, aunque deben activarse algunos gráficos no disponibles cuando se analiza una variable. Concretamente los gráficos de dispersión por nivel con prueba de Levene, donde se encuentra el test de homogeneidad de varianzas e informa de la conveniencia de realizar una transformación de los datos. Para solicitarlos basta con marcar la opción *Estimación de potencia* del cuadro de diálogo de la figura 2.7, página 37. Las instrucciones generadas por este procedimiento, que aparecen cuando en el cuadro de diálogo anterior se pulsa en botón *Pegar*, se muestran en la figura 2.16.

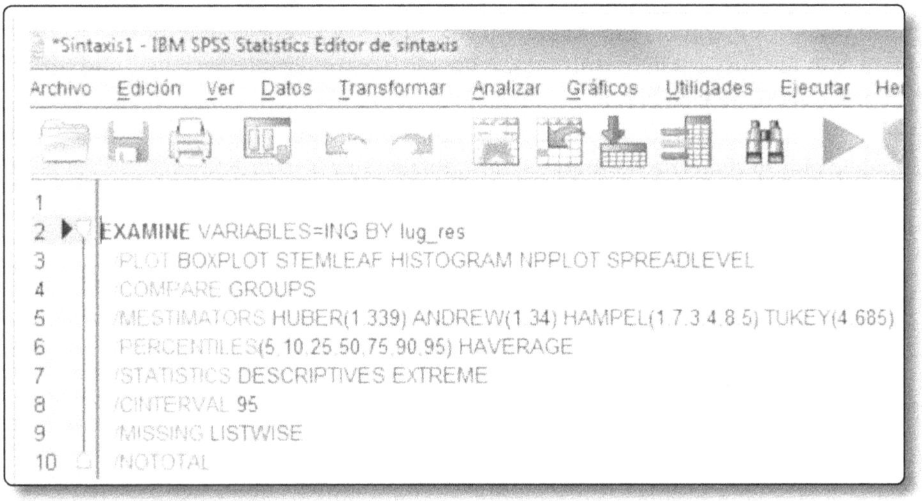

Figura 2.16. Editor de sintaxis: instrucciones del cuadro de diálogo 2.15

Antes de terminar con el proceso de realización del análisis exploratorio con dos variables señalar que es posible introducir varias variables factor, que serán analizadas una a una con la variable dependiente. Si en la ventana *Factores* se colocan, por ejemplo, las variables LUG_RES y MIEMBROS el programa realizará, en primer lugar, un primer análisis para ING y LUG_RES, y posteriormente otro para ING y MIEMBROS. Para comprobar la hipótesis planteada anteriormente basta con utilizar las variables ING y LUG_RES, razón por la que se trabajará únicamente con estas dos (figura 2.16).

Los resultados proporcionados por el programa son muy similares a los analizados en el apartado anterior, con la única diferencia que ahora se presentan los datos de la variable dependiente para cada una de las categorías de la variable factor. Como esta variable tiene cuatro categorías se presentan cuatro distribuciones para cada uno de los subgrupos. Motivos de espacio y de dinamismo en la exposición nos lleva a interpretar tan sólo algunos resultados, concretamente aquellos que presentan alguna novedad respecto a lo expuesto en el apartado anterior. Consideramos que realizar la interpretación detallada de todos los resultados supondría una pérdida de dinamismo en la lectura del trabajo, con el consiguiente aburrimiento del lector, algo que deseamos evitar a toda costa.

2.3.2 Interpretación de resultados

En el apartado anterior la exposición de resultados fue dividida en dos partes, comenzando con el examen gráfico de los datos para posteriormente analizar la distribución utilizando estadísticos univariantes. El orden de exposición será el mismo, aunque de todas las representaciones gráficas obtenidas la atención se centrará en el gráfico de caja y en el gráfico de dispersión por nivel, obviando la interpretación de los histogramas y el gráfico de tallo y hojas para cada subgrupo. Tampoco serán analizados los gráficos de normalidad en cada una de las distribuciones formadas por los cuatro subgrupos.

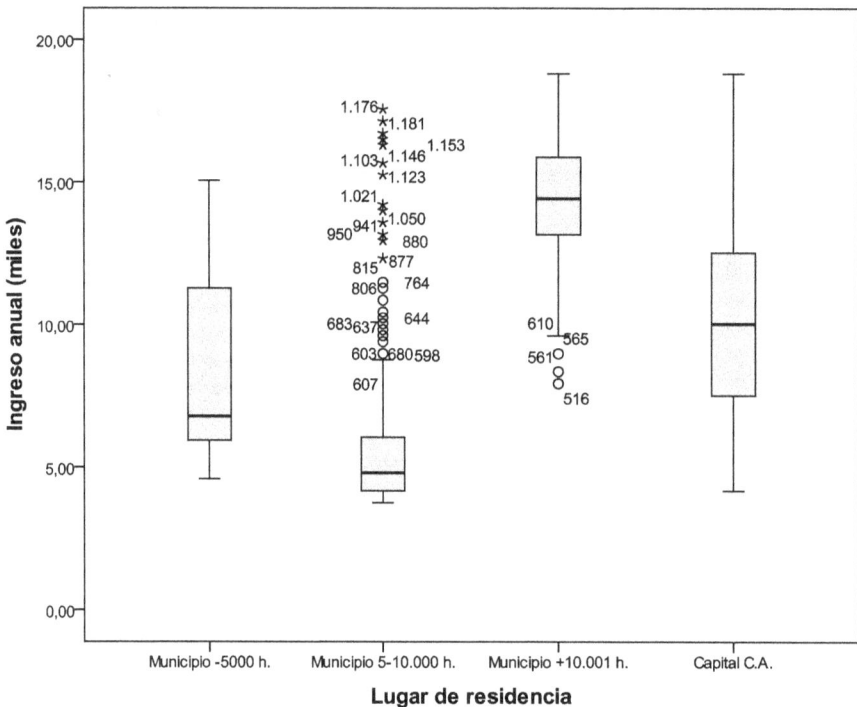

Gráfico 2.7. Gráfico de caja. Distribución de ingresos según el tamaño del municipio

Tal y como se señaló unas páginas más atrás, el gráfico de caja es muy útil para comparar la distribución de una variable para los subgrupos creados por la variable factor. Del análisis del gráfico 2.7 se desprende que las personas que viven en municipios mayores de 10.000 habitantes tiene el nivel de ingresos más elevado, presentando cuatro casos outliers en la parte inferior de la distribución (con ingresos menores que 9,6 miles de Euros, según muestra el gráfico de tallo y hojas). Un análisis espacial del universo objeto de estudio desvela que se trata de municipios –cercanos a la capital– con predominio de viviendas unifamiliares que han experimentado una gran crecimiento en los últimos años. Los casos atípicos en la parte inferior serán, posiblemente, los habitantes de estas poblaciones antes del gran crecimiento experimentado recientemente; "los menos ricos de los ricos".

Las personas que viven en la Capital presentan –además del segundo nivel de ingresos– la mayor dispersión de los datos, siendo la mayor distribución de todas las consideradas; lo que explica –sin duda– la ausencia de casos atípicos.

En la situación opuesta se encuentran los entrevistados que residen en municipios entre 5.001 y 10.000 habitantes, con las rentas más bajas y la mayor concentración de éstos, mostrando también una elevada asimetría positiva[8] consecuencia de un valor promedio muy superior a la mediada (en la tabla 2.9 se aprecia una diferencia de un punto entre ambas magnitudes). Llama la atención la escasa variabilidad de esta distribución, mucho más cuando se tiene en cuenta el elevado tamaño de este colectivo, 308 personas que suponen un 26% de la muestra total. Esta escasa amplitud, unida a su elevado número de personas, explica el gran número de casos extremos en la parte superior de la distribución. Concretamente 34 personas[9], según muestra el gráfico de tallo y hojas, con ingresos superiores a 8,7 miles de Euros. Por último, en los municipios más pequeños la media vuelve a ser superior a la mediana –casi un punto y medio según la tabla 2.9– que explica su asimetría hacia la izquierda (positiva).

---

8   Mayor número de casos en la parte izquierda de la distribución.

9   Que suponen un 2,85% de la distribución (34 / 1193).

	Menos de 5.001 habitantes n = 28	Entre 5.001 y 10.000 habitantes n = 308	Más de 10.000 habitantes n = 103	Capital de la Comunidad Autónoma n = 754
Media	8,266	5,8013	14,3649	10,1558
Media recortada 5%	8,1055	5,3871	14,4658	10,0735
Mediana	6,7919	4,8066	14,4197	10,0311
Varianza	9,403	7,704	5,430	9,645
Desv. típ.	3,06636	2,77553	2,33023	3,10557
Mínimo	4,60	3,76	7,94	4,18
Máximo	15,05	17,55	18,81	18,81
Amplitud intercuartil	5,38	1,88	2,72	5,02
Asimetría	,661	2,444	-,532	,293
Curtosis	-,817	5,804	,189	-,819

Tabla 2.9. Nivel de ingresos. Según el tamaño de municipio de residencia

La información mostrada por la tabla 2.9 añade una mayor precisión a las tendencias apuntadas en los párrafos precedentes. Las personas con menos ingresos residen en municipios entre 5.001 y 10.000 habitantes, y la variabilidad en la distribución de ingresos de este colectivo es muy reducida. Es sorprendente que el elevado tamaño muestral de esta categoría presente una variabilidad tan escasa, y de hecho esta variabilidad (amplitud intercuartil 1,88) es la responsable del elevado número de casos atípicos y, por tanto, la que explica la gran diferencia existente entre la media, la media recortada al 5% y la mediana (5,80, 5,38 y 4,81 respectivamente). Al final del primer párrafo de este apartado (página 71) se planteó como hipótesis que "el nivel de ingresos apenas presenta diferencia con el tamaño del municipio de residencia, aunque la variabilidad de estos ingresos es mayor en los municipios más grandes". Se trata de una proposición que no puede ser aceptada debido a las elevadas diferencias en los recorridos intercuartílicos de cada distribución, en la medida que son los municipios más pequeños y la capital los que presentan una mayor variabilidad de los ingresos; y no los municipios más grandes como apuntaba la citada hipótesis.

Cuando se trabaja con una variable factor se activa la parte inferior del cuadro de diálogo *Gráficos* (figura 2.6, página 36) y permite solicitar los gráficos de dispersión por nivel y la prueba de Levene para comprobar el supuesto de homocedastidad, requisito imprescindible cuando van a utilizarse determinados procedimientos como, por ejemplo, el análisis de varianza. El concepto de homocedasticidad plantea que la varianza de la variable dependiente es constante en cada uno de los valores de la variable independiente. El análisis del gráfico 2.7 ya ha desvelado que existen diferencias entre la dispersión de las distribuciones, pero ahora se trata de utilizar un test estadístico que informe si estas diferencias son significativas o no.

Existen diversos procedimientos para comprobar que los subgrupos formados por la variable factor tienen varianzas iguales, aunque algunos de éstos son muy dependientes de la normalidad de las distribuciones. El SPSS utiliza el test de Levene porque es menos dependiente del supuesto de normalidad que el resto de los contrastes. La hipótesis nula de este test sostiene que las varianzas de los subgrupos de ingresos creados por la variable factor son iguales.

De los diferentes contrastes mostrados en la tabla 2.10 el basado en la media recortada es el más robusto, si bien todas muestran una tendencia similar. Los bajos valores de la última columna nos lleva a rechazar la hipótesis nula de igualdad de varianzas, con un nivel de significación (probabilidad de equivocarnos) inferior al 0,000%. En el caso que en una fase posterior de la investigación fuera necesario utilizar una técnica que precise varianzas iguales, por ejemplo el análisis de varianza, será necesario realizar previamente una transformación de estos datos, o emplear alguna otra técnica que esté libre de este supuesto (por ejemplo, una prueba no paramétrica como el análisis de varianza por rangos de Kruskal-Wallis).

		Estadístico de Levene	gl1	gl2	Sig.
Ingreso anual (miles)	Basándose en la media	19,316	3	1189	,000
	Basándose en la mediana.	24,035	3	1189	,000
	Basándose en la mediana y con gl corregido	24,035	3	1006,87	,000
	Basándose en la media recortada	23,712	3	1189	,000

Tabla 2.10. Prueba de homogeneidad de la varianza

Si se opta por la primera opción (transformación de los datos) es recomendable elaborar un gráfico que muestre la relación entre la dispersión y el nivel, empleando para ello la parte inferior del cuadro de diálogo *Gráficos* (figura 2.6, página 36). Se trata, concretamente, de la orden *Estimación de potencia*, cuyo resultado aparece en el gráfico 2.8: en ordenadas se presentan los logaritmos naturales de la amplitud intercuartílica de cada grupo y en abscisas los logaritmos de las medianas. Cuando las varianzas son iguales los puntos están situados en la misma altura, alineados horizontalmente. Una situación diferente, como la mostrada en el gráfico 2.8, obliga a reconsiderar la relación entre las dos variables y efectuar una *transformación* de la variable dependiente con el fin de estabilizar las varianzas.

Gráfico de dispersión por nivel de ING por lug_res Nivel

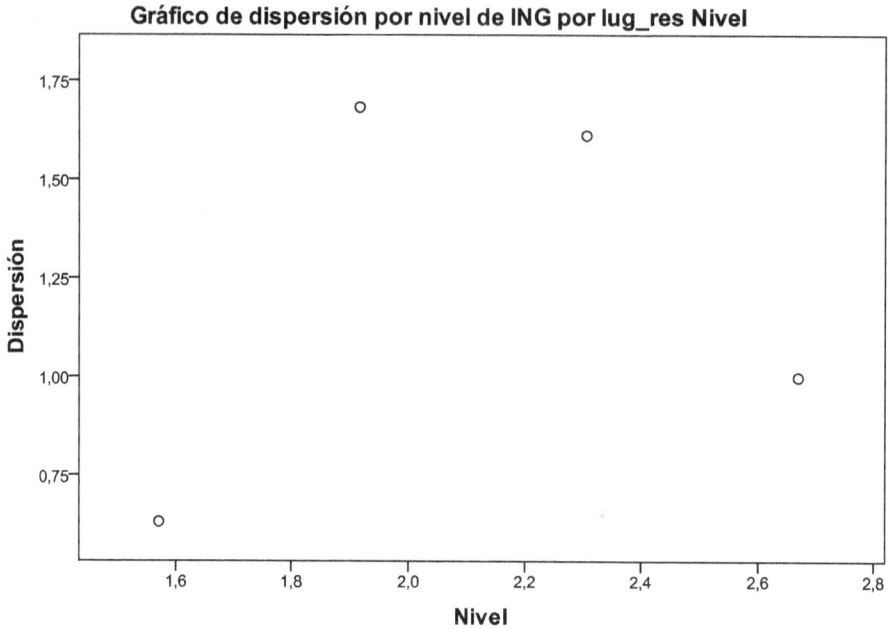

* Gráfico de LN de dispersión por LN de nivel

Inclinación = ,267 Potencia para transformación = ,733

Gráfico 2.8. Gráficos de dispersión por nivel (ING POR LUG_RES)

Para llevarla a cabo es necesario determinar el nivel de transformación más adecuado, valor que se obtiene restando al 1 a la potencia de la transformación. En este caso, 1 – 0,733 proporciona el valor 0,267. Cuando unas páginas más atrás (apartado 2.2, figura 2.7, página 37) se mostraron las posibilidades que ofrece el SPSS para realizar transformaciones en los gráficos de dispersión se habló de la transformación inversa, el logaritmo natural, la raíz cuadrada, etc. Ahora bien, ¿cómo se "traslada" esta información con el valor *potencia de transformación* que aparece al pie del gráfico 2.8? En la tabla 2.11 se muestra la equivalencia entre tales informaciones: el "cubo" corresponde a una potencia para transformación de 3, el cuadrado a una potencia de 2, etc. En el caso que nos ocupa, el valor 0,267 está más cercano a ½ que a 0, de modo que se utilizará como transformación la raíz cuadrada. Para llevar a cabo la transformación basta con abrir de nuevo el cuadro de diálogo *Gráficos* (figura 2.7) y solicitar el gráfico de *Dispersión por pruebas de nivel* marcando *Raíz cuadrada* en la opción *Transformados*[10]. Una vez realizada la transformación de los datos será necesario volver a analizar la nueva distribución, utilizando las representaciones gráficas y los estadísticos presentados a lo largo de este apartado con el fin de comprobar hasta qué punto se han conseguido los efectos pretendidos.

Tabla 2.11.
Potencia para transformación y tipo de transformación

Potencia para transformación	Transformación
3	Cubo
2	Cuadrado
1	No cambio (no transformados)
1/2	Raíz cuadrada
0	Logaritmo
-1/2	Inverso de la raíz cuadrada
-1	Inverso

Fuente: Norusis, 2012.

2.4 EVALUACIÓN DE LOS SUPUESTOS DEL ANÁLISIS MULTIVARIANTE

La última etapa del análisis exploratorio consiste en la verificación de si los datos cumplen los supuestos inherentes a las técnicas estadísticas a utilizar. La gran cantidad de variables que intervienen en el análisis multivariante, junto con la complejidad de las relaciones analizadas, genera que las distorsiones originadas por el incumplimiento de estos supuestos sean mucho más elevadas que las producidas en las técnicas bivariantes. Los supuestos que deben cumplir la mayor parte de los datos sometidos a técnicas multivariantes son la homocedasticidad o igualdad de varianzas, la normalidad, la existencia de relaciones lineales entre variables, y la ausencia de multicolinealidad entre las variables independientes (Tabachnick y Fidell, 2014).

---

10   Otra posibilidad, empleando el editor de sintaxis, es colocar ese valor, entre paréntesis, a la derecha de la palabra SPREADLEVEL.

Se ha aprovechado la interpretación del diagrama de dispersión para analizar la *homocedasticidad* de una variable métrica y otra ordinal, utilizando el test de Levene por su resistencia ante la ausencia de normalidad. Cuando se tienen dos variables medidas a nivel de intervalo la mejor forma de detectar la homocedasticidad es representar en un gráfico de dispersión los valores predichos frente a los residuales. Cuando la distribución de los residuos aumenta o disminuye con los valores de las variables independientes, o con los valores predichos, hay que cuestionar la hipótesis de igualdad de varianzas de Y para todos los valores de X. Con más de dos variables de intervalo será preciso utilizar el test M de Box, muy sensible a la falta de normalidad, de modo que antes de aplicarlo será necesario que la distribución sea normal. En el apartado anterior se mostraron también las transformaciones que eliminan la heterocedasticidad (varianzas desiguales).

Respecto al segundo supuesto, la *normalidad*, al final del apartado 2.3 se han expuesto los test utilizados para comprobar si una distribución es normal, y más adelante (apartado 2.5) las transformaciones a utilizar para lograr la normalidad. En la tabla 2.12 se muestran las pruebas de normalidad del ejemplo presentado en el apartado tres, donde se aprecia que ninguna de las personas que viven en municipios mayores de 10.000 habitantes sigue una distribución normal. El reducido tamaño muestral del primer colectivo (municipios más pequeños) lleva a utilizar el contraste de Shapiro-Wilks en vez de Lilliefors.

	Kolmogorov-Smirnov[a]			
	LUG_RES	Estadístico	gl	Sig.
Ingreso anual	-5000 habitantes	,208	28	,003
	5-10000 habitantes	,240	318	,000
	+10000 habitantes	,336	105	,000
	Capital C.A.	,268	755	,000
	Shapiro-Wilk			
	LUG_RES	Estadístico	gl	Sig.
Ingreso anual	-5000 habitantes	,894	28	,008
	5-10000 habitantes	,149	310	,000
	+10000 habitantes	,291	105	,000
	Capital C.A.	,232	757	,000

a. Corrección de la significación de Lilliefors.

Tabla 2.12. Pruebas de normalidad

La *linealidad* está referida a la presencia de relaciones lineales entre las variables consideradas, y es un supuesto fundamental en todas las técnicas que utilizan coeficientes de correlación lineal. Una relación lineal implica que el efecto de la variable independiente sobre la dependiente es el mismo en cualquier valor de la primera. Es importante comprobar la linealidad porque sólo las relaciones lineales son detectadas y analizadas, y cuando existen relaciones no lineales entre variables éstas son ignoradas, a menos que las variables sean transformadas o se empleen coeficientes para detectar otro tipo de relaciones.

Es posible detectar fácilmente relaciones lineales elaborando un diagrama de dispersión entre las variables. Cuando éstas se distribuyen normalmente y la relación entre ellas es lineal el gráfico tiene una forma ovalada al concentrarse la mayor parte de los casos en el centro. Sí la forma es distinta a la ovalada la relación entre las variables no será lineal, siendo necesario emplear algunas de las transformaciones vistas anteriormente.

Para realizar esta comprobación con el SPSS es necesario marcar el menú *Gráficos*→Generador de Gráficos y seleccionar el gráfico de *dispersión* (Figura 2.17). Para realizar un gráfico *Simple* debe "arrastrarse" la "figura 🔲 " a la ventana superior y, una vez allí, para conocer la relación existente entre el nivel de ingresos de la unidad familiar y el número de miembros del hogar será necesario colocar, en la ventana *Eje Y*, la variable "ING", y en el *Eje X* la variable "MIEMBROS".

En el gráfico 2.9 puede observarse la naturaleza de la relación entre las variables, caracterizándose por la presencia de pocos individuos en el centro del gráfico y una gran cantidad de éstos en el extremo inferior, hecho que induce a afirmar que la relación entre las variables no es lineal. Existe otra forma de comprobar la naturaleza de la relación entre más de dos variables, utilizando un gráfico de dispersión entre los residuales y los valores predichos. Cuando la relación es lineal los residuales estarán distribuidos aleatoriamente (formando una especie de rectángulo) alrededor del valor horizontal 0 (Tabachnick y Fidell, 2014), tal y como se muestra en el gráfico 2.10.

El cuarto de los supuestos del análisis multivariante está referido a la existencia de relaciones entre las variables independientes. La existencia de relación entre ellas se define como *multicolinealidad*. Que exista multicolinealidad significa que varias variables independientes están aportando una información similar, y que no es posible conocer el influjo separado de cada una sobre la variable dependiente. No se prestará más atención a este supuesto, puesto que no afecta a las técnicas multivariantes de interdependencia analizadas en este libro.

Gráficos→Generador de Gráficos→Selección de gráfico de dispersión...

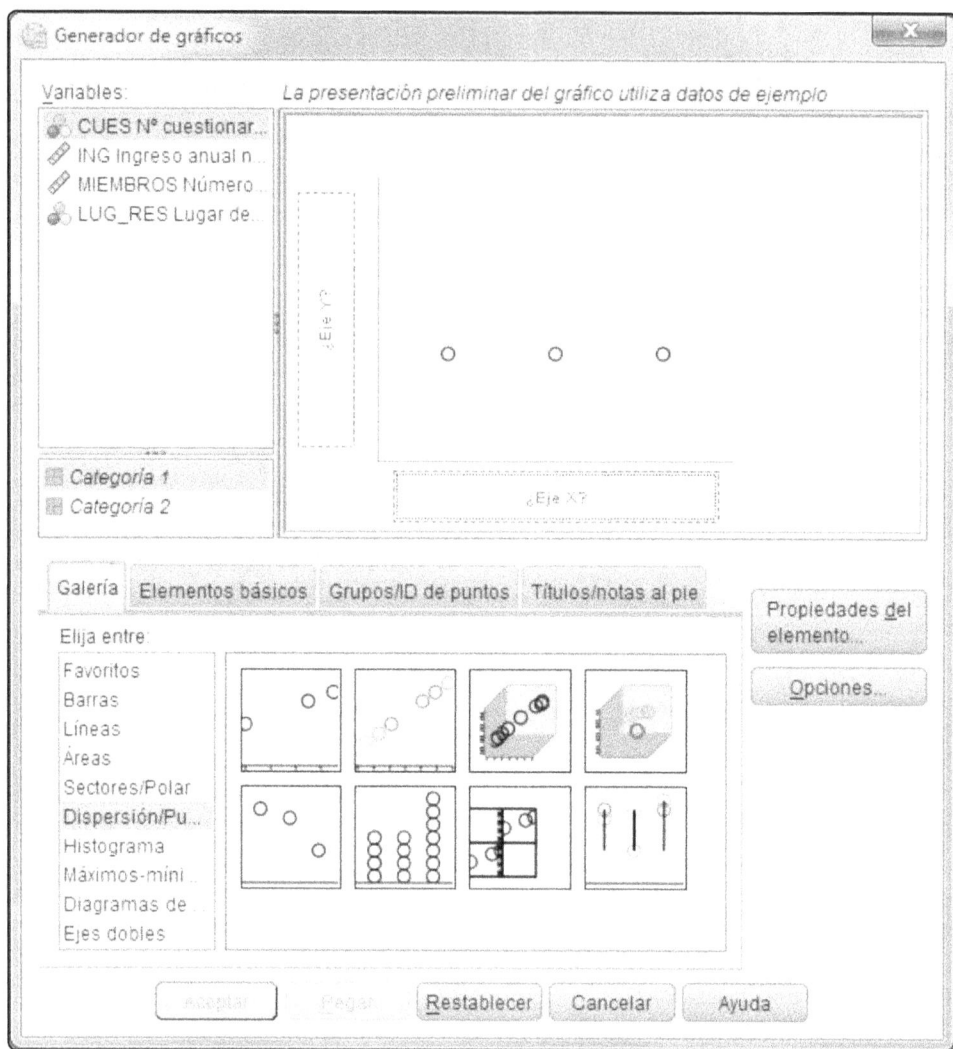

Figura 2.17. Cuadro de diálogo del Generador de Gráficos

Dos últimos supuestos que, aunque para algunos lectores puedan parecer evidentes, no por ello deben obviarse. Nos referimos a la aleatoriedad de las observaciones, y la ausencia de errores correlacionados.

Para terminar, Harris (1985) recoge las aportaciones de diversos expertos que indican que lo realmente importante no es tanto saber si se cumplen o no los supuestos paramétricos, sino conocer los efectos que pueden tener en los resultados el incumplimiento de estos supuestos. A juicio de este autor la violación de los supuestos paramétricos no invalida el análisis, ya que la mayor parte de los procedimientos son lo suficientemente robustos para no verse afectados seriamente por ligeras violaciones de los supuestos. Esta opinión es compartida por Bisquerra cuando señala que "la tendencia actual está en considerar que en muestras mayores de 30 los análisis multivariables son lo suficientemente robustos como para ser insensibles a ligeras desviaciones de los supuestos paramétricos, principalmente de la normalidad multivariable y de la homocedasticidad" (Bisquerra, 1989: 32). En los distintos ejemplos utilizados a lo largo del libro se analiza, para cada procedimiento, el cumplimiento o incumplimiento de estos supuestos, proporcionando las soluciones adecuadas en los casos en los que no se cumplan.

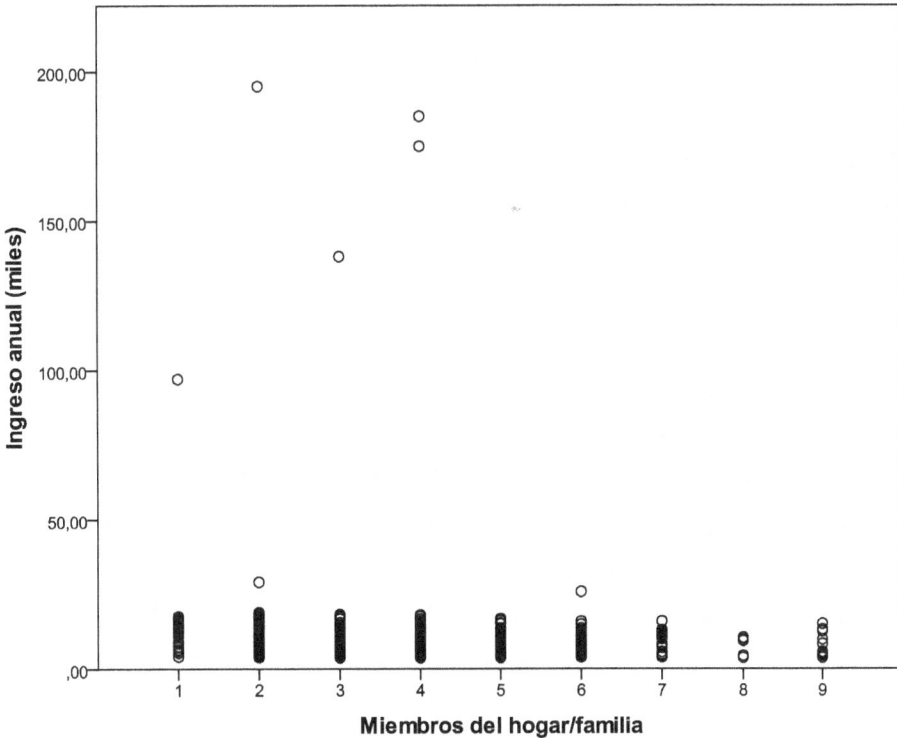

Gráfico 2.9. Relación entre las variables: nivel de ingresos (ING) y número de miembros del hogar (MIEMBROS)

2.5 OTRAS TÉCNICAS DE ANÁLISIS PARA CONOCER LA DISTRIBUCIÓN DE LOS DATOS

Aunque el procedimiento explorar es el que proporciona un mejor conocimiento de la distribución de los datos, existen otros para realizar el primer *acercamiento* a la información recogida. Uno de los más utilizados es la distribución de frecuencias, que en el SPSS se obtiene marcando consecutivamente las funciones *Analizar→Estadísticos descriptivos* y *Frecuencias*. La "ruta" de este procedimiento se ha mostrado en la figura 2.2, página 32, si bien en aquel momento fue seleccionado *Explorar* en lugar de *Frecuencias*.

El cuadro de diálogo resultante se muestra en la figura 2.18 y permite obtener, además de la tabla de frecuencias, un conjunto de estadísticos y de representaciones gráficas. Pulsando el botón *Estadísticos...* aparece un cuadro de diálogo con una serie de estadísticos divididos en cuatro grupos: *índices de posición* (cuartiles, deciles y percentiles), *medidas de tendencia central* (media, mediana, moda y suma de casos), medidas de *dispersión* (desviación típica, varianza, rango, mínimo, máximo y el error típico de la media), y *distribución* (asimetría y curtosis). Marcando la opción *Gráficos...* se obtiene un cuadro de diálogo que permite elegir entre gráficos de barras, de sectores, e histogramas con la posibilidad de sobre escribir la curva normal. No se presentan los cuadros de diálogo de estas opciones por haberse tratado en detalle en el volumen anterior. A los lectores interesados aconsejamos la lectura de Díaz de Rada (2009), concretamente las páginas 159-184.

Analizar→Estadísticos descriptivos→Frecuencias...

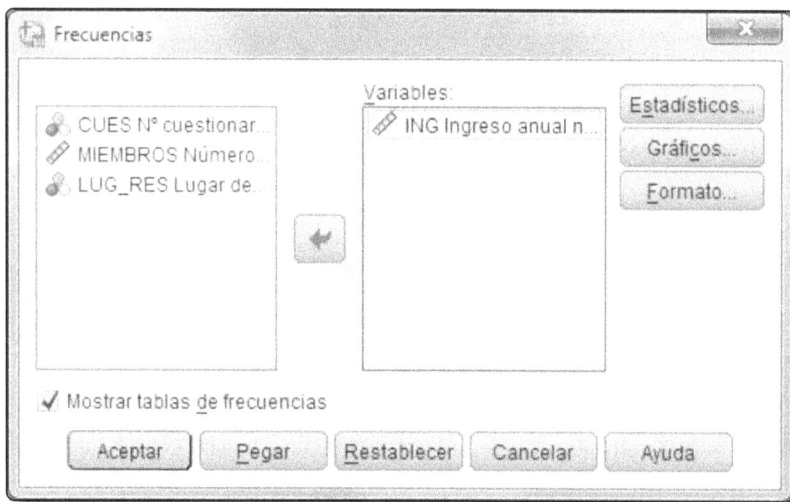

Figura 2.18. Cuadro de diálogo Frecuencias

Los resultados proporcionados se muestran en la tabla 2.13, que contiene únicamente la tabla de frecuencias al no haber solicitado ningún estadístico ni gráfico. La tabla de frecuencias con variables cuantitativas proporciona un gran número de valores que plantea problemas para comprender la forma de la distribución. En esta situación la enorme cantidad de información disponible produce desinformación; "los árboles impiden ver el bosque".

Ingreso anual neto por persona (en miles de Euros)					
Frecuencia	Porcentaje	Válido	Porcentaje acumulado	Porcentaje	Valor
3,76	28	2,3	2,3	2,3	
3,97	36	3,0	3,0	5,3	
4,18	31	2,6	2,6	7,9	
4,39	21	1,8	1,8	9,7	
4,60	23	1,9	1,9	11,6	
4,81	25	2,1	2,1	13,7	
.	.	.	.	.	
.	.	.	.	.	
.	.	.	.	.	
.	.	.	.	.	
18,39	1	,1	,1	99,2	
18,81	3	,3	,3	99,4	
25,81	1	,1	,1	99,5	
29,02	1	,1	,1	99,6	
97,04	1	,1	,1	99,7	
138,14	1	,1	,1	99,8	
175,05	1	,1	,1	99,8	
185,09	1	,1	,1	99,9	
195,04	1	,1	,1	100,0	
Total	1200	100,0	100,0		

Nota: sólo se han reproducido una parte de los valores de la variable nivel de ingresos de la unidad familiar. Por motivos de espacio se han eliminado los ingresos entre 4,82 y 18,38.

Tabla 2.13. Distribución de frecuencias de la variable ING

Otra forma de realizar un primer acercamiento a los datos es basándose en el análisis de los estadísticos descriptivos de la distribución, solicitando en el SPSS el procedimiento *Descriptivos* marcando las funciones *Analizar→Estadísticos descriptivos→Descriptivos*. El cuadro de diálogo de este procedimiento se muestra en la figura 2.19, y a continuación las opciones disponibles.

Analizar→Estadísticos descriptivos→Descriptivos...

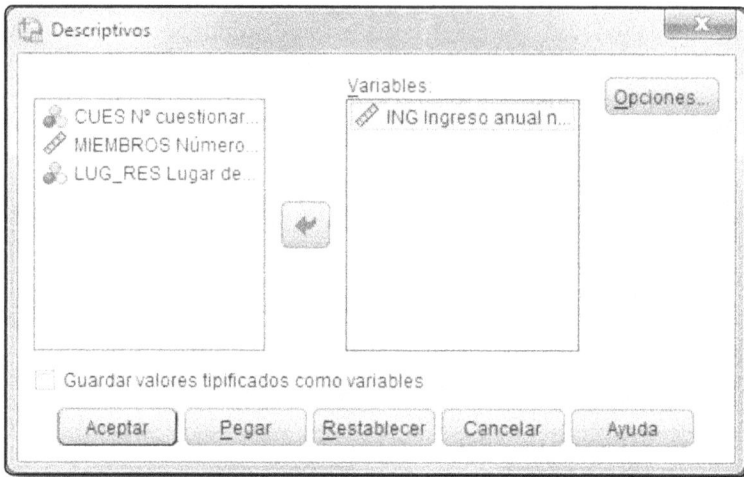

Figura 2.19. Cuadro de diálogo Descriptivos

Analizar→Estadísticos descriptivos→Explorar… Botón *Opciones*

Figura 2.20. Cuadro de diálogo Descriptivos: Opciones

La selección de todos los estadísticos descriptivos del cuadro de diálogo de las figuras 2.19 y 2.20 muestra los resultados de la tabla 2.14. Respecto al orden de visualización de los resultados se ha dejado la opción que el programa utiliza por defecto: *lista de variables*; aunque podría haberse elegido un orden alfabético, medias ascendentes o descendentes. Al comparar los resultados de esta con los estadísticos proporcionados por el procedimiento *Explorar* (tabla 2.3) se aprecia la ausencia de estadísticos robustos como la mediana, la media recortada al 5%, y la amplitud intercuartílica. En la tabla 2.14 tampoco aparece el intervalo de confianza para la media a un determinado nivel de confianza.

Ingreso anual neto por persona (en miles de Euros)			
Media	10,0003		
Desv. Tip.	10,5982	Varianza	112,32
Curtosis	208,394	Err.Tip.curtosis	0,14
Asimetría	13,307	Err.Tip.asimetría	0,07
Rango	191,28	Mínimo	3,76
Máximo	195,04	Suma	1200,37
N válido (según lista)	1200		

Tabla 2.14. Estadísticos descriptivos de la variable ING

En la parte inferior izquierda de la figura 2.20 hay una opción para elaborar una variable con puntuaciones tipificadas: *Guardar valores tipificados como variables*. Al solicitar esta información el programa crea una nueva variable, identificada porque añade una Z al nombre de la variable, que aparece situada en la parte derecha en el editor de datos (Figura 2.21)

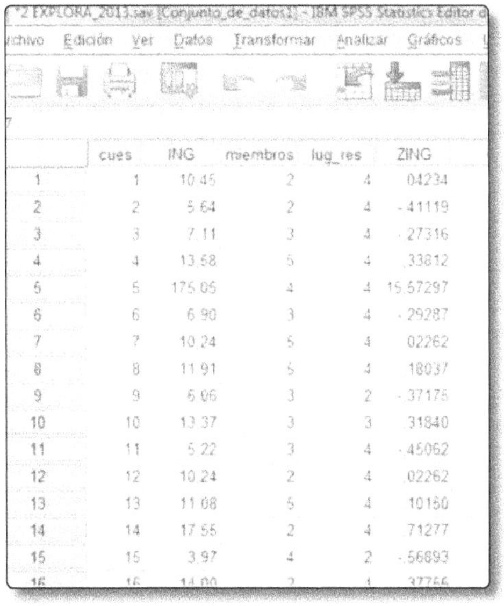

Figura 2.21. Editor de datos con una variable tipificada

Como reflexión final, al principio del texto se apuntó que serán utilizadas aquellas técnicas que permiten un mejor conocimiento de la realidad, buscando siempre la técnica de análisis de datos que presente un menor grado de complejidad. La gran cantidad de información proporcionada por la tabla de frecuencias no mejora el conocimiento de la realidad, más bien todo lo contrario. Además, los componentes gráficos disponibles en este procedimiento son de menor calidad que el gráfico de tallo y hojas y el gráfico de caja, como ya fue demostrado unas páginas más atrás.

Una valoración similar puede realizarse a los resultados proporcionados por el procedimiento *Descriptivos*, por la ausencia de representaciones gráficas y la no utilización de estadísticos robustos. Por este motivo es conveniente utilizar estos procedimientos una vez que los datos ya han sido *examinados* y se ha procedido con las correspondientes transformaciones, en caso de ser necesarias.

En las primeras páginas del libro se ha señalado que los capítulos dispondrán de materiales prácticos para profundizar en el aprendizaje. El análisis exploratorio, al ser utilizado en fases iniciales del análisis, utiliza los mismos archivos de datos que otras técnicas que serán desarrolladas en el resto de capítulos. Por ello se propone, como repaso de contenidos, llevar a cabo un análisis exploratorio con cualquiera de los archivos de datos que se adjuntan en el resto del libro (*documentos auxiliares adjuntos* disponibles en la web de Ra-Ma). A modo de ejemplo de cómo proceder se adjunta una lectura de un texto de Vidal Díaz de Rada y Adoración Núñez publicado en 2008 por el Centro de Investigaciones Sociológicas y titulado *Estudio de las incidencias en la investigación con encuestas*.

3

ANÁLISIS FACTORIAL

3.1 INTRODUCCIÓN: OBJETIVOS DE LA TÉCNICA

El análisis factorial es una técnica de análisis multivariante que intenta explicar –según un modelo lineal– un conjunto extenso de variables observables mediante un número reducido de variables hipotéticas llamadas factores; reducir un número de variables observadas a un menor número de variables latentes llamadas factores (Nicoll y Pexman, 2010; Escobar, 2015). Se parte de una población donde operan un conjunto de variables observables, y se trata de encontrar varios factores comunes a dichas variables que descubran la *estructura latente* de la realidad que éstas describen; estructura latente que –lógicamente– no es observable. Para ello todas las variables que forman un factor deben estar correlacionadas y –a la vez– ser relativamente independientes del resto de variables. En definitiva, el objetivo del análisis factorial es identificar un número relativamente pequeño de factores que pueden ser utilizados para representar la relación existente entre un grupo de variables intercorrelacionadas, con una pérdida mínima de información.

Matemáticamente el análisis factorial produce varias combinaciones lineales de las variables observadas, y cada combinación lineal forma un factor. Los factores resumen las pautas de correlación observadas en la matriz de correlación y pueden, de hecho, ser utilizadas para reproducir la matriz de correlaciones. Para ello los factores deben cumplir, al menos, tres propiedades: mantener la información contenida en las variables iniciales; ser linealmente independientes; y tener una importancia diferencial en la explicación de la varianza total.

El principio subyacente es que la respuesta a una variable es una combinación lineal de puntuaciones en factores comunes, en factores específicos y en factores de error, tal y como se refleja en la siguiente expresión:

$$X_j = F_{j1} * A_{j1} + F_{j2} * A_{j2} + ... + F_{jn} * A_{jn} + A_{je} * E_j$$

donde X_j representa la puntuación de un individuo en la variable j, F_{j1} el coeficiente del sujeto en el factor común 1, A_{j1} el peso factorial de la variable en el factor común 1, y E_j la puntuación del sujeto en el factor error. esta es la expresión básica del análisis factorial, pero hay que tener en cuenta que la variable X_j no sólo está influida por los factores, sino que debe considerarse también el influjo propio de la variable (especificidad) y el error.

El modelo matemático de esta técnica es similar al mostrado por la regresión múltiple donde las variables observadas están relacionadas con una variable dependiente; término dependiente que en el caso del análisis factorial no es directamente observable. Se pone en juego –de este modo– el principio de la parsimonia científica, asumiendo que las variables utilizadas son susceptibles de ser reducidas a estos factores en la medida que cada variable tiene dentro de sí a cada uno de esos factores, o lo que es lo mismo, que cada factor está presente en mayor o menor grado en las variables. El principio de la parsimonia, junto con el de la interpretabilidad, son esenciales para que el análisis factorial tenga sentido. El primero se refiere a que un fenómeno debe explicarse con el menor número posible de elementos, en el caso que nos ocupa con el menor número de factores, y éstos deben ser susceptibles de interpretación. De ese modo la mejor solución factorial es aquella que es más sencilla e interpretable.

A grandes rasgos es posible distinguir dos tipos de análisis factorial, exploratorio y confirmatorio. Con el primero el investigador busca describir y resumir datos agrupando variables que están correlacionadas; no se conocen los factores *a priori* sino que se determinan mediante el análisis factorial. El análisis factorial *confirmatorio* es utilizado para testar una teoría sobre un proceso latente, o para investigar diferentes hipótesis en un proceso latente entre grupos de variables. El análisis confirmatorio precisa que las variables hayan sido cuidadosamente elegidas para revelar el factor subyacente, razón por la que suele utilizarse en los estados avanzados de la investigación.

Antes de terminar este apartado introductorio, unos breves comentarios referidos a las situaciones donde más se utiliza el análisis factorial. En la vida diaria existen multitud de conceptos que no son directamente observables (liderazgo, imagen de marca, estilo de vida...), y que la única forma de estudiarlos consiste en analizar una serie de variables observables que sean manifestaciones concretas de estos conceptos. ¿Cómo puede llegar a descubrir, por ejemplo, la *secularización* de nuestra sociedad? Se trata de un concepto que no es directamente observable y que se llega a conocer tras el análisis de diversas preguntas relativas a asistencia a oficios religiosos, creencias, frecuencia de determinadas prácticas religiosas, etc. Rodríguez Gómez et al. (2000) resumen en dos las principales aplicaciones de esta técnica. En primer lugar hablan de un uso "psicométrico" del análisis factorial al ser utilizado para determinar la validez de constructo y la fiabilidad de las medidas. En segundo lugar proponen utilizar esta técnica para la reducción de datos, lo que ellos catalogan como una vía inductiva para las construcciones teóricas, al permitir definir conceptos e identificar nuevos constructos, así como desarrollar estructuras y modelos.

En el ámbito de la investigación comercial existen numerosos ejemplos de situaciones donde se utiliza el análisis factorial. Grande y Abascal (2014) resumen en tres las principales aplicaciones del análisis factorial en la investigación comercial: identificación de estructuras latentes, reducción de información utilizando los factores como nuevas variables y cómo un paso intermedio para lograr nuevas variables incorrelacionadas que posteriormente serán utilizadas en nuevos análisis. El gran número de *constructos* complejos y no directamente observables que se utilizan en marketing le llevan a Luque (2012) a señalar algunas de las aplicaciones más importantes de esta técnica: investigaciones sobre productos y sus atributos determinantes; sobre imagen corporativa de productos o marcas; segmentación (identificación de grupos de consumidores y perfiles según actitudes, preferencias, estilos de vida, etc.); investigación sobre comunicación para identificar códigos de comunicación relevantes; estudios sobre precios; construcción de escalas (para identificar o seleccionar ítems, desarrollar medidas de satisfacción, etc.); etc.

En cualquiera de estas situaciones la realización del análisis factorial ha implicado, en primer lugar, elegir un área de estudio seleccionando un conjunto de variables. Tras un análisis en profundidad de las correlaciones se procede a extraer el menor número de factores que mejor expliquen estas correlaciones. Seguidamente se rota esta primera solución para profundizar en el conocimiento de las variables que están más relacionadas con cada factor, terminando con la interpretación de esta última matriz. En el tercer apartado se expondrá este proceso con un mayor nivel de detalle.

3.2 TIPOS DE ANÁLISIS FACTORIAL

Se presentan en este apartado diferentes tipos de análisis factorial, considerando como elemento diferenciador el proceso de extracción factorial; como se extraen el número mínimo de factores comunes capaces de reproducir la varianza observada en la matriz de correlaciones inicial. Estos métodos se diferencian también en que algunos conocen y otros desconocen *a priori* cuáles son las comunalidades de las variables, de modo que los términos de la diagonal de la matriz son diferentes según los métodos: determinados métodos sostienen que en la diagonal debe colocarse la correlación mayor, otros realizan estimaciones iterativas de la comunalidad, etc. En definitiva, los distintos tipos de análisis factorial se definen considerando el proceso de extracción de los factores y el método de cálculo de las comunalidades.

3.2.1 Análisis de factores principales

También conocido como de *Ejes Principales* o *Factor Común*, fue introducido por Spearman en 1904, y es utilizado más frecuentemente por psicólogos. Este método considera que dos variables están relacionadas por su comunalidad, por lo que tienen en común, de modo que existen una serie de correlaciones comunes que será preciso localizar. Además del componente común, cada variable tiene también una parte específica, que no está relacionada con las demás, y que es explicada por factores específicos o únicos. El punto de partida de este análisis es la diferenciación, dentro de cada variable, de una parte común y otra específica o única. De este modo un factor se interpreta por lo que tienen en común las variables con las que está relacionado.

En cuanto a la forma de proceder, es similar al método de Componentes Principales que se explicará en el siguiente apartado, pero se diferencia de este en que la diagonal de la matriz de correlaciones es reemplazada por las estimaciones de la comunalidad. En el primer paso los coeficientes de correlación múltiple al cuadrado son utilizados como estimadores iniciales de la comunalidad, y a partir de aquí se extrae el número de factores necesario. Las comunalidades son reestimadas a partir de los pesos factoriales, y los factores son extraídos de nuevo con las nuevas comunalidades que reemplazan las anteriores. El proceso continúa hasta que no se produce un cambio significativo en las comunalidades estimadas.

3.2.2 Análisis de componentes principales

Fue desarrollado por Hotelling en 1933 y es actualmente el método más utilizado en la investigación social y comercial. Este método presupone que no hay factores comunes, y por ello su objetivo no es tanto reducir el número de variables sino simplificar la estructura de los datos transformando las variables en unos pocos componentes principales que sean combinaciones lineales de las variables. Dicho de otro modo, el análisis de Componentes Principales trata de transformar un conjunto de variables interrelacionadas en un conjunto de variables no correlacionadas llamadas factores, analizando la estructura de dependencia y correlación que existe entre las variables, y especificando cómo éstas explican parte de la información que contienen los factores (Tabachnick y Fidell, 2014).

Este análisis no requiere de ninguna hipótesis particular respecto a la estructura que subyace a las variables, y únicamente busca la mejor combinación lineal de variables. En cuanto a su procedimiento de cálculo, comenzará ajustando matemáticamente de la manera más óptima una nube de puntos sobre un espacio de una, dos, tres o n dimensiones, para lo cual elegirá en primer lugar aquel factor que explique la mayor parte de la varianza de las variables. Este primer componente puede ser considerado como el mejor resumen de las relaciones lineales existentes. Una vez obtenido este primer factor su peso se resta a las variables, y con la variabilidad restante (residual) se calcula la segunda componente principal (factor 2), la tercera... Otra particularidad de este método es que no exige estimar las comunalidades, ya que todas valen la unidad. En definitiva, en el análisis de componentes el producto final es una matriz transformada, cuyas columnas son los vectores propios de la matriz de correlaciones, y que define los componentes principales como una combinación lineal de las variables observadas.

La diferencia entre ambos estriba en que el análisis de Componentes Principales busca encontrar un conjunto de componentes que expliquen el máximo de la varianza total, mientras que el análisis de factores principales trata de encontrar una serie de factores que expliquen el máximo de la varianza común de las variables originales. Aunque el proceso es similar y los resultados no son significativamente distintos (Gorsuch, 1983), la diferencia principal entre ambos está en la varianza analizada. El análisis de componentes analiza toda la varianza de las variables observadas, mientras que el factor principal únicamente analiza la varianza compartida entre las variables, la varianza común, intentando estimar y eliminar la varianza debida al error y la varianza que es única en cada variable. Más precisas son las diferencias señaladas por Tabachnick y Fidell (2014):

▼ En el análisis de componentes cada variable contribuye inicialmente –en la explicación de la varianza total– con un coeficiente igual a 1; mientras que en el análisis factorial sólo se dispone inicialmente de la varianza que cada variable observada comparte con otras variables observadas, de modo que el análisis de factores principales se centra en las variables con una comunalidad alta.

▼ El objetivo del análisis de componentes es extraer la máxima varianza a partir de los datos con la identificación de un menor número de componentes. El objetivo del análisis de factores principales es reproducir la matriz de correlaciones con un número de componentes.

▼ El análisis de componentes analiza la totalidad de la varianza, mientras que el análisis factorial analiza la covarianza (comunalidad).

Además de las consideraciones anteriores, hay un planteamiento "de fondo" que diferencia ambos enfoques. El análisis de factores principales plantea como hipótesis que las variables iniciales son combinaciones lineales de los factores subyacentes, procediendo a la localización de esos factores. El análisis de Componentes Principales, por otro lado, únicamente busca reducir la información disponible pasando de un conjunto de variables a otro más reducido que represente a las primeras, sin plantearse *a priori* ninguna hipótesis sobre el significado de los factores. Por este motivo la decisión sobre el tipo de análisis a utilizar va a depender del propio objeto de estudio. Así cuando se está interesado en inferir soluciones hipotéticas a partir de un modelo teórico conviene aplicar el análisis de factores principales, mientras que si lo que interesa es un resumen empírico de los datos es mejor aplicar el análisis de Componentes Principales (Tabachnick y Fidell, 2014).

La gran utilización del análisis de componentes en investigación social y comercial nos llevará a prestarle una mayor atención en el tercer apartado, si bien es preciso indicar que los resultados son similares cuando hay un gran número de variables y las variables presentan poco error (Ferrando y Anguiano-Carrasco, 2010).

3.2.3 Otros tipos

Aunque los dos anteriores son los más utilizados, existen otros tipos de análisis factorial como el método diagonal (método de la raíz cuadrada o método triangular), método centroide, análisis factorial canónico, mínimos cuadrados no ponderados, mínimos cuadrados generalizados, máxima verosimilitud, factorización Alfa y factorización de imagen). Son señalados aquí los incluidos en el programa SPSS (Kim y Mueller, 1978)[11]:

- *Mínimos cuadrados no ponderados*: genera una matriz de pesos factoriales que minimiza las sumas cuadráticas de las diferencias entre la matriz de correlaciones observada y reproducida, sin utilizar los elementos de la diagonal.
- *Mínimos cuadrados generalizados*: sigue un criterio similar al anterior, diferenciándose en que este pondera los coeficientes de correlación inversamente a la unicidad de las variables. De este modo las variables con alta unicidad (y por lo tanto baja comunalidad) tienen una escasa influencia en el resultado final.

---

11 Los lectores interesados en el tema pueden ampliar conocimientos con la exhaustiva clasificación propuesta por Ferrando y Anguiano-Carrasco (2010).

▼ *Máxima verosimilitud*: calcula unas estimaciones de parámetros que tienen máxima verosimilitud con la matriz de correlaciones observadas, es decir, busca la solución factorial que mejor se ajusta a las correlaciones observadas (Kim y Mueller, 1978). Al igual que el procedimiento anterior los coeficientes están ponderados inversamente a los valores de la unicidad, utilizando para el cálculo un algoritmo iterativo. Utiliza el estadístico Chi-cuadrado para determinar el grado de ajuste entre lo real y lo estimado, hecho que permite determinar el número de factores necesarios para lograr el mejor ajuste. Es el único que permanece invariable ante el cambio de escala de las variables.

▼ *Análisis alfa*: las variables utilizadas son consideradas como una muestra del conjunto posible de variables, tratando de maximizar la fiabilidad de los factores respecto a la totalidad de las variables. Para ello este método extrae una serie de factores comunes que tengan correlaciones máximas con el conjunto de factores comunes existentes, mientras que los factores específicos son los errores generados por el muestreo aleatorio (Kim y Mueller, 1978).

▼ *Análisis imagen*: se basa en el estudio de las partes comunes y únicas de las variables observadas, mediante la correlación múltiple. La imagen de una variable es la parte que esta variable tiene en común con otras variables, a diferencia de la antiimagen que es la parte exclusiva de cada variable.

3.3 ANÁLISIS FACTORIAL DE COMPONENTES PRINCIPALES. EXPLICACIÓN MEDIANTE UN CASO PRÁCTICO

Una vez explicados los objetivos de la técnica y los principales tipos de análisis factorial se procederá a una exposición en profundidad de un tipo concreto, el análisis factorial de Componentes Principales, utilizando un ejemplo real extraído de una investigación sobre hábitos de consumo realizado en una provincia limítrofe a Navarra. Debe quedar claro que el interés es presentar el análisis de componentes principales dentro de un ejemplo práctico de aplicación, insistiendo en la elección de las variables objeto de estudio, la realización del análisis con el programa estadístico elegido, los criterios de elección del número de componentes, la comprobación del ajuste del modelo y la interpretación de los ejes. Por este motivo se dejarán de lado las consideraciones algebraicas y estadísticas que no sean imprescindibles.

3.3.1 Definición del caso a investigar: "actitud de los consumidores ante diversos comportamientos de compra"

El análisis factorial comienza con la elaboración de unas hipótesis sobre los factores latentes que –a juicio del investigador– están presentes en una determinada situación. Para ello debe realizar una definición precisa del ámbito que se desea investigar, fijando la estructura factorial hipotética de ese ámbito. Este punto de partida puede ser puramente especulativo (análisis factorial exploratorio) o estar fundado en una teoría contrastada (análisis factorial confirmatorio). A continuación, se identificarán las variables que se espera estén relacionadas con los factores hipotéticos, puesto que la elaboración de un modelo factorial depende de la elección de las variables que sean capaces de definir los factores esperados. Es imposible descubrir un factor para el que no existen variables capaces de definirlo, de modo que la selección de las variables introducidas en el análisis es de vital importancia para la obtención del resultado.

La situación ideal requiere –además– que una parte de las variables utilizadas estén correlacionadas con un factor y no correlacionadas con los otros; ya que para la definición de cada uno se tienen en cuenta tanto las variables que están relacionadas con el factor, como aquellas que no lo están. Considerando ambos criterios es importante planificar el *campo* de variables a utilizar, contemplando que cada factor esté relacionado con cinco o más variables, de modo que el número inicial de variables incluidas en un análisis debe ser –por lo menos– cinco o seis veces más grande que el número de factores esperados (Comrey, 1985). Cuantas más variables se tengan para definir un factor más claramente estará establecido en el análisis, y más sencilla será su localización e interpretación.

Además del número y temática de las variables otro aspecto a considerar es la métrica de las mismas, el nivel de medición, que debe ser siempre de intervalo. Hay que tener en cuenta que una reducción del número de categorías afecta a las correlaciones y, en última instancia, al análisis factorial.

Todo este planteamiento indica que el análisis factorial comienza a realizarse en la elaboración del cuestionario y, de hecho, "cuando se utiliza el análisis factorial como una ocurrencia tardía para los datos de una investigación insuficientemente planificada, los resultados no suelen ser satisfactorios ni representativos de lo que el análisis factorial puede realizar cuando se utiliza adecuadamente" (Comrey, 1985).

SELECCIÓN DE LAS VARIABLES RELEVANTES PARA EL ANÁLISIS.

Una vez expuestas las consideraciones a tener en cuenta en la selección de las variables relevantes para el análisis, se procede con la definición del ejemplo elegido. El objetivo del presente análisis es conocer las actitudes de los consumidores ante diversos comportamientos de compra, con el fin de elaborar en un segundo momento una tipología de los consumidores en un entorno social determinado. Con este objetivo se ha elaborado la pregunta mostrada en el cuadro 3.1, extraída de una investigación sobre hábitos de consumo realizada en una provincia de alrededor de medio millón de habitantes. Como se ha señalado, una condición esencial para aplicar correctamente el análisis factorial es que todas las variables a analizar tengan una determinada homogeneidad temática, que formen un conjunto coherente y susceptible de ser captado mediante unas dimensiones comunes o factores. Por ello, antes de determinar las variables a incluir en esta pregunta se procedió con un análisis de la literatura relevante sobre el tema con el fin de conocer los resultados de investigaciones similares sobre las actitudes y comportamientos de los consumidores.

En un estudio realizado a mediados de la década de los setenta se apuntaba una serie de tendencias sobre las actitudes de los españoles respecto a los *procesos económicos*: la sociedad española de esa época se caracterizaba por la existencia de una fuerte actitud hacia el ahorro y una actitud negativa hacia las rebajas y promociones. Por otro lado, y analizando las diferencias entre los sexos, los hombres se sienten molestos al acompañar a alguien en las compras, mientras que las mujeres se mostraban reacias a comprar productos nuevos o poco conocidos (López Pintor, 1975). Atendiendo al estatus social, a medida que desciende la posición social es menor la propensión al gasto y se experimenta menos placer al salir a comprar. La clase media, por su parte, es la que más rutinizados tiene sus hábitos de compra y consumo, compra generalmente en la misma tienda, prefiere las tiendas especializadas, y suele utilizar siempre los mismos productos (López Pintor, 1975).

En ese mismo período, y con las respuestas de varias encuestas nacionales Francisco Andrés Orizo selecciona dos tipos de consumidores: "acumuladores" y "disfrutadores". Los primeros se caracterizan por su alto nivel de consumo y por valorar no tanto el ahorro sino los objetos y las actividades placenteras. Su ahorro es espontáneo y suele obedecer a la motivación de diferir o aplazar el consumo. Por el contrario los acumuladores tienen una fijación por el dinero, al que atribuyen un valor "mítico", al tiempo que planifican minuciosamente su ahorro. Este segundo grupo está formado predominantemente por personas de edad avanzada, y se encuentran en claro retroceso en la sociedad española (Andrés Orizo, 1977).

Unos años más tarde, en un estudio sobre el consumidor madrileño realizado a mediados de la década de los ochenta (Cruz Roche et al., 1984), se establecieron cuatro tipos de consumidores después de realizar un análisis factorial de Componentes Principales con las respuestas dadas a 10 preguntas:

▶ Consumidor económico: caracterizado por mirar mucho los precios, comprobar con detalle las cuentas y aprovechar ofertas y rebajas. Este grupo está formado sobre todo por hombres y mujeres de mediana edad en adelante, casados y con obligaciones familiares. Es el grupo al que pertenecen mayor número de miembros.

▼ Consumidor innovador: caracterizado por comprar marcas nuevas para probarlas, comprar cosas que no tenía pensadas y comprar frecuentemente en tiendas no tradicionales. Es un grupo formado por jóvenes y solteros con predominio de mujeres. Es el segundo grupo en cuanto a número de personas.

▼ Consumidor hedonista: personas que les molesta entrar a comprar en una tienda y prefieren no ahorrar para vivir mejor. Grupo formado por jóvenes, solteros y un mayor número de hombres.

▼ Consumidor que compra a plazos: presenta la agrupación menor de todas las localizadas, y está formado por personas de rentas bajas, casadas, y colectivos en las primeras épocas de matrimonio.

La tipología se amplía notablemente en un estudio realizado por la Dirección de Comercio Interior (1987), que localizaba cinco factores en relación con la actitud del comprador hacia la compra:

▼ Economía: especial interés por el ahorro de dinero. Las variables que definen este factor son: cuando compro me preocupo de buscar los precios más bajos; me gusta aprovechar las ofertas, promociones y rebajas; estoy dispuesto a desplazarme lo que haga falta para encontrar buenos precios.

▼ Control del tiempo: preocupación por el tiempo empleado en la compra. Variables: me gusta ahorrar el máximo de tiempo en la compra; no me gusta ir de compras; suelo comprar en un pequeño número de tiendas que conozco.

▼ Imagen y marquismo: creencia en las marcas comerciales y en la publicidad que las arropa. Variables: las diferencias entre unas marcas y otras se notan mucho, la marca es una garantía; me suelo fijar bastante en la publicidad y la propaganda; me gusta que los establecimientos sean agradables y atractivos.

▼ Variedad de opciones: preocupación por disponer de amplias formas de productos, marcas y establecimientos. Variables: antes de comprar me informo, pido catálogos, lo comento con amigos, etc.; prefiero tiendas grandes con mucho surtido.

▸ Racionalidad: control del gasto y racionalidad en la compra. Variables: cuando voy a comprar voy con una idea bastante aproximada de lo que quiero; a la hora de pagar prefiero hacerlo en efectivo; me pongo yo misma una cantidad máxima para gastar.

No se pretende una exposición exhaustiva, difícil de conseguir por otra parte, ya que el número de tipologías aumenta notablemente a partir en la última década del siglo XX y más aún en el XXI, siendo difícil llevar a cabo un recorrido sistemático de las mismas. Solo por citar algunas, destacan las elaboradas en las sucesivas ediciones del Barómetro de Consumo de Eroski, consumo de medios de comunicación (Llamas, 2015) y las últimas –en el momento de escribir estas líneas– considerando el tipos de ocio en un contexto de crisis económica (Abascal y Díaz de Rada, 2017), y sobre los motivos de comer fuera de casa (Díaz de Rada y Abascal Fernández, 2018).

En cualquier caso, los cuatro tipos de consumidores mostrados en los párrafos anteriores sirven para nuestros propósitos en la medida que muestran una gran diversidad. Estas grandes diferencias no sólo tienen su origen en los distintos momentos temporales en los que se realiza cada investigación, y en los grandes cambios ocurridos en el consumidor español desde mediados de la década de los setenta, sino también en las distintas variables utilizadas por cada investigación. Como se ha señalado las variables introducidas en el análisis factorial van a determinar totalmente la solución aportada, motivo por el que debe planificarse con sumo detalle las variables a utilizar.

El objetivo del ejemplo aquí planteado es similar a las investigaciones apuntadas anteriormente, analizar los rasgos del consumidor, aunque centrados específicamente en dos aspectos: en primer lugar, determinar hasta qué punto puede considerarse el "acto de compra" como generador de satisfacciones; la compra como un elemento que proporciona placer por todo el ritual que le acompaña (comparar precios, visitar varios establecimientos, etc.). Un segundo objetivo es determinar la importancia del consumo como "exclusividad social": el consumo ostentoso como símbolo de estatus de una clase social, aspecto que ya fue contemplado por Thorstein Veblen a finales del siglo XIX como una forma de realzar el prestigio individual. Las hipótesis que responden a estos dos objetivos son las siguientes:

▸ **H1.** Frente al comprador tradicional –que realiza las compras según sus necesidades inmediatas– está apareciendo un nuevo tipo de consumidor que disfruta en el acto de compra y –pese a considerar detenidamente las distintas opciones de compra– está influenciado por la presencia de ciertos elementos no racionales como son la adquisición de cosas que no se pensaban, decidir sobre la marcha los objetos comprados, etc.

▶ **H2**. Este comportamiento es más propio de los colectivos más jóvenes, son éstos los que más compran para ostentar, para mostrar el lugar que ocupan en la escala social. Para este colectivo tiene una gran importancia mostrar sus bienes y la impresión que puedan dar a los demás.

Para resolver estas hipótesis se planteó en un primer momento– realizar diversas preguntas sobre cada una de estas cuestiones, aunque pronto se desistió de ese propósito puesto que las respuestas obtenidas ofrecían información muy superficial en la medida que las conductas objeto de estudio no eran declaradas por los consumidores. Así en el análisis del pretest se pudo descubrir la existencia del efecto deseabilidad social en determinadas preguntas; o dicho de otro modo, una tendencia por parte de los entrevistados a contestar no aquello que creían, sino la opción que era moralmente más aceptable, o que desde su punto de vista era adecuada a los ojos del entrevistador. Debido a este problema se consideró que sería una difícil tarea obtener información fiable sobre cuáles son los motivos reales que están detrás de determinadas conductas de compra. En línea con esta afirmación, Soler Pujals señala que existen una gran cantidad de acciones que se realizan basadas en una explicación emocional o subconsciente que no es conocida por el propio entrevistado: "la mayoría de autores e investigadores del consumo señalan en sus trabajos la importancia de las compras que realizan los consumidores apoyadas en una explicación de tipo emocional o subconsciente. Este contenido emocional, en la mayoría de las ocasiones, no está racionalizado por el consumidor y por lo tanto no nos lo puede explicar verbalmente a través de técnicas directas, como son las entrevistas personales con cuestionario, la entrevista telefónica, la entrevista por correo, etc." (1990: 179).

A fin de resolver estos problemas, se optó por una pregunta que solicita al entrevistado que manifieste su opinión sobre un conjunto de comportamientos que hacen referencia a distintos aspectos del proceso de consumo, siguiendo el consejo de DeVellis (2011) cuando señala que en determinadas ocasiones las afirmaciones son más útiles que las preguntas. Se muestran comportamientos de compra (decido sobre la marcha, me gusta conocer tiendas nuevas, etc.), hay ítems que hacen referencia a la consideración de la moda y al sentimiento de exclusividad de la ropa, otro grupo cuestiona el estatus que se adquiere al poseer ciertos productos, etc. Los comportamientos considerados, junto con la pregunta del cuestionario, se muestra en el cuadro 3.1.

Otros criterios que deben considerarse a la hora de seleccionar las variables con las que utilizar el análisis factorial es que sean métricas, que tengan uniformidad en las medidas, y que exista homogeneidad en las varianzas de las variables. En el ejemplo utilizado se cumplen estas tres condiciones: la escala de respuesta de cada uno de los ítems de esta pregunta es métrica, si nos atenemos a las consideraciones de O'Brien (1979) y Schroeder (1990) cuando señalan que puede tratarse una variable ordenada como métrica cuando tenga más de cinco categorías (normalmente siete)[12]. La amplitud de la escala es la misma para cada uno de los ítems, de modo que existe uniformidad entre las medidas de cada variable. El cumplimiento del tercer criterio se considerará unas páginas más adelante.

Una vez realizada la recogida de datos se procedió a valorar la consistencia interna de esta pregunta calculando el *Alpha de Cronbach* de los 15 ítems que la forman, obteniendo un valor de 0,878; que resulta ser suficientemente aceptable si tenemos en cuenta las sugerencias de expertos como Vernette (1994) y Rust-Cooil (1994) cuando afirman que coeficientes en torno al 0,70 son satisfactorios en este tipo de trabajos.

DISEÑO MUESTRAL

En relación con el tamaño de la muestra, debe tenerse en cuenta que los coeficientes de correlación son menos estables cuando se calculan para muestras pequeñas, razón por la que es importante que el tamaño muestral sea elevado para que las correlaciones se estimen fiablemente. Con esta afirmación no se alude únicamente que a medida que se aumenta el tamaño de la muestra el investigador está más cerca de las verdaderas puntuaciones del universo, algo evidente, sino que el interés es insistir en el hecho de que las muestras grandes mantienen una mayor estabilidad en los coeficientes. Como bien afirma Comrey (1985) "a medida que aumenta el número de observaciones crece la fiabilidad de las correlaciones obtenidas, si bien las magnitudes de los coeficientes disminuyen". En esta línea, Guertin y Bailey (1970) demuestran que "con muestras pequeñas los errores aleatorios de los coeficientes de correlación menos fiables aumentan la magnitud absoluta de las correlaciones de la matriz. Esto produce comunalidades mayores y una mayor cantidad de varianza de factor común, aunque el aumento es debido a varianza de factor común espuria".

---

12 Algunos expertos, como Ferrando y Anguiano-Carrasco (2010) consideran aceptable "escalas de respuesta graduada (Likert) de 5 categorías"; siempre que la asimetría se encuentre entre −1 y +1.

Cuadro 3.1.
Comportamientos y actitudes de compra

7. Voy a leerle una serie de frases sobre distintos comportamientos y actitudes de compra. ¿Podría decirme en qué medida está usted de acuerdo con cada una de estas frases, **puntuando 1 si está totalmente en desacuerdo y 9 si está totalmente de acuerdo?**

Totalmente   Totalmente
en desacuerdo   de acuerdo

1	2	3	4	5	6	7	8	9

a) Me gusta vestir a la moda ___ (v10)

b) Procuro ir siempre bien vestido, porque para mí es muy importante la impresión que doy a los demás ___ (v11)

c) Me molesta ver a alguien con ropa igual que la mía ___ (v12)

d) Cuando compro algún producto para mi casa lo hago pensando únicamente en que va a hacerme la vida más agradable ___ (v13)

e) El coche es un objeto que indica el prestigio de quien lo lleva ___ (v14)

f) La gente compra productos en consonancia con el ambiente social en el que vive ___ (v15)

g) Me gusta "invertir" en una casa elegante, ya que dice mucho de los que en ella viven ___ (v16)

h) Los bienes que poseo (casa, coche, etc.) únicamente son importantes porque mejoran mi calidad de vida ___ (v17)

i) Me gusta conocer tiendas nuevas ___ (v18)

j) Normalmente decido sobre la marcha lo que compro ___ (v19)

k) Cuando compro doy más importancia a la calidad que a los precios ___ (v20)

l) Me gusta acompañar a alguien que va de compras ___ (v21)

n) Las diferencias entre unas marcas y otras se notan mucho, la marca es una garantía ___ (v22)

o) Es frecuente que compre cosas que no tenía pensadas ___ (v23)

p) Creo que es preferible no ahorrar y vivir mejor ___ (v24)

A la hora de decidir el tamaño muestral algunos autores consideran que 100 o 200 casos son suficientes para realizar adecuadamente un análisis factorial, especialmente cuando los factores son fuertes y el número de variables no es muy extenso (Tabachnick y Fidell, 2014). Estos mismos autores señalan que, como regla general, puede realizarse un buen análisis teniendo –al menos– cinco casos por cada variable observada, mientras que otros sugieren un promedio de 10 casos por variable (Hair et al., 2009). Con las 15 variables del ejemplo planteado sería necesario una muestra mínima de 80 personas, o de 160 si se sigue la propuesta de Hair y colaboradores; pero se trata de un criterio que, a juicio de Ferrando y Anguiano-Carrasco (2010), carece de una base sólida. Más exigente es el criterio de Comrey (1985) cuando evalúa la adecuación de diferentes tamaños muestrales: 50 como muy pobre, 100 como pobre, 200 justo, 300 bueno, 500 muy bueno y 1.000 como excelente. Este autor considera que siempre que sea posible "el investigador debe utilizar muestras grandes, preferiblemente de 500 o más casos". Unas páginas más adelante señala que en la mayoría de las ocasiones se gana poco sobrepasando los 1.000 casos.

Por último es importante que la muestra elegida presente una gran variación en las respuestas obtenidas, ya que cuando todos los sujetos proporcionan las mismas respuestas para las preguntas la correlación entre las variables observadas será baja, y los factores no emergerán en el análisis. Condición, por otra parte, necesaria cuando se realiza cualquier investigación social y comercial. El análisis del recorrido intercuartílico, o desviación típica si la distribución no tiene casos atípicos, informará sobre la variabilidad de las respuestas obtenidas.

En base a estos criterios el tamaño muestral estadísticamente requerido para estudiar de forma representativa la población de una provincia de alrededor de medio millón de habitantes se estableció en 740 entrevistas, que en un muestreo aleatorio simple con P=Q presenta un error muestral máximo para datos globales de ±3,68% con un nivel de confianza del 95,5%. La muestra se ha realizado a los mayores de edad inscritos en el Padrón Continuo, y la duración media de cada entrevista fue de 20 minutos, oscilando entre un mínimo de 18 minutos y un máximo de 25 minutos en la población de más edad.

3.3.2 Primer análisis de la información

Una vez explicada la selección de las variables y el diseño muestral, el análisis de datos comienza con un examen de la muestra obtenida y su comparación con las variables disponibles del universo (sexo, edad, situación laboral, estado civil, nivel educativo, etc.), realizando ponderaciones de la información cuando proceda. En un segundo momento se procede con el estudio de las tasas de no respuesta (parcial y total) y el análisis de la fiabilidad/validez de los datos (Alvira, 2011).

Solventados estos procesos, siempre debe realizarse un primer análisis exploratorio antes de comenzar con cualquier técnica de análisis multivariante, utilizando determinados estadísticos con el fin de realizar una primera *descripción* de la pregunta objeto de estudio. De todos los estadísticos vistos en el capítulo anterior se han elegido la media truncada al 5%, el recorrido intercuartílico y el número de casos. Este último aparece en la columna derecha de la tabla 3.1 y una observación minuciosa desvela la diferencia del número de casos respecto al tamaño muestral total, 701 y 740 respectivamente. Esto se produce porque algunos entrevistados no han respondido todos los ítems y las ausencias de respuesta –codificadas con el valor 0– han sido consideradas como valores perdidos[13]. Se ha procedido de esta forma porque el 0 no supone una *peor valoración* en cada uno de los aspectos medidos (un "mayor desacuerdo") sino que es un valor utilizado para reflejar la ausencia de respuesta[14].

Con el fin de conocer las implicaciones de la no respuesta parcial se ha seleccionado, dentro del procedimiento *Explorar*, la opción *Excluir casos según pareja* (figura 2.8, página 39); repitiendo después los análisis con *Excluir casos según lista* (figura 2.8). Los resultados se muestran en la 4ª y 5ª columna de la tabla 3.1, y el primer aspecto que llama la atención es la diferencia entre cada tipo de definición de la no respuesta. Excluir según pareja proporciona una gran variabilidad en el número de casos incluidos en el análisis, oscilando entre 736 y los 727 casos; mientras que *Excluir casos según lista* reduce el análisis a los 701 casos que han respondido todos los ítems de esta pregunta. Esta última ha sido seleccionada para llevar a cabo el factorial, que implica utilizar únicamente los entrevistados que han respondido todas las preguntas, excluyendo 39 entrevistados (740 - 701). Los valores de la media truncada y el recorrido intercuartílico mostrados en la tabla 3.1 se han calculado, lógicamente, sobre 701 casos.

De todas las opciones presentadas "el coche es un objeto que indica el prestigio de quien lo lleva" es la que obtiene puntuaciones más altas, tal y como puede apreciarse en la tabla 3.1. Frente a otros elementos como el vestir a la moda, el binomio calidad-precios, etc., la mayoría de los entrevistados señalan la importancia del automóvil como indicador de prestigio social.

---

13 Cuatro entrevistados no han respondido a "gusta vestir moda", 9 a "vestido e impresión otros", 7 a "molesta ropa igual", 6 a "vida + agradable", 8 a "coche prestigio", 3 a "ambiente social", 3 a "casa dice mucho", 4 a "bienes=calidad vida", 3 a "tiendas nuevas", 11 a "decido marcha", 7 a "calidad + que precio", 2 a "acompañar alguien", 7 a "marca=garantía", 5 a "compro no pensaba", y 4 a "no ahorrar, vivir mejor".

14 El Centro de Investigaciones Sociológicas, por ejemplo, utiliza los valores 8/98/998 y 9/99/999 para reflejar las respuestas "no sabe" y "no responde" (Alvira, 2011), valores que han sido elegidos de forma arbitraria.Tratando que estos valores –o el 0 en el ejemplo utilizado– no influyan en el análisis de datos, se procede con su eliminación de los análisis (ya que están indicando una ausencia de respuesta del entrevistado).

El segundo ítem con mayor puntuación refleja la concepción, por parte del entrevistado, que los productos comprados dependen en gran medida del ambiente social en el que cada persona desarrolla su actividad. Esta actitud, ¿no está reflejando una cierta obligatoriedad moral?, ¿una coerción por parte del medio social que induce al individuo a comprar un determinado producto? Esta elección, al ser realizada en segundo lugar con preferencia a otros ítems más economicistas (calidad-precios, preferencia por no ahorrar, etc.) está enfatizando la gran importancia del entorno en el proceso de compra y utilización de los productos. Muy relacionado con este aspecto está la "molestia de a alguien con ropa igual que la mía"; de nuevo otra variable que muestra la preocupación por la imagen y la impresión que se ofrece a los demás; enfatizando el consumo hacia afuera, no consumir para uno mismo, sino dando una importancia especial a qué pensarán y dirán los otros. El aspecto físico es importante, y quizás nunca ha adquirido tanta importancia como en el momento actual.

	Media truncada	Recorrido intercuartílico	Nº de casos (Excluir según pareja)	Nº de casos (Excluir según lista)
Coche indica prestigio	7,98	2,0	728	701
Compra según su ambiente social	7,87	2,0	733	701
Molesta ver ropa igual a la mía	7,48	3,0	729	701
Gusta tiendas nuevas	7,27	3,0	733	701
Prefiere no ahorrar y vivir mejor	7,27	3,0	732	701
Marca=garantía	6,99	2,0	729	701
Cuando compra solo piensa que le hará la vida más agradable	6,97	2,0	730	701
Casa dice mucho de los que ahí viven	6,91	2,0	733	701
Bienes importantes ↑ calidad vida	6,23	2,0	732	701
Vestido e impresión otros	5,88	2,0	727	701
Me gusta vestir a la moda	5,82	2,0	732	701
Decido compras sobre la marcha	5,79	3,0	736	701
Calidad + que precio	5,72	3,0	736	701
Gusta acompañar a alguien (compras)	5,73	3,0	736	701
Compro cosas que no pensaba	5,54	3,0	736	701

Tabla 3.1. Valoración de las frases sobre distintos comportamientos y actitudes de compra

El resto de elecciones reflejan una preponderancia del consumo frente al ahorro, como son "gusto por visitar tiendas nuevas" y la creencia que "es preferible no ahorrar y vivir mejor". Las elevadas magnitudes de los recorridos intercuartílicos de los tres últimos ítems están advirtiendo la presencia de una gran variabilidad en las opciones elegidas, una gran cantidad de "1" y de "9", indicando la presencia de respuestas diferenciadas en distintos grupos sociales. Los cinco ítems tienen en común una referencia al *estatus* que dan los productos poseídos, a la idea de *exclusividad* en las pertenencias.

Con puntuaciones que oscilan entre 6 y 6,95 aparece la importancia de la marca, la marca es un elemento muy importante para los entrevistados, ya que es considerada como un signo de calidad y una garantía ("las diferencias entre unas marcas y otras se notan mucho, la marca es una garantía"). Con puntuaciones muy similares se sitúa la compra para hacer la vida más agradable ("cuando compro algún producto para mi casa lo hago pensando únicamente en que va a hacerme la vida más agradable"), la importancia de la casa como símbolo de estatus ("me gusta 'invertir' en una casa elegante, ya que dice mucho de los que en ella viven") y, con una media de 6,19, un ítem que refleja que los bienes que se poseen son importantes únicamente porque mejoran la calidad de vida ("los bienes que poseo – casa, coche, etc.– únicamente son importantes porque mejoran mi calidad de vida"). Este conjunto de ítems podrían denominarse como búsqueda de la calidad, la compra que tiene como fin mejorar las comodidades de la vida cotidiana.

Del resto de opciones, todas con puntuaciones menores que seis, aparecen dos ítems que hacen referencia a la vestimenta: "procuro ir siempre bien vestido, porque para mí es muy importante la impresión que doy a los demás" y "me gusta vestir a la moda". El resto están relacionados con comportamientos de compra: decidir sobre la marcha lo que se compra ("normalmente decido sobre la marcha lo que compro"), valorar más la calidad que los precios ("cuando compro doy más importancia a la calidad que a los precios") y, las dos menos valoradas, gusto por acompañar a alguien que va de compras y adquirir cosas que no se pensaba ("me gusta acompañar a alguien que va de compras", "es frecuente que compre cosas que no tenía pensadas"). Conviene resaltar, de nuevo, las elevadas magnitudes de los recorridos intercuartílicos de las cuatro últimas variables, todas relativas a comportamientos de compra.

Realizada esta primera aproximación descriptiva, la utilización del análisis de componentes principales permitirá una mejor interpretación de la realidad objeto de estudio al detectar las dimensiones latentes que *están detrás* de las respuestas ofrecidas por cada una de las personas entrevistadas. Al final del primer capítulo se señaló que una vez decidido el procedimiento a utilizar debe valorarse si los datos cumplen los supuestos básicos de éste. De este modo, la elección de la técnica requerirá evaluar la normalidad y linealidad de las observaciones, requisitos básicos para la utilización del análisis factorial (Tabachnick y Fidell, 2014).

En el apartado 4 del capítulo anterior se indicó cómo realizar esta comprobación, aunque diversos expertos (entre otros, Hair et al., 2009; Tabachnick y Fidell, 2014) consideran que la mayor parte de las veces puede obviarse el cumplimiento de los supuestos de normalidad cuando se trabaje con muestras grandes, mucho más cuando se trate de un estudio exploratorio. Mayores implicaciones tienen el no cumplimento de la linealidad, al reducir los coeficientes de la matriz de correlaciones. Esta disminución de los coeficientes dificultará la obtención de factores comunes, llegando incluso a desaconsejar la utilización del análisis factorial, aspectos que serán tratados más adelante. Menos importancia conceden estos autores al supuesto de *multicolinealidad*, esto es, la existencia de información compartida entre una serie de variables; señalando que su presencia es deseable puesto que el objetivo es "identificar una serie de variables interrelacionadas" (Hair et al., 2009). Por último, es necesario considerar otros aspectos no menos importantes relativos a la existencia de una estructura subyacente entre las variables, el tamaño muestral y la necesaria adecuación de la muestra elegida, tal y como ha sido indicado en el apartado anterior.

3.3.3 Proceso de realización del análisis factorial con el programa SPSS

Para llevar a cabo un análisis factorial con el programa elegido hay que situar el ratón en la función *Analizar*, seleccionar posteriormente la subfunción *Reducción de datos*, y por último *Factor*. Una vez que aparece el cuadro de diálogo de la figura 3.1 basta con seleccionar las variables precisas y cambiarlas a la ventana de la derecha pulsando el *botón-flecha* situado en el centro del cuadro de diálogo. Cuando son introducidas las variables el botón *Aceptar* (situado en la esquina inferior izquierda de la figura 3.1) cambia de color, y bastaría con pulsarlo para realizar un primer análisis factorial.

Las indicaciones expuestas en el párrafo anterior permiten realizar un análisis factorial porque el programa estadístico asume por defecto una serie de aspectos como el método de extracción de los factores, determinados estadísticos descriptivos, el número de factores a extraer, etc. Sin embargo, la realización correcta de un análisis factorial precisa utilizar las diferentes opciones que se presentan en la parte superior derecha del cuadro de diálogo. Nos referimos a los botones *Descriptivos...*, *Extracción...*, *Rotación...*, *Puntuaciones...*, y *Opciones...*, que permiten acceder a cada uno de los submenús. Se analizará en detalle cada uno de éstos.

Analizar→Reducción de datos→Factor...

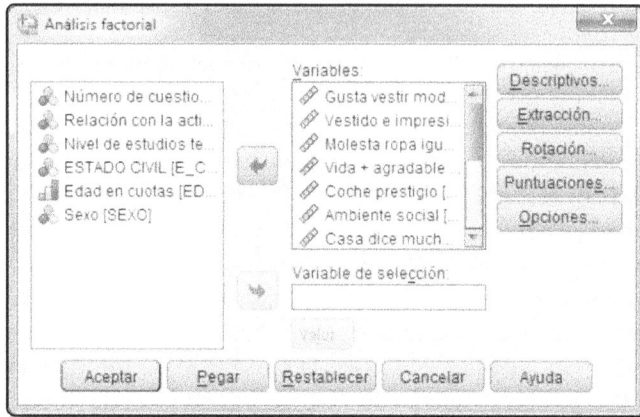

Figura 3.1. Cuadro de diálogo Análisis Factorial

El cuadro de diálogo al que se accede tras pulsar el botón *Descriptivos...* está dividido en dos partes: la primera dedicada a los estadísticos, y la segunda donde se abordan distintos elementos relacionados con las correlaciones entre las variables. Los estadísticos *Descriptivos univariados* facilitan un primer acercamiento descriptivo a esta realidad, y para ello proporcionan la media de cada una de las variables, la desviación típica y el número de casos. En este ejemplo no se ha marcado esta opción puesto que ya se ha solicitado un análisis con el comando *Examinar*. Con el nombre de *Solución inicial* el programa proporciona las comunalidades antes y después de la extracción de los factores, todos los autovalores y el porcentaje de varianza explicada.

Analizar→Reducción de datos→Factor... Botón *Descriptivos*

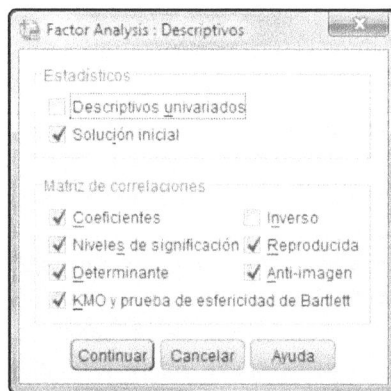

Figura 3.2. Cuadro de diálogo Análisis Factorial: Descriptivos

La parte inferior del cuadro de diálogo mostrado en la figura 3.2 proporciona diversos elementos relativos a la relación entre variables:

▼ *Coeficientes*: matriz de correlaciones observadas, coeficientes producto-momento de Pearson.

▼ *Niveles de significación*: significaciones de los coeficientes anteriores.

▼ *Determinante*: determinante de la matriz de correlaciones observadas para conocer el grado de intercorrelaciones.

▼ *KMO y prueba de esfericidad de Bartlett*: el KMO (Kaiser-Meyer-Olkin) compara los coeficientes de correlación con los coeficientes de correlación parcial entre variables, y se utiliza para conocer si las variables analizadas comparten factores comunes.

El test de Bartlett se utiliza para comprobar si la matriz de correlaciones obtenidas es un matriz identidad, es decir, si todos los coeficientes de la diagonal son iguales a la unidad y los extremos de la diagonal iguales a 0. Cuando la matriz de correlaciones es una matriz identidad debe cuestionarse el empleo del análisis factorial.

▼ *Inversa*: inversa de la matriz de correlaciones; utilizada para el cálculo de la matriz antiimagen.

▼ *Reproducida*: correlación reproducida, comunalidades y correlaciones residuales.

▼ *Antiimagen*: matrices antiimagen de covarianza, y correlaciones antiimagen que muestran los valores del coeficiente de correlación parcial.

Una vez que se han solicitado los descriptivos, algunos de los cuales proporcionan información sobre la adecuación de utilizar el análisis factorial, pulsando el botón *Continuar* se vuelve al menú principal del análisis factorial (figura 3.1). Al pulsar el botón *Extracción...* se accede a un cuadro de diálogo donde se especifica el método de análisis factorial a utilizar y el número de factores a extraer (figura 3.3):

Analizar→Reducción de datos→Factor... Botón Extracción

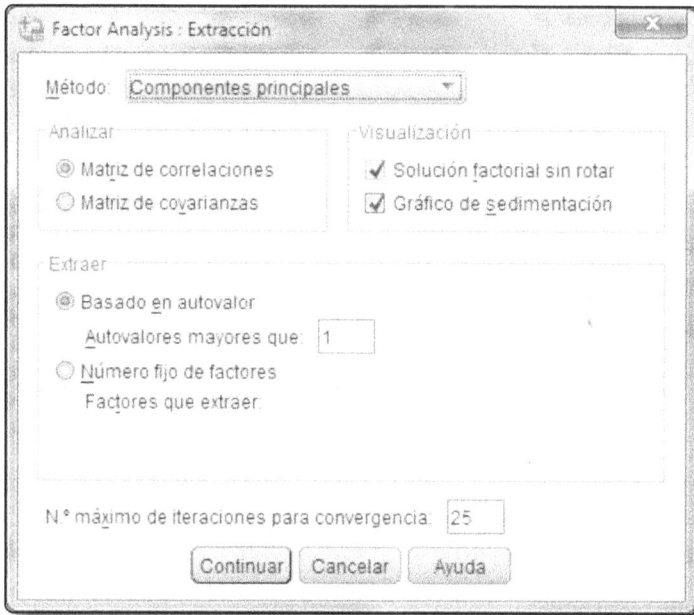

Figura 3.3. Cuadro de diálogo Análisis Factorial: Extracción

▼ *Método*: selección del método de extracción factorial, permitiendo elegir entre: componentes principales, mínimos cuadrados no ponderados, mínimos cuadrados generalizados, máxima verosimilitud, factorización de ejes principales, análisis alfa y análisis imagen. Cuando no es modificado el programa realiza por defecto un análisis de Componentes Principales.

▼ *Visualización*: permite solicitar la solución factorial sin rotar y el gráfico de sedimentación. Por defecto muestra la solución factorial sin rotar, aunque en este caso se ha solicitado el gráfico de sedimentación que será utilizado para decidir el número de factores.

▼ *Analizar*: selecciona el procedimiento de análisis, posibilitando elegir entre una matriz de correlaciones o una matriz de covarianzas. Por defecto el programa analiza la matriz de correlaciones. Kim y Mueller (1978) proporcionan diversos consejos sobre la conveniencia de utilizar una matriz de correlaciones o de covarianzas.

▼ *Extraer*: criterio para determinar el número de factores a extraer, permitiendo elegir un número determinado de factores o los factores con autovalores mayores que un número. Por defecto el programa extrae los factores con autovalores mayores que 1 (criterio de Kaiser o raíz latente).

▼ Número máximo de iteraciones que el algoritmo puede seguir para lograr una solución. Por defecto son 25.

Pulsando el botón *Continuar* se vuelve al menú principal. La mayor parte de las veces no se analizan cómo los factores han sido extraídos por el análisis, sino que se les aplican una serie de transformaciones con el fin de aumentar la pertenencia de cada variable a un factor. Estos procedimientos reciben el nombre de rotaciones, y para su utilización requiere pulsar el botón *Rotación...* dentro del menú principal. En este momento aparece un cuadro de diálogo dividido en tres partes:

Analizar→Reducción de datos→Factor... Botón *Rotación*

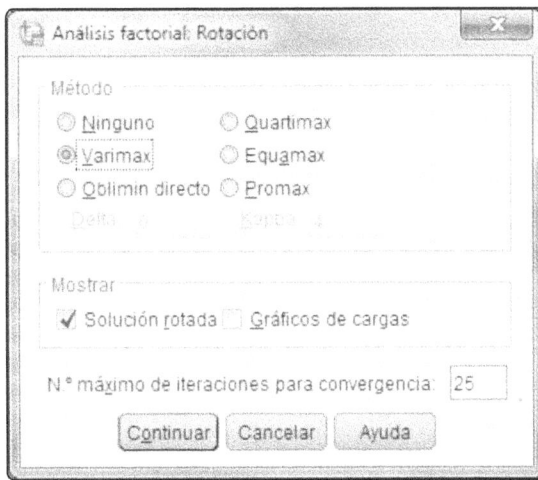

Figura 3.4. Cuadro de diálogo Análisis Factorial: Rotación

▼ *Método*: a elegir entre ninguno, varimax, oblimin directo, quartimax, equamax y promax. La opción por efecto es ninguno, aunque en este ejemplo se ha solicitado la rotación varimax, por las razones que serán expuestas más adelante.

▼ *Visualización:* muestra la solución rotada y un gráfico de saturaciones con los tres primeros factores. Por defecto aparece marcada la primera opción.

▼ Número máximo de iteraciones para convergencia, por defecto 25.

Al igual que en los procedimientos anteriores al marcar el botón *Continuar* se accede al menú principal (gráfico 3.1). En la parte inferior del cuadro de diálogo del menú principal aparecen dos submenús que todavía no han sido utilizados; *Puntuaciones...* y *Opciones...* (figura 3.5). El primero ofrece la posibilidad de obtener las puntuaciones factoriales de cada unidad (entrevistados en este *caso*) en los factores extraídos, permitiendo elegir entre tres métodos de cálculo: *Regresión*, *Bartlett* o *Anderson-Rubin*. Por defecto este cuadro de diálogo aparece desactivado, aunque en este caso serán solicitadas estas puntuaciones por el método *Regresión*, una vez se valore y selecciones un modelo factorial adecuado. El programa ofrece también la posibilidad de presentar la matriz utilizada para obtener los coeficientes factoriales.

Analizar→Reducción de datos→Factor.... Botón *Puntuaciones factoriales*

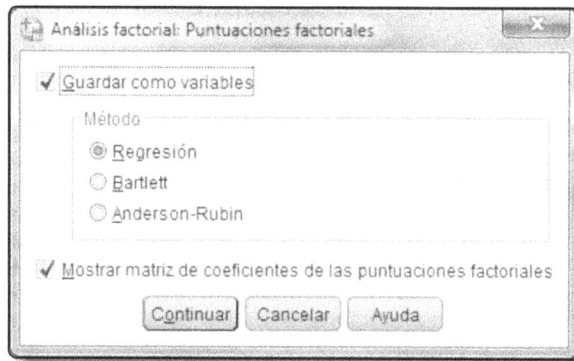

Figura 3.5. Cuadro de diálogo Análisis Factorial: Puntuaciones factoriales.

El último de los botones disponibles dentro del menú principal, rotulado con el nombre de *Opciones...*, está dividido en dos partes atendiendo al tratamiento de los valores perdidos y al formato de presentación de los coeficientes. Respecto a los valores perdidos es posible trabajar con los sujetos que tienen valores válidos para todas las variables analizadas (*Excluir casos según lista*), incluir los sujetos que tienen valores válidos para cada par de variables (*Excluir casos según pareja*), e incluso es posible reemplazar los valores perdidos por la media. Por defecto está marcada la primera opción, excluir datos según lista, que ajustará el número de casos analizados a los que han respondido todas las preguntas (recordar tabla 3.1, página 105).

Analizar→Reducción de datos→Factor... Botón *Opciones*

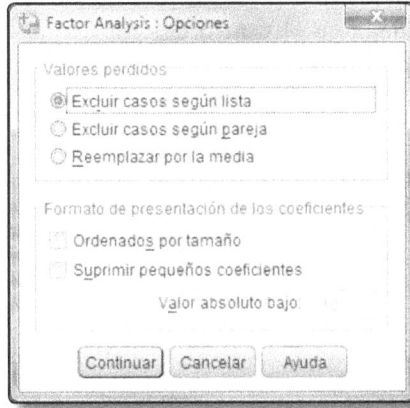

Figura 3.6. Cuadro de diálogo Análisis Factorial: Opciones.

Respecto al formato de visualización de los coeficientes, el programa permite ordenar los coeficientes por el tamaño y suprimir los valores absolutos menores que una cantidad, por defecto 0,10. En este ejemplo se ha optado por no elegir ninguno en el primer análisis (resultados en la tabla 3.6 y 3.11, páginas 121 y 132) y utilizar ambos en la solución definitiva (tabla 3.13, página 140). Se busca, de con esta forma de proceder, que el lector pueda comprobar la ayuda a la interpretación que supone la utilización de esta herramienta. La experiencia impartiendo cursos sobre el tema nos lleva a la convicción que una solución factorial con pocos coeficientes (por ejemplo mayores de 0,35) despista enormemente a los investigadores nóveles, siendo preciso llegar a esta tras un análisis de la matriz completa. La *ordenación por tamaño*, por su parte, genera una "lectura en diagonal" que dificulta la detección de las variables muy relacionadas con más de un factor. Pulsando *Continuar* se vuelve al menú principal.

Analizar→Reducción de datos→Factor... Botón *Valor*

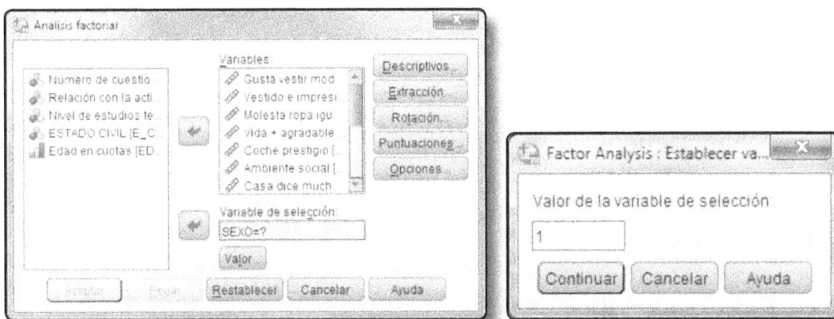

Figura 3.7. Cuadro de diálogo Análisis Factorial: Valor.

Para terminar, y antes de pulsar el botón *Aceptar* para que se lleve a cabo el análisis con todas las opciones especificadas, un breve apunte sobre la anotación *Variable de selección* situada en el centro del cuadro de diálogo. Esta opción se utiliza cuando se desea realizar el análisis con una parte de la muestra; por ejemplo las mujeres, los compradores habituales de un determinado producto, las personas que viven en ciudades, etc. Cuando el investigador se encuentre en esta situación debe incluir en ese espacio la variable de selección, por ejemplo el "Sexo" y, tras pulsar el botón *Valor...*, especificar el valor que coincida con la condición requerida. En el ejemplo mostrado en la figura 3.7 el análisis únicamente se realizará entre los hombres, que son los que tienen el valor 1 en la variable V94.

En este momento interesa realizar un análisis de toda la muestra, de modo que se elimina la variable "Sexo" del cuadro de diálogo mostrado en la figura 3.7, y tras pulsar *Aceptar* se procede con la interpretación de los resultados proporcionados por el programa.

3.3.4 Primeros resultados[15]: comprobación del ajuste del modelo

La interpretación de resultados del análisis factorial va a estar dividida en dos partes. En primer lugar se explican los resultados proporcionados tras seleccionar los procedimientos opcionales mostrados anteriormente, con el fin primordial de comprobar el ajuste del modelo. A este propósito se dedica el presente apartado. En el apartado 3.5 se realizará una interpretación de resultados buscando el modelo que mejor se ajusta a los datos, y pensando no tanto el modelo estadístico sino en el objeto de estudio que nos ocupa: las actitudes y comportamientos de los consumidores.

Haber marcado prácticamente todas las opciones disponibles en el cuadro de diálogo *Descriptivos* del análisis factorial proporciona los resultados mostrados en las tablas 3.2, 3.3, 3.4, 3.5, 3.9 y 3.10. En la tabla 3.2 aparece la matriz de correlaciones observadas para todas las variables incluidas en el análisis, el determinante de esta matriz, y en la tabla 3.3 las significaciones de los coeficientes de correlación. En la medida que el objetivo del análisis factorial es la búsqueda de factores comunes en una serie de variables, es importante que todas las variables tengan coeficientes de correlación altos y significativos, puesto que si las correlaciones son pequeñas es muy probable que no compartan factores comunes. Aunque la magnitud de las correlaciones depende del tamaño de la muestra, ya que grandes muestras tienden a producir bajos coeficientes de correlación, no es conveniente realizar un análisis

---

15 Al igual que se señaló en el capítulo anterior, el listado de resultados busca mejorar la interpretación, y difieren ligeramente de la secuencia en la que aparecen en el programa.

factorial cuando la mayor parte de las correlaciones observadas sean menores de 0,30 (entre otros, Tabachnick y Fidell, 2014; Hair et al., 2009; Cea D'Ancona, 2002), aunque hay expertos que son menos exigentes y reducen este tamaño hasta 0,20 (Trespalacios Gutierrez et al., 2005). Tras estudiar cuidadosamente la matriz de correlaciones el investigador decidirá si resulta apropiado someterla a un proceso de factorización. En el presente ejemplo la mayor parte de correlaciones son superiores a 0,30[16]), de modo que se trata de una situación muy adecuada para llevar a cabo el análisis factorial.

Tan importante como el valor de las correlaciones observadas es la significación estadística de cada una, significación que se muestra en la tabla 3.3. Un coeficiente de correlación es estadísticamente significativo cuando el grado de significación es mejor que 0,05 (valor que suele tomarse como referencia, Luque, 2012), que implica el rechazo de la hipótesis nula que esta correlación es debida al azar. La práctica totalidad de los coeficientes mostrados en la tabla 3.3 son menores que 0,05, por lo tanto son significativas estadísticamente hablando. De hecho, la significación más elevada alcanza el 0,051, consecuencia de la escasa correlación (0,062) entre "gusta vestir a la moda" y "gusta conocer tiendas nuevas".

Un análisis en detalle de las tablas 3.2 y 3.3 muestra que la variable "ambiente social" (6ª columna, coeficientes en negrilla) está altamente correlacionada con 8 variables, presentando mayores magnitudes con "casa dice mucho" (0,632), "coche prestigio" (0,597), "marca-garantía" (0,581) y "molesta ropa igual" (0,518). Estos elevados coeficientes de correlación están indicando, sin duda alguna, la presencia de un importante factor unido a la variable "ambiente social".

"Bienes calidad vida" (8ª columna, coeficientes en negrilla) presenta correlaciones superiores a 0,3 con diez variables, principalmente con "vestido e impresión otros" (0,575), "vida + agradable" (0,411), "casa dice mucho" (0,376), "gusta vestir moda" y "molesta ropa igual" (ambas 0,346). Los elevados valores de sus correlaciones dan cuenta de un factor relacionado con estos aspectos.

Hay otras dos variables que, a priori, muestran grandes asociaciones como son "doy más importancia a la calidad que al precio", con elevada relaciones con "la marca es una garantía", "comprar bienes considerando el ambiente social en el que vive" y "decidir sobre la marcha lo que compro". "Compro cosas no pensaba" también presenta una alta relación con la idea "me gusta conocer tiendas nuevas", "casa dice mucho de los que ahí viven", "molesta ver personas con ropa igual que la mía" y "me gustar acompañar a alguien que va de compras".

---

16   Únicamente en la parte superior de la matriz, al tratarse de una matriz simétrica.

Finalizada la interpretación de la matriz de correlaciones, debajo de esta aparece el *determinante*, que es un indicador del grado de intercorrelaciones y que aporta información conjunta sobre la adecuación o no de la utilización del análisis factorial. Cuanto menor es el determinante está indicando una mayor presencia de intercorrelaciones y una mayor adecuación del empleo del análisis factorial (Stewart, 1981). En el ejemplo utilizado el valor del determinante es 0,02, aceptable para la utilización del análisis factorial.

	Gusta vestir moda	Vestido e impresión otros	Molesta ropa igual	Vida + agradable	Coche prestigio	Ambiente social	Casa dice mucho	Bienes calidad vida	Tiendas nuevas	Decido marcha	Calidad + que precio	Acompañar alguien	Marca garantía	Compro no pensaba	No ahorrar, vivir mejor
Gusta vestir moda	1,000	,486	,165	,389	,139	,203	,144	**,346**	,062	,162	,326	,284	,201	,210	,379
Vestido e impresión otros	,486	1,000	,259	,352	,204	,225	,297	**,575**	,282	,299	,299	,344	,261	,386	,334
Molesta ropa igual	,165	,259	1,000	,283	,568	**,518**	,692	,346	,390	,372	,262	,129	,461	,446	,254
Vida + agradable	,389	,352	,283	1,000	,288	,292	,233	**,411**	,181	,101	,320	,197	,341	,167	,307
Coche prestigio	,139	,204	,568	,288	1,000	**,597**	,527	,205	,322	,312	,313	,147	,480	,293	,255
Ambiente social	,203	,225	,518	,292	,597	1,000	,632	,278	,348	,417	,477	,248	,581	,272	,318
Casa dice mucho	,144	,297	,692	,233	,527	**,632**	1,000	,376	,479	,518	,390	,231	,569	,478	,319
Bienes=calidad vida	,346	,575	,346	,411	,205	,278	,376	1,000	,300	,283	,277	,315	,316	,396	,301
Tiendas nuevas	,062	,282	,390	,181	,322	,348	,479	,300	1,000	,390	,290	,350	,423	,550	,244
Decido marcha	,162	,289	,372	,101	,312	,417	,518	,283	,390	1,000	,466	,218	,460	,401	,256
Calidad + que precio	,326	,299	,262	,320	,313	,477	,390	,277	,290	,466	1,000	,345	,617	,261	,293
Acompañar alguien	,284	,344	,129	,197	,147	,248	,231	,315	,350	,218	,345	1,000	,253	,350	,248
Marca=garantía	,201	,261	,461	,341	,480	**,581**	,569	,316	,423	,460	,617	,253	1,000	,258	,342
Compro no pensaba	,210	,386	,446	,167	,293	,272	,478	,396	,550	,401	,261	,350	,258	1,000	,238
No ahorrar, vivir mejor	,379	,334	,254	,307	,255	,318	,319	,301	,244	,256	,293	,248	,342	,238	1,000

Determinante de la matriz de correlaciones = 0,002

Tabla 3.2. Matriz de correlaciones observadas

	Gusta vestir moda	Vestido e impresión otros	Molesta ropa igual	Vida + agradable	Coche prestigio	Ambiente social	Casa dice mucho	Bienes calidad vida	Tiendas nuevas	Decido marcha	Calidad + que precio	Acompañar alguien	Marca garantía	Compro no pensaba	No ahorrar, vivir mejor
Gusta vestir moda		,000	,000	,000	,000	,000	,000	,000	,051	,000	,000	,000	,000	,000	,000
Vestido e impresión otros	,000		,000	,000	,000	,000	,000	,000	,000	,000	,000	,000	,000	,000	,000
Molesta ropa igual	,000	,000		,000	,000	,000	,000	,000	,000	,000	,000	,000	,000	,000	,000
Vida + agradable	,000	,000	,000		,000	,000	,000	,000	,000	,004	,000	,000	,000	,000	,000
Coche prestigio	,000	,000	,000	,000		,000	,000	,000	,000	,000	,000	,000	,000	,000	,000
Ambiente social	,000	,000	,000	,000	,000		,000	,000	,000	,000	,000	,000	,000	,000	,000
Casa dice mucho	,000	,000	,000	,000	,000	,000		,000	,000	,000	,000	,000	,000	,000	,000
Bienes=calidad vida	,000	,000	,000	,000	,000	,000	,000		,000	,000	,000	,000	,000	,000	,000
Tiendas nuevas	,051	,000	,000	,000	,000	,000	,000	,000		,000	,000	,000	,000	,000	,000
Decido marcha	,000	,000	,000	,004	,000	,000	,000	,000	,000		,000	,000	,000	,000	,000
Calidad + que precio	,000	,000	,000	,000	,000	,000	,000	,000	,000	,000		,000	,000	,000	,000
Acompañar alguien	,000	,000	,000	,000	,000	,000	,000	,000	,000	,000	,000		,000	,000	,000
Marca=garantía	,000	,000	,000	,000	,000	,000	,000	,000	,000	,000	,000	,000		,000	,000
Compro no pensaba	,000	,000	,000	,000	,000	,000	,000	,000	,000	,000	,000	,000	,000		,000
No ahorrar, vivir mejor	,000	,000	,000	,000	,000	,000	,000	,000	,000	,000	,000	,000	,000	,000	

Tabla 3.3. Significaciones de la matriz de correlaciones

	v10 Gusta vestir moda	v11 Vestido e impresión otros	v12 Molesta ropa igual	v13 Vida + agradable	v14 Coche prestigio	v15 Ambiente social	v16 Casa dice mucho	v17 Bienes= calidad vida	v18 Tiendas nuevas	v19 Decido marcha	v20 Calidad + que precio	v21 Acompañar alguien	v22 Marca= garantía	v23 Compro no pensaba	v24 No ahorrar, vivir mejor
Gusta vestir moda	,807ª	**-,297**	-,052	-,191	,033	-,041	,086	-,012	,172	,004	-,148	-,101	,047	-,061	**-,221**
Vestido e impresión otros	-,297	,860ª	,031	-,054	-,044	,061	-,020	(-,374)	-,048	-,074	-,016	-,085	,026	-,095	-,060
Molesta ropa igual	-,052	,031	,875ª	-,084	**-,271**	-,043	(-,403)	-,078	-,008	,005	,111	,119	-,070	-,173	,028
Vida + agradable	-,191	-,054	-,084	,870ª	-,103	-,027	,067	**-,227**	-,036	,168	-,107	,021	-,096	,060	-,083
Coche prestigio	,033	-,044	-,271	-,103	,893ª	-,324	-,017	,111	-,016	,013	,033	,021	-,112	-,042	-,024
Ambiente social	-,041	,061	-,043	-,027	(-,324)	,903ª	**-,286**	-,012	-,002	-,046	-,150	-,080	-,120	,108	-,051
Casa dice mucho	,086	-,020	-,403	,067	-,017	-,286	,890ª	-,079	-,080	-,180	,024	,008	-,152	-,134	-,062
Bienes=calidad vida	-,012	-,374	-,078	-,227	,111	-,012	-,079	,875ª	,013	-,029	,044	-,083	-,051	-,113	-,022
Tiendas nuevas	,172	-,048	-,008	-,036	-,016	-,002	-,080	,013	,874ª	-,077	,056	-,180	-,188	-,359	-,045
Decido marcha	,004	-,074	,005	,168	,013	-,046	-,180	-,029	-,077	,915ª	**-,240**	,055	-,082	-,128	-,037
Calidad + que precio	-,148	-,016	,111	-,107	,033	-,150	,024	,044	,056	-,240	,852ª	-,157	(-,408)	-,048	,024
Acompañar alguien	-,101	-,085	,119	,021	,021	-,080	,008	-,083	-,180	,055	-,157	,889ª	,016	-,142	-,047
Marca=garantía	,047	,026	-,070	-,096	-,112	-,120	-,152	-,051	-,188	-,082	-,408	,016	,886ª	,172	-,088
Compro no pensaba	-,061	-,095	-,173	,060	-,042	,108	-,134	-,113	-,359	-,128	-,048	-,142	,172	,858ª	,001
No ahorrar, vivir mejor	-,221	-,060	,028	-,083	-,024	-,051	-,062	-,022	-,045	-,037	,024	-,047	-,088	,001	,937ª

a. Medida de adecuación muestral

Tabla 3.4. Matriz de correlación antiimagen

Unos elevados coeficientes de correlación bivariados no siempre indican la presencia de factores, en la medida que las correlaciones pueden estar mostrando relaciones pareadas entre variables, no llegando a detectar relaciones subyacentes entre varias variables. "Es posible que las correlaciones sean entre sólo dos variables y que no reflejen procesos latentes que están simultáneamente afectando varias variables", señalan Tabachnick y Fidell, 2014. Para solventar esta situación deben analizarse las matrices de correlación parcial, tabla 3.4, donde se muestra la relación entre dos variables eliminando la influencia del resto. Bajos coeficientes de correlación parcial están indicando que la parte específica de las variables es menor que la parte común; de modo que cuanto más bajos sean los coeficientes de correlación parcial se estará analizando una realidad con mayor influencia de unas variables en otras, detectando así la presencia de un factor. Los coeficientes de correlación parcial aparecen en la tabla 3.4, donde la correlación antiimagen es el valor negativo del coeficiente de correlación parcial. Un análisis de la misma desvela la existencia de valores muy bajos. Obsérvese que tan sólo cuatro coeficientes son superiores a 0,3 (marcados con un círculo), y seis presentan una magnitud entre 0,2 y 0,3 (negrillas). La mayor parte de los coeficientes presentan valores inferiores al 0,1.

A continuación, en la tabla 3.5 aparecen otros indicadores de la adecuación de los datos para realizar el análisis factorial, como la medida de adecuación muestral de Kaiser, Meyer y Olkin y el test de Bartlett. Las primeras líneas de este apartado se han dedicado al análisis de las intercorrelaciones, analizando la matriz de correlaciones observadas y su determinante; bajo la premisa que cuando las correlaciones en el grupo de variables sean bajas es muy probable que sean independientes entre sí, de modo que no será apropiado someter estos datos a un proceso de factorización. El test de esfericidad de Bartlett permite conocer mejor el cumplimiento de este requisito al comprobar si la matriz de correlaciones observadas es una matriz identidad, esto es, que los coeficientes de la diagonal son iguales a la unidad y que la interrelación entre las variables es igual a cero.

Medida de adecuación muestral de Kaiser-Meyer-Olkin.		,880
Prueba de esfericidad de Bartlett	Chi-cuadrado aproximado	4363,500
	gl	105
	Sig.	,000

Tabla 3.5. KMO y prueba de Bartlett

Este test realiza una estimación Chi-Cuadrado a partir de una transformación del determinante de la matriz de correlaciones observadas, basada en la siguiente expresión:

$$X^2 = -[(n-1) - 1/6 \, (2 \, p + 5)] \ln R$$

donde n es el número de individuos de la muestra, p el número de variables utilizadas, e In R el logaritmo neperiano del determinante de la matriz de correlaciones observadas. En el presente ejemplo:

$$X^2 = -[(701-1) - 1/6 \, (2*15 + 5)] \ln 0,002$$
$$X^2 = 4363,5$$

Cuanto más alto sea este valor es más improbable que la matriz de correlaciones observadas sea una matriz identidad. Con un valor de 4363,5 y con 105 grados de libertad (calculados con la expresión $1 / 2 \, [p^2-p]$) se rechaza la hipótesis nula de que la matriz de correlaciones es una matriz identidad, con un nivel de significación del 0,0000[17]. Se trata de una conclusión que coincide con las interpretaciones anteriores basadas en el análisis de la matriz de correlaciones y su determinante. Cuando no sea posible rechazar esta hipótesis no es apropiado realizar el análisis factorial y, aunque al aplicar este análisis a los datos se obtengan factores, éstos serán espurios (Ferrando y Anguiano-Carrasco, 2010).

Tras el análisis visual de la matriz de correlaciones, y una vez constatado –mediante el test de Bartlett– que no se trata de una matriz identidad, seguidamente se analiza el grado de relación conjunta entre variables (Ferrando y Anguiano-Carrasco, 2010), empleando para ello la medida de adecuación muestral de Kaiser-Meyer-Olkin (KMO). Este se utiliza para conocer la existencia de factores comunes entre las variables utilizadas, comparando la suma cuadrática de los coeficientes de correlación parcial entre todos los pares de variables (tabla 3.4) y los coeficientes de correlación observados (tabla 3.2)[18]. Bajos valores del coeficiente KMO implican que las correlaciones entre cada pareja de variables no pueden explicarse por otras, de modo que no puede utilizarse el análisis factorial. Por contra, cuando esta cifra se aproxima a la unidad está desvelando la presencia de factores comunes, y por tanto está indicando la idoneidad del análisis factorial. Para una mejor interpretación de este coeficiente Kaiser (1974) elabora un baremo de evaluación del índice obtenido, considerándolo como "muy bueno" o "excelente" cuando tiene valores entre 0,9 y 1; "meritorios" cuando estos valores están entre 0,9 y 0,8; "medianos" si se encuentran entre 0,8 y 0,7; "mediocres" entre 0,7 y 0,6; "bajos" entre 0,6 y 0,5; e "inaceptables" cuando son menores a 0,5. Ahora bien, no considera adecuado factorizar matrices con valores inferiores a 0,8 (Ferrando y Anguiano-Carrasco, 2010). En el ejemplo utilizado se ha obtenido un valor de 0,88, que puede ser calificado como "meritorio".

Este valor es una medida de conjunto, pero en ocasiones puede ser necesario realizar un análisis detallado del comportamiento –por separado– de cada una de las variables utilizadas. Este problema se resuelve analizando la diagonal de la matriz de correlaciones antiimagen (tabla 3.4, página 118) donde aparece la medida de adecuación muestral (MSA) para cada variable. Interesa, al igual que en el KMO global, valores cercanos a la unidad. Los datos del ejemplo utilizado muestran valores individuales rondando el 0,9, a excepción de "gusta vestir a la moda" (0,807).

---

17 Volver a señalar que los programas estadísticos marcan el nivel de significación, evitando al investigador la tarea de consultar en las tablas. Una consulta de la distribución chi-cuadrado, disponible en cualquier manual de estadística, desvelaría que con 105 grados de libertad y una significación del 0,01 el valor de contraste es 135,8 (140,2 en el caso de la significación 0,005); muy inferior al 4363,5 obtenido por el test de Bartlett.

18 Cuando los coeficientes de correlación parcial son pequeños, como sucede aquí, la relación entre dos variables puede ser explicada por el resto, hecho que indica la existencia de una serie de factores comunes.

El submenú *Extracción* (figura 3.3, página 110) proporciona los resultados mostrados en las tablas 3.6, 3.7, 3.8, así como el gráfico 3.1. En la primera se muestra la matriz factorial con los cuatro factores seleccionados y las relaciones de las variables con cada factor. Las cifras resultantes de unir la fila de cada variable con la columna de cada factor reciben el nombre de "pesos", "cargas", "ponderaciones" o "saturaciones factoriales" (Escobar, 2015), e indican la relación entre las variables y los factores, o dicho de otro modo, la influencia de cada variable en el factor. La situación ideal es que todas las variables tengan elevados pesos factoriales en un factor y bajos en el resto. Cuando ciertas variables tienen cargas altas en un factor y bajas en todos los demás se dice que están "saturadas" en ese factor, lo que significa que explican gran parte de la información aportada por el factor. Una vez definidas las variables que pertenecen a cada factor se procede a dar nombre a esa nueva variable aglutinadora o factor, considerando la denominación de las variables que la integran. Obsérvese que aunque existe la posibilidad de *Ordenar los coeficientes por tamaño*, e incluso *Eliminar los coeficientes menores* (cuadro de diálogo *Opciones...* mostrado en la figura 3.6), esta matriz se muestra sin considerar ambas opciones para, más adelante, poder apreciar mejor cómo la utilización de este recurso facilita la interpretación (tabla 3.13).

	Componente			
	1	2	3	4
Me gusta vestir a la moda	,442	,619	-,240	-,013
Vestido e impresión otros	,579	,536	,152	-,144
Molesta ver ropa igual a la mía	,692	-,331	,006	-,416
Vida + agradable	,501	,363	-,388	-,255
Coche indica prestigio	,633	-,365	-,246	-,242
Compra según su ambiente social	,719	-,311	-,283	,037
Casa dice mucho de los que viven	,779	-,352	,063	-,136
Bienes=calidad vida	,605	,404	,155	-,260
Gusto por tiendas nuevas	,616	-,162	,469	,073
Decido compras sobre la marcha	,626	-,198	,164	,317
Calidad + que precio	,645	,037	-,252	,533
Me gusta acompañar alguien (compras)	,475	,326	,286	,386
Marca=garantía	,733	-,214	-,266	,254
Compro cosas que no pensaba	,617	,017	,576	-,120
Prefiere no ahorrar y vivir mejor	,530	,265	-,190	,021

Método de extracción: análisis de componentes principales

Tabla 3.6. Matriz de componentes

A continuación –tabla 3.7– la información de los 15 factores extraídos, sus autovalores, el porcentaje de varianza explicado por cada uno y el porcentaje acumulado. Los autovalores se obtienen sumando el cuadrado de los coeficientes de las variables en cada factor. Considerando los cuatro factores extraídos y las correlaciones de las variables con cada factor (tabla 3.6), el primer autovalor (5,764) es la suma cuadrática de todos los coeficientes del primer factor:

$$\text{Autoval.} = (V10[F1])^2 + (V11[F1])^2 + (V12[F1])^2 + (V13[F1])^2 + ... + (V24[F1])^2$$

$$5,764 = (0,442)^2 + (0,579)^2 + (0,692)^2 + (0,501)^2 + (0,633)^2 + (0,719)^2 + ... + (0,530)^2$$

Para calcular el porcentaje de varianza explicado con cada factor hay que considerar –en primer lugar– que con los 15 factores se explica la totalidad de la varianza, de modo que la suma de todos los autovalores será 15 (Escobar, 2015). Posteriormente se considera la magnitud de cada autovalor con relación al porcentaje total de varianza explicada: es decir, si con la suma de todos los autovalores (15) se explica el 100% de la varianza, el autovalor con magnitud 5,764 (primer factor) explicará el 38,4% de la varianza (5,764/15). El segundo autovalor, cuya magnitud es 1,718, explica el 11,45% de la varianza (1,718/15); y así sucesivamente. Puesto que la importancia de cada factor es desigual, será necesario relativizar el peso de cada dimensión a la hora de explicar la totalidad del fenómeno.

En la medida que el objetivo del análisis factorial es reducir estas 15 variables a un número menor de dimensiones, el investigador debe decidir el número de factores con los que desea trabajar. Cuando se extraen muchos factores aumenta el ajuste entre los datos observados y el modelo construido, disminuyendo la parsimonia del modelo y complicando la interpretación de los ejes. La búsqueda de un modelo muy parsimonioso, por otro lado, facilita la interpretación de los resultados aunque puede llevar a explicar una pequeña parte de los datos observados. En definitiva, se trata de buscar una solución intermedia entre explicar el máximo porcentaje de varianza y la elaboración de un modelo lo más parsimonioso posible. A continuación se exponen varias estrategias para cumplir este objetivo, tomadas del trabajo de Cuadras (2014):

1. Criterio del *porcentaje*. Consiste en fijar un porcentaje de varianza y tomar los factores que lleguen a explicarlo. Observar el porcentaje de varianza explicado por cada factor y seleccionar aquellos cuyo porcentaje acumulado sea relativamente alto. Por ejemplo seleccionar los seis primeros factores de la tabla 3.7 con el fin de explicar el 75% de la varianza.

	Autovalores iniciales		
Componente	Total	% de la varianza	% acumulado
1	5,764	38,426	38,426
2	1,718	11,455	49,880
3	1,230	8,202	58,083
4	1,023	6,820	64,902
5	,762	5,078	69,981
6	,737	4,916	74,896
7	,645	4,300	79,196
8	,565	3,764	82,960
9	,474	3,160	86,120
10	,442	2,946	89,065
11	,398	2,656	91,721
12	,374	2,495	94,216
13	,346	2,305	96,521
14	,281	1,875	98,395
15	,241	1,605	100,000

	Suma de las saturaciones al cuadrado de la extracción			Suma de las saturaciones al cuadrado de la rotación		
Componente	Autovalor	% de la varianza	% acumulado	Total	% de la varianza	% acumulado
1	5,764	38,426	38,426	2,981	19,875	19,875
2	1,718	11,455	49,880	2,528	16,856	36,731
3	1,230	8,202	58,083	2,222	14,817	51,548
4	1,023	6,820	64,902	2,003	13,354	64,902
Método de extracción: análisis de componentes principales						

Tabla 3.7. Varianza total explicada

2. Criterio de *Kaiser*. Seleccionar los autovalores mayores que un determinado tamaño, en la medida que los autovalores mayores explican un mayor porcentaje de varianza. Recuérdese que en el cuadro de diálogo mostrado en la figura 3.3 estaba seleccionada marcado la opción *Extraer Autovalores mayores que "1"*, de modo que el programa únicamente selecciona los cuatro primeros factores, presentando un modelo factorial que explica el 64,9% de la varianza. Pese a la elevada utilización de este criterio, una adecuada selección del número de factores precisa una mayor reflexión al respecto.

3. Criterio del *bastón roto*, utilizando una solución gráfica. Realizar un *gráfico de sedimentación* donde se representan en ordenadas los autovalores y en abscisas el número de componentes, e ir seleccionando los factores hasta que se obtenga un cambio de tendencia en la línea que une estos puntos, una ruptura de la continuidad que se manifiesta en un alisamiento de su pendiente. Este cambio de tendencia está indicando un dominio de la varianza única respecto a la varianza común.

El análisis del gráfico de sedimentación mostrado en el gráfico 3.1 muestra una *ligera* reducción de verticalidad entre el tercer y cuarto factor, verticalidad que *desaparece* totalmente entre el quinto y el sexto factor. Obsérvese la presencia de una línea prácticamente horizontal entre ambos, consecuencia del similar porcentaje de varianza explicado por cada uno: 5,08% y 4,916% respectivamente. Esta situación de escasa aportación del sexto factor, aplicando el principio de la parsimonia, llevaría a solicitar 5 factores (aunque en el primer modelo se ampliarán a seis por motivos didácticos).

Gorsuch (1983) señala que esta solución gráfica es poco exacta puesto que la definición del *punto de inflexión* entre los autovalores depende –en ocasiones– del juicio del investigador. Más adelante este autor señala que esta estrategia únicamente proporciona resultados fiables cuando la muestra es grande, las comunalidades son altas, y cada factor tiene variables con elevadas saturaciones.

Estas críticas llevan a proponer una *solución exploratoria* basada en la realización de varios análisis seleccionando diferente número de factores, para analizar a continuación los gráficos de sedimentación, la interpretación de los coeficientes factoriales, y la matriz de correlaciones residuales (tabla 3.10). Este ha sido, de momento, el criterio empleado en este trabajo.

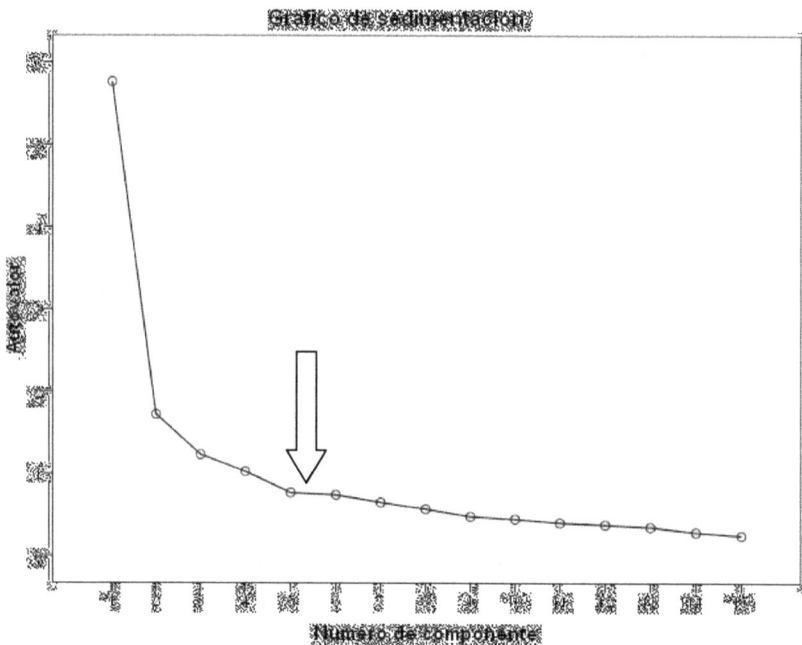

Gráfico 3.1. Gráfico de sedimentación

Decidido el número de factores, y conocido el porcentaje de varianza total explicada, es el momento de considerar la representatividad de cada variable, la comunalidad. En la tabla 3.8 aparecen las comunalidades de cada variable antes y después de haber realizado la selección factorial. La comunalidad es el porcentaje de varianza de cada variable que es explicado por el análisis factorial, "cantidad total de información que suministran los factores sobre una determinada variable", según Escobar (2015). Se calcula sumando los coeficientes al cuadrado de cada variable en los factores extraídos, de modo que cuando se consideran todos los factores las comunalidades son iguales a la unidad. En la tabla 3.7 se han mostrado los autovalores y el porcentaje de varianza de los cuatro factores extraídos, y en la 3.6 las correlaciones de las variables en cada factor. Así, la comunalidad de "gusta vestir a la moda", que indica que el 63,7% de la varianza de esta variable está explicada por los cuatro factores, es la suma cuadrática de los coeficientes de esa variable en cada factor. Considerando los datos de la tabla 3.6, página 121, se calcularía:

$$Comunal = (coef. F1)^2 + (coef. F2])^2 + (colef. F3])^2 + (colef. F3])^2$$
$$0,637 = (0,442)^2 + (0,619)^2 + (-0,240)^2 + (-0,019)^2$$

Una atención especial merece la variable "no ahorrar, vivir mejor" puesto que su baja comunalidad está indicando que tan sólo un 38,8% de la variable está siendo explicada por los factores seleccionados. A la hora de explicar las razones de esta situación es necesario recordar que han sido seleccionados cuatro factores de los 15 disponibles. Podría ocurrir que esta variable estuviera muy relacionada con el factor cinco (como se demostrará en el próximo apartado), o con el seis, o con cualquiera de los factores no seleccionados, y esta es la razón por la que –en principio– los primeros cuatro factores aportan muy poco en la explicación de esta variable.

	Inicial	Extracción
Me gusta vestir a la moda	1,000	,637
Vestido e impresión otros	1,000	,666
Molesta ver ropa igual a la mía	1,000	,762
Vida + agradable	1,000	,598
Coche indica prestigio	1,000	,653
Compra según su ambiente social	1,000	,695
Casa dice mucho de los que viven	1,000	,753
Bienes=calidad vida	1,000	,620
Gusto por tiendas nuevas	1,000	,631
Decido compras sobre la marcha	1,000	,558
Calidad + que precio	1,000	,765
Me gusta acompañar alguien (compras)	1,000	,563
Marca=garantía	1,000	,719
Compro cosas que no pensaba	1,000	,728
Prefiere no ahorrar y vivir mejor	1,000	,388

Método de extracción: análisis de componentes principales

Tabla 3.8. Comunalidades

En la tabla 3.9 aparecen los resultados obtenidos tras marcar la opción *reproducida* en el submenú *Descriptivos*. La matriz de correlaciones generada por la relación entre todas las variables ha sido definida como *matriz de correlaciones observadas* (tabla 3.2), mientras que las correlaciones entre la parte de las variables que es explicada por los factores recibe el nombre de *matriz de correlaciones reproducidas* (tabla 3.9). Las correlaciones reproducidas son –de este modo– las correlaciones con los factores extraídos, las correlaciones de una realidad en la que se explica el 64,9% de la varianza (tabla 3.7, página 123); y se obtienen considerando el peso de las variables en cada uno de los factores seleccionados: la correlación reproducida entre "gusta vestir a la moda" (v10) y "vestido e impresión en otros" (v11), por ejemplo, se obtiene sumando los productos de las correlaciones entre ambas variables en los tres factores (tabla 3.6); tal y como se muestra en el cuadro 3.2. Magnitudes altas estarán indicando un modelo con un buen nivel de ajuste a la realidad observada

En la diagonal se muestran los coeficientes que ya se vieron en la tabla 3.8, las comunalidades, que como fue señalado indican el porcentaje de varianza de cada variable que es explicada por el modelo factorial. Estas magnitudes, al ser las correlaciones explicadas al extraer un determinado número de factores, resulta obligado preguntarse "cuánto queda por explicar", o dicho de otro modo, ¿es suficiente la explicación aportada? Esta información se obtiene analizando la *matriz de correlaciones residual*, que es la diferencia entre las correlaciones *observadas* y las *reproducidas*.

CUADRO 3.2
Cálculo de correlaciones reproducidas

v10 y v11 = (V10[F1] * V11[F1]) + (V10[F2] * V11[F2]) + (V10[F3] * V11[F3] + (V10[F4] * V11[F4])

0,554 = (0,442 * 0,579) + (0,619 * 0,536) + (-0,40 * 0,152) + (-0,13 * -0,144)

Fuente: saturaciones factoriales tabla 3.6, página 121.
V10: "me gusta vestir a la moda"
V11: "ir bien vestido por la impresión en otros"

	Gusta vestir moda	Vestido e impresión otros	Molesta ropa igual	Vida + agradable	Coche prestigio	Ambiente social	Casa dice mucho	Bienes calidad vida	Tiendas nuevas	Decido marcha	Calidad + que precio	Acompañar alguien	Marca garantía	Compro no pensaba	No ahorrar, vivir mejo
Gusta vestir moda	,637[a]	,554	,105	,542	,116	,193	,113	,484	,059	,111	,362	,338	,637[a]	,554	,105
Vestido e impresión otros	,554	,666[a]	,284	,462	,168	,201	,291	,627	,330	,236	,278	,437	,554	,666[a]	,284
Molesta ropa igual	,105	,284	,762[a]	,330	,658	,584	,713	,394	,453	,368	,212	,062	,105	,284	,762[a]
Vida + agradable	,542	,462	,330	,598[a]	,342	,347	,272	,455	,049	,097	,298	,146	,542	,462	,330
Coche prestigio	,116	,168	,658	,342	,653[a]	,629	,639	,260	,316	,351	,328	,018	,116	,168	,658
Ambiente social	,193	,201	,584	,347	,629	,695[a]	,647	,256	,364	,477	,544	,174	,193	,201	,584
Casa dice mucho	,113	,291	,713	,272	,639	,647	,753[a]	,374	,557	,524	,401	,221	,113	,291	,713
Bienes=calidad vida	,484	,627	,394	,455	,260	,256	,374	,620[a.]	,361	,242	,228	,363	,484	,627	,394
Tiendas nuevas	,059	,330	,453	,049	,316	,364	,557	,361	,631[a]	,518	,313	,402	,059	,330	,453
Decido marcha	,111	,236	,368	,097	,351	,477	,524	,242	,518	,558[a]	,524	,402	,111	,236	,368
Calidad + que precio	,362	,278	,212	,298	,328	,544	,401	,228	,313	,524	,765[a]	,453	,362	,278	,212
Acompañar alguien	,338	,437	,062	,146	,018	,174	,221	,363	,402	,402	,453	,563[a]	,338	,437	,062
Marca=garantía	,252	,233	,471	,328	,546	,679	,595	,250	,381	,538	,668	,301	,252	,233	,471
Compro no pensaba	,147	,471	,475	,122	,272	,271	,527	,501	,639	,440	,190	,417	,147	,471	,475
No ahorrar, vivir mejor	,444	,417	,270	,430	,281	,354	,305	,392	,196	,255	,411	,292	,444	,417	,270

a. Comunalidades reproducidas

Tabla 3.9. Correlaciones reproducidas

	Gusta vestir moda	Vestido e impresión otros	Molesta ropa igual	Vida + agradable	Coche prestigio	Ambiente social	Casa dice mucho	Bienes calidad vida	Tiendas nuevas	Decido marcha	Calidad + que precio	Acompañar alguien	Marca garantía	Compro no pensaba	No ahorrar, vivir mejo
Gusta vestir moda		-,068	,060	**-,154**	,023	,010	,031	**-,138**	,003	,051	-,036	-,054	-,051	,062	-,065
Vestido e impresión otros	-,068		-,025	**-,110**	,036	,024	,006	-,052	-,048	,053	,020	-,093	,028	-,085	-,082
Molesta ropa igual	,060	-,025		-,047	-,090	-,065	-,021	-,047	-,063	,003	,050	,067	-,010	-,029	-,015
Vida + agradable	-,154	-,110	-,047		-,053	-,055	-,039	-,044	**,132**	,003	,022	,051	,013	,045	**-,123**
Coche prestigio	,023	,036	-,090	-,053		-,032	**-,112**	-,055	,006	-,039	-,015	**,129**	-,066	,021	-,026
Ambiente social	,010	,024	-,065	-,055	-,032		-,015	,023	-,017	-,061	-,067	,074	-,098	,000	-,035
Casa dice mucho	,031	,006	-,021	-,039	-,112	-,015		,002	-,078	-,006	-,011	,011	-,026	-,049	,014
Bienes=calidad vida	-,138	-,052	-,047	-,044	-,055	,023	,002		-,061	,041	,050	-,047	,066	**-,105**	-,092
Tiendas nuevas	,003	-,048	-,063	,132	,006	-,017	-,078	-,061		**-,128**	-,023	-,052	,043	-,089	,048
Decido marcha	,051	,053	,003	,003	-,039	-,061	-,006	,041	-,128		-,058	**-,184**	-,078	-,039	,001
Calidad + que precio	-,036	,020	,050	,022	-,015	-,067	-,011	,050	-,023	-,058		**-,108**	-,051	,071	**-,118**
Acompañar alguien	-,054	-,093	,067	,051	,129	,074	,011	-,047	-,052	-,184	-,108		-,048	-,067	-,044
Marca=garantía	-,051	,028	-,010	,013	-,066	-,098	-,026	,066	,043	-,078	-,051	-,048		-,007	-,047
Compro no pensaba	,062	-,085	-,029	,045	,021	,000	-,049	-,105	-,089	-,039	,071	-,067	-,007		,018
No ahorrar, vivir mejor	-,065	-,082	-,015	-,123	-,026	-,035	,014	-,092	,048	,001	-,118	-,044	-,047	,018	

b. Los residuos se calculan entre las correlaciones observadas y reproducidas. Existen 49 (46,0%) residuos no redundantes con valores absolutos mayores que 0,05.

Tabla 3.10. Correlaciones residuales

En la tabla 3.10 se muestran los coeficientes residuales, obtenidos restando a los coeficientes de correlación observados la correlación reproducida; es decir, es el residual que se queda sin explicar con los factores extraídos. El valor 0,068 (de la esquina superior izquierda) es la relación residual entre la V10 y la V11[19], calculada restando la correlación reproducida de la observada (tabla 3.2, página 116): 0,0486-0,554. Al tratarse de una matriz de residuos la situación ideal es que esté formada por coeficientes muy bajos. Será necesario considerar estos coeficientes cuando se proceda a la eliminación de determinadas variables con el fin de mejorar el ajuste del modelo. De hecho, la presencia de correlaciones elevadas en esa matriz estará indicando la existencia de otro factor que no ha sido extraído. Es necesario insistir de nuevo que los principios de representatividad y parsimonia deben guiar el proceso de selección del número de factores.

En la tabla 3.10 se han colocado en negrilla los coeficientes mayores a 0,1, localizando las mayores magnitudes en "decido sobre la marcha" y "me gusta acompañar a alguien" (0,184), "me gusta vestir a la moda" y "vida más agradable" (0,154), así como "me gusta vestir a la moda" y "bienes calidad de vida" (0,138). En cualquier caso, se trata de 12 coeficientes mayores de 0,1 (marcados en negrilla), que considerando una tabla con 105 coeficientes supone que el 88,6% de las correlaciones residuales son inferiores a 0,1. Más exigente es el criterio del programa, que al pie de la tabla indica que un 46% de los residuales tienen valores absolutos superiores al 0,05. Montanero (2008) destaca la dificultad para interpretar estos resultados puesto que no existen indicaciones claras sobre el porcentaje máximo de residuales que permite confirmar que el modelo ajusta a los datos. Es evidente que cuanto menor sea esta cifra el ajuste será mejor, pero este autor lamenta que no exista una regla que permita evaluar el grado de ajuste de un modelo donde el número de residuales mayores que 0,05 se acerca al 50%, como es el caso de la investigación presentada. El análisis de los residuales es, para Ferrando y Anguiano-Carrasco (2010), la mejor forma para evaluar el ajuste del modelo.

Verificado el ajuste, es el momento de proceder con la interpretación de la matriz factorial que, como se ha señalado, indica la relación entre los factores y las variables. En numerosas ocasiones la interpretación de estos resultados es una tarea difícil, y por ello se recurre a la rotación que consiste –básicamente– en "girar" los ejes de coordenadas que representan a los factores, tratando de que se aproximen lo máximo posible a las variables donde están saturados, con el fin de lograr una estructura de más fácil interpretación (Escobar, 2015). Partiendo de que la configuración de una estructura factorial no es única y que cualquier solución factorial puede transformarse en otra sin violar los supuestos básicos o propiedades

---

19 V10: "me gusta vestir a la moda"; V11: "ir bien vestido por la impresión en otros".

matemáticas de una determinada solución, es posible introducir nuevos marcos de referencia para que los pesos factoriales sean más fácilmente comprensibles y mejorar así la interpretabilidad del modelo (Tabachnick y Fidell, 2014). Debe quedar claro que la rotación no altera la bondad de ajuste de la solución factorial, y de hecho las comunalidades y el porcentaje de varianza explicado se mantienen inalterables. Lo único que cambia es la varianza explicada por cada factor.

La rotación proporciona una nueva matriz que es una combinación de la primera y, explicando el mismo porcentaje de varianza, es más fácil de interpretar porque cada factor tiene unos pocos pesos altos y otros cercanos a cero, y cada variable está saturada en un único factor. La ilustración 3.1 muestra la dinámica de realización de este proceso, utilizando los factores 1 y 2 del ejemplo propuesto. El *desplazamiento* de los ejes 1 y 2 facilita notablemente la interpretación de ambos factores, aumentando las saturaciones de cada variable en un factor, y desplazando a un solo factor las variables que saturan por igual en ambos, como es el caso –por ejemplo– del "vestido e impresión de otros".

Existen diversos métodos para realizar las rotaciones factoriales, que se dividen en dos grupos: métodos ortogonales y oblicuos. El método ortogonal gira los ejes ortogonalmente, en el mismo ángulo, y por esta razón se utiliza cuando no existe relación entre los factores (es el ejemplo propuesto en la ilustración 3.1). Existen principalmente tres modelos de rotación ortogonal:

▶ *Rotación varimax*: maximiza la varianza de los coeficientes factoriales para cada factor, buscando minimizar el número de variables con saturaciones bajas en el factor. El objetivo es aumentar las saturaciones más altas en un factor, al tiempo que se disminuyen las más bajas para que el factor sea más fácilmente interpretable. Es el más utilizado en la investigación social y comercial (Cea D'Ancona, 2002; Trespalacios et al., 2005).

▶ *Rotación quartimax*: maximiza la varianza de cada variable –en lugar de los coeficientes factoriales– tratando de reducir al máximo el número de factores a extraer, concentrando la mayor parte de la varianza de cada variable en un factor y dejando cercanas a cero el resto de saturaciones de esta variable.

▶ *Rotación equamax*: es una combinación de ambas, y trata de minimizar el número de variables y factores.

Matriz original

```
              |Factor 2
            6 |
              |                       v11
            5 |                            v13
              |                            v10
            4 |
              |
            3 |
              |
            2 |
              |
            1 |  1  2  3  4  5  6  7  8 Factor 1
              +
            1 |
              |
            2 |                          v22
              |
              |                          v15
            4 |                          v14
```

Matriz rotada

```
              |Factor 2
            8 | v10
              |
            7 | v11
              |         v13
            6 |
              |
            5 |
              |
            4 |
              |
            3 |
              |                              v22
            2 |                              v15
              |                              v14
            1 |  1  2  3  4  5  6  7  8 Factor 1
              +
              |
              |
              |
              |
```

Rotación varimax

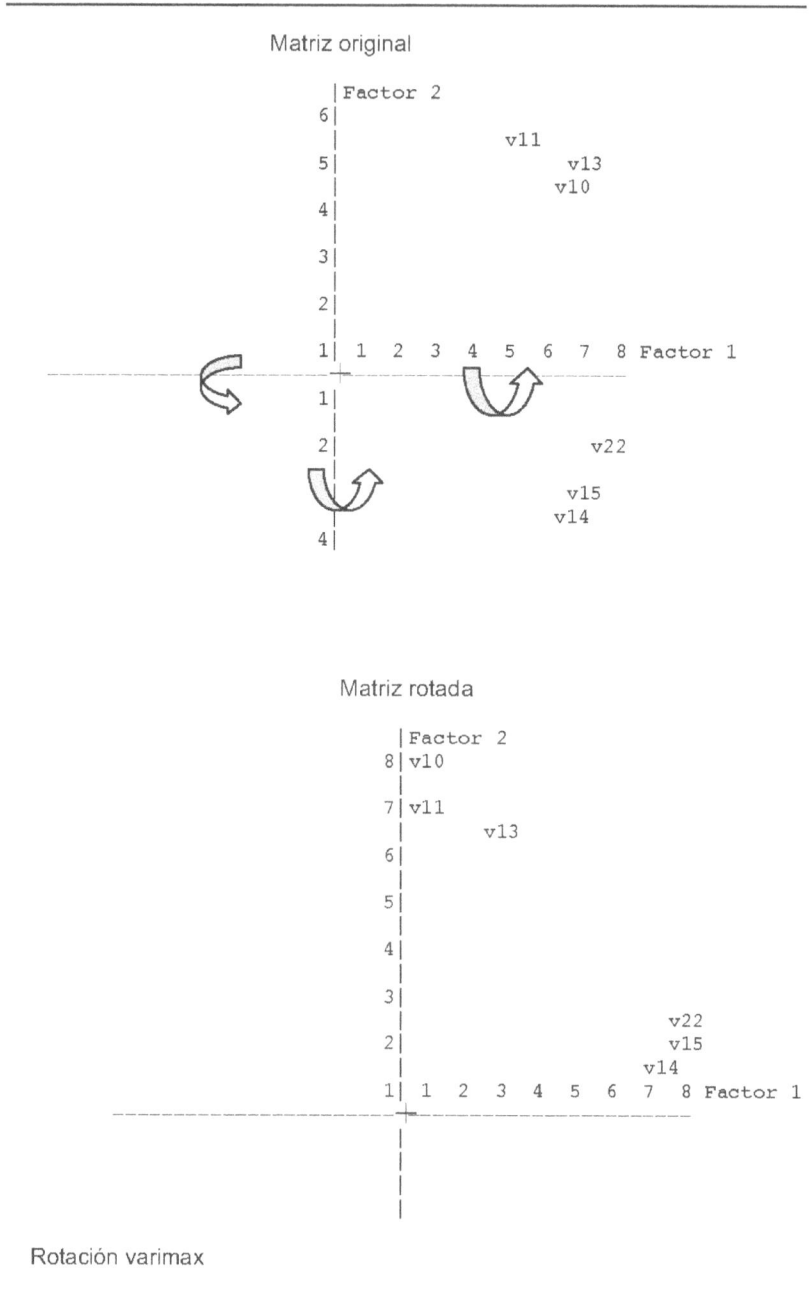

Ilustración 3.1. Rotación de factores

Las rotaciones oblicuas parte de la idea de que dos factores pueden explicar una misma realidad, es decir que existe correlación entre los factores, y que por tanto cada eje podrá girar en un ángulo diferente. El tipo de rotación oblicua más utilizado es el *Oblimin*, al ser considerado "como una combinación de los criterios Quartimax y Varimax extendida al caso oblicuo" (Ferrando y Anguiano-Carrasco, 2010). Los métodos ortogonales son más utilizados por su sencillez de cálculo e interpretación (Hair et al., 2009; Cea D'Ancona, 2002), si bien hay autores que consideran que pueden llevar a resultados erróneos o inestables cuando la mayor parte de las variables son factorialmente complejas (Ferrando y Anguiano-Carrasco, 2010). Ahora bien, las rotaciones oblicuas presentan problemas porque las sumas cuadráticas de las cargas factoriales de las variables no suelen ser igual a la comunalidad, lo que implica que las saturaciones factoriales oblicuas no indican con precisión la proporción de varianza para cada variable explicada por los factores; además de que las correlaciones originales entre variables no pueden ser calculadas a partir de los productos de las cargas factoriales (De Vicente y Oliva y Manera Bassa, 2003). En cualquier caso, Hair et al. (2009) señalan que no existe una razón analítica incuestionable para optar por un método de rotación[20].

En este ejemplo se ha comenzando utilizando una rotación oblicua Oblimil. El cálculo del grado de correlación entre los factores proporciona unos coeficientes que rondan el 0,22, notablemente inferiores al 0,32 que es el valor límite que Dean Brown (2009) y Tabachnick y Fidell (2014) recomiendan para utilizar la rotación ortogonal. Este hecho, la sencillez en la interpretación de la rotación ortogonal, así como los problemas de las rotaciones oblicuas señalados por De Vicente y Oliva y Manera Bassa (2003) son los motivos para utilizar la rotación varimax.

La importancia de cada factor es evaluada considerando la proporción de varianza explicada por el factor después de la rotación, que difiere del porcentaje de varianza antes de la rotación por el reequilibrado de los coeficientes, aunque ni el porcentaje de varianza total ni las comunalidades cambian con esta transformación. Recuérdese que el autovalor es la suma al cuadrado de cada saturación, de modo que es lógico que la redistribución de las cargas de las variables genere cambios en el porcentaje de varianza explicado por cada factor tras la rotación.

---

20   Pese a que han pasado más de un siglo desde las primeras aplicaciones de la técnica, el tema de la rotación sigue siendo objeto de controversia en la actualidad. Un ejemplo claro está en los trabajos de Dean Brown (2009) y de Di Franco (2015) en los que comparan diferentes técnicas de rotación.

	Componente			
	1	2	3	4
Me gusta vestir a la moda	-,031	,770	,013	,207
Vestido e impresión otros	,047	,697	,417	,062
Molesta ver ropa igual a la mía	,797	,169	,311	-,021
Vida + agradable	,309	,696	-,103	,082
Coche indica prestigio	,776	,136	,063	,167
Compra según su ambiente social	,680	,156	,079	,450
Casa dice mucho de los que viven	,719	,104	,407	,243
Bienes=calidad vida	,193	,633	,426	-,017
Gusto por tiendas nuevas	,298	,015	,699	,232
Decido compras sobre la marcha	,302	,009	,439	,524
Calidad + que precio	,196	,260	,091	,807
Me gusta acompañar alguien (compras)	-,167	,304	,491	,448
Marca=garantía	,528	,178	,107	,630
Compro cosas que no pensaba	,247	,181	,796	,027
Prefiere no ahorrar y vivir mejor	,204	,506	,088	,287

Método de extracción: análisis de Componentes Principales.
Método de rotación: Varimax con normalización Kaiser.

a. La rotación ha convergido en 6 iteraciones.

Tabla 3.11. Matriz de componentes rotados

Llegados a este punto se procede con la interpretación de la solución factorial rotada. En un primer momento hay que determinar las variables que forman parte de cada factor, analizando las saturaciones de cada variable en los distintos factores. Se trata de un análisis variable a variable para determinar el factor de "pertenencia" de cada variable, que será aquel con el que tenga una mayor correlación. Comrey proporciona una serie de indicaciones para facilitar esta tarea:

1. "Cuanto más altos sean los pesos factoriales más grande será el grado de solapamiento de la varianza propia entre la variable y el factor, y en mayor medida el factor será similar a la variable. El cuadrado de la correlación de la variable con el factor es un buen indicador del grado de solapamiento.

2. Cuanto más puras son las variables que definen un factor, más fácil es hacer inferencias sobre la naturaleza del factor.

3. Cuanto mayor sea el número de variables con un pesos elevados en el factor, más sencillo es aislar lo que probablemente representa el factor" (Comrey, 1985).

El análisis de la tabla 3.11 desvela que la variable "gusta vestir a la moda" tiene una relación de -0,031 con el primer factor, 0,770 con el segundo, 0,013 con el tercero y 0,207 con el cuarto; de modo que forma parte del segundo factor. 'Vestido e impresión de otros' presenta una correlación de 0,047 con el factor 1, 0,697 con el segundo factor, 0,417 y 0,062 con el resto; otra variable que pertenece al segundo factor.

Siguiendo con esta lógica, el segundo factor estará formado por estas dos variables, junto con "vida más agradable", "bienes calidad de vida" y "no ahorrar vivir mejor". El primer factor, por su parte, estaría formado por "molesta ver ropa igual", "coche indica el prestigio", "casa dice mucho de los que ahí viven" y "compran según su ambiente social"; mientras que el tercero está formado por "compro cosas que no pensaba", "gusto por tiendas nuevas" y "me gusta acompañar a alguien".

En este caso todos los factores están relacionados con tres y más variables, pero cuando un factor muestra una gran correlación con una sola variable se considera que está escasamente definido, siendo conveniente realizar de nuevo el análisis eliminando un factor. En las ocasiones que un factor está definido por dos variables, la adecuación de esta solución depende del grado de correlación de éstas con el factor y con el resto de variables. Así cuando éstas están muy relacionadas con el factor (más de 0,7) y poco relacionadas con el resto de factores se dice que la solución es adecuada. De cualquier modo, aconsejamos prudencia en la interpretación de los factores definidos por pocas variables por la inestabilidad en sus resultados.

Delimitadas las variables de pertenencia a cada factor, y considerando siempre el porcentaje de varianza explicado por cada uno, es el momento de determinar la influencia de cada variable sobre el factor a fin de elegir la *denominación* de éste. La interpretación y el nombre de los factores depende del significado de la particular combinación de variables que correlacionan altamente con cada factor. De este modo un factor es fácilmente interpretable cuando varias variables correlacionan altamente con éste, y además no están relacionadas con otros factores. En el cuadro 3.3 se reproduce la tabla indicativa de las correlaciones de variable-factor desarrollada por Comrey (1985), que indica hasta qué punto es adecuada la saturación de una variable en un factor.

CUADRO 3.3.
Importancia de las saturaciones factoriales

Peso Factorial ortogonal	% de Varianza explicado	Evaluación
0,71	50	Excelente
0,63	40	Muy Buena
0,55	30	Buena
0,45	20	Regular
0,32	10	Pobre

Fuente: Comrey, 1985: 266.

Antes de profundizar en la denominación de cada factor –de la que nos ocuparemos en el apartado siguiente– recuérdese la interpretación de la matriz de correlaciones mostradas en la tabla 3.2, para comprobar hasta qué punto estaban acertadas las pautas de asociación entre variables propuestas en aquel momento. Recuérdese que se apuntó la existencia de dos grandes factores, uno formado por variables muy correlacionadas con "ambiente social" (concretamente "casa dice mucho", "coche indica prestigio" y "molesta ropa igual") y otro con "bienes calidad de vida" (y formado por las variables "vestido e impresión otros", "vida + agradable" y "gusta vestir moda"). La correlación entre las variables elegidas como "protagonistas" ("ambiente social" y "bienes calidad de vida") va a producir una segmentación de la distribución de esas variables en dos importantes factores. Además se señaló también la presencia de otras asociaciones con menos importancia; concretamente una formada por "doy más importancia a la calidad que al precio", "la marca es una garantía", "comprar bienes considerando el ambiente social en el que vive" y "decidir sobre la marcha lo que compro". Se indicó también que la variable "compro cosas no pensaba" presenta una alta relación con la idea "me gusta conocer tiendas nuevas", "casa dice mucho de los que ahí viven", "molesta ver personas con ropa igual que la mía" y "me gustar acompañar a alguien que va de compras".

De la tabla 3.11 se desprende que el factor que aporta más explicación está formado por las variables "molesta ropa igual", "coche indica prestigio" y "compra según el ambiente social donde vive"; que como se ha visto coincide con la interpretación apuntada tras el análisis de la matriz de correlaciones. Respecto al segundo factor, en la tabla 3.13 se observa que está formado por las variables "gusta vestir moda", "vestido e impresión otros", "vida + agradable", "bienes calidad de vida" y "prefiere no ahorrar y vivir mejor"; hecho que demuestra también una coincidencia con las apreciaciones realizadas tras el análisis de la matriz de correlaciones. El tercer factor presenta una menor coincidencia con nuestras apreciaciones anteriores (al desaparecer la influencia de "molesta ropa igual" y "casa dice mucho"), mientras que en el cuarto factor desaparece la relación con la variable "ambiente social".

3.3.5 Interpretación de resultados

Considerando que la variable con el coeficiente más alto en el factor es la que más contribuye en la denominación del mismo, tal como se ha apuntado en el apartado anterior, se procederá a la definición de cada uno (tabla 3.11). En base a esta lógica podría decirse que el primer factor hace una referencia directa al *estatus que los productos poseídos* confieren al propietario; la idea de la *exclusividad de las posesiones*: "molesta ver a alguien con ropa igual que la mía", "el coche es un objeto que indica el prestigio de quien lo lleva", "una casa elegante dice mucho de los que en ella viven", y "la gente compra productos en consonancia con el ambiente social en el que vive".

El segundo factor, formado por cinco variables, presenta una interpretación mucho más heterogénea. Junto a variables relativas al vestido y la apariencia exterior ("gusto por vestir a la moda" y "procuro ir siempre bien vestido, porque para mí es muy importante la impresión que doy a los demás") aparecen otras variables referidas a la comodidad y calidad de vida: "cuando compro algún producto para mi casa lo hago pensando únicamente en que va a hacerme la vida más agradable", "los bienes que poseo –casa, coche, etc.– únicamente son importantes porque mejoran mi calidad de vida", e incluso "creo que es preferible no ahorrar y vivir mejor" (esta última escasamente representada en el factorial, tal y como se ha visto en las comunalidades mostradas en la tabla 3.8). Podría hablarse de un "factor moda", búsqueda de comodidad, preferencia del consumo frente al ahorro, pero la gran heterogeneidad temática hace difícil la elección de una definición precisa.

El tercer factor hace referencia directa al acto de compra, y ha sido definido como *placer por la realización de las compras*, la compra como un *acto lúdico y placentero:* "es frecuente que compre cosas que no tenía pensadas", "me gusta conocer tiendas nuevas", y "me gusta acompañar a alguien que va de compras". Algunos expertos (entre otros Berenguer et al., 1991; Rodríguez Villarino et al., 2001; Quintanilla, 2002) consideran estas conductas como indicadores de "compra impulsiva", que podría ser también una descripción adecuada para el factor. El cuarto factor alude a "criterios de compra" como la importancia a la "calidad" y a la "marca", apareciendo una variable que alude a la compra impulsiva propia del factor anterior ("normalmente decido sobre la marcha lo que compro").

El análisis de la tabla 3.7 (parte inferior derecha) desvela que los dos primeros factores explican el 36,7% de la varianza total observada, 19,87% el primero y 16,8% el segundo, mientras que el factor tres y el cuatro reducen su aportación al 14,8% y 13,3% respectivamente.

Esta primera interpretación, todavía un poco *tosca* y confusa, se irá aclarando a medida que se realicen mejores *ajustes* del modelo factorial. Comenzando con la selección del número de factores, el proceso de ajuste se inicia incluyendo dos nuevos factores, quinto y sexto[21], considerando el cambio de pendiente mostrado a partir del quinto factor en el gráfico de sedimentación (gráfico 3.1, de la página 124). Esto permitirá –se plantea como hipótesis– "fragmentar" las seis variables del factor dos, al tiempo que aumentará la comunalidad de algunas variables. Para incluir ambos factores basta con volver al cuadro de diálogo de la figura 3.3 y seleccionar la opción número de factores.

Para lleva a cabo este proceso una forma rápida lo mejor es utilizar la rellamada a los procedimientos anteriores utilizando la *barra de herramientas* del menú principal, marcando con el ratón el símbolo que se encuentra en el cuarto lugar, contando de izquierda a derecha. En este caso la última operación ha sido el análisis factorial, y la penúltima el análisis exploratorio. Basta con marcar con el ratón *Análisis Factorial* para que aparezca en pantalla el cuadro de diálogo de la figura 3.1, evitando así tener que hacer un "recorrido" por los distintos menús y submenús (en este caso *Analizar→Reducción de datos→Factor…*). Una vez en el menú principal del análisis factorial bastará pulsar el botón *Extracción…* y cambiar el número de factores. Buscando facilitar la interpretación se solicitará la presentación de los coeficientes *Ordenados por tamaño…* mediante el cuadro de diálogo *Opciones* (figura 3.6, página 113).

El nuevo modelo –que no se reproduce aquí por motivos de espacio– aumenta la capacidad explicativa hasta el 75% de varianza explicada y consigue un notable incremento de todas las comunalidades, incluso en la variable 'No ahorrar, vivir mejor', superando 0,8. Ahora bien, el análisis de la matriz de componentes rotados desvela que el quinto factor está definido por dos variables. Una de ellas es la destacada en la frase anterior, lo que explica su baja comunalidad. La otra variable relacionada con este factor ("Gusta vestir a la moda") satura por igual en el segundo y quinto factor, una solución no muy adecuada, lo que implica –considerando el principio de la parsimonia científica– que no se trata de una solución adecuada. Algo similar sucede en el factor seis, formado por dos variables de las cuales una satura de forma similar en los factores 2 y 6, por lo que se decide que es el mejor el modelo con cuatro factores. De modo que se procede a cambiar, en el cuadro de diálogo *Extracción*, el 6 por el 4.

Antes de proceder con su cálculo se ha decidido eliminar el gráfico de sedimentación, puesto que es el mismo independientemente del número de factores extraídos. Junto a éste, se ha eliminado también la selección de las matrices de correlación (figura 3.2), a excepción de *KMO con prueba de esfericidad* y la matriz de correlación *Reproducida*. De este modo los resultados obtenidos se limitan,

---

21   Más atrás se señaló que, pese a que el gráfico de sedimentación (gráfico 3.1) recomendaba cinco factores, serán solicitados seis por motivos didácticos.

en esta ocasión, a las comunalidades (iniciales y finales), porcentaje de varianza explicada, matrices factoriales (inicial y rotada); además de KMO + Bartlett y la matriz de correlación reproducida (que se muestra conjuntamente con la matriz de correlaciones residual).

Ahora bien, es importante recordar la baja comunalidad de la variable "no ahorrar, vivir mejor", lo que implica que la mayor parte de esta variable queda fuera del factorial (al formar parte del quinto factor). Por este motivo se decide eliminarla del análisis. Para ello, cuando en el cuadro de diálogo del análisis factorial (figura 3.1) se selecciona esta variable el *botón-flecha* situado en el centro de la pantalla cambia de dirección y, pulsando sobre este, se elimina del modelo. Otra forma más rápida es hacer doble *clic* sobre la variable y, automáticamente, pasa a la ventana de la izquierda donde están las variables no seleccionadas.

Varianza total explicada					
Suma de las saturaciones al cuadrado de la extracción			Suma de las saturaciones al cuadrado de la rotación		
Componente	Auto-valor	% de la varianza	% acumulado	Total	% de la varianza	% acumulado
1	5,520	39,430	39,430	2,986	21,327	21,327
2	1,676	11,969	51,400	2,296	16,398	37,725
3	1,212	8,661	60,060	2,196	15,689	53,413
4	1,023	7,306	67,366	1,953	13,953	67,366

Matriz de componentes rotados (*Ordenados por tamaño…*)

	Componente			
	1	2	3	4
Molesta ver ropa igual a la mía	,798	,165	,312	-,026
Coche indica prestigio	,780	,116	,069	,164
Casa dice mucho de los que viven	,720	,087	,417	,231
Compra según su ambiente social	,688	,127	,086	,447
Me gusta vestir a la moda	-,010	,758	-,004	,233
Vestido e impresión otros	,060	,717	,390	,088
Vida + agradable	,327	,699	-,132	,116
Bienes=calidad vida	,203	,660	,396	,010
Compro cosas que no pensaba	,244	,199	,793	,021
Gusto por tiendas nuevas	,293	,014	,709	,216
Me gusta acompañar alguien (compras)	**-,159**	**,312**	**,483**	**,458**
Calidad + que precio	,210	,246	,084	,823
Marca=garantía	,538	,150	,112	,631
Decido compras sobre la marcha	,304	-,005	,449	,514

Método de extracción: análisis de Componentes Principales.
Método de rotación: Varimax con normalización Kaiser.

a. La rotación ha convergido en 6 iteraciones.

Tabla 3.12. Varianza total explicada, matriz de componentes rotados. (Tercer modelo)

La solución sin esta variable muy similar a primera, aumentando el porcentaje de varianza explicada hasta el 67%, y presenta una explicación más adecuada del segundo factor (tabla 3.12). Su interpretación alude a la comunicación que ofrece la vestimenta y las compras para mejorar la calidad de vida, aludiendo a una *compra social*. Aunque este podría ser el modelo definitivo, un análisis en detalle de la matriz factorial desvela que la variable "me gusta acompañar a alguien que va de compras" no está correctamente definida al saturar en dos factores, el tercero y el cuarto, que se han colocado en negrilla en la tabla 3.12. Además, es la que presenta una menor comunalidad (0,566), aunque la saturación en dos factores es el aspecto responsable de su no consideración.

En el último párrafo de la página 133 se señaló la conveniencia de que cada variable estuviera saturada en un único factor. En las situaciones donde una variable no muestra una pertenencia clara a un factor se está en presencia de variables complejas que dificultan la interpretación o, en palabras de Comrey, "que no contribuyen a definir hiperplanos ni sirven de ayuda en la identificación de la naturaleza de los factores en los que tienen sus pesos principales" (1985: 225). Lo mejor que se puede hacer con estas variables es eliminarlas del modelo con el fin de facilitar su interpretación. Este hecho va a generar también un aumento en el porcentaje de varianza explicada. Por estos motivos se decide eliminarla del modelo, aumentando el porcentaje de varianza del cuarto modelo hasta el 70%.

Con el fin de facilitar la interpretación se solicitó la opción *Ordenar los coeficientes por tamaño* y *Suprimir pequeños coeficientes* dentro del cuadro de diálogo *Opciones...* (figura 3.6); puesto que –además de mostrar los coeficientes ordenados– delimita las variables que pertenecen a cada factor. Respecto a la eliminación de los coeficientes pequeños se sigue la recomendación de Comrey (1985) de considerar únicamente los coeficientes mayores de 0,30; en base a lo que se señaló en el cuadro 3.3. Obsérvese la mayor claridad de la interpretación de la matriz factorial presentada en la tabla 3.13; que desvela ausencia de cambios significativos en la interpretación del modelo anterior.

Finalizado el análisis se procedió a una repetición con la rotación Oblicua Oblimin, logrando resultados similares a los presentados aquí; aunque con coeficientes más altos y algo más saturados en cada factor. Dean Brown (2009) y Tabachnick y Fidell (2014) ya señalan que los diferentes métodos de extracción tienden a proporcionar resultados similares.

Comunalidades

	Inicial	Extracción
Gusta vestir moda	1,000	,636
Vestido e impresión otros	1,000	,703
Molesta ropa igual	1,000	,744
Vida + agradable	1,000	,644
Coche prestigio	1,000	,703
Ambiente social	1,000	,710
Casa dice mucho	1,000	,747
Bienes=calidad vida	1,000	,639
Tiendas nuevas	1,000	,611
Decido marcha	1,000	,681
Calidad + que precio	1,000	,805
Marca=garantía	1,000	,726
Compro no pensaba	1,000	,731

Varianza total explicada

	Suma de las saturaciones al cuadrado de la extracción			Suma de las saturaciones al cuadrado de la rotación		
Componente	Auto-valor	% de la varianza	% acumulado	Total	% de la varianza	% acumulado
1	5,331	41,008	41,008	2,726	20,966	20,966
2	1,606	12,357	53,365	2,234	17,186	38,152
3	1,186	9,122	62,488	2,153	16,563	54,715
4	,956	7,355	69,843	1,967	15,127	69,843

Matriz de componentes rotados

(Ordenados por tamaño… y Suprimir pequeños coeficientes, menores que 0,35)

	Componente			
	1	**2**	**3**	**4**
Coche indica prestigio	,812			
Molesta ver ropa igual a la mía	,758		,385	
Compra según su ambiente social	,700			,443
Casa dice mucho de los que viven	,658		,471	
Me gusta vestir a la moda		,767		
Vestido e impresión otros		,728	,398	
Vida + agradable	,380	,691		
Bienes=calidad vida		,662	,417	
Compro cosas que no pensaba			,806	
Gusto por tiendas nuevas			,702	
Calidad + que precio				,834
Marca=garantía	,497			,660
Decido compras sobre la marcha			,500	,640

Método de extracción: análisis de componentes principales.
Método de rotación: Normalización Varimax con Kaiser.[a]

a. La rotación ha convergido en 6 iteraciones.

Tabla 3.13. Comunalidades, varianza total explicada, matriz de componentes rotados. Cuarto modelo

En conclusión, tras realizar cuatro análisis se consigue un modelo compuesto por 13 variables que, agrupadas en cuatro factores, consiguen explicar el 70% de la varianza total. Antes de dar por terminado el análisis se procede a medir el ajuste del modelo, solicitando para ello TODOS los estadísticos solicitados en el apartado 3.4. Cuando estos resultados se comparan con los proporcionados por el "modelo 1" se aprecia un aumento notable en los coeficientes de la matriz de correlaciones reproducidas, una ligero aumento del número de residuales con valores superiores a 0,05 (aumento de un 2%), y un ligero descenso del test de adecuación muestral del Kaiser-Meyer-Olkin (de 0,880 a 0,867), al tiempo que se producen ligeras disminuciones en el test de esfericidad de Bartlett que no llegan a afectar a su significación. En el cuadro 3.4 se presenta, esquemáticamente, un resumen del proceso llevado a cabo.

CUADRO 3.4.
Resumen del proceso

Frecuencias de variables sociodemográficas con el fin de comparar la adecuación muestral.

Exploración de todas las variables: solo dos con valores atípicos ('gusto por vestir a la moda' y 'marca= garantía').

No se eliminan por su escasa influencia en los estadísticos univariantes.

1. Primer modelo: 4 factores, 64,902% de varianza explicada.

    Peores comunalidades: 'no ahorrar y vivir mejor' (0,388), 'decido compras sobre la marcha (0,558)' y 'me gusta acompañar a alguien que va de compras' (0,563).

    DETERMINANTE 0,002, KMO 0,883, BARTLETT significativo.

    - Fact.I: 19,9% varianza explicada.

      Denominación: *estatus que los productos poseídos* confieren al propietario, *'exclusividad'* de las posesiones.

    - Fact. II: 16,9% de varianza explicada.

      Denominación: Factor moda, *compra social* Problemas:

      - Variable 'creo que es preferible no ahorrar y vivir mejor' totalmente descontextualizada.

      Heterogéneo.

    - Fact. III: 14,8% de varianza explicada.

      Denominación: *placer por la realización de las compras*, la compra como un *acto lúdico y placentero:*

    - Fact. IV: 13,3% de varianza explicada.

      Denominación: *criterios de compra:*

    Correlaciones *residuales* (observada - reproducida): 49, 46% correlaciones menores que 0,05. Se solicitan 6 factores (en base al gráfico de sedimentación) para aumentar la comunalidad y reducir heterogeneidad de los dos primeros factores.

2. Segundo modelo: 6 factores, 74,9% de varianza explicada.

   Peores comunalidades: 'me gusta vestir a la moda' (0,686).

   DETERMINANTE 0,002, KMO 0,880, BARTLETT significativo.

   No considerado porque el factor 5 es definido por dos variables ('no ahorrar, vivir mejor' y 'me gusta vestir a la moda') y la segunda satura en dos factores.

   El factor seis definido también por dos variables, con una que satura de modo similar en los factores 2 y 6.

   Se solicitará el modelo de cuatro factores, eliminando 'No ahorrar y vivir mejor' (v24) por su baja comunalidad (ver modelo 1).

3. Tercer modelo: 4 factores, 67,4% de varianza explicada.

   Peores comunalidades: 'me gusta acompañar a alguien que va de compras' (0,566), 'cuando compro lo hago pensando que me hará la vida más agradable (0,627)' y 'me gusta vestir a la moda' (0,629).

   DETERMINANTE 0,002, KMO 0,873, BARTLETT significativo.

   - Fact.I: 21,3% varianza explicada.

     Denominación: *estatus que los productos poseídos* confieren al propietario, exclusividad de las posesiones.

     Ligera disminución de la carga factorial de la primera y cuarta variable respecto al primer modelo.

   - Fact. II: 16,4% de varianza explicada.

     Denominación: La vestimenta comunica, placer y calidad de vida; *compra social*

     Problemas: la eliminación de ('preferible no ahorrar y vivir mejor') aumenta la homogeneidad del factor.

   - Fact. III: 15,7% de varianza explicada.

     Denominación: *placer por la realización de las compras*, la compra como un *acto lúdico y placentero*.

     NO CAMBIA respecto al modelo anterior.

   - Fact. IV: 13,9% de varianza explicada.

     Denominación: calidad y marcas como criterios decisorios de la compra.

Correlaciones *residuales* (observada – reproducida): 47, 51% correlaciones menores que 0,05.

Se eliminará "(v21) me gusta acompañar a alguien que va de compras" porque satura de forma similar en los factores 3 y 4 (0,486 y 0,453 respectivamente). También es la que presenta una menor comunalidad.

4. Cuarto modelo: 4 factores, 69,8% de varianza explicada.

   Peores comunalidades: 'me gusta conocer tiendas nuevas (0,612).

   DETERMINANTE 0,003, KMO 0,868, BARTLETT significativo.

   - Fact.I: 21,0% varianza explicada.

     Denominación: *estatus que los productos poseídos* confieren al propietario. Disminución de la carga factorial de la primera variable del modelo anterior, que se desplaza al segundo lugar; siendo la segunda la que más define el factor.

     El resto NO CAMBIA respecto al modelo anterior.

   - Fact. II:17,19% de varianza explicada.

     Denominación: La vestimenta comunica, placer y calidad de vida; *compra social*.

     Aumentan ligeramente las saturaciones factoriales de las dos primeras variables, aunque no hay cambios respecto al modelo anterior.

   - Fact. III:16,6% de varianza explicada.

     Denominación: *placer por la realización de las compras*, la compra como un *acto lúdico y placentero*.

     Pierde la variable "me gusta acompañar a alguien que va de compras", que no supone grandes cambios en la definición del factor. El único "problema" es que el factor es definido únicamente por dos variables.

   - Fact. IV:15,1% de varianza explicada.

     Denominación: calidad y marcas como criterios decisorios de la com*pra*.

     Ligero incremento de los coeficientes de la segunda y tercera variable. NO CAMBIA respecto al modelo anterior.

   Correlaciones *residuales*: 46% correlaciones menores que 0,05.

Solución definitiva: **Trece** variables "resumidas" en **cuatro factores**.

Una vez elegida e interpretada la solución factorial más adecuada es preciso dedicar un breve espacio a los resultados que deberán ser incluidos en el informe, tratando de insistir en mejorar su capacidad comunicativa basados en el hecho que la mayor parte de los demandantes de investigaciones no conocen –ni deben conocer– todos los procesos que "están detrás" del análisis factorial. Por ello se considera que, de todos los resultados obtenidos, en el informe únicamente deben incluirse las comunalidades, la matriz factorial rotada, el porcentaje de varianza explicado por cada factor y, en función de la experiencia del lector del informe, los autovalores. La experiencia del lector puede llevar a incluir también el valor del KMO y la prueba de Bartlett. Se sigue, con esta forma de proceder, las recomendaciones realizadas por Nicoll y Pexman (2010) cuando hablan de los resultados mínimos (*play it safe table*) que deben incluirse a la hora de presentar un análisis factorial; reproduciendo en la tabla 3.14 la recomendación realizada en la página 103-4 de su trabajo. Si se decide colocar la tabla únicamente con los coeficientes mayores, tal y como se muestra en la tabla 3.13, estos autores recomiendan utilizar una nota para advertir de esta situación. En la solución mostrada en la tabla 3.14 se han colocado todos los coeficientes, aumentando el tamaño de letra de las variables pertenecientes a cada factor e incrementando el interlineado cuando finaliza cada factor.

Análisis factorial de los comportamientos y actitudes de compra					
	1 Compras aumentan status	2 Compra social (placer + calidad)	3 Compra lúdica	4 Criterios compra calidad y marca	Comunalidad
Coche prestigio	0,812	0,095	0,101	0,154	0,643
Molesta ropa igual	0,758	0,143	0,385	0,030	0,704
Ambiente social	0,700	0,120	0,100	0,443	0,765
Casa dice mucho	0,658	0,080	0,471	0,294	0,631
Gusta vestir moda	-0,006	-0,767	-0,021	0,217	0,630
Vestido e impresión	0,009	0,728	0,398	0,117	0,616
Vida + agradable	0,380	0,691	-0,130	0,072	0,672
Bienes=calidad vida	0,159	0,662	0,417	0,041	0,818
Compro no pensaba	0,182	0,211	0,806	0,057	0,714
Tiendas nuevas	0,262	0,032	0,702	0,222	0,711
Calidad + que precio	0,169	0,277	0,063	0,834	0,759
Marca=garantía	0,497	0,163	0,131	0,660	0,735
Decido marcha	0,145	0,020	0,500	0,640	0,755
Autovalor	5,331	1,606	1,186	0,956	
% varianza explicada	20,966	17,186	16,563	15,127	
% varianza acumulada	20,966	38,152	54,715	69,843	

Tabla 3.14. Cuarto modelo. Resultados a incluir en el informe de la investigación

Con objeto de aumentar los recursos didácticos de este texto se aprovechará la ocasión para exponer otra forma de eliminación de variables distinta a la presentada unos párrafos más arriba, basada en la utilización del *editor de sintaxis*. La ventaja, como ya fue señalado anteriormente, reside fundamentalmente en una reducción notable de las tareas repetitivas, permitiendo así realizar los análisis en menos tiempo.

Se comenzará con la edición del cuadro de sintaxis del modelo factorial realizado en cuarto lugar, y cuyos resultados se han presentado en la tabla 3.13. Para ello es preciso repetir todos los procedimientos mostrados en las figuras 3.1, 3.2, 3.3, 3.4, 3.5 y 3.6. Recuérdese que en aquella ocasión se marcó el botón *Aceptar* para llevar a cabo el análisis factorial (última frase apartado 3.3). Ahora interesa pulsar el botón *Pegar*, y en este momento aparecerá el cuadro de sintaxis presentado en la figura 3.8.

Las instrucciones de la figura 3.8 indican, en la línea tres, los nombres de las variables introducidas en el análisis, en la siguiente se eliminan los valores perdidos *según lista*, y a continuación se exponen las variables que –concretamente– serán utilizadas para el análisis. Obsérvese que faltan las variables v21 y v24 que han sido eliminadas en el segundo y tercer modelo.

En la línea seis se indican los estadísticos seleccionados: solución inicial (INITIAL), matriz de correlaciones (CORRELATION) con su determinante (DET) y significación (SIG), test Kaiser-Meyer-Olkin y prueba de Bartlett (KMO), matriz de correlaciones reproducidas (REPR), correlaciones antiimagen (AIC); al tiempo que presenta la solución factorial sin rotar (EXTRACTION). Todas ellas han sido solicitadas en las figuras 3.2 y 3.3. La línea sigue con la presentación de la matriz rotada (ROTATION) y la matriz de coeficientes para el cálculo de las puntuaciones en las componentes (FSCORE) para calcular las puntuaciones factoriales solicitadas en la figura 3.5 y que será tratada en el próximo apartado.

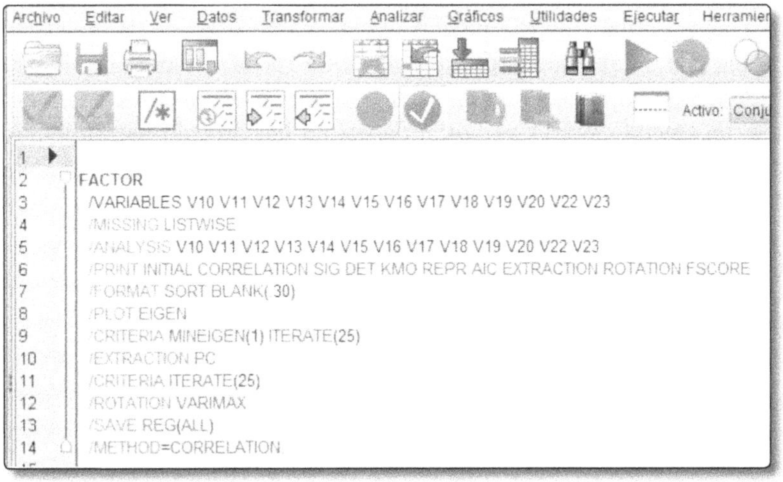

Figura 3.8. Editor de sintaxis: Análisis Factorial (quinto modelo)

En la línea siete se solicita la ordenación de los coeficientes dentro de los factores y la eliminación de saturaciones menores que 0,3, y la siguiente indica al programa que presente el gráfico de sedimentación y los gráficos de saturaciones de la matriz rotada. La línea nueve se ocupa del criterio para la selección de los factores (cuatro) y el número de iteraciones para convergencia (25). A continuación aparece la indicación que se va a realizar un análisis de Componentes Principales, el tipo de rotación efectuada y el número máximo de iteraciones que el algoritmo puede utilizar para llevar a cabo la rotación (25). Seguidamente se solicita que se guarden las puntuaciones factoriales de los casos (será explicado en el próximo apartado)[22]. En la última línea se indica que el factorial trabaje con una matriz de correlaciones, en vez de con una matriz de covarianza.

Como ya se señaló en el capítulo anterior el procedimiento de trabajo que se propone con el *editor de sintaxis* no requiere un elevado conocimiento del lenguaje de sintaxis, sino que basta con recordar las instrucciones expuestas en los párrafos anteriores. Una vez elaborada la instrucción mediante los cuadros de diálogo se acude al cuadro de sintaxis de la figura 3.8 para modificar algunos aspectos del modelo referidos a las variables seleccionadas.

Al leer el nombre de las variables incluidas en la figura 3.8, o el método utilizado para seleccionar el número de factores, se desprende rápidamente que se trata del último modelo. Para hacer el primer modelo bastaría con aumentar el número de factores, cambiando "/Criteria FACTORS (4)" por "/Criteria MINEIGEN (1)" y eliminar la línea 7 con la instrucción "/FORMAT SORT BLANK (.30)" que indica la ordenación de las variables y la eliminación de los números inferiores a 0,30. Para hacer el tercer modelo, con la variable "me gusta acompañar a alguien que va de compras (v21)", eliminada porque satura en dos factores, debe prestarse atención a la línea cinco, rotulada con la palabra ANALYSIS, que es la que selecciona las variables que concretamente serán utilizadas. Se incluirá esta variable en la línea ".../ANALYSIS" y se procederá a ejecutar el *comando de sintaxis*. Si en el capítulo anterior se recomendó pulsar el *botón-flecha* de la barra de herramientas que se encuentra debajo de Ejecutar, hay una forma más rápida de ejecutar las órdenes de sintaxis pulsando conjuntamente las teclas Ctrl+R en cualquier parte de la instrucción. Lo mismo para elaborar el modelo anterior, añadiendo v24 ("No ahorrar vivir mejor"), que fue eliminada por su baja comunalidad.

---

22 Esto explica que se trate del quinto modelo, y no el modelo presentado en la tabla 3.13 (cuarto modelo). La única diferencia entre ambos es el cálculo de puntuaciones factoriales, que deben ser solicitadas una vez que llega al modelo definitivo.

3.3.6 Puntuaciones factoriales

El objetivo del análisis factorial es reducir una serie de variables a un conjunto menor de factores con el fin de localizar –como en el ejemplo propuesto– una serie de comportamientos diferenciados de compra. Sin embargo, en numerosos trabajos el investigador está interesado en conocer los *tipos de individuos* que muestran más relación con cada factor, buscando establecer hasta qué punto el factor "exclusividad de las posesiones" –por ejemplo– es característico de una población joven con escasos recursos, o es más bien un comportamiento propio de personas de edad elevada. Dicho de otro modo, se trata de conocer en qué medida cada uno de estos factores están presentes en los distintos elementos analizados. La utilización de esta *herramienta* se justifica con el fin de resolver la segunda hipótesis que planteaba "…los colectivos más jóvenes son los que *más compran para ostentar*, para mostrar el lugar que ocupan en la escala social. Para este colectivo tiene una gran importancia mostrar sus bienes y la impresión que puedan dar a los demás".

En estas situaciones será preciso calcular las puntuaciones de los entrevistados en cada factor, procediendo a calcularlo como si de un modelo de regresión se tratara. De hecho ya se señaló que el análisis factorial puede ser visto como un análisis de regresión múltiple en la que una serie de variables independientes tratan de explicar una variable dependiente o factor. La diferencia es que en la regresión el investigador decide la variable dependiente, mientras que en el análisis factorial la variable dependiente es una variable *latente* creada por la combinación lineal de éstas.

Para calcular las puntuaciones factoriales con el SPSS basta con marcar la opción *Guardar como variables* en el cuadro de diálogo que emerge tras pulsar el botón *Puntuaciones* en el cuadro de diálogo principal (figura 3.5, página 112). Al ejecutarlo al final del editor de datos aparecerán las puntuaciones factoriales de cada uno de los entrevistados en los factores extraídos, rotuladas con los nombres FAC1_1, FAC2_1, FAC3_1, FAC4_1 (ver figura 3.9). Estas nuevas variables aparecen situadas después de la última de las variables, presentando ausencias de valor en los entrevistados que han sido excluidos de los análisis por no responder todas las preguntas del cuestionario[23]. Esto sucede, por ejemplo, en el primer entrevistado; lo que lleva a la necesidad de *insistir* a los encuestadores que sean sumamente cuidadosos a la hora de recoger las respuestas de los entrevistados.

Es recomendable colocar antes la denominación de cada factor en el recuadro *Etiqueta* de la vista de datos. A partir de este momento será posible trabajar con estas

---

23 Consecuencia de la utilización de la opción Excluir casos según lista en el cuadro de diálogo 3.6.

puntuaciones exactamente igual que con el resto de variables de la investigación, siempre teniendo en cuenta que se trata de puntuaciones tipificadas.

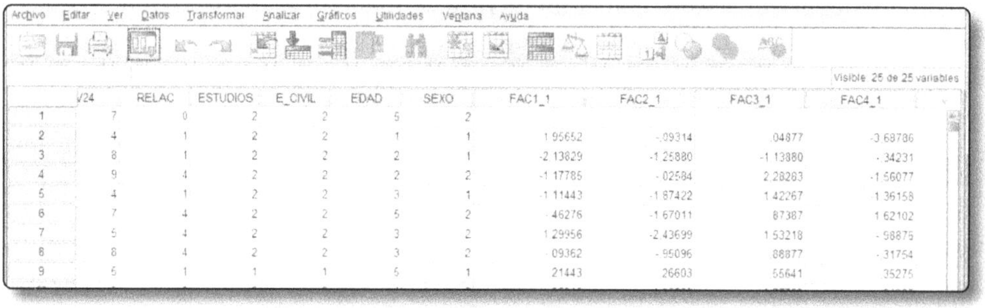

	V24	RELAC	ESTUDIOS	E_CIVIL	EDAD	SEXO	FAC1_1	FAC2_1	FAC3_1	FAC4_1
1	7	0	2	2	5	2				
2	4	1	2	2	1	1	1.95652	-.09314	.04877	-3.68786
3	8	1	2	2	2	1	-2.13829	-1.25880	-1.13880	-.34231
4	9	4	2	2	2	2	-1.17785	-.02584	2.28283	-1.56077
5	4	1	2	2	3	1	-1.11443	-1.87422	1.42267	1.36158
6	7	4	2	2	5	2	-.46276	-1.67011	.87387	1.62102
7	5	4	2	2	3	2	1.29956	-2.43699	1.53218	-.98876
8	8	4	2	2	3	2	.09362	-.95096	.88877	-.31754
9	5	1	1	1	1	5	.21443	.26603	.55641	.35276

Visible 25 de 25 variables

Figura 3.9. Editor de datos de SPSS con puntuaciones factoriales.

El proceso de cálculo para conocer las puntuaciones de los individuos en los factores se limita a multiplicar el valor *tipificado* de cada individuo por la saturación de todas las variables en cada factor, concretamente en la matriz de coeficientes para el cálculo de las puntuaciones en las componentes[24]. Así, la puntuación factorial del entrevistado número 2 en el primer factor es -1,9565, en el segundo -,09314, en el tercero 0,04877, etc. Otros autores como Comrey (1985) y Calvo y Lavía (1993) proponen un proceso de cálculo que considera únicamente las variables que tienen saturaciones elevadas en cada factor.

Sin embargo, la mayor parte de las veces no interesa tanto la puntuación individual de cada uno de los entrevistados sino que el objetivo del investigador es conocer cómo ciertos tipos de sujetos –con unas características concretas– participan más de unos determinados factores y menos de otros. Con este fin se procederá a comparar las puntuaciones de los entrevistados atendiendo a su edad, el estado civil, el nivel de estudios, etc. buscando localizar aquellas variables que muestren mayores diferencias en cada factor[25]. Para realizar este procedimiento con el programa SPSS debe seleccionarse el menú *Analizar→Comparar medias→ANOVA de un factor...*, obteniendo el cuadro de diálogo que se muestra en la figura 3.10. Con el fin de analizar si existen diferencias en los factores con respecto a la edad, en la ventana *Lista de dependientes* deben incluirse las puntuaciones factoriales y en *Factor* la variable cualitativa (o factor en la terminología del análisis de varianza), en este caso

---

24 Estos coeficientes se obtienen marcando la opción Matriz de coeficientes de las puntuaciones factoriales en el cuadro de diálogo Análisis Factorial: Puntuaciones factoriales (figura 3.5).

25 Aunque la segunda hipótesis del caso propuesto sólo hace referencia a la edad, se considera que el análisis de estas variables permite un mejor conocimiento del universo objeto de estudio.

la edad del entrevistado (variable EDAD). Posteriormente se accederá al submenú *Opciones...* para solicitar los estadísticos descriptivos, el gráfico de las medias y la prueba de homogeneidad de varianzas (ver parte derecha de la figura 3.10).

Analizar→Comparar medias→ANOVA de un factor... Botón *opciones*

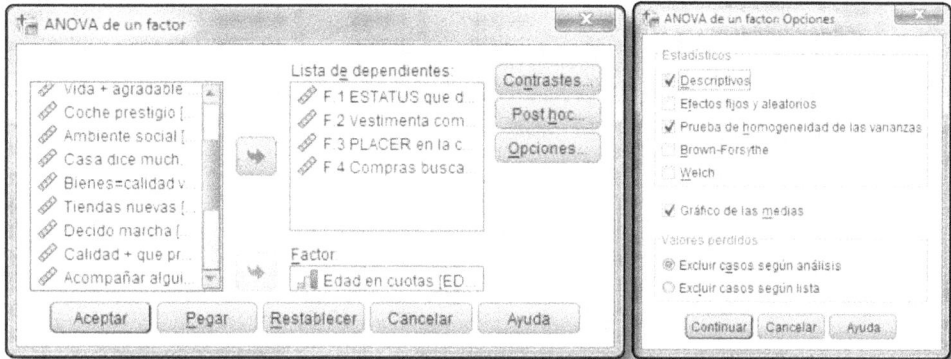

Figura 3.10. Cuadro de diálogo Análisis de Varianza de un factor, botón Opciones

Los resultados obtenidos aparecen en la tabla 3.15, donde se muestran los descriptivos –solo una parte, ya que por motivos de espacio se han eliminado los intervalos de confianza de la media, el valor mínimo y el máximo– y la prueba de homocedasticidad de las varianzas; que indica que el primer y cuarto factor no tienen varianzas homogéneas (valores inferiores a 0,05). A continuación el *Análisis de Varianza,* con las sumas de cuadrados entre-grupos e intra-grupos, las medias cuadráticas, el valor de la F y su significación. Tras constatar que únicamente los factores 2 y 3 presentan varianzas homogéneas se analiza la significación de la F. El valor obtenido, cercano a cero en el segundo y tercer factor, está indicando que existe diferencia significativa en las puntuaciones de ambos cuando se considera la edad del entrevistado. Un análisis detallado de los estadísticos descriptivos –o del gráfico de medias– desvela las altas puntuaciones que las personas jóvenes (fundamentalmente los menores de 25 años) tienen en el segundo factor, superiores en medio punto al resto de edades, puntuaciones que descienden a medida que aumenta la edad del entrevistado. Algo parecido sucede en el tercer factor, aunque en este caso el valor de los menores de 36 años es más bajo que en el primer factor.

Estos resultados, ¿podrían llevar a decir que los jóvenes experimentan más *placer en la compra* (factor 3), al tiempo que tienen un mayor hábito de *compra social* (factor 2)? Así es, y de hecho cuando se eliminan los menores de 25 años desaparecen las diferencias en el factor tres (el análisis de varianza deja de ser significativo). Esto implica que eran los colectivos más jóvenes, y únicamente esos colectivos, los que estaban creando la diferencia significativa entre el primer factor y la edad del entrevistado.

Descriptivos

Denominación del factor		N	Media	Desviación típica	Error típico
F.1 ESTATUS que dan los productos poseídos, EXCLUSIVIDAD	Entre 16 y 25 años	129	,1253033	,84712641	,07458532
	Entre 26-35 años	123	,0005131	,99746295	,08993821
	Entre 36-45 años	166	,0414890	,97020629	,07530261
	Entre 46-55 años	153	,0026402	1,10141841	,08904440
	Entre 56 y 65 años	130	-,1809104	1,04357151	,09152728
	Total	701	,0000000	1,00000000	,03776948
F.2 Vestimenta comunica, placer y calidad de vida; COMPRA SOCIAL	Entre 16 y 25 años	129	,2421827	,93397918	,08223228
	Entre 26-35 años	123	,0015478	,93636063	,08442880
	Entre 36-45 años	166	-,0130887	1,04222177	,08089210
	Entre 46-55 años	153	,0124035	1,07778137	,08713346
	Entre 56 y 65 años	130	-,2396690	,92551713	,08117322
	Total	701	,0000000	1,00000000	,03776948
F.3 PLACER en la compra	Entre 16 y 25 años	129	,3087270	,95876734	,08441476
	Entre 26-35 años	123	,2098707	,84552921	,07623880
	Entre 36-45 años	166	-,0105628	,96396903	,07481851
	Entre 46-55 años	153	-,2340036	1,05399536	,08521047
	Entre 56 y 65 años	130	-,2160300	1,04458622	,09161627
	Total	701	,0000000	1,00000000	,03776948
F.4 Compras buscando CALIDAD y MARCA	Entre 16 y 25 años	129	-,0146690	1,10286731	,09710205
	Entre 26-35 años	123	-,1076822	1,07160586	,09662345
	Entre 36-45 años	166	-,0284816	,92680581	,07193408
	Entre 46-55 años	153	,1488885	,97613850	,07891612
	Entre 56 y 65 años	130	-,0224215	,93429873	,08194342
	Total	701	,0000000	1,00000000	,03776948

Prueba de homogeneidad de varianzas

	Estadístico de Levene	gl1	gl2	Sig.
F_1 ESTATUS que dan los productos poseídos, EXCLUSIVIDAD	2,900	4	696	,021
F_2 Vestimenta comunica, placer y calidad de vida; COMPRA SOCIAL	,979	4	696	,418
F_3 PLACER en la compra	1,886	4	696	,111
F_4 Compras buscando CALIDAD y MARCA	2,727	4	696	,028

ANOVA de un factor

Denominación del factor		Suma de cuadrados	gl	Media cuadrática	F	Sig.
F.1 ESTATUS que dan los productos poseídos, EXCLUSIVIDAD	Inter-grupos	6,567	4	1,642	1,648	,160
	Intra-grupos	693,433	696	,996		
	Total	700,000	700			
F.2 Vestimenta comunica, placer y calidad de vida; COMPRA SOCIAL	Inter-grupos	15,086	4	3,771	3,832	,004
	Intra-grupos	684,914	696	,984		
	Total	700,000	700			
F.3 PLACER en la compra	Inter-grupos	32,176	4	8,044	8,383	,000
	Intra-grupos	667,824	696	,960		
	Total	700,000	700			
F.4 Compras buscando CALIDAD y MARCA	Inter-grupos	5,046	4	1,261	1,263	,283
	Intra-grupos	694,954	696	,998		
	Total	700,000	700			

Tabla 3.15. Resultados del análisis de varianza considerando como variables dependientes las puntuaciones de los sujetos en el primer factor

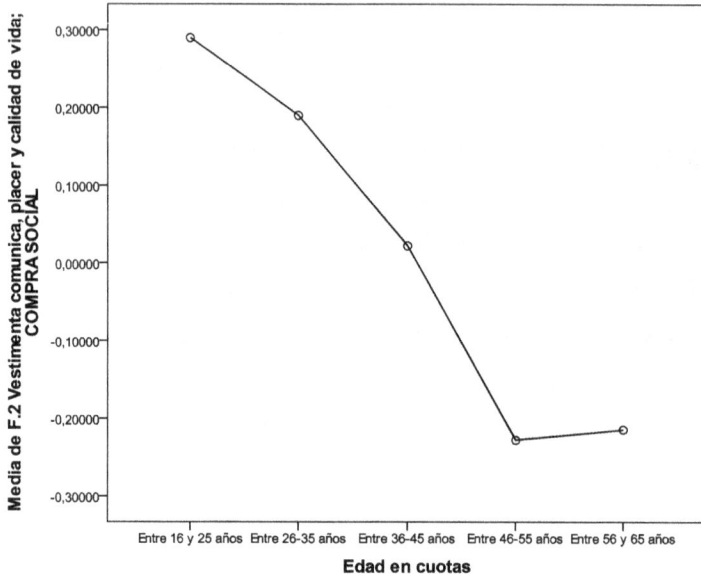

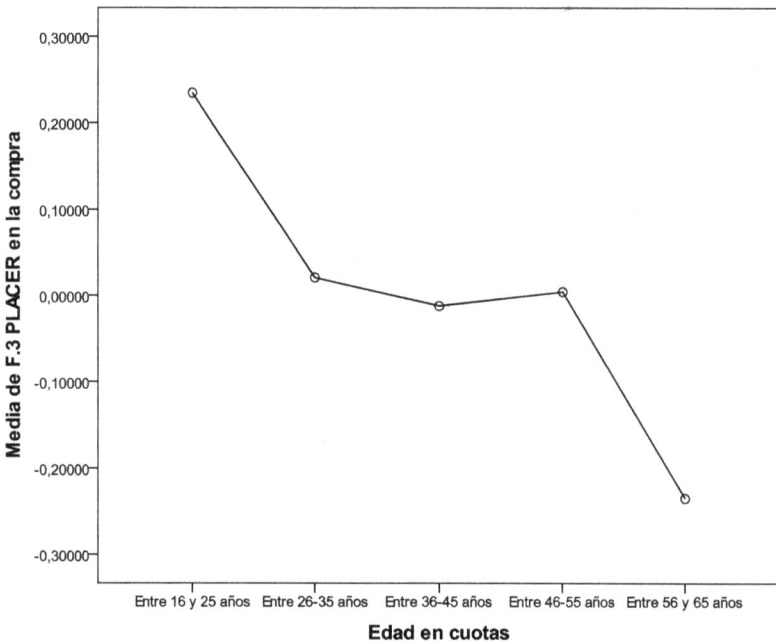

Gráfico 3.2. Gráfico de medias (solo factores significativos)

Segundo análisis: eliminado los menores de 35 años

Denominación del factor		Suma de cuadrados	gl	Media cuadrática	F	Sig.
F.2 Vestimenta comunica, placer y calidad de vida; COMPRA SOCIAL	Inter-grupos	6,085	2	3,043	2,978	,052
	Intra-grupos	448,501	439	1,022		
	Total	454,586	441			
F.3 PLACER en la compra	Inter-grupos	4,876	2	2,438	2,349	,097
	Intra-grupos	455,668	439	1,038		
	Total	460,544	441			

Ahora bien, todavía no se ha resuelto la hipótesis planteada, al estar relacionada con el primer factor. Hay dos soluciones para enfrentarse al hecho que este factor tenga varianzas desiguales. La primera, y más sencilla, es utilizar el contraste de Brown-Forsythe o el de Welch, más adecuados que el estadístico F cuando no se cumple esta condición. El cuadro de diálogo se presenta en la parte derecha de la figura 3.10, y deberían ser seleccionados para el análisis del factor 1 y 4. En la tabla 3.16 se muestra el resultado, que indica similaridad en las medias de ambos factores.

Pruebas robustas de igualdad de las medias

		Estadístico[a]	gl1	gl2	Sig.
F_1 ESTATUS que dan los productos poseidos, EXCLUSIVIDAD	Welch	1,709	4	342,162	,147
	Brown-Forsythe	1,651	4	673,357	,160
F_4 Compras buscando CALIDAD y MARCA	Welch	1,258	4	339,080	,286
	Brown-Forsythe	1,247	4	653,141	,290
a. Distribuidos en F asintóticamente.					

Tabla 3.16. Resultados del análisis de varianza utilizando pruebas robustas insensibles a la heterocedasticidad

Una segunda posibilidad es utilizar la prueba no paramétrica de Kruskal-Wallis (figura 3.12). Una vez realizado el "recorrido" mostrado en la figura 3.11 el SPSS pregunta, en primer lugar, si el objetivo es *Comparar automáticamente distribuciones entre grupos*, *Comparar medianas entre grupos*, o *Personalizar análisis*. Seleccionada la primera opción el programa abre el cuadro de diálogo *Pruebas no paramétricas dos o más muestras independientes* para que el investigador proceda a colocar las puntuaciones factoriales en la ventana superior (denominada *Campos de prueba*) y la edad en el espacio rotulado como *Grupos* (ver figura 3.12).

Analizar→Pruebas no paramétricas →Muestras independientes...

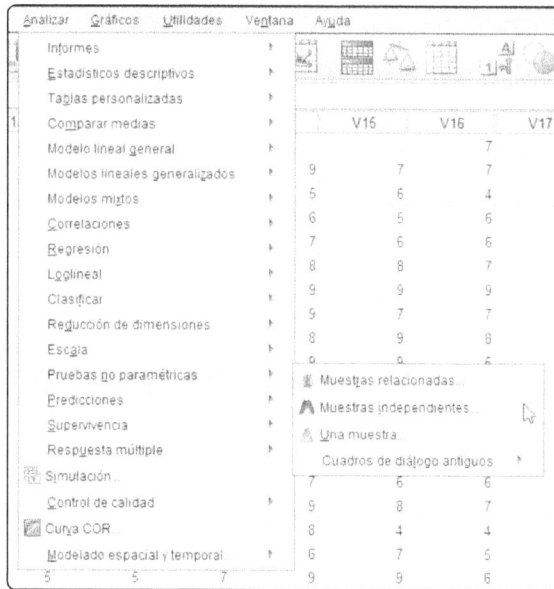

Figura 3.11. Funciones y subfunciones de SPSS: Analizar/Pruebas no paramétricas...

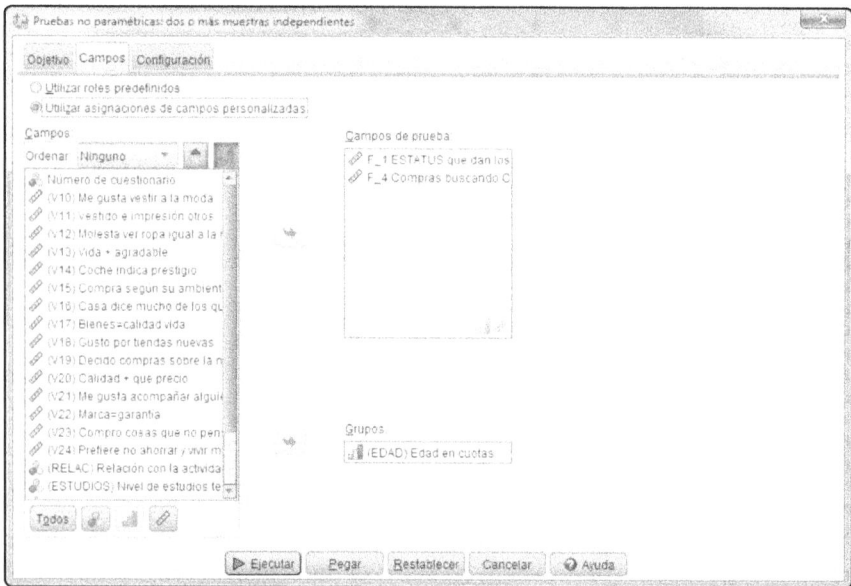

Figura 3.12. Cuadro de diálogo Análisis Pruebas no paramétrica para la comparación de dos muestras independientes.

Se considere las *Pruebas robustas insensibles a la heterocedasticidad* (resultados en la tabla 3.16) o la prueba paramétrica de Kruskal Wallis, cuyos resultados se muestran en la tabla 3.17, las conclusiones son las mismas, no hay diferencia en las puntuaciones factoriales del primer factor entre los grupos de edad.

Resumen de contrastes de hipótesis

	Hipótesis nula	Prueba	Sig.	Decisión
1	La distribución de F_1 ESTATUS que dan los productos poseidos, EXCLUSIVIDAD es la misma entre las categorías de (EDAD) Edad en cuotas.	Prueba de Kruskal-Wallis para muestras independientes	,256	Conserve la hipótesis nula.
2	La distribución de F_4 Compras buscando CALIDAD y MARCA es la misma entre las categorías de (EDAD) Edad en cuotas.	Prueba de Kruskal-Wallis para muestras independientes	,316	Conserve la hipótesis nula.

Se muestran significaciones asintóticas. El nivel de significación es ,05.

Tabla 3.17. Diferencias de medias en un factor con varianzas distintas: prueba de KRUSKAL WALLIS

Analizando las medias de los factores con el sexo, estado civil, nivel de estudios y relación con la actividad, se obtienen los rasgos sociodemográficos asociados a cada factor, que son mostrados en el cuadro 3.5. En el primer factor solo los entrevistados con estudios medios consideran la exclusividad, el estatus que dan los productos poseídos.

Son los separados y divorciados, las personas con estudios medios y aquellos cuya actividad es el trabajo doméstico no remunerado los colectivos que experimentan *más placer en la compra/compra social* (segundo factor). En la situación opuesta –elevadas puntuaciones negativas en este factor– están los entrevistados con estudios básicos y los eventuales.

Los colectivos con puntuaciones más altas en el tercer factor son los separados y divorciados, eventuales y retirados; concediendo altas puntuaciones negativas las personas con estudios básicos y superiores. El factor cuatro no presenta ninguna diferencia significativa en los rasgos sociodemográficos considerados.

CUADRO 3.5.
Rasgos sociodemográficos asociados a cada factor

	FACTOR I	FACTOR II	FACTOR III	FACTOR IV
Sexo	No dif.	No dif.	No dif.	No dif.
Edad	No dif.	16-25	Menor 35	No dif.
Estado civil:	No dif.	Separados y divorciados	Separados y divorciados	No dif.
Nivel de estudios:	Medios	Medios Básicos alta relación negativa	Básicos y. superiores relac. negativa	No dif.
Relación con la actividad:	No dif.	Trabajo doméstico no remunerado Eventuales alta relación negativa	Eventuales y retirados	No dif.

En relación a las dos hipótesis planteadas al principio, y que se utilizaron para llevar a cabo el análisis factorial, los resultados presentados permiten afirmar que se ha localizado un nuevo tipo de consumidor que disfruta en el acto de compra y que se caracteriza, fundamentalmente, por su reducida edad, su elevado nivel de ingresos, y la gran presencia de mujeres. En lo que respecta a las personas que más compran para ostentar, es un aspecto más relacionado con los estudios, y no con la edad (cuadro 3.5).

3.3.7 Ayudas a la interpretación: representaciones gráficas

En los apartados anteriores se ha realizado una interpretación de los factores basada en el análisis de las saturaciones factoriales, aunque en determinadas ocasiones esta interpretación no es tan sencilla por la dificultad en la definición de los factores. En estas situaciones conviene utilizar las ayudas a la interpretación basadas en la utilización de componentes gráficos que posibilita analizar los resultados analizando los diagramas y otras representaciones disponibles. Con este fin se representan los factores en un espacio de varias dimensiones, llegando a apreciar con gran facilidad la importancia de cada variable en la configuración del factor.

En el gráfico 3.3 se muestra la representación de los dos primeros factores, que conjuntamente explican más de la mitad de la varianza total explicada por el modelo (un 37,8%). El primer factor se ha representado en sentido horizontal, y las variables que mejor lo definen son las que aparecen colocadas más lejos del origen de coordenadas y más próxima a la línea horizontal. El análisis del gráfico desvela que la variable "coche prestigio" es la que mejor cumple el primer criterio, seguida por "molesta ropa igual" y "ambiente social". La distancia de una variable al punto de coordenadas refleja el tamaño de la saturación factorial, de modo que variables altamente relacionadas con un factor estarán lejos del origen. La "altura" de la variable, la cercanía a la línea horizontal en este caso, estará señalando la magnitud de las saturaciones en el segundo factor.

El tercer factor, representado en sentido vertical, está definido por las variables que se encuentran más lejos del origen de coordenadas y más cerca de la línea vertical. Las variables "compro no pensaba" y "me gusta conocer tiendas nuevas" son las que mejor cumplen ambos criterios, seguidas muy de cerca por "decido mis compras sobre la marcha". El significado de estas variables nos ha llevado a definir este factor como "placer experimentado en el acto de compra".

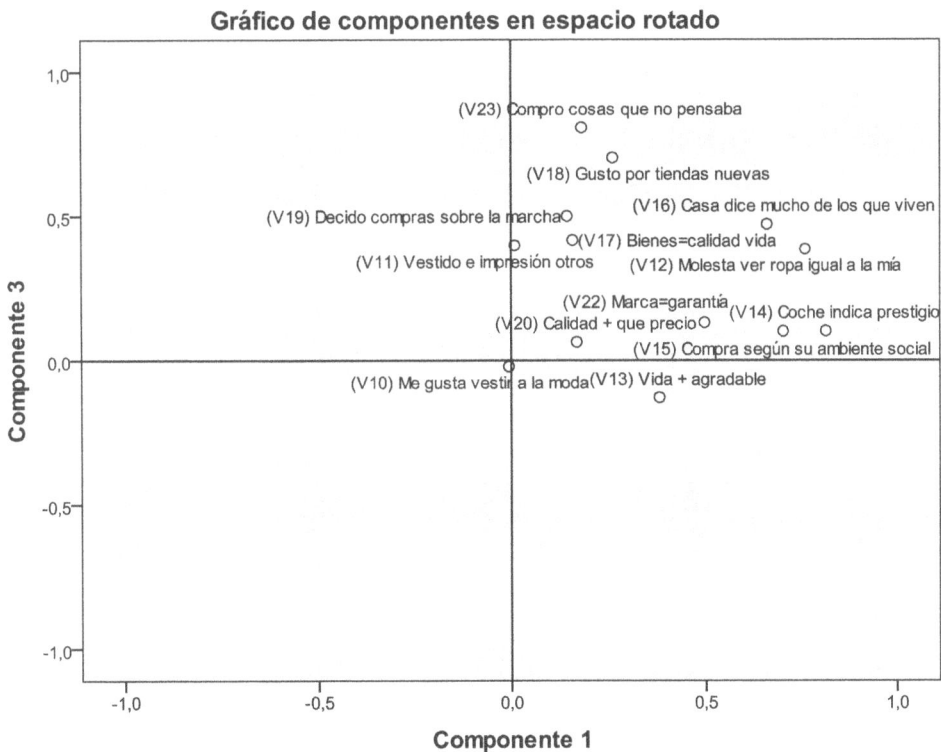

Gráfico 3.3. Representación de las variables en los factores 1 y 3 (quinto modelo)

Muy cerca del origen de coordenadas aparecen las variables de los factores tres ("gusta vestir a la moda", "vestido e impresión de otros", "vida más agradable" y "bienes importantes porque mejoran mi calidad de vida") y cuatro ("calidad más importante que precio y "la marca es una garantía"). La representación de los factores en un espacio bidimensional no permite analizar conjuntamente todos los factores, de modo que será necesario solicitar paulatinamente la representación del resto de factores: el factor 1 con el 3 y con el 4; el factor 2 con el 3 y con el 4; y por último el factor 3 con el 4. La dificultad de imaginar un espacio de más de tres dimensiones obliga a recurrir al análisis por separado de los distintos planos formados por pares de factores.

A la hora de realizar este proceso con el SPSS hay que comenzar señalando que esta representación gráfica no está incluida en la interfaz gráfica del programa, de modo que para utilizar estas ayudas a la interpretación hay que recurrir al editor de sintaxis. Considerando el cuadro de instrucciones mostrado en la figura 3.8, para representar los factores basta con añadir a la línea "/PLOT..." la orden ROTATION, y poner entre paréntesis el orden de representación de los factores (1,2). De modo que para realizar la representación gráfica de todos los factores –conservando el gráfico de sedimentación– la citada línea quedaría de la siguiente forma: /PLOT ROTATION (1,2) (1,3) (1,4) (2,3) (2,4) (3,4).

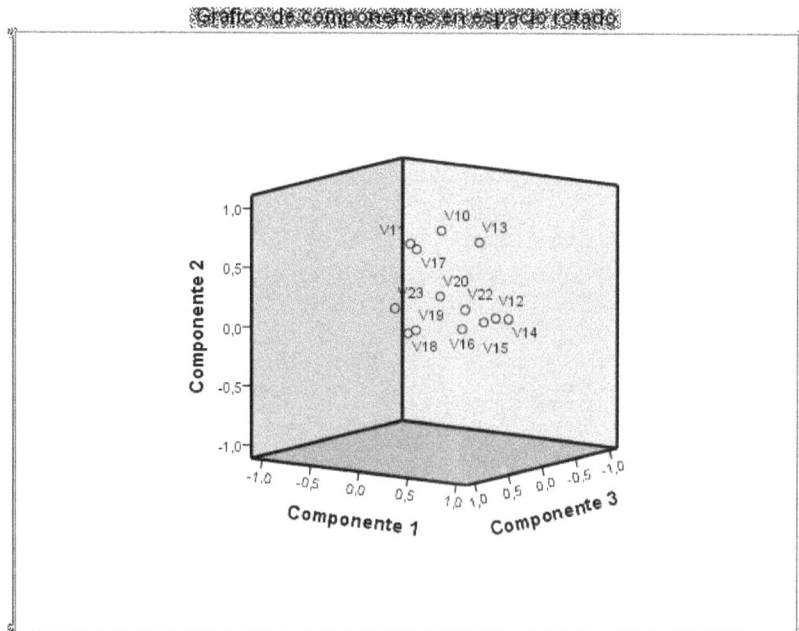

Gráfico 3.4. Representación de las variables en los factores 1, 2 y 3 (primer modelo)

Obsérvese que estos gráficos son mucho más ilustrativos que el que proporciona el programa cuando se solicitan los *Gráficos de saturaciones* en el cuadro de diálogo *Rotación* (figura 3.4); como puede apreciarse al observar el gráfico 3.3[26].

3.4 EJEMPLOS RECIENTES DE INVESTIGACIONES UTILIZANDO EL ANÁLISIS FACTORIAL

El análisis factorial es actualmente utilizado en un gran número de investigaciones, de modo que realizar una clasificación exhaustiva es una tarea prácticamente imposible. Considerando los destinatarios de este texto, analistas de investigación social y comercial con encuestas, serán resumidas diversas investigaciones relacionadas con ambas disciplinas publicadas en la última década, siempre considerando que el trabajo se redactó en otoño del año 2015.

Una investigación sobre las opciones y actitudes de la población andaluza hacia la inmigración, realizada por el Observatorio Permanente Andaluz de las Migraciones-OPAM (2013) utiliza un análisis factorial con el fin de detectar qué dimensiones caracterizan las actitudes del colectivo ante el fenómeno. La pregunta empleada aborda seis temáticas: *postura general* ante la inmigración (2 ítems), *aspectos laborales y económicos* (4 ítems), *participación social y política* (6 ítems), *relaciones con personas inmigradas* (8) y *regulación de flujos migratorios* (3); 23 ítems en total. Las cinco dimensiones obtenidas por el análisis factorial, que explican el 49,9% de la varianza, hacen referencia a la 1) 'participación de los inmigrantes en la sociedad andaluza (acceso a derechos políticos y sociales)'; 2) 'aceptación de los personas inmigrantes en cuanto a cercanía social y cultural'; 3) 'relaciones directas y el trato cotidiano'; 4) 'valoración del impacto económico-laboral'; y, 5) 'las percepciones del grado de vulnerabilidad del colectivo inmigrante en el contexto'. La explicación de cada una es del 12,3%, 12,29%, 9,9%, 9,3%, y 6,03% respectivamente.

Dentro de las *Encuestas Mundiales de Valores*, el equipo de investigación *Deusto Valores Sociales* utiliza en tres ocasiones el análisis factorial en su informe sobre el cambio de valores en Euskadi y Navarra en los inicios del siglo XXI

---

26   A lo largo de estas páginas se ha llevado a cabo una somera explicación del análisis factorial basado en un ejemplo. Los interesados en profundizar en la técnica pueden ampliar conocimientos con el libro de Cea D'Ancona (2002, capítulo 5), el texto de Hair et al. (2009, capítulo 3) y el artículo de Pere Joan Ferrando y Cristina Anguiano-Carrasco publicado en el volumen 31 (páginas 18-33) de la revista Papeles del Psicólogo: "El análisis factorial como técnica de investigación psicológica".

(Leonardo, 2012). La técnica es aplicada para identificar los aspectos deseados en el trabajo (páginas 173-175); donde el factorial destaca la importancia del 'desarrollo profesional y personal', en segundo lugar el 'bienestar o un buen clina laboral/ condiciones de trabajo', seguido del 'disfrute' y, por último, un 'buen salario'. Otro aspecto analizado es la importancia concedida por la población al trabajo, familia, amistad, ocio, política y religión, definidos como *valores finalistas* (pp. 223-246), localizando tres factores denominados 'disfrute y sociabilidad', 'norma-ideología', y 'tradición-seguridad'. La tercera aplicación de la técnica se lleva a cabo en una *batería* con 20 comportamientos –éticos y no éticos– que lleva a localizar tres factores (pp. 248-267): 'autonomía moral', 'legitimación social de conductas en provecho propio', 'ciencia como ideología', factores que coinciden con los localizados en la aplicación de este cuestionario en Europa en el año 2008.

Con el fin de elaborar, en un segundo momento, una tipología de la población española considerando las formas de religiosidad, Alfonso Pérez Agote (2010) aplica el análisis factorial a 65 variables (13 preguntas) del estudio 2.752 del Centro de Investigaciones Sociologías (CIS, 2008), reduciendo la información a 14 factores. Estos factores, junto con otras 5 preguntas del cuestionario, fueron sometidas a un segundo proceso de factorización que dio como resultado un modelo factorial de 5 factores que explica un 49,6% de la varianza total. Para la selección del número de factores se utilizó el análisis paralelo, obteniendo una puntuación KMO de 0,889. Los factores localizados, por orden de importancia, son 'trascendencia religiosa' (24,4% de varianza), 'bienestar económico personal' (7,6%), 'moral laica' (6,4%), 'autonomía personal' (5,8%), y 'búsqueda vital-existencial' (5,5%).

Extremadamente original es la investigación de Pedro López Roldán y Carlos Lozares Colina (2007) publicada en el número 14 de la revista *Empiria*. Con el fin de elaborar un muestreo estratificado para la *Encuesta de Condiciones de Vida y Hábitos de la Población de Cataluña* (ECVHP), estos autores realizan un análisis factorial de Componentes Principales con el fin de *reducir* los principales factores de diferenciación de la población y así conseguir unos estratos más homogéneos. Utilizando información procedente del Censo de Población más reciente, un análisis factorial sobre 82 variables identifica siete 'dimensiones fundamentales de diferenciación de la población de Cataluña' (2007), que explican el 69% de la varianza total. Las dimensiones localizadas (factores) son definidas como 'categoría socio-profesional' (explica un 23% de la varianza), 'origen geográfico: autóctonos vs. antigua inmigración' (16%), 'ciclo vital' (15%), 'rural-urbano' (13%), 'nueva inmigración' (13%), 'actividad laboral' (10%) y 'movilidad territorial' (10%).

En la investigación comercial y de mercados hay numerosos ejemplos del uso del análisis factorial, siendo probablemente uno de los ámbitos donde más se ha utilizado. Por señalar tan sólo algunos ejemplos, en una investigación sobre la satisfacción de los clientes en el sector hotelero, Aguilar Rojas y Fandós Herrera (2013) utilizan el análisis factorial para conocer el grado de dimensionalidad de una escala compuesta de varias subescalas: escala de satisfacción global, satisfacción con la recuperación, expectativas, percepción de la gravedad del error, y confianza. Empleando el criterio de Kaiser para la selección del número de componentes, se extraen cuatro factores que explican el 85% de la varianza, con un KMO de 0,915. En esta misma temática, Fuentes-Moraleda et al. (2014) elabora un listado de los atributos más importantes por los clientes de los alojamientos *boutique*. Estos atributos –medidos en una escala de Likert de 0 a 10– forman parte de un cuestionario que es respondido por el gestor del establecimiento. Las respuestas son sometidas a un proceso de factorización diferenciada para mujeres y hombres. En el primer colectivo, con una explicación del 72,2%, los cinco factores son definidos como 'diseño', 'atributos de la cama', 'luz de la habitación y ruido', 'tecnología' y 'baño'. En el caso de los hombres, con una explicación ligeramente superior (73,77%), los dos primeros factores no aparecen claramente definidos al estar referidos a diversos 'atributos tangibles e intangibles de la habitación'[27]. El tercer factor se refiere a 'atributos intangibles de la habitación (ambiente y comodidad)', mientras que el cuarto y el quinto hacen referencia a la cama y a la tecnología respectivamente.

Otros trabajos destacables son los realizados por Sánchez García et al. (2014), que elaboran una escala motivacional para analizar la elección de los pequeños comercios urbanos. Una vez constatado que la escala elaborada presenta un índice de fiabilidad superior al 0,70 el análisis factorial desvela que los resultados de investigaciones *tradicionales* centradas en la 'dimensión utilitarista' y 'hedónica' no son suficientes para explicar la elección del comercio minorista, al detectar una nueva 'dimensión ética'; originada por la actual coyuntura política, económica y social.

Una investigación, orientada a los elementos que originan el comportamiento de compra multicanal del consumidor, realiza una aplicación de la técnica sobre una escala de 36 ítems donde se abordan motivaciones de compra, grado de implicación en la compra, predisposición hacia el uso de las TIC, e incentivos del comercio para atraer a los clientes (Viejo Fernández et al., 2014). Tras llevar a cabo el análisis factorial se extraen cuatro factores denominados 'motivo funcional', 'motivo no funcional', 'implicación en la compra' y 'predisposición al uso de tecnologías de la información'. Como curiosidad de esta investigación, en la página 236 los autores señalan que pese a que la mayor parte de los investigadores deciden el numero de

---

27 'Tipo de suelo, decoración del baño e iluminación' en el primer factor, e 'insonorización, armario, decoración y cortinas' en el segundo.

factores considerando únicamente los factores que tienen autovalor superior a la unidad, en este caso buscaron la explicación de un determinado % de varianza.

Numerosos ejemplos de uso presentan Abascal y Grande (2014): conocer los atributos destacados en una serie de marcas de gel de baño; conocimiento de la imagen y el posicionamiento de una marca de ropa frente a la competencia; detectar las características que más diferencian a una serie de productos de limpieza y conocer las propiedades que posee cada limpiador en mayor medida que los demás; y decidir el tipo de envase para un refresco.

3.5 PROFUNDIZANDO EN LA FORMACIÓN CON CASOS PRÁCTICOS

Este capítulo no termina aquí, tan sólo termina la labor del autor. Ahora comienza la labor del lector, al que se le recomienda que lleve a cabo dos prácticas cuyos datos se encuentran en los *documentos auxiliares adjuntos* disponibles en la web de Ra-Ma. El primero es un caso sencillo que ilustrará al lector sobre cómo llevar a cabo su análisis factorial. Recomendamos que se intente hacer la práctica sin consultar la solución, se proceda con la interpretación, y que vuelva de nuevo a los materiales del *caso* para que se compruebe hasta qué punto es diferente de la propuesta disponible. Una propuesta más compleja se muestra en el archivo "*Caso práctico* Mentalidad drogas 1990", al tratarse de un análisis con datos de una investigación real.

3.5.1 Caso práctico sencillo: indicadores sociedad del conocimiento

En el archivo de datos "Indicadores sociedad del conocimiento.sav" se presenta información referente a aspectos relacionados con el desarrollo de la sociedad del conocimiento en varios países europeos (Alemania, Bélgica, España, Finlandia, Francia, Holanda, Italia, Noruega, Portugal, Reino Unido y Suecia), en Estados Unidos y en Japón.

▶ V1: Ordenadores personales por cien habitantes.

▶ V2: Estimación de usuarios de Internet (usuarios por mil habitantes).

▶ V3: Evolución de los servidores de Internet (número de servidores por mil habitantes)

▶ V4: Volumen de ventas empresas información (tasas de variación en porcentajes)

▼ V5: Líneas telefónicas principales (número de líneas por cien habitantes).

▼ V6: Telefonía móvil (abonados por mil habitantes).

▼ V7: Ventas realizadas en artículos de telecomunicaciones (tasas de variación en porcentaje

▼ V8: Gasto en TIC (valores absolutos en porcentaje sobre el PIB).

A partir de estas variables, realiza un análisis factorial con el fin de determinar qué factores diferencian los países, considerando el desarrollo de la sociedad de la información. Se recomienda, una vez realizado el análisis, contrastarlo con la solución propuesta, denominada: SOLUCIÓN Caso práctico Indicadores sociedad del conocimiento.

3.5.2 Caso práctico con datos reales: Mentalidad de la sociedad ante las drogodependencias

El segundo caso práctico utiliza los datos de una investigación realizada a principios de la última década del siglo pasado sobre la percepción de la sociedad ante el problema de las drogas. El objetivo es saber hasta que punto existe una indefinición de la figura del toxicómano, ya que esta viene dada por la sustancia consumida, la cantidad y las circunstancias del consumo". La definición de la figura del toxicómano va a depender:

▼ De la sustancia consumida. Así por ejemplo no se tiende a considerar toxicómano a un consumidor de sustancias socialmente aceptadas, mientras que a los consumidores de sustancias ilegales sí. Esta definición tenderá a acentuarse en el caso de sustancias más *duras*.

▼ De la cantidad o frecuencia del consumo, un consumo esporádico u ocasional puede no ser considerado como una forma de toxicomanía, mientras que un consumo habitual –aunque sea de una sustancia blanda– sí que se verá como tal.

▼ De las circunstancias del consumo. Hay determinadas situaciones sociales en las cuales se da una justificación del consumo. De tal manera que el uso de sustancias dentro de un grupo es más aceptado que cuando este se realiza de manera individual.

Se propone contrastar estas hipótesis utilizando el archivo de datos "Caso práctico Mentalidad drogas.sav", información obtenida en un cuestionario que se adjunta (Recogida de información del caso práctico Mentalidad drogas). Una vez contrastadas, la hipótesis, el lector podrá comparar su propuesta con la entregada al patrocinador de la investigación, que se encuentra en "SOLUCIÓN Caso práctico Mentalidad drogas".

4

ANÁLISIS DE CORRESPONDENCIAS

4.1 INTRODUCCIÓN: OBJETIVOS DE LA TÉCNICA

El análisis de correspondencias, también conocido como análisis de homogeneidad en el ámbito anglosajón, se inscribe dentro de los métodos de interdependencia cuyo objetivo es reducir una serie de variables observadas a un conjunto menor de variables latentes llamadas factores. Concretamente, la finalidad de esta técnica es profundizar en las relaciones que se establecen entre variables categóricas de una misma población, buscando explicar cómo los distintos valores o categorías se relacionan unos con otros[28]. Su objetivo no es únicamente conocer como una determinada categoría de una variable está asociada con la categoría de otra variable, sino que busca explicar sustantivamente y de manera sintética la estructura subyacente de tal relación. El análisis se desplaza de la variable a las categorías que la forman[29].

Normalmente presenta, mediante una o varias gráficas, la mayor parte de la información contenida en una tabla de frecuencias o datos positivos. En su

---

28 Di Franco (2015) realizar una exhaustiva exposición del descubrimiento de la técnica, realizado por diferentes científicos sin comunicación entre ellos; situación que ha dado lugar a diferentes escuelas.

29 Las variables nominales recogen la información en categorías que, normalmente, no presentan relación de orden respecto a otras categorías de la misma variable. En la literatura francesa sobre análisis de correspondencias las categorías suelen denominarse modalidades (entre otros, Bouchet-Valat, 2015) mientras que en otros idiomas optan más por el término categoría (entre otros, Di Franco, 2005; Greenacre, 2008). En este trabajo se empleará alternativamente ambos términos.

formato más simple dos variables que forman parte de una tabla de contingencia son representadas en un espacio de baja dimensionalidad con el fin de descubrir las relaciones entre las variables, así como las relaciones entre las categorías de cada variable. Se trata, en definitiva, de obtener unas representaciones gráficas que permitan visualizar la *proximidad* o *lejanía* entre las categorías que forman parte de estas variables. Para cada variable, aquellas categorías situadas cerca de otras de la periferia del gráfico están reflejando similaridad en cuanto a su distribución, mientras que las categorías alejadas entre sí presentan perfiles o distribuciones diferentes (Di Franco, 2016).

Al formar parte de los métodos factoriales debe ser comparado con las técnicas vistas en el capítulo anterior. Los análisis factoriales forman parte de los métodos descriptivos en la medida que no plantean ninguna hipótesis probabilística, dándose prioridad a los datos, y son exhaustivos porque tratan toda la información disponible. Su objetivo fundamental es la reducción de información utilizando representaciones gráficas para determinar la posición de objetos (marcas, productos, etc.), criterios o atributos, individuos, etc. en un espacio vectorial provisto de una métrica adecuada. El análisis de correspondencias, en palabras de Abascal y Grande (2005) sirve concretamente para:

▼ "Descubrir las relaciones entre las variables o/y factores (variables sintéticas combinación lineal de categorías/modalidades);

▼ análisis de las relaciones entre las categorías/modalidades y sus semejanzas; y,

▼ estudio de la tipología de individuos basadas en sus semejanzas en las respuestas o en la categorías/modalidades que posee en común" (Abascal y Grande, 2005).

Respecto a las diferencias, los análisis factoriales del capítulo anterior precisan información medida con una métrica de intervalo, el número de observaciones debe ser superior al número de variables, y únicamente detectan relaciones lineales entre las variables. Por su parte, el análisis factorial de correspondencias:

▼ Utiliza variables cualitativas, que no sólo son mucho más frecuentes en la investigación social y comercial, sino que además suponen una gran ventaja en la medida que cualquier variable puede transformarse en una métrica cualitativa.

▼ Detecta cualquier tipo de relación, no sólo relaciones lineales. Así, la presencia de relaciones no lineales en investigación comercial es muy frecuente por la existencia de *beneficios marginales*: a medida que se incrementa la renta aumentan los recursos dedicados a alimentación, pero a partir de un determinado nivel de renta esta tendencia desaparece al dedicar más ingresos a la compra de otros productos.

▶ Puede describir las relaciones entre las categorías/modalidades de una variable, así como la relación entre las variables que forman la tabla de contingencia.

▶ Además, el análisis de correspondencias permite considerar la "no respuesta parcial" como una categoría más, hecho que posibilita detectar si esta es aleatoria o si más bien está asociada a determinadas características de las personas entrevistadas; dicho de otro modo, si sigue unas pautas de comportamiento determinadas (Díaz de Rada, 2000; Abascal y Díaz de Rada, 2014).

Aunque en un primer momento este análisis fue creado para el análisis de tablas de contingencia, en el momento actual se aplica a cualquier tabla de números positivos (variables nominales, ordinales, tablas de notaciones, disyuntivas, tablas de series temporales, etc.). La literatura sobre la materia (entre otros, Abascal y Grande, 2005; Molina et al., 2000) da cuenta de la amplitud de tipos de datos susceptibles de ser analizados utilizando el análisis de correspondencias:

▶ Tablas de frecuencia que presentan recuentos de categorías en grandes unidades de análisis. En las filas se colocan los sujetos de análisis y en las columnas los diversos aspectos medidos. El interior de la tabla se expresa, en valores absolutos o relativos, el número (o proporción) de individuos que asocian simultáneamente la modalidad de la variable fila con la modalidad de la variable columna.

▶ Tabla de contingencia que cruza dos (o más) variables nominales.

▶ Tablas de magnitudes homogéneas donde se describen las características de diversas poblaciones.

▶ Tablas de valoración que contienen datos ordinales categorizados, como por ejemplo escalas de actitud o valoración de marcas.

▶ Tablas de un conjunto heterogéneo de variables codificadas en forma disyuntiva completa (más adelante será presentado un ejemplo de este tipo de codificación).

▶ Tablas de datos binarios que reflejan presencia o ausencia.

▼ Tablas de valoración o intensidad. Se trata de tablas que recogen preferencias donde los valores, en vez de venir expresados en frecuencias, lo están en puntuaciones numéricas (obtenidas, por ejemplo, en escalas de diferencial semántico para cada uno de los atributos).

▼ Tablas de proximidad o distancia entre elementos.

▼ Tablas de correlación.

▼ Tablas múltiples de números positivos con tres o más entradas (marcas, atributos, estilos de vida, etc.), matrices de triple, cuádruple entrada, etc. que posibilita estudiar de forma simultánea aspectos muy diversos.

▼ Tablas mixtas de variables cualitativas y cuantitativas.

▼ Tablas yuxtapuestas.

En definitiva el análisis de correspondencias puede utilizarse con tablas que contengan cualquier medida de correspondencia entre filas y categorías, y referidas a su similitud, afinidad, confusión, asociación, interacción, distancia, etc. Ahora bien, para que los resultados sean interpretables es necesario que la tabla analizada pueda ser considerada como una tabla de contingencia; esto es, "que se pueda dar algún sentido a la suma de los casos por filas o por columnas" (Sánchez Montenegro, 2009).

Esta presentación terminará señalando algunos ámbitos de investigación que destacan por la utilización de esta técnica. El análisis de correspondencias ha sido profusamente utilizado en estudios sobre imagen y posicionamiento, identificación de claves para la comunicación, elección de marcas más adecuadas en función del tipo de producto, análisis de contenido de los soportes de los medios de comunicación, segmentación de mercados, detección de la imagen de los elementos que forman parte de un tipo de producto, conocimiento de la clasificación y estructura de los mercados, etc. Además de estos análisis *estáticos*, el análisis de correspondencias permite también realizar estudios *dinámicos* que analizan la evolución ocurrida entre dos momentos temporales: cambio en el posicionamiento de marcas a lo largo del tiempo por el efecto de la comunicación publicitaria, por acciones de marketing específicas, etc. Ejemplos de aplicaciones muestran, entre otros, Abascal y Grande (2005), Rodríguez Molina y Castañeda García (2012), y Grande y Abascal (2014).

4.2 LA LÓGICA DEL ANÁLISIS DE CORRESPONDENCIAS

Debe recordarse que el objeto de estudio de esta obra no es mostrar los fundamentos matemáticos y metodológicos de cada una de las técnicas expuestas, en este caso el análisis factorial de correspondencias, sino conocer la utilidad práctica e interpretativa que se deriva de su aplicación. Partiendo de esta concepción se explicará la lógica del análisis de correspondencias utilizando un ejemplo extraído de una supuesta investigación comercial siguiendo, a grandes rasgos, la exposición realizada por Cornejo (1988) y Lebart et al. (1985).

Un fabricante de productos de limpieza desea conocer las características más importantes de cada uno de sus productos, y para ello realiza una consulta entre los clientes que –al menos– han utilizado sus productos en los dos últimos meses. La tabla 4.1 muestra las frecuencias de asociación de cada producto con las características estudiadas, de modo que en cada celdilla aparece el número de personas que han asociado cada producto con una característica determinada. 68 entrevistados consideran que el producto 'A' deja las superficies brillantes, mientras que 12 personas destacan que el producto 'B' deja las superficies brillantes.

	Brillo	Efecto duradero	Olor	Cómodo	Limpia	Total
Prod. A	68	60	67	45	35	275
Prod. B	12	13	13	15	12	65
Prod. C	95	84	94	63	49	385
Prod. D	30	32	32	36	28	158
Total:	205	189	206	159	124	883

Significado de cada valoración:
  Brillo: deja las superficies brillantes
  Efecto duradero: su efecto dura mucho
  Olor: tiene un olor agradable
  Cómodo: es cómodo de usar
  Limpia: limpia bien

Datos ficticios. Elaboración propia.

Tabla 4.1. Características de cuatro productos de limpieza

Con el objetivo de conocer la relación entre los productos y las características el análisis de correspondencias convierte la tabla de contingencia en dos nubes de puntos fila y columna, con el fin de localizar las relaciones entre las filas (productos), las columnas (características), y las filas y columnas conjuntamente. Para ello el análisis de correspondencias no trabaja directamente con los datos de la tabla, puesto que su objetivo no es detectar las diferencias *absolutas* existentes entre las valoraciones de cada producto, sino que realiza unas transformaciones de los datos y los convierte en *perfiles* de filas y columnas. Para reducir el efecto del número de observaciones los valores de las variables son divididas entre el total de fila/columna, y de esta forma operan los *perfiles*.

Los perfiles de filas son el ratio de las personas que eligen una determinada característica de un producto entre todos los que utilizan ese producto, obteniendo la distribución condicional de las características (columnas) dentro de cada fila (producto): de las 275 personas que utilizan el producto 'A', 68 consideran que ese producto deja la superficie brillante. El ratio 68/275 proporciona un perfil de 0,247 (tabla 4.2). En la última fila de esta tabla se muestra el perfil medio, el centro de gravedad o centroide, cuyas coordenadas se obtienen promediando los perfiles según el número de casos (masa), y que corresponden a un *producto ideal* cuyas características se distribuyen atendiendo a todas las elecciones realizadas (Greenacre, 2008).

Análogamente, los perfiles de columna se calculan de modo similar, aunque considerando el total de cada característica (columna). Así el perfil de columna es el ratio de los entrevistados que eligen una determinada característica de un producto, respecto a todas las elecciones recibidas por esa característica: de las 205 elecciones recibidas por "deja las superficies brillantes", 68 corresponden al producto A. En este caso, el ratio 68/205 proporciona un perfil de columna de 0,332 (tabla 4.2).

Cuando dos productos poseen varias características en la misma proporción, tienen el mismo perfil, se consideran similares (caso de los productos "A" y "C"). Lo mismo puede decirse de las características (columnas). Frente a la sencillez de la lectura basada en perfiles, la consideración de los números absolutos presenta una mayor complicación. El análisis de los números absolutos tiene el problema que los productos muy utilizados consiguen numerosas elecciones en todas las celdillas (caso del producto "C"), mientras que los productos poco utilizados tienen celdas con valores reducidos (producto "B"). Al calcular las diferencias entre los productos utilizando los valores absolutos el resultado obtenido plasma la diferencia entre la distribución de las características, unida a la diferencia entre el número de elecciones de cada producto. Esto es, el mayor número de elecciones del producto "C" dificulta realizar una correcta comparación con el "A". A esto nos referimos cuando se señaló –tres párrafos más atrás– que el objetivo del análisis de correspondencias no es detectar las diferencias absolutas entre las valoraciones de los productos.

Perfiles de fila

	Brillo	Efecto duradero	Olor	Cómodo	Limpia	Total
Prod. A	0,247	0,218	0,244	0,164	0,127	1,000
Prod. B	0,185	0,200	0,200	0,231	0,185	1,000
Prod. C	0,247	0,218	0,244	0,164	0,127	1,000
Prod. D	0,190	0,203	0,203	0,228	0,177	1,000
Perf. medio:	0,232	0,214	0,233	0,180	0,140	

Perfiles de columna

	Brillo	Efecto	Olor	Cómodo	Limpia	Total
Prod. A	0,332	0,317	0,325	0,283	0,282	0,311
Prod. B	0,059	0,069	0,063	0,094	0,097	0,074
Prod. C	0,463	0,444	0,456	0,396	0,395	0,436
Prod. D	0,146	0,169	0,135	0,226	0,226	0,179
Total:	1,000	1,000	1,000	1,000	1,000	

Tabla 4.2. Perfiles

Hasta el momento se ha demostrado cómo trabajar con perfiles facilita la interpretación, pero también puede producir una visión equivocada de la relación entre variables en la medida que todos los puntos tienen la misma importancia: los marginales de los perfiles de fila y columna son iguales a 1. Para evitar este problema el análisis de correspondencias deberá utilizar una distancia que no olvide las diferencias entre los efectivos de cada línea (o columna). La distancia chi-cuadrado cumple esta condición, al ponderar cada perfil por un peso. Así cada fila (o columna) está afectada de un peso proporcional a su importancia en el conjunto, peso conocido como *masa* (Greenacre, 2008). Al considerar cada punto con una masa proporcional a su frecuencia se evita *privilegiar* las categorías/modalidades con pocos efectivos. Se trata, de hecho, de una distancia euclídea ponderada por el inverso de la masa de las columnas cuando se mide la distancia entre filas, o por la masa de las filas para la distancia entre las columnas (Rodríguez Molina y Castañeda García, 2012)[30].

La distancia chi-cuadrado cumple también el principio de la equivalencia distribucional, que postula que si dos categorías/modalidades tienen perfiles idénticos pueden ser sustituidas por una sola categoría que sea la suma de los pesos, sin que con ello se modifique la distancia entre las filas o columnas. La importancia de esta propiedad estriba en que garantiza la estabilidad en los resultados con independencia

---

30 A los interesados en profundizar en las propiedades de las distancias recomendamos las páginas 105-109 de Rodríguez Molina y Castañeda García (2012).

de la codificación de las variables; de modo que es posible agrupar categorías que tienen perfiles coincidentes, tanto por filas como por columnas. Si el resultado se mantiene estable tras unir categorías, de igual modo estos resultados no mejoran al realizar más subdivisiones de categorías homogéneas.

Con los perfiles de la tabla 4.2 se elabora la matriz de coordenadas (distancias) utilizando la distancia chi-cuadrado, que permitirá calibrar la magnitud de la diferencia entre la tabla de datos analizada y una tabla de datos sin relación entre variables. Las distancias no se miden entre dos filas o dos columnas, sino en relación al perfil medio de fila o columna o, dicho de otra forma, en relación al promedio de las coordenadas de esa fila (o columna) ponderada por su masa. Este perfil medio aparecerá situado en el origen de coordenadas y es conocido como *centro de gravedad*. La media de las distancias al cuadrado de cada punto de fila al centro de gravedad recibe el nombre de *inercia de filas, inercia de columnas* cuando se trata de las columnas, e *inercia total de la nube de puntos* cuando se consideran todos los elementos de la tabla. Una inercia baja significa que todos los productos están situados muy cerca del origen de coordenadas y que por lo tanto son muy similares; mientras que altos valores de inercia en determinadas categorías implican grandes diferencias del perfil medio de las filas o las columnas (Di Franco, 2016).

Posteriormente se procede a diagonalizar la matriz de varianza-covarianza con el fin de extraer los vectores y valores propios que definirán los nuevos ejes sobre los que será proyectada la nube de puntos (Greenacre, 2008). Cuando la cantidad de inercia explicada con los primeros factores sea alta bastará con seleccionar un pequeño número de éstos –tan sólo dos o tres– y representar la nube de puntos sobre gráficos de dos o tres dimensiones, obteniendo así una visión simplificada de las relaciones.

Trabajar con perfiles de fila –para comparar las distribución de las características en cada producto– y con perfiles de columna –para comparar cómo se distribuye cada característica en los productos– precisa la realización de dos análisis diferentes: uno sobre los perfiles de fila y otro sobre los perfiles de columna, puesto que se consideran simétricos los papeles de las filas y de las columnas. Sin embargo, al realizar estos análisis es posible utilizar unas fórmulas que relacionan ambas dimensiones, conocidas como fórmulas de transición, que permiten obtener las coordenadas factoriales del otro conjunto sin necesidad de una nueva diagonalización.

Además del ahorro de tiempo que esto supone al reducir los cálculos a una sola factorización, estas relaciones permiten representar sobre un mismo plano los puntos de fila y columna, permitiendo así interpretar la distancia de un punto a otro. De hecho, una de las grandes ventajas del análisis de correspondencias es la facilidad para sacar conclusiones en base a la representación gráfica (Rodríguez Molina y Castañeda García, 2012).

En las siguientes líneas se presentan unas pautas generales de interpretación del gráfico generado por el análisis de correspondencias, pautas que serán aplicadas a un ejemplo concreto en el siguiente apartado. Debe considerarse, en primer lugar, que los factores o dimensiones extraídas no explican la totalidad de la inercia, ni tampoco cada una de ellas aportan lo mismo; de forma que será necesario extraer un número de factores que expliquen un porcentaje elevado de la variabilidad total, al tiempo que deberá interpretarse cada uno en relación con la cantidad de inercia explicada. Al igual que en el análisis de componentes principales, el proceso de interpretación gráfica comienza con la definición de las modalidades que tienen más relación con cada factor, aunque en el análisis de correspondencias se utilizan una serie de elementos que facilitan notablemente esta tarea. Así el análisis de las *contribuciones absolutas* y *relativas* indicará las modalidades más relacionadas con cada factor, mientras que el signo de las coordenadas situara cada categoría en una parte del factor (Di Franco, 2016). La contribución absoluta expresa la aportación de un elemento a la inercia explicada por el factor, mientras que la contribución relativa recoge la contribución de un factor a la explicación de una fila o columna[31]. El proceso de interpretación del gráfico aconseja seguir un proceso dividido en varias etapas (Abascal y Grande, 2005):

1. Localización de las modalidades con mayores contribuciones absolutas, diferenciando –mediante el signo de las coordenadas– las que se sitúan en el lado positivo y en el lado negativo del factor.

2. Análisis de la calidad de representación (contribución relativa) del resto de modalidades. Cuando una modalidad tiene una baja contribución relativa es probable que esté muy relacionada con otro factor, de modo que para su estudio será conveniente considerar –si no la totalidad de los ejes– al menos un número elevado de éstos. Las contribuciones relativas, según Rodríguez Molina y Castañeda García (2012) muestran "cuáles son las características exclusivas de ese factor".

3. Búsqueda de aquellas modalidades que, aunque no contribuyen a la formación del factor, se encuentran bien representadas. Estas modalidades son ilustrativas de la significación de la dimensión/factor.

4. Considerando todos estos elementos se procede con la denominación de cada factor, analizando por separado la variable fila y columna.

31 Algunos programas estadísticos –por ejemplo Spad– la denominan "cosenos cuadrados", al coincidir su valor con el cuadrado del coseno del ángulo que forman la dirección del punto y el factor (Di Franco, 2015).

5. Posteriormente se procede con el análisis gráfico con el fin de detectar similaridades entre las modalidades de fila (o columna). Respecto a la situación de las modalidades en el gráfico es necesario precisar que en el origen de coordenadas se encuentran las categorías/modalidades similares a la media de las filas (o columnas), que son las que tienen menor tasa de inercia, y por lo tanto las que menos aportan en la definición de cada dimensión. Por otra parte, las modalidades más alejadas del origen se caracterizan por su gran contribución en la definición de cada factor. En el ejemplo de los productos de limpieza (tabla 4.1), si dos filas (productos) tienen características semejantes se situarán próximas una de la otra en el plano de coordenadas. La misma consideración se utiliza para interpretar las características (columnas) próximas. En definitiva, mayor o menor proximidad entre las modalidades en el plano equivale a mayor o menor grado de relación o interdependencia entre las mismas (Di Franco, 2016).

6. Interpretación conjunta de ambas variables. La proximidad entre modalidades de diferentes preguntas debe hacerse con prudencia, en la medida que hay que considerar las posiciones relativas del resto de modalidades de fila y columna. A nivel general puede decirse que dos modalidades de fila y columna con una situación cercana en el gráfico están indicando asociación entre ellas, mucho más cuando se encuentren lejos del origen de coordenadas.

Puede ocurrir que un producto y una característica –por seguir con el ejemplo utilizado– estén situados sobre el mismo *radio* trazado desde el origen de coordenadas, pero que uno se encuentre más alejado que el otro. En este caso debe interpretarse que, mientras que la marca o el atributo más cercano al centro de gravedad/origen de coordenadas no presenta grandes desviaciones, tiende a hacerlo en la dirección de la marca o atributo más lejano (Sánchez Montenegro, 2009). Como ejemplo, supóngase dos productos que comparten una característica pero que difieren en el resto. En este caso la característica quedará situada entre los productos, mientras que cada uno de éstos tratará de colocarse próximo a las características de los que más se asemeja (Di Franco, 2016).

7. Proyección de modalidades ilustrativas o suplementarias[32]. La interpretación del análisis puede enriquecerse con la representación

---

32 La literatura sobre el tema emplea indistintamente ambos términos, si bien las últimas publicaciones utilizan más el primero. Consideramos que la palabra "ilustrativas" refleja mejor el carácter de estas variables y su papel dentro del análisis, motivo por lo que será utilizado a partir de ahora.

gráfica de las modalidades ilustrativas, elementos que no participan en la definición de los ejes pero que se *proyectan* sobre el gráfico obtenido.

Hasta el momento el análisis ha estado centrado en una tabla bidimensional, aunque la practicidad y eficacia del análisis de correspondencias aumenta cuando se necesita trabajar con grandes tablas de datos. En el segundo párrafo de este capítulo se señaló que el análisis de correspondencias, en su formato más simple, trata de representar dos variables cualitativas que forman parte de una tabla de contingencia, aunque existe una generalización del análisis de correspondencias para más de dos variables categóricas que recibe el nombre de *análisis de correspondencias múltiples* (Gi Franco, 2016). La lógica del análisis y el proceso de cálculo es similar en ambos (Abascal y Grande, 2005), de modo que serán señalados aquí los aspectos diferenciadores del análisis de correspondencias múltiples:

▸ En el análisis de correspondencias múltiples los valores propios generan una idea pesimista de la variabilidad explicada, siendo conveniente medir la tasa de inercia realizando una modificación de éstos utilizando la corrección de Benzecri (1979):

- Calcular $B = 1/Q$, siendo Q el número de variables.

- Seleccionar los valores propios (VP) iguales o superiores a B.

- Calcular los valores propios transformados (VPT): $VPT = (VP - B)^2$

- Calcular el porcentaje de varianza explicada (VPE) con los valores propios transformados. Cada valor propio tiene una tasa de inercia sobre el total de varianza explicada por todos los *Valores propios transformados*.

- Calcular el porcentaje acumulado de varianza explicada.

▸ La parte de la inercia producida por una variable aumenta cuanto mayor sea el número de opciones de respuesta, de modo que debe procurarse que las variables tengan un número homogéneo de categorías/modalidades (Di Franco, 2016). Por estos motivos debe tenerse precaución con el número de opciones incluidas de cada variable, agrupando las variables con muchas modalidades o uniendo aquellas que han recibido pocas elecciones.

Expertos como García y Grande (2005) proporcionan más información sobre el número de categorías de las variables a emplear en el análisis de correspondencias múltiples:

- A más modalidades de respuesta, mayor es su contribución de esa pregunta a la cantidad de información. Para evitar influencias extremas conviene vigilar que el número de modalidades esté equilibrado, y evitando preguntas con un elevado número de modalidades.

- Hay que tener sumo cuidado con las modalidades con pocas respuestas porque los que las han elegido son alejados del resto de entrevistados, contribuyendo notablemente a la formación de los ejes. Se recomienda eliminarlas o unirlas a las más próximas. De lo contrario los primeros factores pueden estar determinados por ésas, y no reflejar fenómenos generales.

- Cuando las variables tienen muchas modalidades éstas son perpendiculares y no pueden ser recogidas por el mismo factor. Por ello, cuanto mayor sea el número de modalidades de una pregunta, mayor es el número de ejes.

- El porcentaje de inercia de cada factor es bajo cuando las variables tienen muchas modalidades" (García y Grande, 2005).

Tabla original

	P1	P2
n1	1	1
n2	2	2
n3	3	1
n4	2	3
n5	1	2
n6	3	2

Tabla disyuntiva completa

Categoría	P1			P2			P3		Total
	1	2	3	1	2	3	1	2	Total
n1	1	0	0	1	0	0	1	0	3
n2	0	1	0	0	1	0	1	0	3
n3	0	0	1	1	0	0	0	1	3
n4	0	1	0	0	0	1	1	0	3
n5	1	0	0	0	1	0	0	1	3
n6	0	0	1	0	1	0	0	1	3
Total	2	2	2	2	2	2	2	2	

Tabla de Burt

		P1			P2			P3	
Categorías		1	2	3	1	2	3	1	2
P1	1	(2)	0	0	(1)	(1)	0	1	1
	2	0	2	0	0	1	(1)	2	0
	3	0	0	2	1	1	0	0	2
P2	1	1	0	1	2	0	0	1	1
	2	1	1	1	0	3	0	1	2
	3	0	1	0	0	0	1	1	0
P3	1	1	2	0	1	1	1	3	0
	2	1	0	2	1	2	0	0	3

Fuente: elaboración propia.

Tabla 4.3. Tabla de datos del análisis de correspondencias múltiples

▶ Asimismo, la parte de la inercia debida a una modalidad aumenta cuanto menor sea el número de personas de esta modalidad, es decir, cuanto menor sea su masa (Clapier, 1986). Por ello es conveniente no introducir en el análisis las modalidades con escaso número de respuestas, y de hecho algunos programas estadísticos eliminan las modalidades con un número de respuestas inferior al 2% de la muestra (Di Franco, 2016). García y Grande (2005) recomiendan precaución con las modalidades con pocas respuestas, en la medida que los que las han elegido son alejados del resto de entrevistados, contribuyendo notablemente a la formación de los ejes. Se recomienda eliminarlas o unirlas a las más próximas. De lo contrario los primeros factores pueden estar determinados por ésas, y no reflejar fenómenos generales.

▶ El punto de partida es una tabla disyuntiva completa donde las categorías de respuesta de una pregunta se excluyen mutuamente, y una única modalidad es escogida obligatoriamente por el encuestado (o por la unidad con la que se trabaje). En esta tabla las filas están formadas por los individuos encuestados, y las columnas por cada una de las categorías de las variables sometidas al análisis, de modo que cada celda está formada por un "1" cuando el individuo posee una característica, y un "0" cuando no es así. En la tabla original presentada en la tabla 4.3 se ha dejado una única columna para las categorías de cada pregunta, mientras que la tabla disyuntiva necesita tantas columnas como categorías. Así las respuestas del segundo sujeto (2, 2, 1) son codificadas en la tabla disyuntiva como "0 1 0" en P1, "0 1 0" en P2, y "1, 0" en P3. De este modo la suma de las columnas es igual a los efectivos de cada una de las categorías, mientras que la suma de filas es constante e igual al número de variables.

Relacionando cada variable con todas las demás esta tabla se convierte a una tabla de Burt que contiene todas las tablas de contingencia simples entre las variables (cruzadas dos a dos). Serán comentados algunos de los resultados, concretamente los que aparecen redondeados en la tabla de Burt incluida en la tabla 4.3:

- El valor "2" de la esquina superior izquierda son las dos personas que han elegido el valor "1" en P1 (tabla disyuntiva completa). En las dos primeras tablas estas personas han sido identificadas con n1 y n5.

- En la pregunta 2, el "1" de la izquierda representa a la persona que ha elegido el "1" en P1 y el "1" en P2. Se trata, concretamente, de la persona n1.

- En la pregunta 2, el "1" del centro es la unidad que eligió el "1" en P1 y el "2" en P2. Persona n5.

- En la misma pregunta, el "1" de la segunda línea representa a la persona que ha elegido "2" en P1 y "3" en P2. Unidad identificada con el número n4.

4.3 ANÁLISIS DE CORRESPONDENCIAS SIMPLES, EXPLICACIÓN MEDIANTE UN CASO PRÁCTICO

4.3.1 Definición del problema a investigar: "razones más importantes para acudir a establecimientos comerciales"

En esta sección se utiliza como ejemplo la pregunta de un cuestionario que solicita información sobre las razones más importantes para acudir a diversos establecimientos comerciales, ofreciendo a los entrevistados ocho posibles motivos (cuadro 4.1). El objetivo es realizar una *caracterización* de los establecimientos, conocer los "elementos diferenciadores o rasgos específicos" que consideran los entrevistados para llevar a cabo sus compras.

Esta pregunta, incluida en el Barómetro de mayo del Centro de Investigaciones Sociológicas (estudio 3.024), fue respondida por una muestra de 2.471 personas en los primeros 11 días de mayo del año 2014[33]. Se trata de la novena pregunta del cuestionario, tras las preguntas –presentes en todos los barómetros– sobre situación política, económica y principales problemas del país[34]. La pregunta objeto de estudio es planteada a todos los entrevistados, realicen la compra o no. De hecho, el análisis de otras preguntas desvela que 457 personas (un 18,5%) no hacen personalmente las compras de productos de alimentación y limpieza, y 297 (un 12%) reconoce que otra persona realiza sus compras de ropa y calzado (preguntas 10 y 12 del estudio 3024).

En la tabla 4.4 se muestran las respuestas obtenidas, tras efectuar una *reducción* en la definición de cada criterio para ajustarlo al software utilizado. El *cruce* entre una fila y una columna representa el número de entrevistados que eligen cada razón, de modo que 551 personas eligen el gran almacén por su amplitud de horario, 441 entrevistados señalan esa misma razón para los hipermercados, y 367 para los bazares o tiendas de todo a 1 Euro. El análisis por columnas desvela –respecto al mismo criterio– que 480 entrevistados utilizan el gran almacén por los por mejores precios, 135 por la calidad de sus productos, y 732 por el amplio surtido.

El uso de la técnica viene precedida de una reflexión crítica sobre las variables elegidas, considerando hasta qué punto son las más relevantes del fenómeno y, por otro lado, si las categorías/modalidades están correctamente definidas. Estos datos cumplen las cualidades de pertinencia, homogeneidad y exhaustividad que son imprescindibles para someter una matriz de datos al análisis de correspondencias (Clapier, 1986; Cornejo, 1988). La *pertinencia* se refiere a que el objeto está bien definido y que el problema tiene sentido; mientras que la *exhaustividad* hace referencia a que todos los aspectos del fenómeno estudiado han sido recogidos, a que las diferentes áreas del tema de investigación están bien cubiertas por el estudio.

---

33 El universo es la población española de ambos sexos de 18 y más años. Muestreo polietápico, estratificado por conglomerados, con selección de las unidades primarias de muestreo (municipios) y de las unidades secundarias (secciones) de forma aleatoria proporcional, y de las unidades últimas (individuos) por rutas aleatorias y cuotas de sexo y edad. Puntos de muestreo en 241 municipios de 46 provincias. Para un nivel de confianza del 95,5% y p=q, el error real es de ±2,0% para el conjunto de la muestra y en el supuesto del muestreo aleatorio simple.

34 Valoración de la situación económica (actual, retrospectiva y prospectiva a un año), valoración de la situación política actual (actual, retrospectiva y prospectiva a un año), percepción de los principales problemas del país y problemas que más afectan al entrevistado/a.

CUADRO 4.1.
Pregunta utilizada en la investigación

P.9 Ahora quisiera hacerle algunas preguntas sobre hábitos de compra. De las siguientes razones que aparecen en esta tarjeta, me gustaría que me dijera ¿cuál es la razón que a Ud. le parece más importante para comprar en grandes almacenes? ¿Y para compra en tiendas o boutiques? ¿Y para comprar en supermercados? ¿Y para comprar en hipermercados? ¿Y para comprar en mercados tradicionales o de barrio? ¿Y para comprar en bazares o tiendas de todo a un Euro?

	Grandes almacenes	Tiendas o boutiques	Super-mercados	Hiper-mercados	Mercados tradicionales o de barrio	Bazares o tiendas de todo a 1 Euro
Permanecen abiertos más horas	01	01	01	01	01	01
Tienen mejores precios	02	02	02	02	02	02
Tienen productos de mayor calidad	03	03	03	03	02	02
Ofrecen mejor trato al/la cliente/a	04	04	04	04	04	04
Están más cerca	05	05	05	05	05	05
Tienen mayor variedad de productos	06	06	06	06	06	06
Abren algunos domingos y días festivos	07	07	07	07	07	07
Otras respuestas						
(NO LEÍDA) Ninguna razón	97	97	97	97	97	97
N.S.	98	98	98	98	98	98
N.C.	99	99	99	99	97	97

Fuente: Reproducida literalmente de Centro de Investigaciones Sociológicas, barómetro de mayo 2014, estudio 3.024.

	Grandes almacenes	Tiendas/ boutiques	Super-mercados	Hiper-mercados	Mercados tradicionales/ de barrio	Bazares
Amplitud horario	551	24	223	441	37	367
Mejores precios	480	160	948	858	313	968
Mayor calidad productos	135	774	117	91	537	11
Buen trato cliente	52	630	72	26	553	22
Cercanía	43	375	570	105	602	125
Amplio surtido	732	65	374	563	46	99
Apertura festivos	125	14	37	110	59	199
Otras respuestas	84	91	32	48	87	124
Ninguna razón	117	94	21	67	53	254
No sabe	99	178	50	96	110	210
No responde	53	66	27	66	74	92
Total.	2.471	2.500	2.500	2.500	2.500	2.500

Fuente: Elaboración propia con datos del CIS, barómetro de mayo 2014, estudio 3.024.

Tabla 4.4. Razones más importantes en la elección del establecimiento

Antes de proceder con el análisis de la información conviene realizar una reflexión sobre la situación de la distribución comercial en el momento de recogida de la información. Mayo de 2014, cuando numerosos organismos anuncian el "final" de la crisis, presenta un panorama comercial muy diferente al existente diez años antes (Nueno, 2013); cuando las grandes superficies presentaban la mayor tasa de mercado. A finales del año 2013 algunos expertos (entre otros, Delgado, 2013; Nueno, 2013) dan cuenta de un *cambio de hábitos* de los consumidores al presentar un comportamiento más reflexivo, emplear más tiempo en la elección (de los productos) y que –antes de efectuar la compra– lleva a cabo una mayor comparación de precios entre establecimientos. Es un consumidor que ha perdido la fidelidad a las marcas tradicionales y que ha cambiado el concepto de "compra grande" (compra semanal o quincenal) por compras más frecuentes, más pequeñas (de ahí el título "la cesta doblega al carro", según Delgado, 2013), y visitando diversos establecimientos. Este cambio de comportamiento implica, lógicamente, un cambio en los establecimientos elegidos para realizar las compras, primando la cercanía al domicilio y el precio (por encima de la calidad). El amplio reconocimiento de haber comprado artículos "que no tenía planificados" ha generado la visita al establecimiento con una "lista de compra", implicando un descenso en la valoración del gran surtido: "esa mayor oferta de productos, que ahora se les ha vuelto en contra…" señala Delgado (2013).

Debe tenerse en cuenta que en la tabla 4.4 se ha preguntado a cada entrevistado por su criterio para comprar en cada establecimiento, recibiendo todos el mismo número de respuestas, número de respuestas que nada tiene que ver con la cuota de mercado de cada establecimiento.

4.3.2 Primer análisis de la información

El análisis de la matriz de datos comienza con un análisis univariado de las variables consideradas a fin de descubrir determinados patrones de comportamiento[35]. El análisis de la tabla 4.5 desvela que el precio es la razón más importante a la hora de elegir un establecimiento, señalado por uno de cada cuatro entrevistados; seguido del surtido de productos y la cercanía del establecimiento; destacado por el 12,7% y 12,3% respectivamente. Estas tres razones han sido elegidas como los más importantes por la *mitad* de los entrevistados.

	%
Permanecen abiertos más horas (amplitud horario)	11,1
Tienen mejores precios (mejores precios)	25,1
Tienen productos de mayor calidad (mayor calidad productos)	11,2
Ofrecen mejor trato al/la cliente/a (buen trato cliente)	9,1
Están más cerca (cercanía)	12,3
Tienen mayor variedad de productos (amplio surtido)	12,7
Abren algunos domingos y días festivos (apertura festivos)	3,7
Otras respuestas	3,1
(No leída) Ninguna razón	4,1
No sabe	5,0
No contesta	2,5
Total	14.826

Fuente: Elaboración propia con datos del CIS, barómetro de mayo 2014, estudio 3.024.

Tabla 4.5: Análisis univariado. Razones más importantes en la elección de cada establecimiento

---

35   Normalmente se analizan las variables de fila y de columna, algo que no se ha realizado aquí por la forma en la que se ha recogido la información. Esto es, el entrevistador solicita al entrevistado que diga la razón más importante para comprar en grandes almacenes, después en tiendas y boutiques, a continuación en supermercados, etc. Esta forma de proceder es repetida a los 2.471 entrevistados de modo que grandes almacenes obtiene 2.471 respuestas, lo mismo que tiendas y boutiques, supermercados, etc. Por este motivo no se han presentado los porcentajes de la variable columna, porque cada establecimiento obtiene la misma distribución.

La calidad de los productos y la amplitud de horarios son razones elegidas en cuarto y quinto lugar, con unos porcentajes ligeramente superiores al 11% de los entrevistados, seguidos del buen trato ofrecido a los clientes. La apertura en festivos es la razón menos importante, y otro 3,1% eligen otras razones diferentes a las mostradas. Es importante reseñar también que un 4,1% no señala *ninguna* razón, y otro 5% desconoce (*no sabe*) el criterio más importante en la elección de cada establecimiento. Estas dos últimas son respuestas similares, en la medida que ambas no señalan una razón en concreto, aunque no pueden ser unidas porque el motivo de "no elección de razón" es diferente: uno alude a *ninguno* y otro al *desconocimiento* en la elección de un establecimiento. Además, un 2,5% no ha respondido esta pregunta. El escaso número de no respuestas (378 entrevistados) es un aspecto trascendental a la hora de hacer un análisis de correspondencias porque un escaso número de casos puede determinar todo el análisis; por lo que es recomendable eliminarlos o definirlos como suplementarios.

Recordando que el objetivo fundamental de este trabajo es realizar una *caracterización* de los establecimientos, conocer los "elementos diferenciadores o rasgos específicos" de cada uno, el análisis univariado ya indica que tres características serán esenciales en la definición: el precio, la cercanía y el amplio surtido, el primero con el doble de importancia que los otros. Una primera forma de llevar a cabo el objetivo propuesto se fundamenta en la utilización del *clásico* análisis de tablas de contingencia utilizando el estadístico chi-cuadrado para conocer si existe relación entre las variables consideradas. Esta relación proporciona un valor de chi-cuadrado de 8495,393, que con 506 grados de libertad muestra una significación del 0,0000; hecho que lleva a concluir que los establecimientos son elegidos por razones distintas (tabla 4.6).

En un segundo momento será necesario analizar con detalle cada una de las celdillas de la tabla a fin de conocer las asociaciones entre razones y establecimiento. Para ello conviene solicitar los porcentajes de fila o de columna. Comparar los porcentajes de fila con la distribución general de la pregunta –mostrada en la tabla 4.5– permitirá detectar las razones de compra que caracterizan cada forma de distribución comercial: así, por ejemplo, considerando la amplitud de horario uno de cada tres entrevistados elige los grandes almacenes, y algo más de uno de cada cuatro (exactamente el 26,8%) los hipermercados (ver, en la tabla 4.6, las cifras en negrilla). Los establecimientos que destacan por su escasa amplitud horaria, siempre a juicio de los entrevistados, son las tiendas/boutiques y los mercados tradicionales/ de barrio (cifras subrayadas en la tabla 4.6). De esta forma debiera procederse con el resto de aspectos incluidos en la tabla.

	Grandes almacenes	Tiendas/ boutiques	Super-mercados	Hiper-mercados	Mercado tradicional/ de barrio	Bazares	n
Amplitud horario	**33,5%**	1,5%	13,6%	**26,8%**	2,3%	22,3%	1.643
Mejores precios	12,9%	4,3%	**25,4%**	**23,0%**	8,4%	**26,0%**	3.727
Mayor calidad productos	8,1%	**46,5%**	7,0%	5,5%	32,3%	0,7%	1.665
Buen trato cliente	3,8%	**46,5%**	5,3%	1,9%	**40,8%**	1,6%	1.355
Cercanía	2,4%	20,6%	**31,3%**	5,8%	**33,1%**	6,9%	1.820
Amplio surtido	**39,0%**	3,5%	19,9%	**30,0%**	2,4%	5,3%	1.879
Apertura festivos	**23,0%**	2,6%	6,8%	20,2%	10,8%	36,6%	544
Otras respuestas	18,0%	19,5%	6,9%	10,3%	18,7%	26,6%	466
Ninguna razón	19,3%	15,5%	3,5%	11,1%	8,7%	**41,9%**	608
No sabe	13,3%	24,0%	6,7%	12,9%	14,8%	28,3%	743
No responde.	14,0%	17,5%	7,1%	17,5%	19,6%	24,3%	378

Negrita: valores altos (de la columna)

Subrayado: valores bajos

Chi-cuadrado	Grados de Libertad	Significación
8495,004	50	0,00000

Fuente: Elaboración propia con datos del CIS, barómetro de mayo 2014, estudio 3.024.

Tabla 4.6. Razones más importantes en la elección del establecimiento (porcentajes horizontales)

Pese a la simplicidad y claridad de este modo de proceder, la forma más sencilla de interpretar el interior de la tabla es utilizando los residuos estandarizados corregidos que se muestran en la tabla 4.7. Estos valores se interpretan como cualquier valor de una variable estandarizada con una distribución normal, de modo que un valor superior a +1,96 o inferior a −1,96 indica que hay relación entre ambas categorías a un nivel de confianza del 95%, y el +/-2,58 indica que hay relación a un nivel de confianza del 99% (Díaz de Rada, 2009). Cuanto mayor es el valor del residuo mayor es la diferencia, indicando el signo la dirección de la relación.

En la tabla 4.7 se muestra la relación entre ambas variables, recogiendo en cada casilla los residuos estandarizados corregidos. Un análisis de estas permitirá detectar las razones de compra utilizadas en cada establecimiento:

▼ *Grandes almacenes*: amplio surtido, amplitud del horario, y apertura festivos; obteniendo las menores elecciones en cercanía, buen trato al cliente y calidad de productos. Las puntuaciones *negativas* de estas tres últimas razones lleva a pensar en lejanía (opuesto cercanía), mal trato al cliente (opuesto a buen trato) y productos de escasa calidad.

▼ *Tiendas/boutiques*: destacan por la mayor calidad de los productos y el buen trato al cliente, teniendo como aspectos negativos los mayores precios y la escasa amplitud horaria.

▼ *Supermercados*: la cercanía y los mejores precios son los factores más señalados, encontrándose en la situación opuesta el buen trato al cliente y la escasa variedad de productos.

▼ *Hipermercados*: los factores más importantes son el surtido de productos, los mejores precios y la amplitud de su horario; aunque los entrevistados destacan también, el mal trato al cliente, la lejanía del establecimiento y la escasa calidad de los productos.

▼ *Mercados tradicionales/o de barrio*: el buen trato al cliente y la cercanía son los aspectos más destacados por los clientes, que también destacan su escasa amplitud horaria y los peores precios.

▼ *Bazares (o tiendas de todo a 1 Euro)*: los precios y "ninguna razón" son los aspectos más destacados, aunque los entrevistados son conscientes de la escasa calidad de los productos y "demandan" un mejor trato al cliente.

	Grandes almacenes	Tiendas/ boutiques	Super-mercados	Hiper-mercados	Mercados tradicionales/ de barrio	Bazares
Amplitud horario	**19,5**	<u>-17,5</u>	-3,6	**11,7**	<u>-16,6</u>	6,5
Mejores precios	-7,2	<u>-23,4</u>	**16,6**	**12,0**	<u>-15,7</u>	**17,6**
Mayor calidad productos	<u>-9,9</u>	**34,7**	<u>-11,2</u>	<u>-13,0</u>	18,1	<u>-18,6</u>
Buen trato cliente	<u>-13,3</u>	**30,9**	<u>-11,8</u>	<u>-15,3</u>	**25,0**	<u>-15,6</u>
Cercanía	<u>-17,5</u>	4,8	**17,9**	<u>-13,3</u>	**20,1**	-12,0
Amplio surtido	**27,7**	-16,4	4,0	**16,5**	-17,7	-14,2
Apertura festivos	**4,0**	-9,0	-6,3	2,3	-3,7	12,7
Otras respuestas	0,8	1,7	-5,8	-3,7	1,2	5,9
Ninguna razón	1,8	-0,8	-8,9	-3,8	-5,3	**17,0**
No sabe	.-2,5	5,5	-7,5	-2,8	-1,4	8,7
No responde.	-1,4	0,4	-5,0	0,4	1,5	4,1

Negrita: valores más altos

<u>Subrayado</u>: valores más bajos

Fuente: Elaboración propia con datos del CIS, barómetro de mayo 2014, estudio 3.024.

Tabla4.7.Relaciónentrerazonesdeelecciónyestablecimientos(residuosestandarizadoscorregidos)

El estadístico chi-cuadrado detecta la existencia de relación significativa entre las variables de una tabla de contingencia. Los estadísticos basados en este informan también de la intensidad de la relación (Díaz de Rada, 2009), y los residuos estandarizados ayudan a conocer la distribución en el interior de la tabla; pero si la tabla es grande la interpretación resulta dificultosa. Frente a este hecho, el análisis de correspondencias permite analizar la relación entre variables de una forma más sencilla al llevar a cabo una representación en un espacio multidimensional, que se interpreta localizando las categorías/modalidades situadas geográficamente próximas en el gráfico. De hecho es en este tipo de tablas donde el análisis de correspondencias adquiere su verdadero sentido (Joaristi y Lizasoáin, 2000). Por motivos didácticos se ha utilizado un ejemplo con una tabla de reducidas dimensiones. Recomendamos al lector que, tras terminar la lectura del capítulo con el ejemplo presentado, lea detenidamente un documento adjunto donde se ilustra un ejemplo más complejo al utilizar una tabla de 12 columnas y 17 filas[36].

---

36 Es un ejemplo cuyo objetivo es realizar una tipología de las comunidades autónomas considerando como criterio clasificador la distribución de los gastos familiares, según se desprende de la información aportada por la Encuesta de Presupuestos Familiares.

Realizada esta precisión, se utilizará el análisis factorial de correspondencias en la medida que su objetivo es profundizar en el conocimiento de las relaciones que se establecen entre dos variables cualitativas observadas en una misma población, insistiendo en la explicación de cómo los distintos valores o categorías de ambas variables se relacionan unos con otros. Tal y como ha sido señalado, el análisis de correspondencias tratará de *recolocar* las filas y las categorías en un espacio de pocas dimensiones a fin de conocer si existen relaciones entre ellas; relaciones que serán utilizadas para definir los factores, analizar la relación entre las filas y columnas, conocer la diferencia entre unas y otras, comprobar la influencia que ciertas variables tienen en la definición de cada eje, etc.

Varios han sido los criterios que han incidido en la elección de esta técnica, teniendo presente siempre el objetivo perseguido en el ejemplo. Una vez consideradas las características de las distintas técnicas estadísticas que tienen como objeto de estudio realizar clasificaciones de la realidad observada, ha sido elegido el análisis de correspondencias atendiendo –fundamentalmente– a las características de los datos, que hacen referencia a lo que es una tabla de contingencia entre establecimientos y razones de elección[37]. El siguiente dilema a plantear está referido a la elección entre los distintos métodos de análisis de correspondencias, optando por la elección de las correspondencias simples debido fundamentalmente a que se pretende analizar las relaciones existentes entre una tabla de contingencia formada por dos variables.

4.3.3 Proceso de realización del análisis de correspondencias simples con SPSS

La realización del análisis de correspondencias simples comienza con la definición de un archivo de datos, al igual que todos los procedimientos del SPSS, aunque las peculiaridades del archivo a utilizar con esta técnica precisan de una atención especial. La incorporación de una tabla de contingencia al editor de datos debe realizarse *definiendo* pormenorizadamente la situación de cada celdilla, siendo preciso utilizar tres columnas del editor de datos: en la primera se define la variable de las filas, en la segunda la variable de las columnas, y en la tercera las frecuencias observadas en el tema analizado. En este caso el número de elecciones de cada establecimiento. La variable colocada en primer lugar aparece en primer lugar en los primeros resultados. Así, en el presente ejemplo, es mejor comenzar la interpretación con las *Razones de elección* que con el tipo de establecimientos, como el lector tendrá oportunidad de comprobar más adelante.

---

37 Tabla de contingencia que cruza dos (o más) variables nominales, siguiendo la definición de Grande y Abascal (1989) y Molina et al. (2000) mostrada en la página 167.

En el ejemplo actual, los datos mostrados en la tabla 4.4 precisan la utilización de una columna para definir las "Razones de elección del establecimiento" (Razones), una segunda para los "Establecimientos comerciales" (Establecim), y la tercera para las elecciones efectuadas (Elecciones). Cada observación de las dos primeras variables en el editor de datos refleja una determinada combinación de razones, como se puede apreciar al observar la distribución de las primeras celdillas en la figura 4.1: la amplitud horaria (razón número 1) en los centros comerciales (establecimiento nº 1) ha sido elegida por 551 personas, mientras que los mejores precios (razón nº 2) en el mismo establecimiento fue elegido por 480 entrevistados. El establecimiento número 2 (tiendas/boutiques) es escasamente valorado por la amplitud de su horario (razón nº 1) al tener únicamente 24 elecciones, destacando por la mayor calidad de los productos (razón nº 3) al haber sido elegida por 774 entrevistados. Se precisa, de este modo, un archivo de datos con tres columnas y 66 filas.

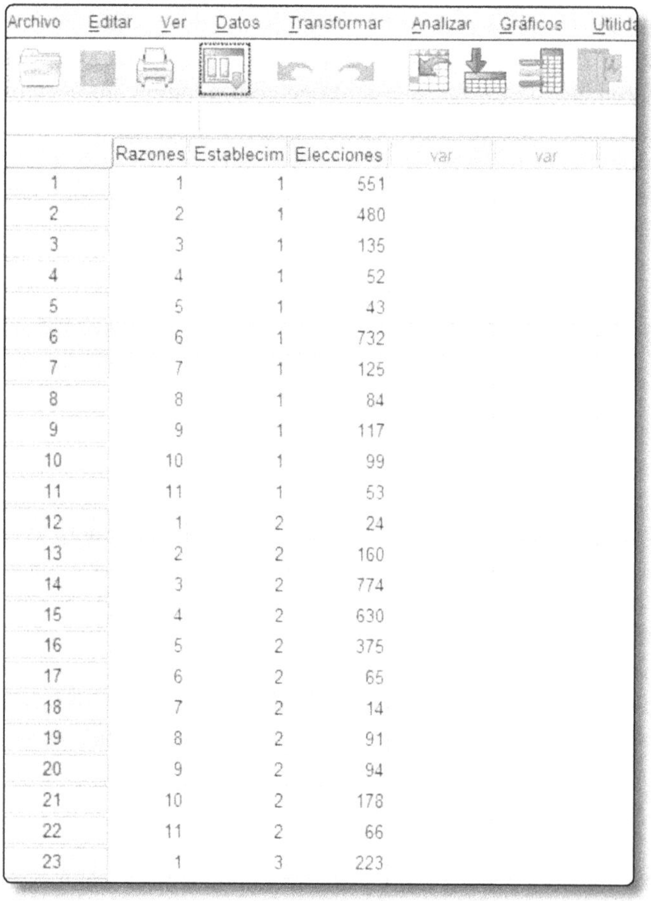

Archivo	Editar	Ver	Datos	Transformar	Analizar	Gráficos	Utilid:
	Razones	Establecim	Elecciones	var	var		
1	1	1	551				
2	2	1	480				
3	3	1	135				
4	4	1	52				
5	5	1	43				
6	6	1	732				
7	7	1	125				
8	8	1	84				
9	9	1	117				
10	10	1	99				
11	11	1	53				
12	1	2	24				
13	2	2	160				
14	3	2	774				
15	4	2	630				
16	5	2	375				
17	6	2	65				
18	7	2	14				
19	8	2	91				
20	9	2	94				
21	10	2	178				
22	11	2	66				
23	1	3	223				

Figura 4.1. Editor de datos

Ahora bien, para formar la tabla de contingencia es necesario realizar una ponderación del archivo de datos en función de la variable donde se recogen las frecuencias observadas, la tercera en este caso. Para llevar a cabo esta tarea hay que seleccionar, dentro del menú principal, las funciones *Datos* y *Ponderar casos*. Editado el cuadro de diálogo de la figura 4.2 basta con marcar la opción *Ponderar casos mediante* y hacer doble clic sobre la variable de ponderación, en este caso "Elecciones realizadas por cada entrevistado".

Datos→Ponderar casos...

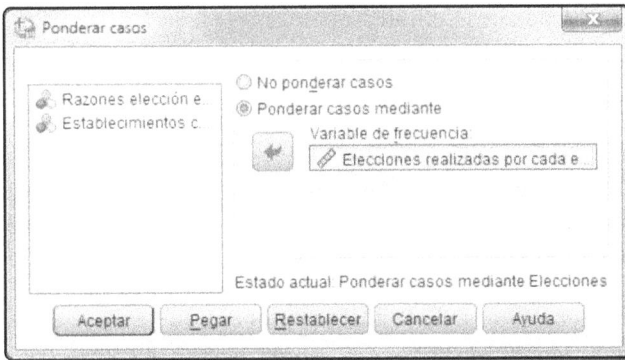

Figura 4.2. Cuadro de diálogo: Ponderar casos

Definido el archivo de datos, se procede con la realización del análisis de correspondencias. Para ello se sitúa el ratón en la función *Analizar*, posteriormente se selecciona la subfunción *Reducción de datos*, y por último *Análisis de Correspondencias* (figura 4.3).

Analizar→Reducción de datos→Análisis de Correspondencias...

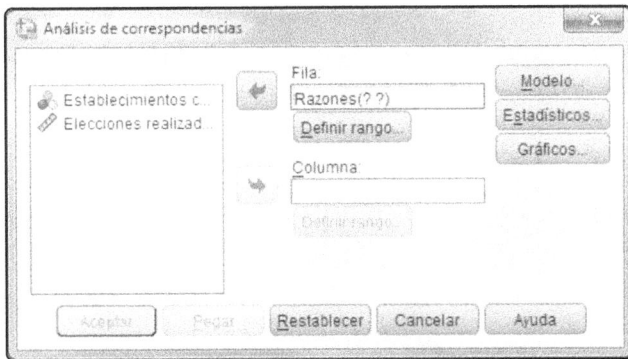

Figura 4.3. Cuadro de diálogo Análisis de Correspondencias

Visualizado el cuadro de diálogo se comienza colocando una variable en filas y la otra en columnas siguiendo la información de la tabla 4.4. Esto implica colocar la variable "Razones" en la ventana *Fila* y, en este momento, el botón *Definir rango...* cambia de color lo que indica que debe procederse con la definición de los valores que serán considerados por el análisis. Éstos tienen que ser números enteros y el programa únicamente considera los valores situados entre el rango especificado, ignorando los valores que están fuera de éste. Si en el ejemplo planteado el investigador decide, por ejemplo, realizar un análisis de correspondencias eliminando los que no responden (valor 11), basta con que elimine este valor en la definición del rango: valor mínimo el 1, valor máximo el 10. Una vez introducidos los valores máximos y mínimos se pulsa el botón *Actualizar*, y las modalidades definidas aparecerán en la parte inferior del cuadro. Es importante precisar que, efectuado el análisis, el programa muestra primero los resultados de la variable colocada en *Filas*; lo que en este ejemplo implica que se conocerán los grupos de gasto que definen a cada factor antes de las comunidades autónomas.

Se aprovechará esta situación para explicar las *Restricciones para las categorías* situadas en la parte inferior del cuadro de diálogo. Éstas permiten unir las categorías/modalidades o definir una categoría como suplementaria/ilustrativa (recordar nota a pie número 32). Para llevar a cabo el primero debe seleccionarse la categoría 9 y a continuación se marca, en el botón de la derecha, la opción *Las categorías deben ser iguales*. Este mismo proceso se repite con la categoría 10. En la ventana de la izquierda ambas categorías aparecerán rotuladas con la palabra *Iguales*, como puede apreciarse en la figura 4.4 en la que han sido definidas como iguales las categorías 9 y 10 de la variable "Razones" ("Ninguna razón" y "no sabe"), considerándolas a todos los efectos como una única categoría definida "No tiene una razón clara". Este procedimiento proporciona resultados similares a la reagrupación de categorías con las instrucciones *Transformar/Recodificar* (ver Díaz de Rada, 2009). Un proceso similar se sigue para definir una categoría como ilustrativa.

Analizar→Reducción de datos→Análisis de Correspondencias... Botón *Definir rango*

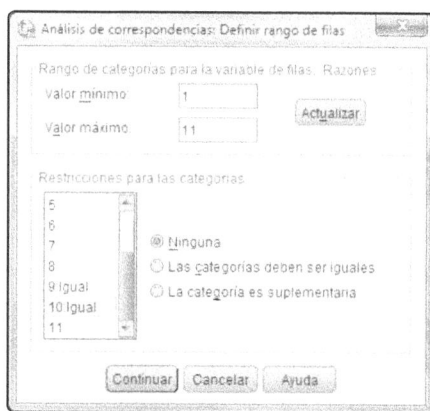

Figura 4.4. Cuadro de diálogo Análisis de Correspondencias: Definir rango de filas (Razones), uniendo dos categorías/modalidades.

La reducción del número de categorías/modalidades activas que se origina al agrupar o tras definir determinadas categorías como ilustrativas está sujeta a ciertas restricciones: el número máximo de categorías que pueden unirse equivale al total de categorías menos 1; mientras que el número máximo de categorías ilustrativas es el total de categorías menos 2. Dicho de otro modo, para realizar el análisis de correspondencias deben existir como mínimo dos categorías activas; y de hecho el programa no permite continuar con el análisis si no se han especificado, al menos, dos categorías reales. Cuando se cumplen tales requisitos el botón *Continuar* cambia de color. Pulsándolo se vuelve al menú principal para proceder con la definición del rango de la variable siguiente. Sin embargo, antes de continuar se ha "desactivado" la igualdad de las columnas 9 y 10[38] y se ha seleccionado como ilustrativa la fila 11 (no responde); realizando un análisis con las 10 primeras filas mostradas en la tabla 4.4.

A continuación se introduce el establecimiento (variable *Establecim*) definiendo todas las categorías (1 y 6) como activas. Una vez que se han introducido las variables y especificado su rango, el botón *Aceptar* de la figura 4.3 cambia de color, siendo posible realizar el análisis de correspondencias. Sin embargo, antes de llevar a cabo el análisis con las opciones que el programa especifica *por defecto* serán explicados los tres botones situados en la parte superior derecha del cuadro de diálogo 4.3, y que dan lugar a la elección del *Modelo* de análisis de correspondencias, la presentación de determinados *Estadísticos* de ayuda a la interpretación, y el empleo de representaciones *Gráficas*.

El submenú *Modelo...* (figura 4.5) está dividido en cuatro partes donde se especifican el número de dimensiones, la medida de distancia, el método de estandarización y de normalización (figura 4.5). Se procederá con cada uno de éstos:

1. *Dimensiones de la solución*: número de dimensiones necesarias para explicar la mayor parte de la variación. El número máximo de factores es igual al número de filas menos 1 o al de columnas menos 1, el que sea menor. En el ejemplo desarrollado, con dos variables de 6 y de 10 categorías, el número máximo de dimensiones será 6–1 = 5.

   Aunque por defecto el programa proporciona 2 dimensiones, cuando se realiza el primer análisis es conveniente solicitar un número elevado con el fin de explicar un alto porcentaje de inercia, y disponer así de la máxima información para decidir la dimensionalidad adecuada. Considerando el número máximo de dimensiones del ejemplo, en esta primera solución se han solicitado 4 dimensiones, elección que deberá

---

38   Para "desactivar" la igualdad basta con hacer clic sobre la categoría deseada.

considerarse a medida que se van analizando los resultados. Debe tenerse siempre presente que el investigador deberá especificar el menor número para explicar el máximo de la inercia, buscando siempre el equilibrio entre parsimonia e interpretabilidad (al que ya se aludió en páginas anteriores).

2. *Medida de distancia* entre las filas y las columnas, pudiendo elegir entre dos medidas:

   - Distancia Chi-cuadrado: las modalidades se ponderan en función de la masa de las filas o columnas. Utilizada para el análisis de correspondencias estándar.

   - Distancia Euclídea: es la raíz cuadrada de la suma cuadrática de las diferencias entre pares de filas y entre pares de columnas. Joaristi y Lizasoain (2000) desaconsejan la utilización de esta distancia porque considera a todos los elementos con el mismo peso, llegando a desvirtuar el análisis de correspondencias.

3. *Método de estandarización.* Cuando se utiliza la distancia chi-cuadrado el programa centra las filas y las columnas al presentar únicamente la opción *Se eliminan las medias de filas y columnas.* Con la distancia euclídea se activan todas las opciones disponibles, siendo posible realizar el análisis (Meulman y Heiser, 2011): eliminando las medias de filas y columnas (centra filas y columnas); eliminando las medias de filas (centra únicamente las filas); eliminando las medias de columnas (centra únicamente las columnas); igualando los totales de fila y eliminando las medias (iguala los márgenes de las filas antes de centrar las filas); o igualando los totales de columna y eliminando las medias (iguala los márgenes de las columnas antes de centrar las columnas).

4. *Método de normalización*: la normalización se utiliza para distribuir la inercia de la tabla por filas y/o columnas, de modo que el método elegido únicamente afectará a las puntuaciones y a las varianzas de las filas y columnas. El resto de resultados no cambian (autovalores, la inercia explicada por cada factor y el porcentaje de inercia explicada). El SPSS contempla cinco métodos de distribución de la inercia (SPSS, 1990; Meulman y Heiser, 2011):

   - Simétrico (canónico en versiones anteriores del programa): en cada dimensión las puntuaciones de fila son el promedio ponderado de las puntuaciones de columna divididas por el autovalor correspondiente, mientras que las puntuaciones de columna son el promedio ponderado de las puntuaciones de fila divididas por el autovalor. Se aconseja utilizar este método cuando se desean examinar las diferencias (o similaridades) entre las dos variables. Es el método elegido para este ejemplo.

- Principal: las distancias obtenidas con este método representan la distancia existente entre cada fila (o columna) a la distancia promedio del perfil fila (o columnas). Este método se utiliza cuando se desean examinar las diferencias entre las categorías de la variable fila y las diferencias entre las categorías de la variable columna, pero no las diferencias entre variables. Con este método no es posible representar el *Diagrama de dispersión biespacial* (submenú *Estadísticos*).

Analizar→Reducción de datos→Análisis de Correspondencias... Botón *Modelo*

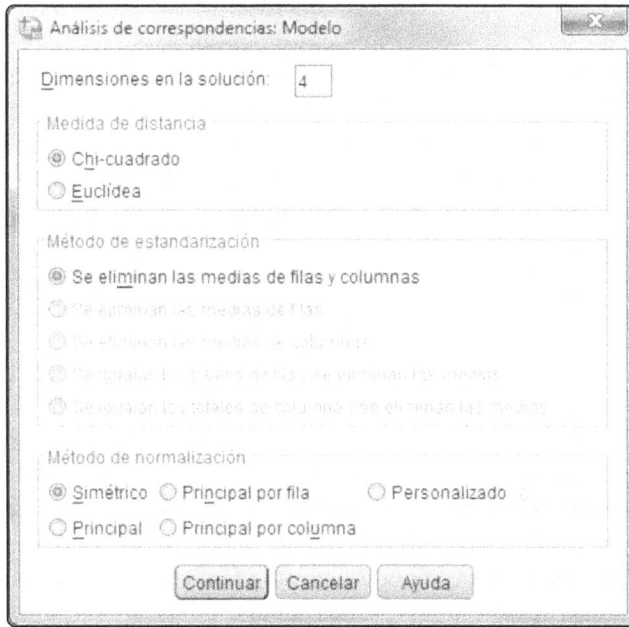

Figura 4.5. Cuadro de diálogo Análisis de Correspondencias: Modelo

- Principal por fila: las puntuaciones de las filas son la media ponderada de la puntuación de las columnas, maximizando así las distancias entre las categorías de la variable fila. Método apropiado cuando el objetivo es analizar las diferencias entre las categorías de la variable situada en las filas.

- Principal por columna: cuando el objetivo sea analizar las diferencias o similaridades entre las categorías de la variable columna se utilizará este método, que considera las puntuaciones de las columnas como la media ponderada de la puntuación de las filas, llegando así a maximizar las distancias entre las columnas.

- Personalizado: es posible elegir un método de normalización personalizado introduciendo un valor entre -1 y +1 en la ventana situada a la derecha de esta opción. El valor -1 realiza un análisis principal por columna, el 1 un análisis principal por fila, y el 0 un análisis simétrico. Dentro de estos límites, el valor elegido dispersará la inercia sobre las puntuaciones de fila o columna en grados diversos. Una de las ventajas de este método es que permite crear diagramas de dispersión biespaciales a medida.

Al pulsar el botón *Continuar* se vuelve al cuadro de diálogo del menú principal. Cuando no se accede a este cuadro de diálogo, o no se modifican las opciones preestablecidas, el programa proporciona una solución en *dos dimensiones*, utilizando la *distancia Chi-cuadrado*, un método de estandarización que *elimina las medias de filas y columnas*, y el método de normalización *simétrico*.

Pulsando el botón *Estadísticos...* del menú principal se abre el cuadro de diálogo de la figura 4.6, mostrando los siguientes estadísticos:

▼ *Tabla de correspondencias*: muestra una tabla de contingencia de las variables de entrada (fichero de datos), incluyendo el número de casos en cada celda y los totales marginales de fila y columna.

▼ *Inspección de los puntos de fila*: para cada categoría de la variable fila se muestran las masas, puntuaciones, inercia, contribución absoluta (contribución de la dimensión a la inercia) y relativa (contribución de la dimensión a la inercia del punto).

▼ *Inspección de los puntos de columna*: masas, puntuaciones, inercia, contribución de la dimensión a la inercia (contribución absoluta) y contribución de la dimensión a la inercia del punto (contribución relativa) para cada categoría de la variable situada en la columna.

Analizar→Reducción de datos→Análisis de Correspondencias... Botón *Estadísticos*

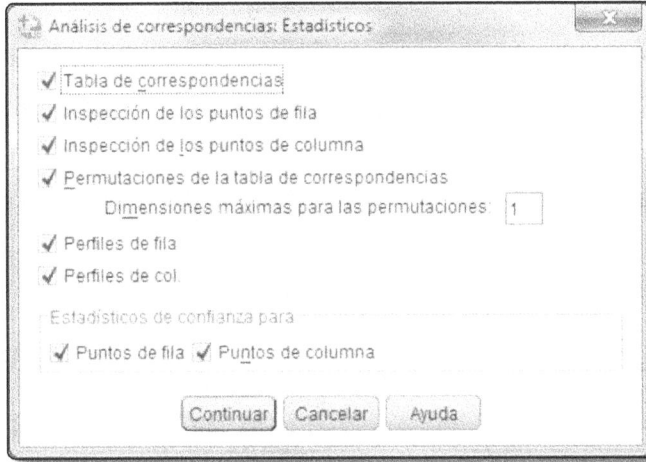

Figura 4.6. Cuadro de diálogo Análisis de Correspondencias: Estadísticos

▼ *Permutaciones de la tabla de correspondencias*: realiza una ordenación de la tabla de correspondencias situando las filas y las columnas en orden ascendente en función de las puntuaciones de la primera dimensión. Es posible representar el resto de dimensiones colocando un número en la ventana *Dimensión máxima para las permutaciones* (figura 4.6). Al hacerlo se genera una tabla permutada para cada dimensión, desde la primera hasta el número especificado.

▼ *Perfiles de fila*: proporción de cada categoría con relación al marginal de fila.

▼ *Perfiles de columna*: proporción de cada categoría en relación al marginal de columna.

▼ Estadísticos de confianza para *puntos de fila*: desviación típica y correlaciones para los puntos de fila activos.

▼ Estadísticos de confianza para *puntos de columna*: desviación típica y correlaciones para los puntos de columna activos.

Cuando no se accede a este cuadro de diálogo el programa presenta la tabla de correspondencias y la inspección de los puntos de fila y columna. En esta ocasión serán seleccionadas todas las opciones, dejando el número "por defecto" en

Dimensión máxima para las permutaciones. Pulsando *Continuar* se vuelve al menú principal, para proceder por último con el botón *Gráficos...* que presenta un cuadro de diálogo dividido en dos partes (figura 4.7):

Analizar→Reducción de datos→Análisis de Correspondencias... Botón *Gráficos*

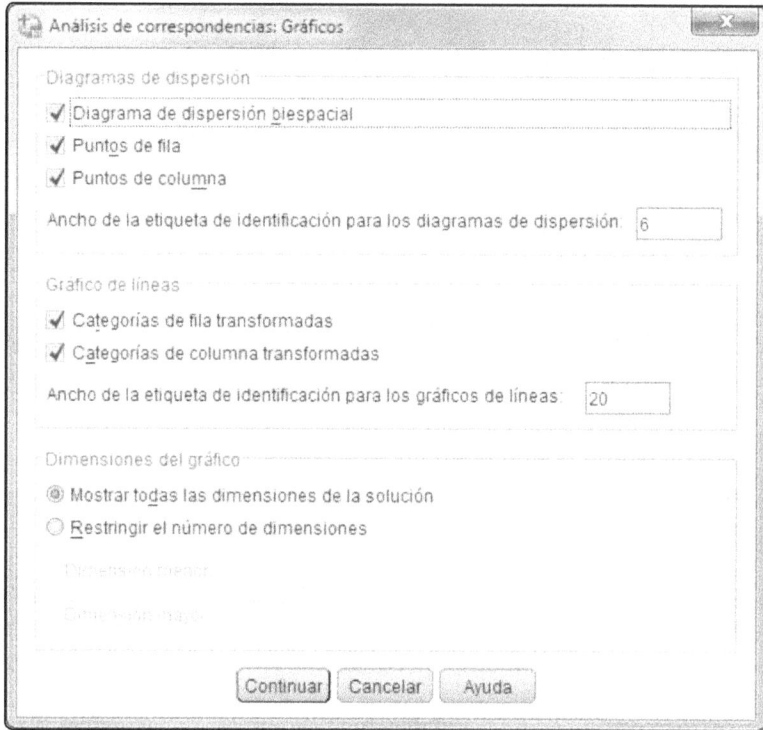

Figura 4.7. Cuadro de diálogo Análisis de Correspondencias: Gráficos

1. *Diagramas de dispersión*: presenta diversos gráficos de dispersión matricial considerando pares de dimensiones:

   - *Diagrama de dispersión biespacial*: gráfico de dispersión con las puntuaciones de fila y columna. Como se ha señalado, no es posible representar este gráfico cuando se utiliza el método de normalización principal.

   - *Puntos de fila*: gráfico de dispersión con las puntuaciones de fila.

   - *Puntos de columna*: gráfico de dispersión con las puntuaciones de columna.

2. *Gráficos de línea*: generan un gráfico para cada dimensión de la variable seleccionada.

- *Categorías de fila transformadas*: representación gráfica de las coordenadas de la variable fila.

- *Categorías de columna transformadas*: representa los valores de la variable colocada en la columna.

Todas las soluciones gráficas permiten delimitar el número de caracteres de las etiquetas de valor que serán utilizados en la representación gráfica (*Ancho de etiqueta de identificación para diagramas de dispersión* o ... *para gráficos de líneas*). Aunque el programa permite utilizar hasta 20 caracteres, aconsejamos utilizar entre cuatro y seis para facilitar la claridad e interpretación del gráfico. Esto justifica nuestra forma de proceder en el cuadro de diálogo 4.7.

Tal y como se ha llevado a cabo en el submenú estadísticos, fueron seleccionados todos los gráficos disponibles. El botón *Continuar* permite volver al menú principal y, pulsando *Aceptar*, se llevará a cabo el análisis de correspondencias simples. Sin embargo, antes de proceder con el análisis, tras marcar el botón *Pegar* se mostrarán los comandos de sintaxis utilizados (figura 4.8).

Las instrucciones comienzan con la palabra "CORRESPONDENCE", que es el nombre del comando que el SPSS utiliza para llevar a cabo un análisis de correspondencias simples. Tras esta palabra es definida la tabla de datos a analizar, de 11 filas y 6 columnas. En la siguiente línea se indica que se ha considerado la última fila como ilustrativa y, seguidamente, el número de factores a extraer[39]. Entre las líneas quinta y séptima (ver numeración de líneas a la izda.) se indica la medida de distancia utilizada (chi-cuadrado), el método de estandarización y de normalización (simétrica). En la línea ocho aparecen los estadísticos solicitados: tabla de correspondencias (TABLE), inspección de los puntos de fila y columna (RPOINTS y CPOINTS), permutaciones de la tabla de correspondencias (PERMUTATION), perfiles de fila y columna (RPROFILES y CPROFILES) y, por último, los estadísticos de confianza para puntos de fila y columna (RCONF y CCONF). En la última línea se realiza la petición de los diagramas de dispersión y los gráficos de línea. Comenzando con los primeros, la instrucción NDIM indica que se realice una representación desde

---

39 Recuérdese que con el fin de ilustrar el proceso de Restricción de categorías se agruparon las categorías 9 y 11 de la variable gasto (figura 4.4). Los análisis mostrados seguidamente se han realizado desactivando la igualdad en estas columnas, solicitando así un análisis con toda la información mostrada en la tabla 4.4.

la primera dimensión hasta la última, mientras que BIPLOT solicita el diagrama de dispersión biespacial de los 4 factores seleccionados más atrás. Con RPOINTS y CPOINTS se representan los gráficos de dispersión con las puntuaciones de fila y columna, utilizando en la representación gráfica los seis primeros caracteres de las etiquetas. Respecto a los gráficos de línea, TRROWS y TRCOLUM se utilizan para solicitar las representaciones de las puntuaciones de fila y columna.

Figura 4.8. Editor de sintaxis: análisis de correspondencias simples

4.3.4 Interpretación de resultados

La ejecución de los cuadros de diálogo mostrados en el apartado anterior, o la orden de comandos presentada en la figura 4.8, proporciona los resultados que serán interpretados a continuación. Los resultados disponibles comienzan con la tabla de correspondencias, el archivo de datos con los totales marginales de fila y columna, excepto en la última fila al ser ilustrativa. Es importarte recomendar al analista que esta sea comparada con la tabla de datos original (tabla 4.4) para asegurarse que no se han cometido errores en la introducción de la información.

A continuación aparecen los perfiles de fila y columna (tabla 4.9), obtenidos al dividir las celdillas razón de compra/establecimiento entre el total de la fila o la columna. Así, por ejemplo, los 551 entrevistados que eligen los grandes almacenes por la amplitud de su horario proporcionan un perfil de fila de 0,335 (551/1.643). En la última fila de la tabla se muestra el *perfil medio* que indica la distribución promedio de las razones de compra; la importancia que el conjunto de entrevistados conceden a cada una de las razones de compra o, dicho de otra forma, una razón de compra ideal cuyo patrón de gasto coincide con el conjunto nacional.

De la explicación anterior se desprende que los perfiles son las proporciones de cada celdilla en función de la distribución marginal de la fila y la columna correspondiente. La importancia de esta información radica en que el análisis de correspondencias determina la distancia entre las modalidades considerando las distribuciones marginales y la masa de cada celda. Este hecho obliga a considerar las diferencias entre los elementos en términos de distancias, de modo que cuanto mayor sea la diferencia entre perfiles con masa similar, mayor será la distancia entre modalidades.

	Grandes almacenes	Tiendas/ boutiques	Super-mercados	Hiper-mercados	Mercados tradicionales/ de barrio	Bazares	Margen activo
Amplitud horario	551	24	223	441	37	367	1643
Mejores precios	480	160	948	858	313	968	3727
Mayor calidad product.	135	774	117	91	537	11	1665
Buen trato cliente	52	630	72	26	553	22	1355
Cercanía	43	375	570	105	602	125	1820
Amplio surtido	732	65	374	563	46	99	1879
Apertura festivos	125	14	37	110	59	199	554
Otras respuestas	84	91	32	48	87	124	466
Ninguna razón	117	94	21	67	53	254	606
No sabe	99	178	50	96	110	210	743
No responde (*).	53	66	27	66	74	92	
Margen activo	2418	2405	2444	2405	2397	2379	14448

(*) Fila suplementaria (ilustrativa)

Tabla 4.8. Tabla de correspondencias

En la parte inferior de la tabla 4.9 se muestran los perfiles de columna, que se interpretan como la participación de cada establecimiento en las razones de elección: el perfil de columna de la parte superior izquierda, 0,228 (551/2418), se interpreta considerando que el 22,8% de los clientes de los grandes almacenes acuden a ellos por su amplio horario.

Un análisis detallado de los perfiles de fila desvela escasas similaridades en los criterios para la elección de cada establecimiento (excepto en "productos de calidad" y "mejor trato al cliente"), que permite concluir que la muestra entrevistada acude a cada establecimiento en función de unos aspectos concretos. Si se considera las diferencias entre los elementos en función de las distancias, estos establecimientos tendrán grandes distancias. De igual modo, cuanto mayor sea la diferencia entre los perfiles, mayor será la distancia entre los establecimientos. Ahora bien, las diferencias entre las modalidades no se establecen únicamente por las distancias entre los perfiles, sino que debe prestarse atención a las distancias ponderadas en función de su *masa* (Rodríguez Molina y Castañeda García, 2012).

	Perfiles de fila						
	Grandes almacenes	Tiendas/ boutiques	Super- mercados	Hiper- mercados	Mercados tradicionales/ de barrio	Bazares	Margen activo
Amplitud horario	,335	,015	,136	,268	,023	,223	1,000
Mejores precios	,129	,043	,254	,230	,084	,260	1,000
Mayor calidad productos	,081	,465	,070	,055	,323	,007	1,000
Buen trato cliente	,038	,465	,053	,019	,408	,016	1,000
Cercanía	,024	,206	,313	,058	,331	,069	1,000
Amplio surtido	,390	,035	,199	,300	,024	,053	1,000
Apertura festivos	,230	,026	,068	,202	,108	,366	1,000
Otras respuestas	,180	,195	,069	,103	,187	,266	1,000
Ninguna razón	,193	,155	,035	,111	,087	,419	1,000
No sabe	,133	,240	,067	,129	,148	,283	1,000
No responde (*)	,140	,175	,071	,175	,196	,243	1,000
Masa		,167	,166	,169	,166	,166	,165

(*) Fila suplementaria (ilustrativa)

	Perfiles de columna						
	Grandes almacenes	Tiendas/ boutiques	Super-mercados	Hiper-mercados	Mercados tradicionales/ de barrio	Bazares	Masa
Amplitud horario	,228	,010	,091	,183	,015	,154	,114
Mejores precios	,199	,067	,388	,357	,131	,407	,258
Mayor calidad productos	,056	,322	,048	,038	,224	,005	,115
Buen trato cliente	,022	,262	,029	,011	,231	,009	,094
Cercanía	,018	,156	,233	,044	,251	,053	,126
Amplio surtido	,303	,027	,153	,234	,019	,042	,130
Apertura festivos	,052	,006	,015	,046	,025	,084	,038
Otras respuestas	,035	,038	,013	,020	,036	,052	,032
Ninguna razón	,048	,039	,009	,028	,022	,107	,042
No sabe	,041	,074	,020	,040	,046	,088	,051
No responde(*).	,022	,027	,011	,027	,031	,039	,026
Margen activo	1,000	1,000	1,000	1,000	1,000	1,000	

(*) Fila suplementaria (ilustrativa)

Fuente: Elaboración propia con datos del CIS, barómetro de mayo 2014, estudio 3.024, 2014.

Tabla 4.9. Perfiles de fila y columna

La masa indica la influencia de un objeto en base a su frecuencia marginal. La masa afecta al centro de gravedad (Rodríguez Molina y Castañeda García, 2012), que es el perfil medio de la columna o la fila. Las filas (o columnas) con una masa elevada (por ejemplo "mejor precio", "amplio surtido" y "cercanía") influyen en la inercia aunque estén cerca del origen de coordenadas; mientras que las filas (o columnas) con masa pequeña ("otras respuestas" y "ninguna razón") influyen sobre la inercia únicamente cuando están lejos del origen de coordenadas.

Tras los perfiles el programa proporciona una tabla-resumen (tabla 4.10) donde aparecen el número de dimensiones calculadas, los valores propios o autovalores de cada dimensión, la inercia, el valor del chi-cuadrado y su significación, la proporción de inercia explicada por cada dimensión, y la explicación acumulada. Como ya ha sido indicado, el número máximo de dimensiones es un número inferior al número de categorías de la variable con menos categorías, en este caso los seis establecimientos (que menos 1 ofrece cinco dimensiones). Al igual que el análisis de componentes principales, la primera dimensión explica la mayor cantidad de inercia, la segunda una cantidad menor, y así hasta la última. Aunque el objetivo del análisis es representar la relación entre filas y columnas con el menor número de dimensiones (factores/ejes[40]), conviene comenzar el análisis solicitando un número elevado para apreciar la contribución relativa de cada una. En este caso se han solicitado cuatro factores, aunque el programa proporciona información sobre el valor propio y el porcentaje de varianza explicada de todos. No ocurre así con la desviación típica y la correlación entre factores, que son mostradas únicamente en las dimensiones especificadas.

Resumen

Dimensión	Valor propio	Inercia	Chi-cuadrado	Sig.	Proporción de inercia		Confianza para el Valor propio			
					Explicada	Acumulada	Desviación típica	Correlación		
								2	3	4
1	,647	,419			,715	,715	,006	,056	,002	,086
2	,292	,085			,145	,860	,008		,028	,076
3	,271	,073			,125	,985	,008			,108
4	,084	,007			,012	,997	,008			
5	,042	,002			,003	1,000				
Total		,586	8467,483	,000ª	1,000	1,000				

Tabla 4.10. Valores propios, inercia, proporción de inercia explicada

En la segunda columna se muestran los valores propios o autovalores, que se interpretan como la correlación entre las puntuaciones de filas y columnas. El cuadrado del autovalor es la inercia de cada factor, que es una medida relativa de la importancia de cada factor. La suma ponderada de todas las distancias al cuadrado entre los perfiles de fila y el perfil medio de la fila, y entre los perfiles de columna y el perfil medio de la columna, es igual a la distancia chi-cuadrado[41] (que se presenta

---

40   A partir de este momento será más habitual el uso de "factor" en lugar de "dimensión".

41   8467,483 = 0,58607 * 14448 (14.448 casos al considerar la última fila como suplementaria).

al final de la cuarta columna[42]). Su significación (0,0000) indica la presencia de una relación significativa entre las variables utilizadas. Cuanto mayor sea la distancia chi-cuadrado menor será su significación, lo que implicará una elevada interrelación entre las variables, y una mayor diferencia de los perfiles respecto al perfil medio.

La inercia total es la suma ponderada de todas las distancias al origen de coordenadas dividida entre la suma de todas las celdas, lo que implica que será igual a 0 cuando los puntos se concentren sobre el origen de coordenadas, y aumenta cuando los puntos se encuentran lejos. El valor de la inercia coincide con la distancia chi-cuadrado dividida entre el número de casos (8467,483 / 14448 = 0,58668). Una vez conocida la inercia explicada por todos los factores es sencillo valorar la aportación individual de cada una: el cociente de la inercia de cada factor entre el total (0,419 / 0,586) informa que el primer factor explica el 71,5% de la inercia, mientras que el segundo explica un 14,5% y el tercero tan solo un 12,5%. En la siguiente columna se muestra la proporción de inercia acumulada, indicando la explicación conseguida cuando se considera un modelo con dos, tres o más factores. El análisis de esta información desvela que el modelo con dos factores explica el 86%, consiguiéndose una explicación del 99,7% cuando son seleccionados los cuatro primeros factores.

Las siguientes columnas proporcionan información para realizar el intervalo de confianza de la población de la que se han extraído los datos, presentando la desviación típica para cada factor y la correlación entre los factores. Cuando las desviaciones típicas son pequeñas es muy probable que la solución presentada esté cerca del valor poblacional. En la tabla 4.10 se aprecian desviaciones típicas muy bajas, indicando que los resultados serían muy similares aun cuando este análisis sea realizado en otras muestras de igual tamaño, extraídas de la misma población.

En una solución unidimensional no reviste complicación calcular el intervalo de confianza para cada puntuación. Ahora bien, ¿qué ocurre con los cuatro factores del modelo elaborado? En un modelo multidimensional con elevadas correlaciones entre los factores será muy difícil localizar un punto en la dimensión correcta. Para esto será empleado el coeficiente de correlación entre los factores: cuando un modelo con varios factores tenga valores elevados será difícil localizar con precisión un punto en la dimensión correcta, siendo preciso calcular intervalos de confianza multivariados utilizando la matriz de varianzas covarianzas (Meulman y Heiser, 2011). Dicho de otro modo, correlaciones elevadas dificultan situar una modalidad en un espacio bi o tridimensional, mientras que correlaciones bajas entre los factores

---

42   La diferencia con el valor Chi-Cuadrado de la tabla 4.7 (8495,004) se explica porque en el análisis de correspondencias se ha considerado una modalidad como suplementaria. Realizar el cruce de tablas eliminando la última fila proporciona un valor Chi-Cuadrado de 8467,483, idéntica a la mostrada en la tabla 4.10.

facilitan esta tarea. Los bajos valores en las últimas tres columnas de la tabla 4.10 indican esta última situación.

Finalizada la explicación de los resultados de la tabla 4.10, a continuación aparecen dos tablas rotuladas con *Examen de los puntos de fila* y *columna* (tabla 4.11), donde se muestra la masa de cada fila/columna, las coordenadas de las filas/columnas en los factores, la contribución de cada fila/columna a la inercia total, las contribuciones absolutas y relativas. Es importante precisar que el programa proporciona en primer lugar los resultados de la primera variable, las razones de compra (filas), y después los establecimientos (columnas), lo que recomienda colocar siempre primero la variable caracterizante y después la caracterizada. Ahora bien, antes de proceder con su interpretación es importante considerar que con dos factores se explica el 86% de la varianza, información proporcionada cuatro párrafos más atrás, por lo que se procederá a un nuevo análisis solicitando dos factores.

Para construir el nuevo modelo se vuelven a editar los cuadros de diálogo y se cambia el número de factores en el cuadro de diálogo de la figura 4.5, o se modifica la línea /DIMENSIONS=2 en el editor de sintaxis. Los resultados obtenidos no cambian lo señalado hasta ahora, a excepción de la desviación típica y las correlaciones de la tabla 4.10, que solo muestra los valores para los dos primeros factores.

Procediendo con la información mostrada en la tabla 4.11, la inercia de un factor es la suma de las distancias al cuadrado entre cada punto y el centro de coordenadas. En la parte derecha de la tabla, bajo el epígrafe *Contribución* aparecen las contribuciones absolutas (*Contribución de los puntos a la inercia de la dimensión*) y las relativas[43] (*Contribución de la dimensión a la inercia de cada categoría o calidad de representación de la categoría*). Las primeras, las contribuciones absolutas, indican la importancia que tiene cada categoría en la definición del factor o, dicho de otro modo, la proporción de inercia explicada por un factor debida a cada categoría. La suma de las *contribuciones absolutas* de todas las modalidades en un factor será igual a la unidad.

Esta contribución depende de la distancia de cada categoría al centro de gravedad y de su masa, y de hecho es el producto de la coordenada al cuadrado por la masa de la categoría, dividido entre el valor propio del factor. Así la contribución 0,125 de "amplitud horario" se obtiene de la expresión $[(-0,844)^2 * 0,114] / 0,647$. Visto así, podría decirse que las contribuciones absolutas *ponderan* la distancia de cada modalidad en función de su masa, de modo que no basta con observar las coordenadas –como en el análisis de componentes– sino que es necesario considerar el número de elementos incluidos en cada modalidad, su masa.

---

43   Otros autores, por ejemplo Grande y Abascal (2014) las denominan cosenos cuadrados.

Examen de los puntos de fila

Razones elección establecimientos	Masa	Puntuación en la dimensión		Inercia	Contribución				
					De los puntos a la inercia de la dimensión		De la dimensión a la inercia del punto		
		1	2		1	2	1	2	Total
Amplitud horario	,114	-,844	,388	,059	a,**125**	,059	,884	,084	,968
Mejores precios	,258	-,506	-,527	,068	,102	**,246**	,628	,308	,936
Mayor calidad productos	,115	1,202	,449	,117	**,257**	,080	,923	,058	,982
Buen trato cliente	,094	1,417	,245	,125	**,291**	,019	,975	,013	,988
Cercanía	,126	,640	-,496	,069	,080	,106	,486	,132	,617
Amplio surtido	,130	-,762	,985	,092	,117	**,433**	,530	,400	,930
Apertura festivos	,038	-,609	-,320	,018	,022	,013	,505	,063	,567
Otras respuestas	,032	,085	-,143	,005	,000	,002	,030	,038	b,_068_
Ninguna	,042	-,295	-,470	,024	,006	,032	,101	,115	_,215_
No sabe	,051	,116	-,239	,010	,001	,010	,045	,085	_,130_
No responde c	,026	,045	-,165	,003	,000	,000	,013	,076	,088
Total activo	1,000		,586	1,000	1,000				

Examen de los puntos columna

Establecimientos comerciales	Masa	Puntuación en la dimensión		Inercia	Contribución				
					De los puntos a la inercia de la dimensión		De la dimensión a la inercia del punto		
		1	2		1	2	1	2	Total
Grandes almacenes	,167	-,699	,856	,091	,126	**,421**	,580	,392	,972
Tiendas/boutiques	,166	1,223	,287	,172	**,385**	,047	,936	,023	,959
Supermercados	,169	-,231	-,414	,054	,014	,100	,108	,157	,265
Hipermercados	,166	-,702	,246	,059	**,127**	,035	,894	,049	,944
Mercados tradicionales/de barrio	,166	1,005	-,157	,114	**,259**	,014	,954	,010	,965
Bazares	,165	-,592	-,825	,096	,089	**,384**	,390	,342	,732
Total activo	1,000			,586	1000	1,000			

*. Por motivos de espacio se muestran solo dos dimensiones, de las cuatro solicitadas.

a. Negrita: valores más altos

b. Subrayado: valores más bajos

c. Categoría suplementaria (ilustrativa)

Tabla 4.11. Examen de los puntos de fila y columna (dos dimensiones*)

Examen de los puntos de fila[a]

Razones elección establecimientos	Masa	Puntuación en la dimensión			Inercia	Contribución						
		1	2	3		De los puntos a la inercia de la dimensión			De la dimensión a la inercia del punto			
						1	2	3	1	2	3	Total
Amplitud horario	,114	-,844	,388	-,226	,059	**,125**	,059	,022	,884	,084	0,027	0,995
Mejores precios	,258	-,506	-,527	,182	,068	,102	**,246**	,032	,628	,308	0,034	0,97
Mayor calidad productos	,115	1,202	,449	-,177	,117	**,257**	,080	,013	,923	,058	0,008	0,99
Buen trato cliente	,094	1,417	,245	-,200	,125	**,291**	,019	,014	,975	,013	0,008	0,996
Cercanía	,126	,640	-,496	,847	,069	,080	,106	,334	,486	,132	0,356	0,973
Amplio surtido	,130	-,762	,985	,426	,092	,117	**,433**	,087	,530	,400	0,07	1
Apertura festivos	,038	-,609	-,320	-,785	,018	,022	,013	,086	,505	,063	0,351	0,918
Otras respuestas	,032	,085	-,143	-,688	,005	,000	,002	,056	,030	,038	0,827	0,896
Ninguna	,042	-,295	-,470	-1,249	,024	,006	,032	,241	,101	,115	0,754	0,969
No sabe	,051	,116	-,239	-,780	,010	,001	,010	,116	,045	,085	0,845	0,975
No responde [c]	,026	,045	-,165	-,525	,003	,000	,000	,000	,013	,076	0,713	0,802
Total activo	1,000		,586		1,000	1,000		1,000				

Examen de los puntos columna[a]

Establecimientos comerciales	Masa	Puntuación en la dimensión			Inercia	Contribución						
		1	2			De los puntos a la inercia de la dimensión			De la dimensión a la inercia del punto			
						1	2	3	1	2	3	Total
Grandes almacenes	,167	-,699	,856	-,156	,091	,126	**,421**	,015	,580	,392	,012	0,984
Tiendas/boutiques	,166	1,223	,287	-,343	,172	**,385**	,047	,072	,936	,023	,031	0,99
Supermercados	,169	-,231	-,414	,926	,054	,014	,100	,535	,108	,157	,728	0,993
Hipermercados	,166	-,702	,246	,132	,059	**,127**	,035	,011	,894	,049	,013	0,957
Mercados tradicionales/de barrio	,166	1,005	-,157	,176	,114	**,259**	,014	,019	,954	,010	,012	0,977
Bazares	,165	-,592	-,825	-,757	,096	,089	**,384**	,348	,390	,342	,267	0,999
Total activo	1,000				,586	1000	1,000					

a. Normalización Simétrica

Tabla 4.12. Examen de los puntos de fila y columna (tres dimensiones)

Una mayor distancia indica un perfil más diferente de la media (Kienstra y Van Der Heijden, 2015), lo que implica que modalidades alejadas del origen de coordenadas –aún con baja masa– presentan elevadas contribuciones (p.e. "buen trato cliente"); del mismo modo que modalidades con coordenadas bajas consigan elevadas contribuciones en la explicación del factor aun cuando su masa es elevada (p.e. "amplitud horario"). En definitiva, puntos cercanos al origen de coordenadas pero con alta masa presentan elevadas contribuciones, y viceversa, puntos con coordenadas altas logran elevadas contribuciones en la explicación del factor cuando su masa es baja.

En la tabla 4.11 puede apreciarse que las modalidades de gastos dominantes del primer factor son "buen trato cliente", con una contribución de 0,291 a la inercia del eje, seguido de "calidad de los productos" (0,257) y "amplitud horario" (0,125); que han sido marcadas en negrita en la tabla. La distancia entre dos filas (razones de compra) indica el parecido entre las filas considerando los establecimientos (Kienstra y Van Der Heijden, 2015). Considerando el signo de las coordenadas, las dos primeras están situadas en la parte derecha del factor, y la tercera en la parte izquierda. Con estas tres modalidades se explica el 67,3% de la inercia del primer factor. El análisis de los puntos de columna muestra que las tiendas/boutiques, mercados tradicionales/de barrio e hipermercados explican el 77% de la inercia del factor, los dos primeros con signo positivo y el tercero negativo. La interpretación conjunta de los puntos de fila y columna asocia los productos de "calidad" y el "buen trato al cliente" con mercados tradicionales/de barrio" y tiendas/boutiques; y la "amplitud horario" con el hipermercado (se presenta una representación sintética en la figura 4.9).

En el segundo factor el "amplio surtido" y los "mejores precios" llegan a explicar el 67,4% de la inercia. La primera está situada en la parte positiva, explicando casi el doble que la segunda (0,433 y 0,246 respectivamente), esta última situada en la parte negativa. El análisis de los puntos columna destaca la gran importancia de los grandes almacenes y los bazares, con signo positivo y negativo respectivamente, lo que implica que el primero está asociado con el surtido y el segundo con los mejores precios (ver figura 4.9).

¿Qué ha ocurrido con el *precio*?, que aparecen aquí en cuarto lugar mientras que –tal y como se señaló en la tabla 4.5– era el aspecto más importante, donde se apreció que era elegido por uno de cada cuatro entrevistados. Debe tenerse en cuenta que el análisis de correspondencias destaca lo *específico* de cada establecimiento, el aspecto que caracteriza y diferencia a cada uno del resto y, tal y como se constata, el "mejor precio" –pese a su importancia– no constituye la razón más importante para caracterizar los establecimientos.

Razones de compra y establecimientos con mayor contribución a la formación del eje (contribución absoluta)	
PRIMER Factor (71,5%)	
Valores negativos	**Valores positivos**
(Denominación y ctrb. absoluta)	(Denominación y ctrb. absoluta)
Amplitud horario (0,125)	Buen trato cliente (0,291)
	Calidad de los productos (0,257)
Hipermercados (0,127)	Tiendas/boutiques (0,385)
	Mercados tradicionales/de barrio (0,259)
SEGUNDO Factor (14,5%)	
Valores negativos	**Valores positivos**
(Denominación y ctrb. absoluta)	(Denominación y ctrb. absoluta)
Mejores precios (0,246)	Amplio surtido (0,433)
Bazares (0,384)	Grandes almacenes (0,421)
TERCER Factor (12,5%)	
Valores negativos	**Valores positivos**
(Denominación y ctrb. absoluta)	(Denominación y ctrb. absoluta)
Ninguna razón (0,241)	Cercanía (0,334)
Desconocimiento (0,116)	
Bazar (0,348)	Supermercado (0,535)
Fuente: elaboración propia basada en Abascal y Grande, 2005.	

Figura 4.9. Modalidades más importantes en los tres primeros factores (Considerando las coordenadas)

Las *contribuciones relativas* (o cosenos cuadrados) expresan hasta qué punto cada categoría/modalidad es definida por el factor, la contribución de cada factor a la inercia de cada categoría o, dicho de otro modo, la calidad de la representación de un punto sobre un factor (tienen una interpretación similar a las comunalidades vistas en el capítulo anterior). Rodríguez Molina y Castañeda García (2012) señalan que si bien las contribuciones *absolutas* identifican las variables responsables en la formación del factor, las *relativas* muestran cuáles son las características *exclusivas* de ese factor. La contribución relativa se calcula dividiendo la coordenada al cuadrado entre la distancia de la categoría al origen de coordenadas, y la suma de las contribuciones relativas de una modalidad en todos los factores es igual a 1. Los valores cercanos a la unidad de la última columna de la tabla 4.11 están reflejando la elevada calidad de los puntos sobre los factores representados. Así "otras respuestas", "no sabe" y "ninguna razón" están escasamente representadas en el modelo con dos factores (aparecen subrayadas en la tabla para facilitar su identificación). Por otro lado, "apertura festivos" y "cercanía" presentan una contribución superior (0,567 y 0,671 respectivamente), pero muy lejos del 100%. Tener cinco modalidades escasamente representadas lleva a solicitar un tercer factor, buscando conocer cómo éstas se colocan en ese nuevo factor (resultados en tabla 4.12).

Los resultados comentados hasta el momento no cambian, a excepción de las contribuciones relativas, como se aprecia al comparar las tablas 4.11 y 4.12. La principal diferencia es que las contribuciones relativas tienen valores cercanos a la unidad, reflejando una elevada calidad de la representación de todas las categorías/modalidades en los factores. El análisis del tercer factor en la tabla 4.12 indica que el tercer factor está explicado fundamentalmente por las compras destacando la "cercanía", en el polo positivo, y "ninguna razón" y el "desconocimiento" (no sabe) en el negativo, aunque debe tenerse en cuenta que este factor tan sólo explica el 12,5% de la inercia total (tabla 4.10). El análisis de los puntos columna desvela la gran importancia del supermercado y el bazar, positivo y negativo respectivamente, que indica que el primero se asocia a la cercanía y el segundo al desconocimiento (ver representación en el figura 4.9). No considerar este tercer factor reduciría notablemente la explicación del supermercado y el bazar, con contribuciones relativas de 0,265 y 0,732 respectivamente. La principal diferencia respecto al modelo con dos factores (tabla 4.12) es que las contribuciones relativas tienen valores cercanos a la unidad, reflejando una elevada calidad de la representación de todas las categorías/modalidades en los factores.

A la hora de realizar la interpretación de las contribuciones relativas puede suceder que un factor esté produciendo diferencias notables en determinadas modalidades, y que éstas no destaquen por su elevada aportación sobre el factor. Es el caso de "apertura festivos", con una elevada contribución relativa en el primer factor y, sin embargo, con una escasa contribución absoluta sobre este factor, debido a su baja masa[44]. Las contribuciones relativas permitirán detectar estas situaciones, al descubrir las modalidades explicadas por cada factor.

En este nivel de la explicación es necesario recopilar algunas de las informaciones precedentes para decidir el número de factores que mejor se ajustan al propósito de esta investigación. Unos párrafos más atrás (páginas 191 y 202) se señaló la conveniencia de extraer un número elevado de factores para analizar la contribución de cada una; mientras que a lo largo de todo el texto se ha insistido en numerosas ocasiones en la conveniencia de buscar el equilibrio entre parsimonia e interpretabilidad. Con tres factores se explica el 98,5% de la inercia, aunque la reducción de la inercia que se produce a partir del segundo factor podría llevar a limitar el modelo a dos factores que explican el 86,0% de la inercia total. Ahora bien, una escasa representación de cinco modalidades (contribución relativa) lleva a solicitar un factor adicional, lo que mejora notablemente su nivel de representatividad. Debe quedar claro que el criterio de solicitar el tercer factor ha sido, no tanto para aumentar la inercia, sino con el objetivo de mejorar la calidad de representación de las categorías sobre los factores.

---

44   Algo similar sucede con "otras respuestas" en el factor 3.

4.3.5 Análisis de los componentes gráficos

En las tablas 4.11 y 4.12 se recogen las puntuaciones de columnas y filas que serán utilizadas como coordenadas en las representaciones gráficas. La exposición de los componentes gráficos comenzará analizando los gráficos de líneas, en la medida que implican el acercamiento más sencillo a la realidad estudiada. Estos son una representación de las puntuaciones de las categorías en cada factor, y permiten una rápida comparación entre sus distancias respecto al origen de coordenadas, conociendo así los elementos que definen cada factor. Aunque se trata de gráficos muy ilustrativos para conocer la distancia de cada categoría al punto de coordenadas, son menos valiosas que la contribución absoluta porque no tienen en cuenta las masas de las categorías/modalidades.

En el gráfico 4.1 se representa las puntuaciones de la variable *Razones de elección* (fila) en los factores, que desvela que "buen trato cliente", "mayor calidad productos", "amplitud horario" y "amplio surtido" están muy lejos del origen de coordenadas del primer factor (valores 1,417, 1,202, -0,844 y -0,762 respectivamente en la parte superior de la tabla 4.12), los dos primeros situados en la parte positiva (parte superior en el gráfico 4.1) y los siguientes en la negativa (parte inferior). Obsérvese que las tres primeras razones presentan alta contribución absoluta en el primer factor, no así la cuarta ("amplio surtido") que, a tenor de los resultados de la tabla 4.12, forma parte del segundo. Es importante insistir que los gráficos representan las coordenadas de las modalidades, sin tener en cuenta sus masas, por lo que podría suceder que una vista rápida de tal representación lleve a cabo una conclusión errónea. Por este motivo el investigador debe *acudir* al gráfico con una idea clara de los puntos con mayores contribuciones absolutas.

En la parte inferior de la tabla 4.12 se aprecia que hipermercados y grandes almacenes tienen una puntuación de -0,702 y -0,699 en el primer factor, razón por la que ambas puntos aparecen situados muy abajo en la primera parte del gráfico 4.2. En la situación opuesta aparecen las tiendas/boutiques y los mercados tradicionales/de barrio, con puntuaciones respectivas de 1,223 y 1,005, las más altas de todas las consideradas.

En la segunda parte del gráfico 4.1 se aprecia las puntuaciones extremas de las razones de elección: "amplio surtido", "mejores precios" y "cercanía", la primera con signo positivo y las siguientes con negativo (0,985, -0,527 y -0,496), que serán los elementos definitorios de este segundo factor. Por su parte, "buen trato al cliente" (0,245) y "otras respuestas" (-0,143) están situados muy cerca del origen de coordenadas, de modo que tienen un escaso poder discriminante en el segundo factor.

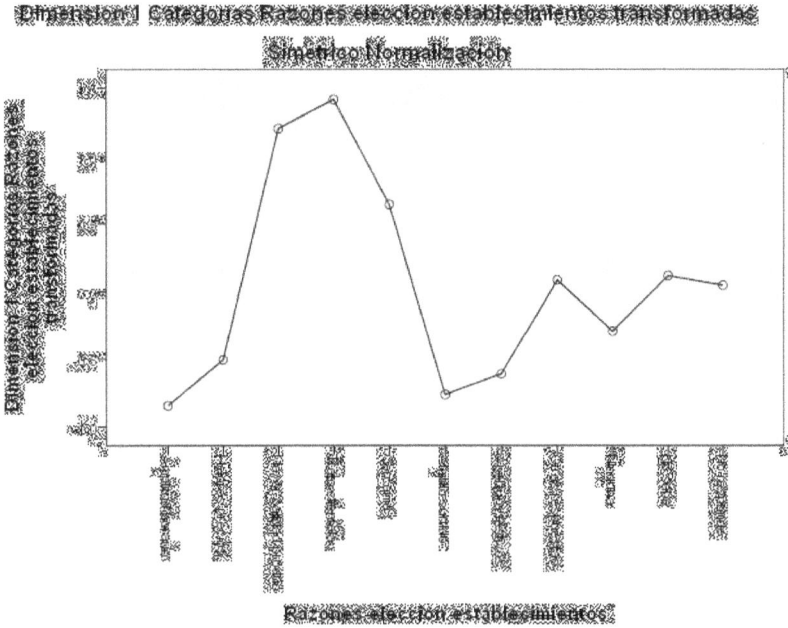

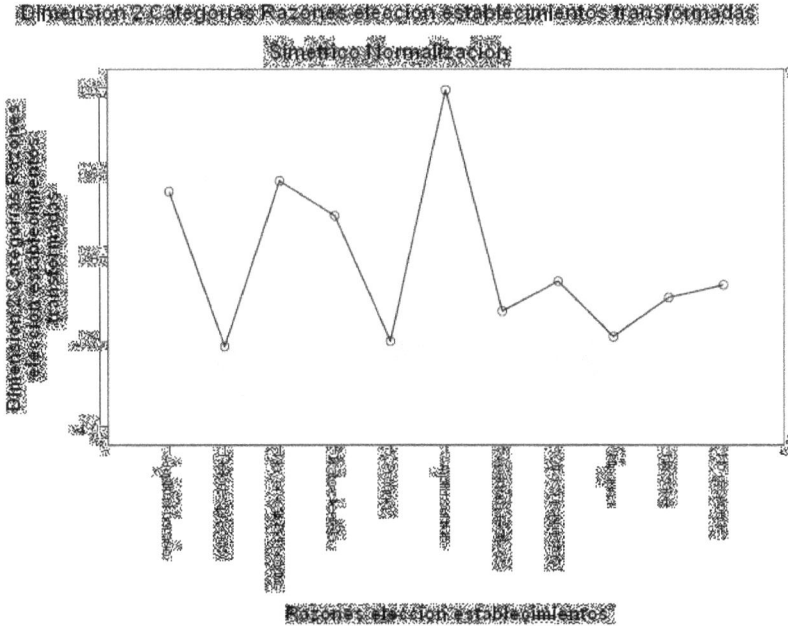

Normalización simétrica

Gráfico 4.1. Gráficos de línea de las filas

La segunda parte del gráfico 4.2 presenta una línea descendente desde los grandes almacenes a los supermercados, pasando por las tiendas/boutiques; línea que asciende en los hipermercados y vuelve a descender hasta los bazares. Sintetizando, grandes almacenes e hipermercados con coordenada positiva y bazar como negativa[45].

El gráfico de líneas del tercer factor tiene menos importancia que los anteriores, y no ha sido mostrado para evitar la redundancia y ahorrar espacio. Ahora bien, señalar que presenta un contraste ente "cercanía" y "amplio surtido" (0,847 y 0,426 en la parte positiva, y "ninguna razón", "apertura festivos[46]", "no sabe" y "otras respuestas" en la negativa (-1,249, -0,785, -0,780 y -0,688). El gráfico con los puntos columna presenta a los supermercados en la parte positiva, y los bazares y tiendas/boutiques en la negativa.

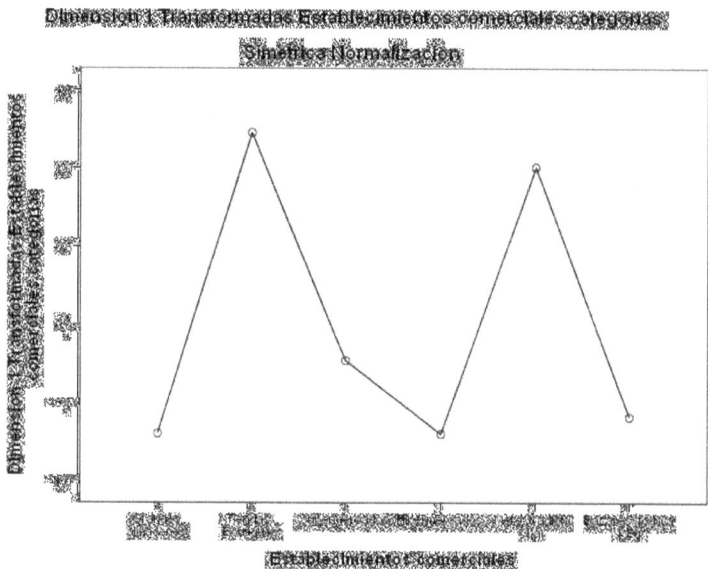

Dimensión 1 Transformadas Establecimientos Comerciales Categorías
Simétrica Normalización

Establecimiento Comerciales

---

45   Obsérvese que este análisis en base a las coordenadas añade, a la interpretación considerando las contribuciones, la "cercanía" al establecimiento y los supermercados; aspectos definitorios del factor tres. Esta posible confusión recomienda un análisis detallado de las contribuciones relativas.

46   Pese a su elevada distancia al centro de gravedad (coordenada 0,785 que es la tercera mayor), su baja masa explica la escasa influencia en la contribución absoluta (0,086 en la tabla 4.12).

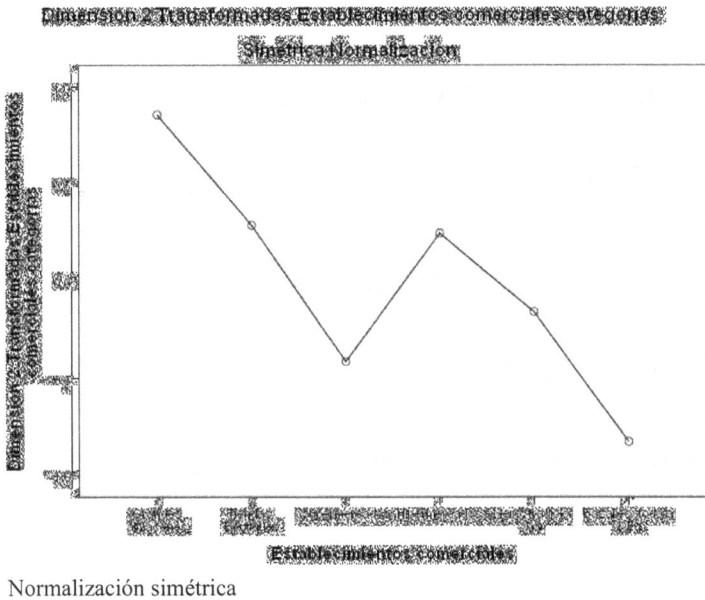

Normalización simétrica

Gráfico 4.2. Gráficos de línea de las columnas

En el primer párrafo del apartado, página 210) se daba cuenta de la diferencia entre la interpretación de los gráficos (basados en las puntuaciones en las coordenadas) y la consideración las contribuciones absolutas (que consideran las puntuaciones y el número de casos), insistiendo en que las segundas proporciona más información que las primeras. De hecho, cuando la información de los gráficos es sintetizada en un esquema, como el señalado en la figura 4.10, se detectan algunas diferencias que, sin duda, producirán desconcierto en el investigador. "Amplio surtido" está situado en el factor 1 y en el 2 (coordenada negativa y positiva respectivamente) pero, ¿en cuál es más determinante? ¿Puede utilizarse la escasa diferencia entre sus coordenadas (0,762 y 0,985; diferencia 0,259) como un indicador de que, al ocupar posiciones más extremas en el segundo factor, "pertenecerá" a este? Esta consideración, sin tener en cuenta el número de casos, puede confundir al investigador, dando lugar a interpretaciones erróneas. Algo parecido sucede con los "grandes almacenes".

Otro elemento que genera confusión es la colocación de "cercanía" en la parte izquierda del segundo factor. Cuando se repasa la interpretación de las contribuciones absolutas (tabla 4.12) se aprecia que contribuye notablemente a la formación del tercer factor (es la modalidad con mayor influencia en el factor), y que presenta unos valores bajos en el segundo. Obsérvese las diferencias entre la información proporcionada por las coordenadas y las contribuciones es notablemente superior en el tercer factor.

Razones de compra y establecimientos con coordenadas más extremas en cada eje	
PRIMER FACTOR (71,5%)	
Valores negativos	**Valores positivos**
(Denominación y ctrb. absoluta)	(Denominación y ctrb. absoluta)
**Amplitud horario (−0,844)	**Buen trato cliente (1,417)
Amplio surtido (−0,762)	**Mayor calidad productos (1,202)
**Hipermercados (-0,702)	**Tiendas/boutiques (1,223)
Grandes almacenes (−0,699)	**Mercados tradicionales/de barrio (1,005)
SEGUNDO Factor (14,5%)	
Valores negativos	**Valores positivos**
(Denominación y ctrb. absoluta)	(Denominación y ctrb. absoluta)
**Mejores precios (−0,527)	**Amplio surtido (0,985)
Cercanía (−0,496)	
**Bazares (−0,825)	**Grandes almacenes (0,856)
	Hipermercados (0,246)
TERCER Factor (12,5%)	
Valores negativos	**Valores positivos**
(Denominación y ctrb. absoluta)	(Denominación y ctrb. absoluta)
**Ninguna razón (-1,249)	**Cercanía (0,847)
Apertura festivos (-0,785)	Amplio surtido (0,426)
**Desconocimiento (-0,780)	
Otras respuestas (-0,688)	
**Bazar (-0,757)	*Supermercado (0,926)
Tienda/boutique (-0343)	
(**)Coincidencias en la interpretación de contribuciones absolutas (tabla 4.12) y las coordenadas (gráficos 4.1, 4.2).	
Fuente: elaboración propia basada en Abascal y Grande, 2005.	

Figura 4.10. Modalidades más importantes en los tres primeros factores

Esta situación lleva a insistir, de nuevo, en utilizar los gráficos como "aproximaciones" a la interpretación. Pueden utilizarse como una "primera visión" de los resultados, visión que SIEMPRE deberá ser contrastada con la información proporcionada con las contribuciones absolutas (para conocer las modalidades más relevantes en cada factor) y las relativas (que proporciona información de la calidad de representación de la variable). De hecho, y con el fin de facilitar la comparación, en la figura 4.10 se han colocado dos asteriscos en las modalidades situadas en la misma posición cuando se consideran las contribuciones absolutas (tabla 4.12) y representación de las coordenadas (gráficos 4.1 y 4.2).

Las representaciones de los gráficos de líneas, que destacan por su facilidad de interpretación, son también las que dejan más aspectos sin explicar[47], razón

---

47   Normalmente las modalidades con coordenadas extremas (sobre un factor) suelen ser las que más contribuyen a su formación, lo que implica altas contribuciones absolutas. Ahora bien, coordenadas extremas sobre objetos con escasa masa proporciona contribuciones absolutas pequeñas. Se aludió a esto en la explicación de la contribución absoluta, en en las páginas 204 y 206.

por la que será conveniente analizar los gráficos de dispersión que presentan las puntuaciones de fila (o columna) en más de un factor. Mientras que los gráficos de línea únicamente consideraban la puntuación de cada categoría en un factor, estos gráficos realizan una representación en varios mostrando una mejor caracterización de la realidad. Las puntuaciones "razones de compra" (filas) en los factores solicitados se combinan para realizar una representación de los dos primeros (recuadro superior del gráfico 4.3) o del primero con el tercer factor (recuadro inferior).

Dos razones de compra próximas tienen perfiles parecidos, indicando que las asociaciones de establecimientos a estos dos conceptos son similares y, por lo tanto, están fuertemente intercorrelacionadas. Las razones –y establecimientos– en el origen de coordenadas presentan una distribución de perfiles muy similar al promedio; lo que implica la ausencia de diferencia del resto de establecimientos y razones de compra (Abascal y Grande, 2005). Por ello no deben interpretarse las proximidades de puntos situados en el centro, sino los colocados en la periferia de la nube de puntos.

Procediendo en primer lugar con las razones de compra (parte superior del gráfico 4.3), en el plano horizontal aparecen –en la parte derecha– "buen trato cliente" y "mayor calidad de los productos", criterios definitorios de la parte positiva del primer factor (recordar interpretación de las contribuciones absolutas). En la parte izquierda están situadas "amplitud de horarios" y "amplio surtido" (este último muy elevado del plano izquierda-derecha al formar parte del segundo factor). La información proporcionada por el gráfico indica que se trata de un factor que diferencia *calidad* (productos y buen trato) frente a *comodidad* (amplitud horario, variedad productos y apertura festivos). Ahora bien, debe tenerse en cuenta que en el análisis de correspondencias, a diferencia del de componentes, no suele dar nombre a los ejes factoriales, puesto que su objetivo es "localizar relaciones entre categorías y no tanto encontrar dimensiones/ejes que resuman la información" (Abascal y Grande, 2005).

El plano vertical, segundo factor, desvela una diferenciación entre "amplio surtido" en la parte superior, y "mejores precios" (también cercanía) en la parte inferior. Las razones situadas en el centro del gráfico presentan una distribución de perfiles muy similar al promedio en ambos factores, por lo que no deben ser interpretadas. Ahora bien, el análisis del tercer factor, con una capacidad explicativa menor, ilustra la situación de estas razones de compra al oponer la "cercanía al establecimiento" frente a "ninguna razón" de compra, "no saber" los motivos de compra y –menos definida– "apertura festivos". En definitiva, la perspectiva tridimensional ayuda a la comprensión de las razones "no definidas" en el primer plano factorial.

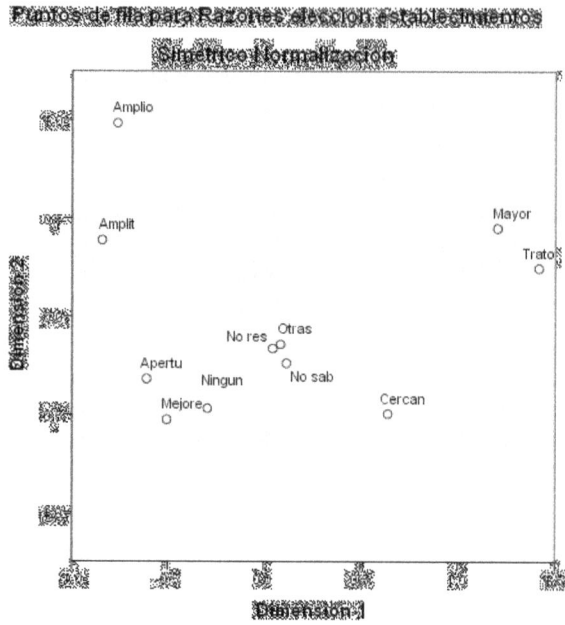

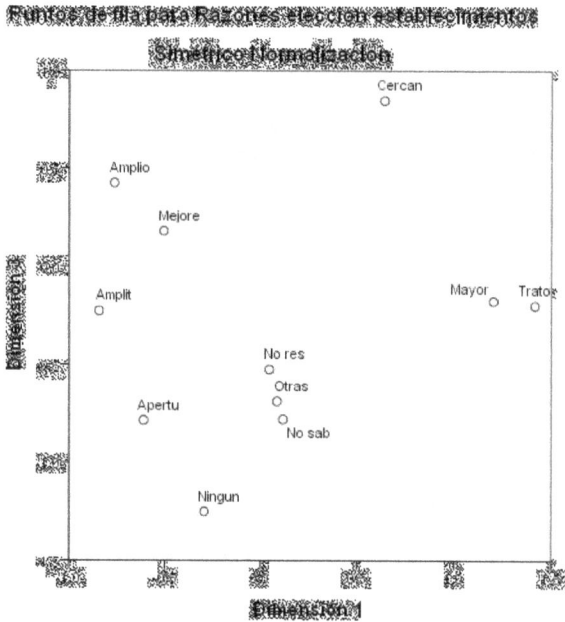

Normalización simétrica.

Gráfico 4.3. Diagrama de dispersión de los puntos de fila (Ancho de etiqueta = 6*)

ⓘ **NOTAS**

Respecto al valor colocado en el ancho de etiqueta, indicar que seis dígitos facilita la lectura de los gráficos, mucho más cuando se representan conjuntamente los puntos de fila y columna, pero puede presentar problemas de identificación de los puntos, como sucede en el segundo cuadrante con los nombres "Amplio" y "Amplit", consecuencia de colocar nombres similares. Un análisis de la tabla 4.5 desvela que el primero se refiere a "Amplio surtido", variedad de productos, y el segundo a "Amplitud horaria". No hubiera sido necesario consultar esta tabla si el primer punto se hubiera definido con el término "Variedad" (de surtido); que proporciona tanta información como el término elegido. Se ha optado por "Amplio surtido" por motivos didácticos, para evitar que el lector cometa el mismo error.

El gráfico 4.4 desvela los establecimientos a los que están asociados cada una de estas razones de compra; mostrando una oposición entre tiendas/boutiques y mercados tradicionales/de barrio (parte derecha) frente a hipermercados y grandes almacenes (estos últimos con menos influencia); o dicho de otra forma comercio tradicional (pequeño) frente a grandes superficies. El factor dos contrapone los grandes almacenes (parte superior) a los bazares. La representación de los factores 1 y 3, no mostrado por criterios de espacio, añade la contraposición de los supermercados (parte superior) frente a los bazares.

Puntos de columna para Establecimientos comerciales

Simétrica Normalización

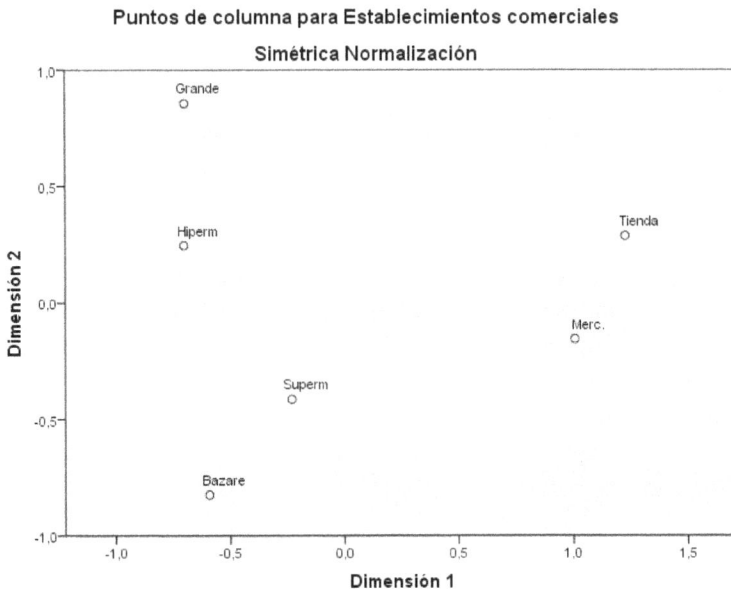

Normalización simétrica

Gráfico 4.4. Diagrama de dispersión de los puntos de columna (Ancho de etiqueta = 6)

Ahora bien, en vez de "volver atrás" para consultar el gráfico 4.3 es más interesante analizar la representación conjunta; que constituye uno de los principales atractivos de esta técnica (Rodríguez Molina y Castañeda García, 2012). Así, y para terminar con las representaciones gráficas, el programa presenta –siempre que no haya sido elegida la normalización principal– un gráfico de dispersión *biespacial* donde se superponen las informaciones de las ilustraciones anteriores; es decir las puntuaciones de fila y columna. Los resultados mostrados en el gráfico 4.5 se interpretan exactamente igual que los anteriores, aunque el gran número de elementos incluidos en la representación conjunta aconseja, por un lado, incluir los ejes de los factores y, si es preciso, "ampliar" la superficie de la cuadrícula más interesante. Veamos cada uno:

▶ Para sobrescribir los ejes factoriales es necesario hacer doble clic sobre el gráfico para acceder al editor de gráficos. Una vez ahí hay que hacer un clic sobre el icono de la barra de herramientas que representa el eje horizontal (⊑, situado bajo el menú de *Ayuda*), que abrirá un cuadro de diálogo (figura 4.9) para indicar dónde colocar la línea de referencia. Tras escribir el valor "0" en el recuadro *Posición*, se activa el botón *Aplicar* (parte inferior derecha) y, al pulsar sobre él, la línea se coloca en el valor "0". De la misma forma se procede con el eje vertical, pulsando esta vez sobre el icono ⊥ . Así se ha procedido en la segunda representación (factores 2 y 3) del gráfico 4.5.

Esto facilita la interpretación en base a cuadrículas (Abascal y Grande, 2005). En la primera (superior derecha) se aprecia la situación de "mayor calidad de productos" y "buen trato al cliente" y tienda tradicional/mercado de barrio. En la segunda cuadrícula, superior izquierda, aparecen los criterios de compra "amplitud horario" y "amplio surtido", próximos al gran almacén y al supermercado. La tercera cuadrícula, situada en la parte inferior izquierda, cuenta con un gran número de puntos: "mejores precios", "apertura festivos" y "ninguna respuesta" (recordar las bajas aportaciones las dos últimas); apareciendo también los supermercados y los bazares. En la última cuadrícula aparece "cercanía", "no sabe" y "otras respuestas", también mercado de barrio.

Dentro del editor de gráficos…

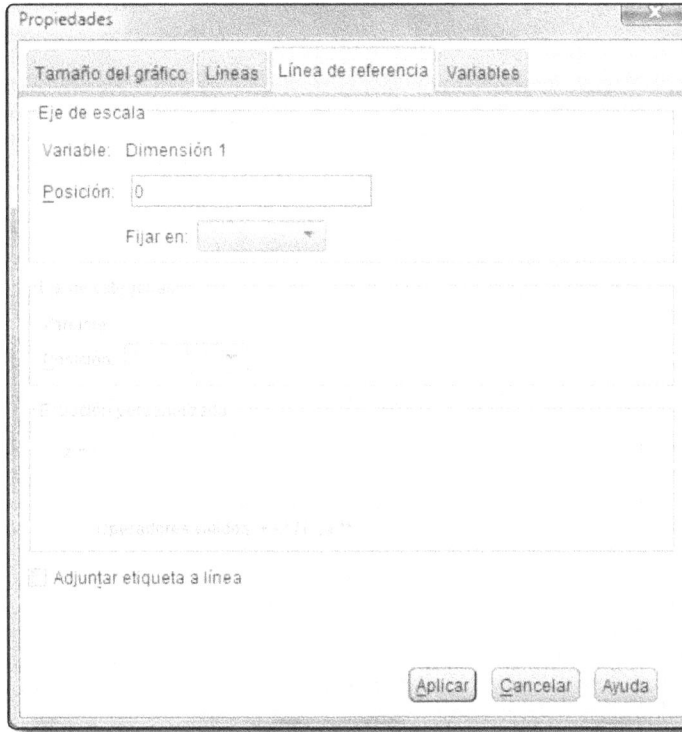

Figura 4.9. Cuadro de diálogo Línea de referencia

▶ La "saturación" localizada en la tercera cuadrícula puede solventarse solicitando una mejor visión de cada representación, ampliando el gráfico de resultados. Para ello, una vez en el editor de gráficos, haciendo doble *clic* sobre el gráfico aparece un cuadro de diálogo para definir sus propiedades. La pestaña *Tamaño del gráfico* permite ampliarlo o reducirlo; cambiando el tamaño "por defecto" fijado en 375,75 x 469, 5). Tras definir el tamaño en puntos debe pulsarse el botón Aplicar (extremo inferior derecho de la figura 4.10) e introducir las nuevas dimensiones.

Dentro del editor de gráficos…

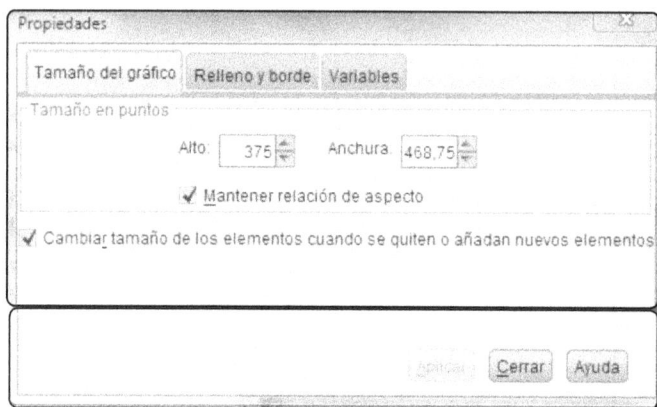

Figura 4.10. Cuadro de diálogo Propiedades del gráfico

Puntos de fila y columna

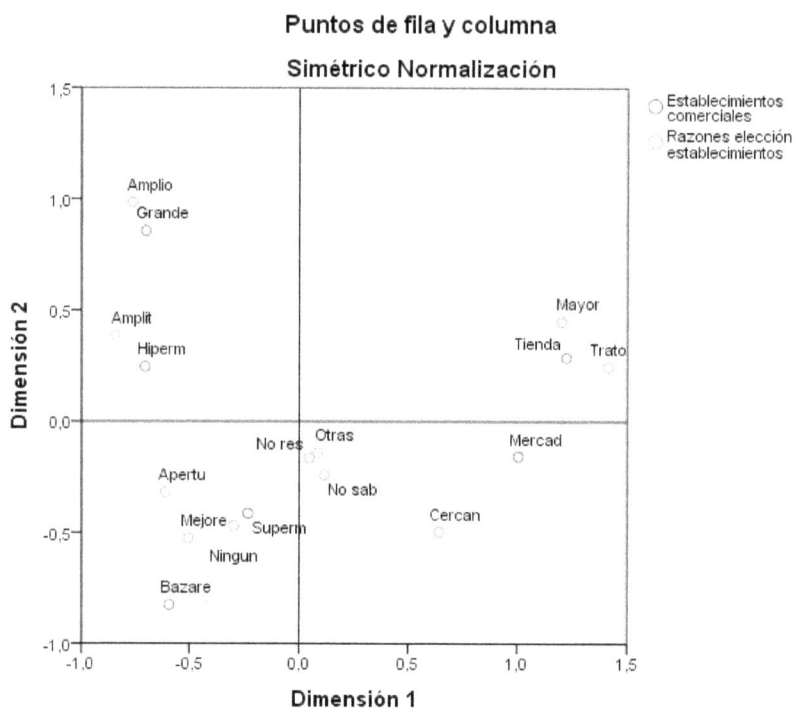

Normalización simétrica.

Gráfico 4.5. Diagrama de dispersión biespacial (Ancho de etiqueta = 6)

Respecto a la interpretación de la representación conjunta, recuérdese que dos categorías/modalidades –de fila o columna– próximas indica que ambas presentan características comunes. Ahora bien, es recomendable proceder con gran cautela ya que precisa tener en cuenta las posiciones relativas de todas las categorías/modalidades de filas y las categorías/modalidades de columna. Analizar la proximidad de una sola fila o una sola columna puede llevar a realizar interpretaciones erróneas; aunque –en general– la proximidad en la gráfica indicará asociación entre ellas cuando se encuentren lejos del origen de coordenadas. Siguiendo a Grande y Abascal (2014), "la coordenada de una fila (criterios de compra) sobre un eje factorial es la suma de las coordenadas sobre el eje de las columnas (establecimientos), ponderadas por el peso o importancia relativa de las columnas (establecimientos) en la fila (criterios de compra) y multiplicado por una constante menor que uno, un coeficiente de dilatación". Esta propiedad, relaciones *baricéntricas*, relaciona la coordenada de una fila sobre el eje factorial de las coordenadas de las columnas.

En las primeras páginas se señaló la importancia de la representación gráfica en el análisis de correspondencias. Tras evaluar el porcentaje de inercia explicado por cada factor debe considerarse la distancia de cada punto respecto al centro del gráfico, teniendo en cuenta que –a igualdad de masas– cuanto más lejos se encuentre una modalidad del origen de coordenadas, explicará más inercia. En un segundo momento el investigador se ocupará de las proximidades entre las categorías/modalidades, diferenciando si pertenecen a la misma variable o a variables distintas. Modalidades muy próximas están indicando que los elementos que han elegido estas modalidades son semejantes respecto a las razones de compra, y viceversa para las columnas; mientras que la proximidad entre modalidades de diferentes preguntas se interpreta en términos de asociación.

4.3.6 Otras informaciones complementarias

Además de las coordenadas y su representación gráfica, el programa proporciona también información sobre los niveles de confianza para los puntos de fila y columna (tabla 4.13). Para interpretar esta tabla es preciso recordar algunos conceptos empleados en la explicación de la tabla 4.10. Se señaló en aquel momento que pequeñas desviaciones típicas están indicando una solución estable, de modo que las bajas desviaciones de la tabla 4.13 indican que se ha obtenido una solución estable global. Los bajos coeficientes de correlación no hacen sino confirmar esta afirmación.

En ocasiones la ordenación de las categorías/modalidades de filas y columnas facilita la interpretación de los datos al proporcionar una ayuda para detectar la importancia de las categorías/modalidades de una determinada variable.

La tabla 4.14 muestra esta información para el primer factor, donde las categorías/ modalidades siguen un orden ascendente considerando las coordenadas como variables de ordenación. En la primera columna aparece el establecimiento con una puntuación más baja mientras que en la primera fila estará situado la razón de compra con menor puntuación.

Confianza para Puntos de fila

Razones elección establecimientos	Desviación típica en la dimensión			Correlación		
	1	2	3	1-2	1-3	2-3
Amplitud horario	,012	,068	,102	,069	-,003	,968
Mejores precios	,017	,059	,143	-,027	,059	,912
Mayor calidad productos	,021	,054	,120	,031	,163	,875
Buen trato cliente	,020	,061	,070	-,050	,048	,835
Cercanía	,034	,235	,129	,165	,070	,951
Amplio surtido	,022	,119	,256	-,010	,054	-,990
Apertura festivos	,041	,228	,101	-,053	,073	-,786
Otras respuestas	,025	,201	,046	,000	,063	-,700
Ninguna	,045	,363	,125	,051	-,016	-,903
No sabe	,025	,221	,065	,083	-,072	-,938

Confianza para Puntos de columna

Establecimientos comerciales	Desviación típica en la dimensión			Correlación		
	1	2	3	1-2	1-3	2-3
Grandes almacenes	,022	,051	,225	-,056	-,028	,853
Tiendas/boutiques	,024	,096	,077	,104	,152	,881
Supermercados	,026	,263	,110	-,040	,001	,978
Hipermercados	,019	,053	,069	-,169	-,031	-,528
Mercados tradicionales/de barrio	,027	,057	,053	,282	,002	,530
Bazares	,022	,212	,214	-,002	-,031	-,996
Normalización simétrica						

Tabla 4.13. Niveles de confianza para puntos de fila y columna

Teniendo en cuenta las coordenadas de las filas en el primer factor, mostradas en la tabla 4.12, puede establecer una ordenación de menor a mayor como la siguiente: amplitud horario (-0,844), amplio surtido (-0,762), apertura festivos (-0,609), mejores precios (-0,506), ninguna razón (-0,295), no responde (0,045, suplementaria/ilustrativa), otras respuestas (0,85), no sabe (0,116), cercanía (0,640), mayor calidad productos (1,202) y mejor trato cliente (1,417). Respecto a las puntuaciones de columna, la ordenación de menor a mayor procede de la siguiente forma: hipermercados (-0,702), grandes almacenes (-0,699), bazares (-0,592), supermercados (-0,231), mercados tradicionales (1,005) y tiendas/boutiques (1,223). Estas ordenaciones se reflejan en las filas y columnas de la tabla 4.14, y constituyen una excelente ayuda a la interpretación del primer factor. Tablas similares pueden extraerse para el segundo y tercer factor, que no son reproducidas aquí por motivos de espacio.

	Hiper-mercados	Grandes almacenes	Bazares	Super-mercados	Mercados tradicionales/ de barrio	Tiendas/ boutiques	Margen activo
Amplitud horario	441	551	367	223	37	24	1643
Amplio surtido	563	732	99	374	46	65	1879
Apertura festivos	110	125	199	37	59	14	544
Mejores precios	858	480	968	948	313	160	3727
Ninguna razón	67	117	254	21	53	94	606
No responde (*)	66	53	92	27	74	66	
Otras respuestas	48	84	124	32	87	91	466
No sabe	96	99	210	50	110	178	743
Cercanía	105	43	125	570	602	375	1820
Mayor calidad product.	91	135	11	117	537	774	1665
Buen trato cliente	26	52	22	72	553	630	1355
Margen activo	2405	2418	2379	2444	2397	2405	14448

(*) Fila suplementaria/ilustrativa.

Normalización simétrica

Fuente: Elaboración propia con datos del CIS, barómetro de mayo 2014, estudio 3.024, 2014.

Tabla 4.14. Tabla de correspondencias permutada considerando la primera dimensión

Antes de terminar este apartado señalar que existe la posibilidad de guardar las puntuaciones factoriales en los factores extraídos, de una forma similar a cómo se explicó en el análisis de componentes principales. Lamentablemente esta opción no está disponible en la interfaz gráfica de SPSS, de modo que será necesario volver a la ventana de sintaxis editada en la figura 4.8. El subcomando OUTFILE permite grabar las puntuaciones de fila y columna obtenidas por cada elemento, así como las varianzas y covarianzas, en un nuevo archivo que puede ser posteriormente recuperado por SPSS. Para ello es necesario colocar el nombre del archivo de datos después de la indicación correspondiente: "SCORE" para las puntuaciones de fila y columna, y "VARIANCE" para la matriz de varianzas y covarianzas. Añadiendo la instrucción "/OUTFILE=SCORE ('f:\Puntuac.sav') VARIANCE ('f:\varian.sav')" el programa genera dos nuevos archivos de datos en la unidad F: "puntuac.sav" con las puntuaciones de cada observación en los tres factores, y "varian.sav" con las varianzas y covarianzas, de utilidad para calcular intervalos de confianza multivariados.

Antes de terminar conviene precisar que este análisis es adecuado para grandes tablas de datos, aunque por motivos didácticos se ha realizado sobre una tabla "mediana" de 10 filas y 6 columnas. Recomendamos, al lector que desee seguir trabajando sobre el tema, que lea el ejemplo incluido en un archivo adjunto, donde se ilustra un ejemplo más complejo al utilizar una tabla de 12 columnas y 17 filas (la temática de la investigación fue descrita en el nota a pie número 36).

4.4 ANÁLISIS FACTORIAL DE CORRESPONDENCIAS MÚLTIPLES: APLICACIÓN A UN ESTUDIO SOBRE CONSUMIDORES

4.4.1 Definición del caso a investigar

El objetivo de este segundo ejemplo es analizar las pautas y la actitud hacia el ahorro en la sociedad española utilizando una investigación sobre *importancia del ahorro en la sociedad española* realizada con 2.174 entrevistas telefónicas en todo el país. Para seleccionar estas personas se utilizó un muestreo estratificado por comunidades autónomas y hábitat, seleccionado los municipios de forma aleatoria proporcional y los individuos finalmente entrevistados con cuotas de sexo y edad. Para un nivel de confianza del 95,5% y p=q, el error muestral es de ±2,14% para el conjunto de la muestra y en el supuesto de muestreo aleatorio simple.

En cuanto a los rasgos de la muestra seleccionada, hay un mayor número de mujeres (51,1%), y una distribución de edades muy similar al conjunto de la población española en el momento de realizar el estudio: 12,5% entre 18 y 24 años,

21,1% entre 25 y 34 años, 18,0% entre 35 y 44 años, 15,1% entre 45 y 54 años, 13,6% entre 55 y 64 años, 13,3% entre 65 y 74 años y un 6,4% mayor de 74 años. El cuestionario pregunta también por el nivel de ingresos mensuales del hogar, pregunta que ha sido respondida por 1.762 entrevistados. Considerando la muestra que ha declarado su nivel de ingresos se aprecia que un 51,8% de los hogares no alcanza los 900 Euros, y un 6% supera los 2.400 Euros mensuales[48].

La hipótesis de trabajo plantea que aunque el ahorro ha sido el origen y fundamento de la sociedad de consumo, en el momento actual los comportamientos económicos de los españoles se orientan más hacia el consumo que hacia el ahorro. A la hora de analizar las razones de este proceso hay que destacar la tardanza del acceso al consumo masivo de la sociedad española, a finales de la década de los setenta (Andrés Orizo, 1977). Una segunda hipótesis, derivada de la anterior, postula que los entrevistados de menos edad –que han sido socializados en una sociedad de consumo– muestran actitudes negativas hacia el hecho de ahorrar, y coherentes con esta actitud destaca su elevada práctica de compra y un escaso ahorro.

4.4.2 Primer análisis de la información

Para comprobar la vigencia de la primera hipótesis será preciso comparar la cantidad de dinero ahorrado en el pasado, en el momento actual y en el futuro; así como conocer las actitudes que los entrevistados manifiestan hacia el ahorro. La pregunta mostrada en el cuadro 4.2 solicita información sobre el destino actual de los ingresos, planteando si éstos son gastados en el mismo mes o si se reserva una parte para otro momento: algo más de un tercio de los hogares gasta mensualmente todo lo que ingresa, mientras que un 64,3% dedica una parte de sus ingresos para gastos futuros o ahorro. Los que declaran ahorrar son posteriormente preguntados por la cantidad de dinero que no gastan en el mismo mes. Un 13,5% de los entrevistados declara ahorrar menos de 60 Euros, un 32% ahorran entre 60 y 150 Euros, y un 18% entre 151 y 300 Euros. Es preciso reseñar también que un 14% no sabe la cantidad de dinero que ahorra, y que otro 8% señala que esta cantidad no es estable.

---

48   Si se desea una descripción más pormenorizada puede acudirse al archivo de datos incluido en los materiales auxiliares disponibles en la página web de la editorial.

CUADRO 4.2
Número de hogares que ahorran. Volumen del ahorro mensual

P.14   En general, hablando de los ingresos mensuales, ¿cuál de estas dos situaciones es la que se da con más frecuencia en su hogar...?

	%
Se gasta todo el mismo mes	35,7%
Se reserva una parte para gastos futuros o ahorro	64,3%
Total (número de casos)	2.174

P.14a   ¿Podría decirme, aproximadamente, cuánto dinero de los ingresos mensuales se destina a estos gastos futuros o ahorro?

	%
Menos de 60 Euros	13,5%
Entre 60 y 150 Euros	31,9%
Entre 151 y 300 Euros	17,9%
Entre 301 y 450 Euros	8,4%
Entre 450 y 600 Euros	3,9%
Más de 600 Euros	2,9%
Depende	7,9%
No sabe o no contesta	13,7%
Total (número de casos)	1.397

Fuente: elaboración propia

La pregunta sobre el destino actual de los ingresos del cuadro 4.2 busca información general sobre el destino de los ingresos referidos a una situación presente. Ahora bien, con el fin de conocer con más precisión la evolución del nivel de ahorro de la sociedad española se considera de vital importancia comparar esta situación con el volumen de ahorro del año anterior, así como con la valoración de las perspectivas de ahorro para el próximo año.

Comenzando con el análisis del ahorro en el pasado, un 15,4% de la población entrevistada declaraba haber ahorrado mucho y bastante, mientras que un 46,7% señalaba haber ahorrado poco. Es curioso como el número de personas que no ha ahorrado nada, un 37,9% de los entrevistados, coincide con el número de personas que –en la pregunta 14– señalaban que gastan todo en el mismo mes. Respecto a las perspectivas de ahorro futuras un 56,6% de la población entrevistada considera que en el próximo año ahorraría igual que el año anterior, mientras que un 15,3% espera ahorrar más, como se muestra en la segunda parte del cuadro 4.3. Es importante tener en cuenta que un 7,5% de los entrevistados no respondieron la pregunta, bien por desconocimiento o porque no deseaban hacerlo.

CUADRO 4.3.
Ahorro pasado y perspectivas de ahorro futuras

P.15	Durante el año pasado, en su casa, ¿se ha ahorrado mucho dinero, bastante, poco o nada?	
		%
	Mucho	1,5%
	Bastante	13,9%
	Poco	46,7%
	Nada	37,9%
	Total (número de casos) 2.174	
P.16	En todo caso, ¿cree usted que este año ahorrará más, igual o menos dinero que el año pasado?	
		%
	Ahorrarán más	15,3%
	Ahorrarán igual	56,6%
	Ahorrarán menos	20,5%
	No sabe o no responde	7,5%
	Total (número de casos) 2.174	

Fuente: elaboración propia.

De la información proporcionada en las páginas anteriores se desprende que más de la mitad de la población española ahorra una parte de sus ingresos, cantidad que el 50% (31,9 + 17,9) de los ahorradores la sitúan entre 60 y 300 Euros mensuales (cuadro 4.2). Sin embargo, estas cifras no son estáticas, puesto que un 15% de los entrevistados esperan aumentar su nivel de ahorro el próximo año, aspecto que lleva a concluir con la afirmación que el ahorro es importante para la mayor parte de la población española.

CUADRO 4.4.
Posición personal ante el ahorro

P.19   Actualmente, ¿cuál es su posición personal ante el ahorro...?

	%
Puedo y quiero ahorrar	43,4%
Puedo pero no quiero	3,2%
No puedo pero quisiera	50,6%
No puedo pero tampoco quiero	2,8%
Total (número de casos)	2.174

Fuente: elaboración propia.

Otra forma de conocer la importancia del ahorro es analizar los resultados mostrados en el cuadro 4.4, donde se pone de manifiesto que un 94% (43,4 + 50,6) de la población española desea ahorrar, aunque tan sólo un 43% es capaz de hacerlo. Tan sólo un 6% (3,2 + 2,8) de los entrevistados señalan que no desean ahorrar, si bien es verdad que la mitad de éstos tampoco pueden hacerlo aunque quisieran. No deja de ser sorprendente la gran importancia del ahorro en la sociedad española, mucho más cuando diversas investigaciones han puesto de manifiesto que en las sociedades actuales el ahorro es cada vez menor.

Una tercera forma para conocer la importancia del ahorro en la sociedad española es preguntar a los entrevistados si piensan que el ahorro es importante para la gente que les rodea, conocer su opinión del ahorro a través de la "técnica proyectiva de la tercera persona" y que se fundamenta en preguntar no lo que piensa el entrevistado sino haciendo referencia a lo que este cree que piensan sus conocidos. Diversas investigaciones han demostrado que "preguntar sobre acciones de vecinos y conocidos" hace que el entrevistado "proyecte" sus propias opiniones sin un sentimiento de presión para dar una respuesta (Green y Tull, 1998). El análisis de la primera parte del cuadro 4.5 desvela que para el 26,6% de los entrevistados el ahorro es muy importante, mientras que casi la mitad de la población cree que el ahorro es bastante importante. Tan sólo un 18,6% considera que el ahorro es poco importante.

CUADRO 4.5.
IMPORTANCIA DEL AHORRO EN LA SOCIEDAD ESPAÑOLA

P.17   Hoy en día, ¿diría usted que para la gente el ahorro es...?

	%
Muy importante	26,6%
Bastante importante	49,6%
Poco importante	18,6%
Nada importante	5,2%
Total (número de casos) 2.174	

P.18   Y hace algunos años (aproximadamente cinco), ¿usted hubiera dicho que para la mayoría de la gente el ahorro era...?

	%
Muy importante	32,2%
Bastante importante	50,0%
Poco importante	14,8%
Nada importante	3,0%
Total (número de casos) 2.174	

Fuente: elaboración propia.

Sin embargo, el análisis de la segunda parte muestra también que esta importancia del ahorro era superior hace unos años: un 32,2% de los entrevistados consideran que hace cinco años el ahorro era muy importante, frente al 26,6% que en la actualidad lo cree. Cinco años antes tan sólo un 14,8% consideraba el ahorro como poco importante, frente al 18,6% que elige esta opción en el momento actual. La diferencia entre ambas distribuciones es significativa al nivel de confianza del 95%.

El análisis realizado hasta el momento proporciona una descripción de las pautas y actitudes de la población española hacia el ahorro, ahora bien, ¿las personas que más ahorran son también las que tienen mayores perspectivas de ahorro?, o el ahorro presente no tiene ninguna relación con el ahorro futuro. Dicho de otra forma, ¿existe alguna relación entre el nivel ahorro familiar y las perspectivas de ahorro futuro? Del mismo modo podríamos preguntarnos por la relación entre las pautas de ahorro y la actitud hacia éste, planteando hasta qué punto son conceptos relacionados. La resolución de estas preguntas precisa realizar cruces de tablas dos a dos o, más sencillo, analizar todas las variables en un análisis de correspondencias múltiples.

4.4.3 Proceso de realización del análisis de correspondencias múltiples con el programa estadístico SPSS

Aunque el análisis efectuado hasta el momento permite resolver las hipótesis planteadas, existe una forma de resolución más sencilla utilizando el análisis factorial de correspondencias múltiples. Recuérdese que este análisis es una generalización del análisis de correspondencias simples para más de dos variables categóricas, seis en el caso actual. En los últimos párrafos del segundo apartado fueron señalados algunos aspectos diferenciadores del análisis de correspondencias múltiples, destacando que uno de los más importantes es que el punto de partida no es una tabla de contingencia sino una tabla disyuntiva completa que posteriormente es transformada en una tabla de Burt. En la tabla 4.15 se muestra una parte de la tabla de Burt elaborada con las respuestas de las preguntas mostradas en las páginas anteriores.

En la medida que el número de variables utilizadas en este análisis no es muy grande existe la posibilidad de obtener un análisis de correspondencias múltiples analizando la tabla de Burt con el programa de correspondencias simples (Cornejo, 1988; Abascal y Grande, 1989; Joaristi y Lizasoáin, 2000), aunque no se procederá de esta forma puesto que el objetivo aquí es ilustrar la utilización del análisis de correspondencias múltiples con el SPSS. Tan sólo se deseaba informar al lector de la existencia de esta posibilidad.

	P14		P15				P16			P17				P18
P14	1	2	1	2	3	4	1	2	3	1	2	3...	4	1
1	777	0	2	14	129	632	71	460	164	204	390	140	4	...
2	0	1397	30	289	887	191	262	771	281	374	689	265	69	...
P15														
1	2	30	32	0	0	0	7	15	8	11	13	8	0	...
2	14	289	0	303	0	0	63	163	65	68	168	58	9	...
3	129	887	0	0	1016	0	142	592	219	287	478	193	58	...
4	632	191	0	0	0	823	121	461	153	212	420	146	45	...
P16														
1	71	262	7	63	142	121	333	0	0	117	159	51	6	...
2	460	771	15	163	592	461	0	1231	0	294	637	241	59	...
3	164	281	8	65	219	153	0	0	445	117	196	91	41	...
P17														
1	204	374	11	68	287	212	117	294	117	578	0	0	0	...
2	390	689	13	168	478	420	159	637	196	0	1079	0	0	...
3	140	265	8	58	193	146	51	241	91	0	0	405	0	...
4	3	69	0	9	58	45	6	59	41	0	0	0	112	...
P18														
1	...	...	...	...	...	...	...	...	...	...	...	...	...	...
2	...	...	...	...	...	...	...	...	...	...	...	...	...	...

Tabla 4.15. Tabla de Burt con los datos del ejemplo

Para realizar un análisis de correspondencias múltiples con SPSS se marca con el ratón en la función *Analizar*, posteriormente se selecciona el submenú *Reducción de datos*, y por último *Escalamiento óptimo*. Este proceso muestra la figura 4.12 donde, por defecto, aparece marcado el análisis de correspondencias múltiples. Cambiando el nivel para el escalamiento óptimo y el número de conjuntos de variables es posible realizar un análisis de componentes principales categóricos o una correlación canónica no lineal.

Analizar→Reducción de datos→Escalamiento óptimo...

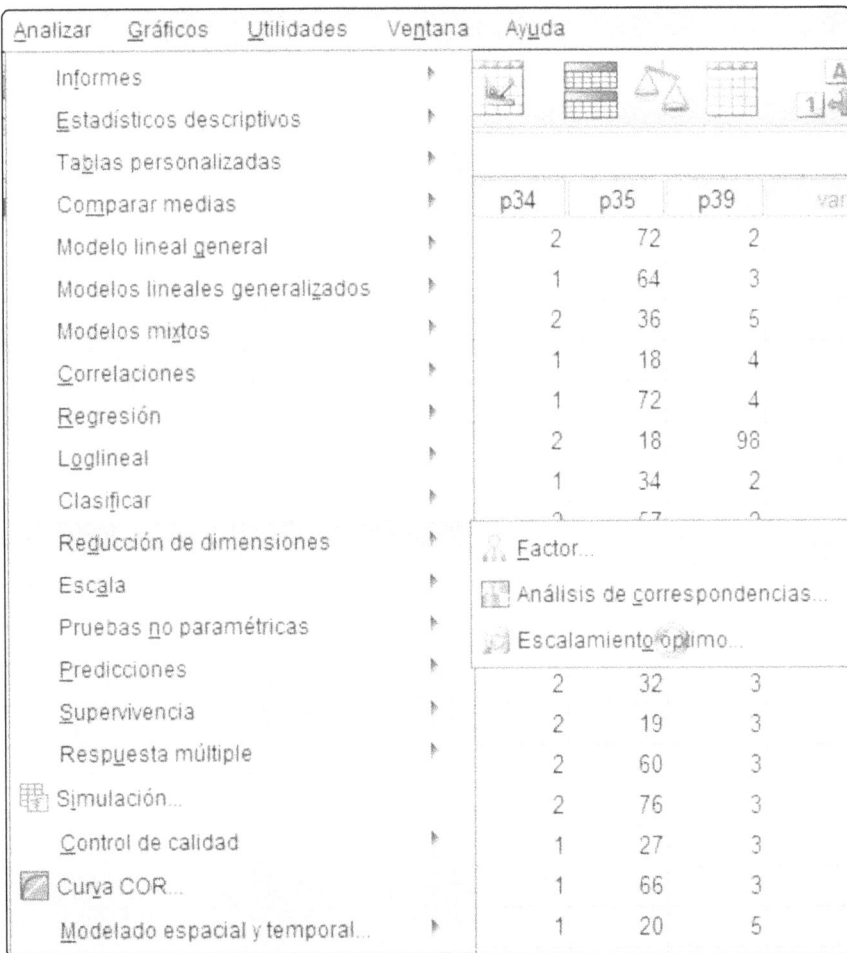

Analizar	Gráficos	Utilidades	Ventana	Ayuda

		p34	p35	p39	var
Informes	▸	2	72	2	
Estadísticos descriptivos	▸	1	64	3	
Tablas personalizadas	▸	2	36	5	
Comparar medias	▸	1	18	4	
Modelo lineal general	▸	1	72	4	
Modelos lineales generalizados	▸	2	18	98	
Modelos mixtos	▸	1	34	2	
Correlaciones	▸	2	57	2	
Regresión	▸				
Loglineal	▸	Factor...			
Clasificar	▸	Análisis de correspondencias...			
Reducción de dimensiones	▸	Escalamiento óptimo...			
Escala	▸	2	32	3	
Pruebas no paramétricas	▸	2	19	3	
Predicciones	▸	2	60	3	
Supervivencia	▸	2	76	3	
Respuesta múltiple	▸	1	27	3	
Simulación...		1	66	3	
Control de calidad	▸	1	20	5	
Curva COR...					
Modelado espacial y temporal...	▸				

Figura 4.11.

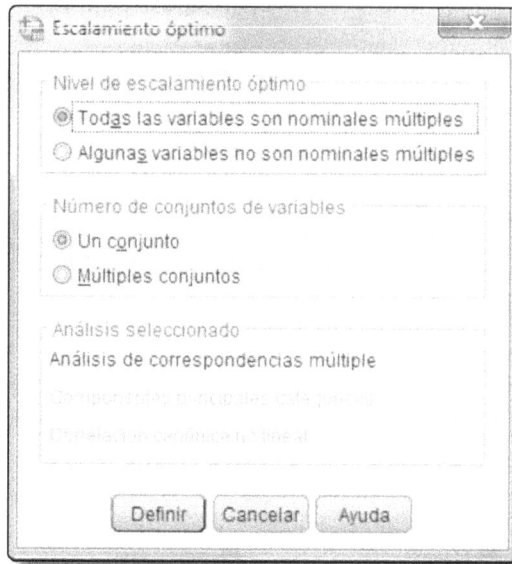

Figura 4.12. Cuadro de diálogo Escalamiento óptimo

　　　Una vez elegido un procedimiento dentro del cuadro del diálogo de la figura 4.12, en este caso el especificado por defecto, pulsando el botón *Definir* se accede al menú principal del análisis de correspondencias múltiples (figura 4.13). Para realizar el análisis es necesario seleccionar varias variables (dos como mínimo) e introducirlas en la ventana superior rotulada con la palabra *Variables del análisis*. En este ejemplo han sido seleccionadas las variables p14, p15, p16, p17, p18 y p19. Es posible cambiar la ponderación de cada variable pulsando el botón bajo la primera ventana de la figura, así como introducir variables suplementarias o ilustrativas (parte central de la figura 4.13); en este caso sexo y nivel de ingresos.

　　　En la parte inferior de la figura 4.13 aparece una ventana, rotulada con la frase *Variables de etiquetado*, para etiquetar los puntos de los objetos en el gráfico. En este ejemplo se ha seleccionado la variable edad, que permitirá solicitar gráficos donde los sujetos representados estarán definidos por esta variable[49], tal y como se mostrará más adelante. Aunque aquí únicamente se ha utilizado la variable edad para *etiquetar* los gráficos, es posible introducir más variables que proporcionarán distintos gráficos en los que los puntos aparecerán etiquetados con los valores de cada variable. La única restricción es que el programa no permite utilizar como etiquetado

---

49　En la práctica hubiera sido mejor haber introducido esta como suplementaria, si bien se ha procedido de esta forma con el fin de mostrar otros aspectos del programa.

una variable que haya sido previamente introducida en el análisis; aunque es posible utilizar una variable que sea una *copia* de ésta. Recordemos que la opción *Calcular* del menú *Transformar* permite hacer copias de variables (ver Díaz de Rada, 2009).

Analizar→Reducción de datos→Escalamiento óptimo... (Todas variables son nominales múltiples, un conjunto de variables)

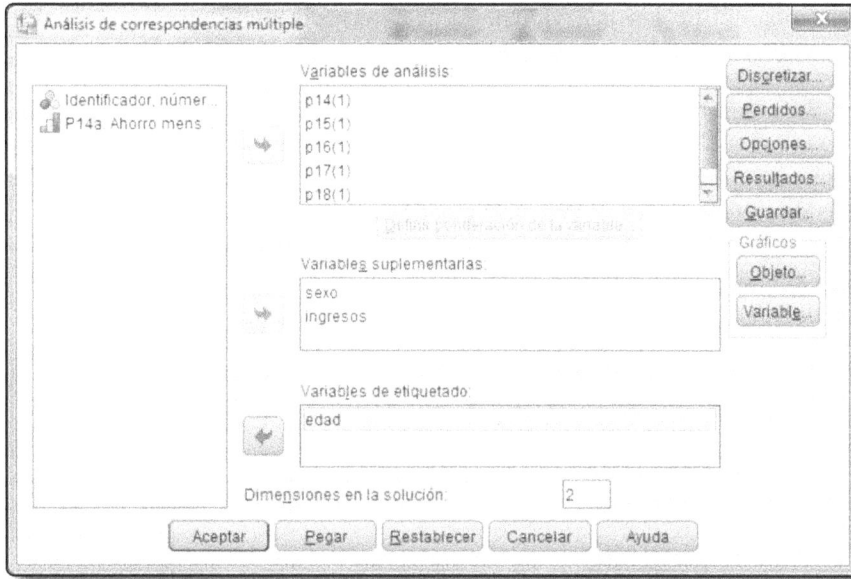

Figura 4.13. Cuadro de diálogo análisis de correspondencias múltiples

Volviendo a la figura 4.13, la ventana inferior está reservada para solicitar el número de dimensiones en la solución. El número máximo de dimensiones es el número total de categorías menos el número de variables, o el número de casos menos 1, el valor que sea menor (SPSS, 1990: B-51). Las seis variables del ejemplo utilizado ofrecen un número máximo de dimensiones de 16, obtenido tras restar a la suma de categorías el número de preguntas [(2 + 4 + 4 + 4 + 4 + 4) – 6]. Los 2.174 entrevistados menos 1 ofrecen un número de dimensiones de 2.173. El valor menor es el primero, de modo que el número máximo de dimensiones es 16. Las dificultades para interpretar este elevado número de dimensiones, unido a la propia lógica del análisis factorial, lleva a elegir el mínimo número de dimensiones necesarias para explicar la mayor parte de la variabilidad. En este caso se elegirá la opción por defecto, dos dimensiones.

A continuación serán expuestas cada una de las opciones a las que se accede con los botones de la parte derecha del menú principal de correspondencias múltiples.

El botón *Discretizar* da paso a un cuadro de diálogo para seleccionar el método de recodificación de las variables. Como se muestra en la figura 4.14 el recuadro *Método* presenta tres opciones: *Agrupación, Clasificación* y transformación multiplicando los valores originales (*Multiplicación*). El primero ofrece la posibilidad de discretizar en un número concreto de categorías o una recodificación por intervalos y, para ello, permite llevarlo a cabo señalando el número deseado de categorías y el tipo de distribución (normal o uniforme), o con intervalos iguales (en este caso es necesario elegir la longitud de los intervalos). El segundo (clasificación) lleva a cabo una discretización asignando rangos a los casos.

En este primer modelo, realizado tras explicar la selección de las variables a incluir en el análisis de correspondencias múltiples no se llevará a cabo ninguna transformación, quedándose "sin especificar" (opción por defecto). Para cambiar el modo de discretización hay que seleccionar la/s variable/s, lo que hace que el botón *Cambiar* se active. A continuación se elige el método deseado y se pulsa el botón *Cambiar* situado a la izquierda. A continuación se activa el botón *Continuar*, que permite volver al menú principal mostrado en la figura 4.13.

Analizar→Reducción de datos→Escalamiento óptimo... Botón *Discretizar*

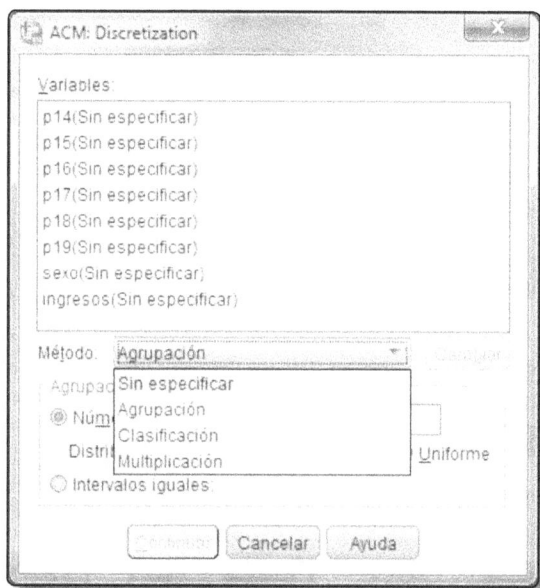

Figura 4.14. Cuadro de diálogo análisis de correspondencias múltiples: Discretización

Siguiendo con la exposición de las opciones a las que se accede con los botones de la parte derecha, el botón *Perdidos* abre un cuadro de diálogo para el tratamiento de los valores no conseguidos (figura 4.15). El programa ofrece la posibilidad de excluirlos, imputarlos, así como excluir objetivos con valores perdidos en determinadas variables. Nuestra recomendación es no utilizar la imputación del programa, realizando el reemplazo de valores perdidos utilizando modelos más sofisticados que los que ofrece el SPSS (ver, por ejemplo, Rivero Rodríguez, 2011). Si no se dispone del tiempo y los recursos para proceder de esta forma, una solución alternativa sería utilizar la opción *Excluir casos perdidos… Categoría adicional*, que generaría una categoría adicional con los valores imputados. La opción por defecto es *Excluir valores moda*, aunque en este ejemplo se optará por *Excluir los objetos*.

Para ello deben seleccionarse las variables y pulsar en la opción *Excluir objetos con valores perdidos en esa variable*. El proceso de definición y cambio es similar al explicado en el cuadro de diálogo anterior: Selección de variables→elegir estrategia en la parte inferior→botón *Cambiar* y *Continuar*.

Analizar→Reducción de datos→Escalamiento óptimo... Botón *Perdidos*

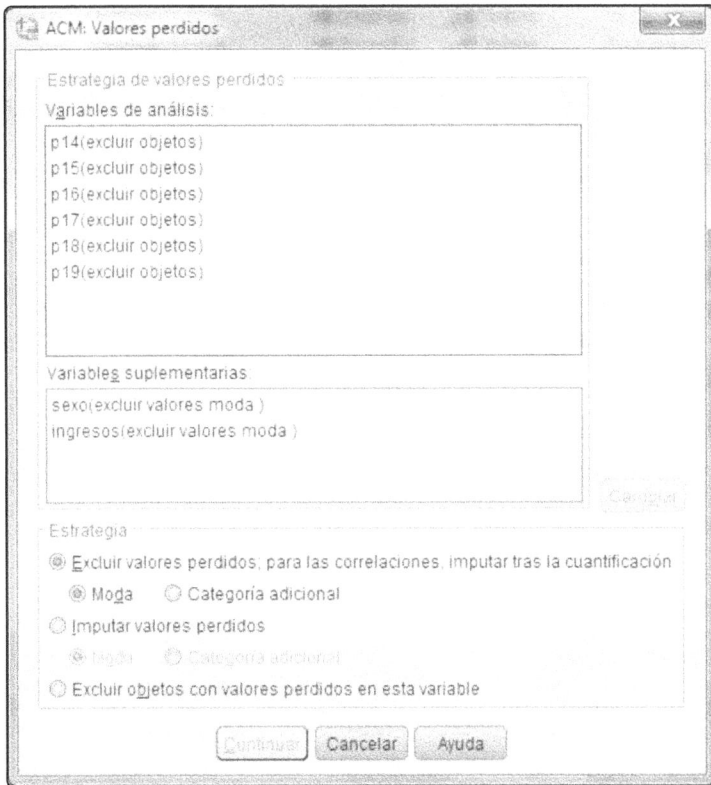

Figura 4.15. Cuadro de diálogo análisis de correspondencias múltiples: Perdidos.

El botón *Opciones* muestra el cuadro de diálogo de la figura 4.16 donde se definen los objetos (casos) suplementarios, el método de normalización, el número máximo de iteraciones y los criterios para convergencia, así como las dimensiones del gráfico y el número de caracteres empleados para la definición de las variables en el gráfico. Por defecto son 20, aunque –con el fin de mejorar la visualización– ha sido reducido a 10.

Hay disponibles seis métodos de normalización para normalizar las puntuaciones de los objetos y variables: 1) *Principal de variable*, que optimiza la asociación entre variables (adecuado cuando el objetivo sea conocer las relaciones entre variables) y que es la opción por defecto; 2) *Principal por objeto*, que optimiza la asociación entre objetos y es adecuado cuando el objetivo sea conocer las diferencias y similaridades entre objetos; 3) *Simétrico*, cuando el interés se centre en la relación entre objetos y variables; 4) *Independiente*, cuando se desea examinar por separado las relaciones entre variables y las distancias entre los objetos; y, 5) *Personalizado*, definido por el usuario. En este ejemplo se ha seleccionado el primero.

Analizar→Reducción de datos→Escalamiento óptimo... Botón Opciones

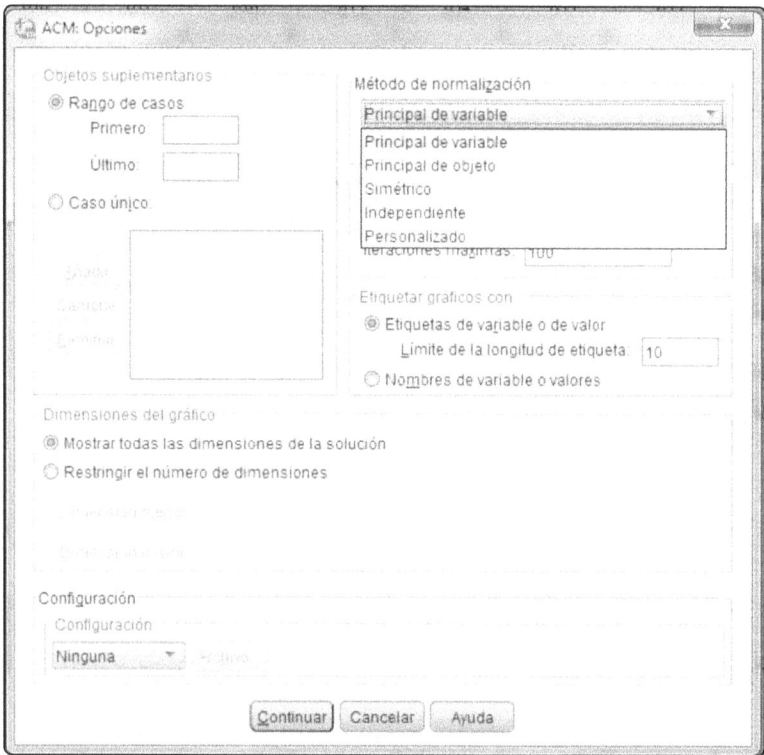

Figura 4.16. Cuadro de diálogo análisis de correspondencias múltiples: Opciones.

Pulsando el botón *Resultados* en el cuadro de diálogo principal es posible obtener las puntuaciones de los objetos, las medidas discriminantes, el historial de iteraciones y las correlaciones de las variables (originales y transformadas). Se han solicitado, tal y como aparece en la figura 4.17, las medidas discriminantes, el historial de iteraciones y las correlaciones de las variables transformadas.

En la parte central del cuadro de diálogo aparecen dos ventanas donde incluir las variables de las que se desea obtener las cuantificaciones y contribuciones de sus categorías (esto es, las variables del análisis), y más abajo otra ventana para solicitar los estadísticos descriptivos. Todas las variables del análisis (activas e ilustrativas) han sido introducidas en ambas ventanas. Cuando se solicitan las puntuaciones de los objetos se activa la parte inferior del cuadro de diálogo con el fin de presentar el valor de cada caso en las variables seleccionadas.

Analizar→Reducción de datos→Escalamiento óptimo... Botón *Resultados*

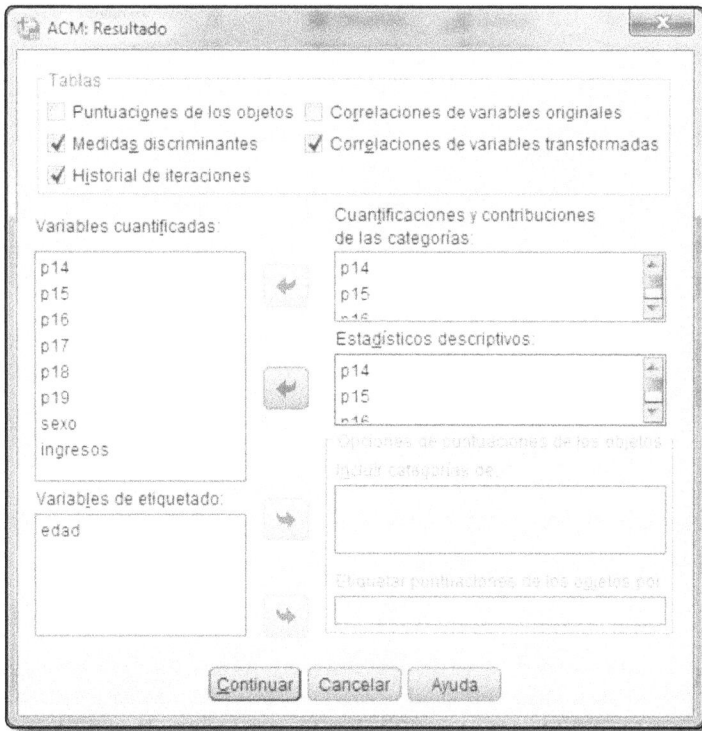

Figura 4.17. Cuadro de diálogo análisis de correspondencias múltiples: Resultados.

El botón *Objeto...*, situado en el menú principal dentro del recuadro *Gráficos*, abre un cuadro de diálogo (ver figura 4.18) para la representación de los casos, pudiendo solicitar una representación de los *Puntos de objetos*, *Objetos y centroides* (formando parte de un diagrama de dispersión con dos dimensiones). Es posible también solicitar un diagrama de dispersión biespacial con determinadas variables, así como etiquetar los objetos según número de caso o variable. En este caso se han solicitado los puntos de objetos etiquetados según el sexo y la edad.

Analizar→Reducción de datos→Escalamiento óptimo... Botón *Gráfico de objetos*

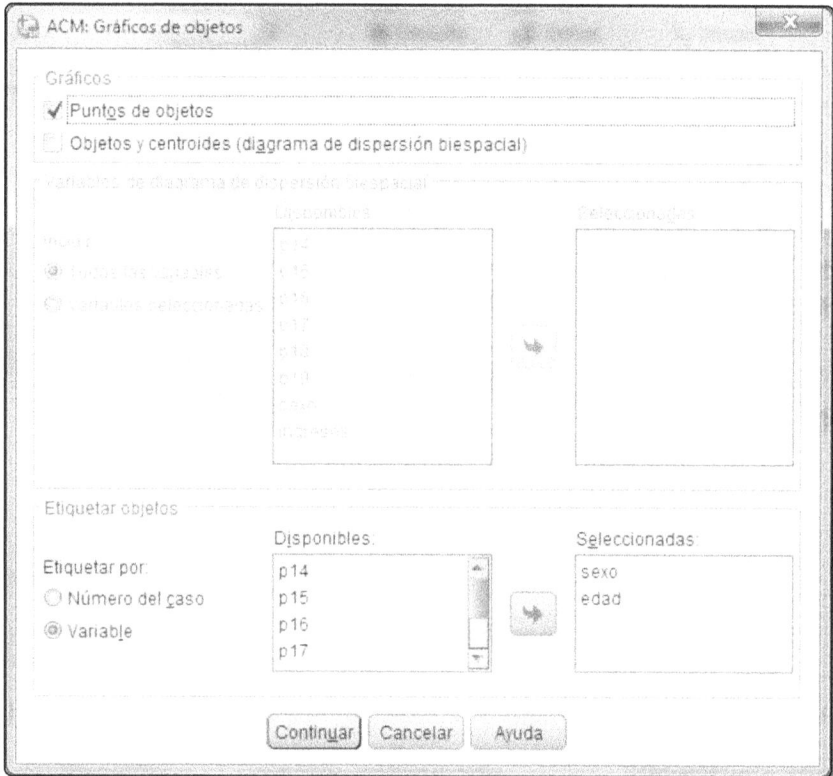

Figura 4.18. Cuadro de diálogo análisis de correspondencias múltiples: Gráficos de objetos.

En el cuadro de diálogo principal (figura 4.13), dentro del recuadro *Gráficos* el botón *Variable...* (situado debajo de *Objeto*) presenta un cuadro de diálogo para fijar la representación gráfica de éstas. En las ventanas de la derecha de la figura 4.19 pueden apreciarse todas sus opciones: *gráficos de categorías, gráficos de categorías conjuntas, gráficos de transformación* y *gráfico para las medidas discriminantes*. Por defecto todas aparecen vacías, y en el presente ejemplo se ha optado por introducir todas las variables en la primera y segunda ventana. La primera produce gráficas separadas de cada variable, mientras que la segunda muestra todos los valores de las variables en el mismo gráfico.

Analizar→Reducción de datos→Escalamiento óptimo... Botón *Gráfico de variables*

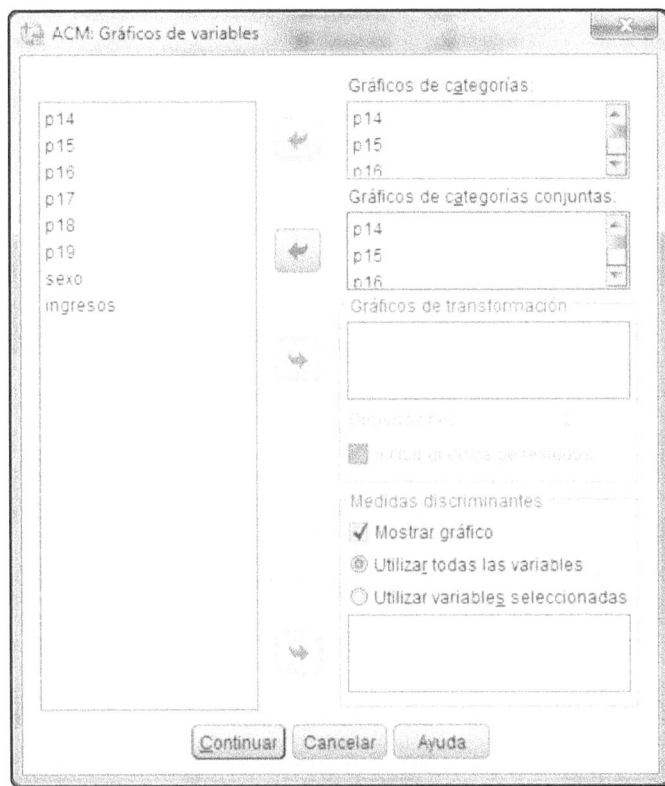

Figura 4.19. Cuadro de diálogo análisis de correspondencias múltiples: Gráfico de variables.

Tras pulsar el botón *Continuar* se accede al menú principal del análisis de correspondencias múltiples, ofreciendo el cuadro de diálogo que se presentó en la figura 4.13. Ahí se pudo apreciar las seis variables introducidas en el análisis, junto con una ilustrativa y otra etiquetando el gráfico con las puntuaciones de los sujetos (p35, edad categorizada). Antes de ejecutar el análisis, y siguiendo la pauta marcada en otros capítulos, se pulsará *Pegar* para realizar un breve comentario de los comandos de sintaxis.

La segunda línea de la figura 4.20 comienza con la instrucción CORRESPONDENCIAS MÚLTIPLES con las variables utilizadas en el análisis. En las líneas tres y cuatro línea se especifica la ponderación de cada variable, donde puede apreciarse que no se ha modificado puesto que todas aparecen con la misma ponderación (*weight*=1). En las líneas numeradas con el cinco y el seis se presentan las opciones elegidas para los valores perdidos que –recuérdese– se ha decidido eliminarlos. A continuación las variables suplementarias/ilustrativas, el número de dimensiones del modelo, el tipo de normalización (principal de variable, *vprincipal*), el número máximo de iteraciones y los criterios para convergencia (opciones mostradas en la figura 4.16, página 236).

En las líneas número doce y trece se presentan los resultados solicitados; concretamente las correlaciones (de las variables transformadas), los estadísticos descriptivos de todas las variables, el historial de iteración, las medidas de discriminación, y las cuantificaciones y contribuciones de las categorías para estas variables. En la penúltima línea aparecen los gráficos elegidos: la puntuación de los objetos según el sexo y la edad, gráficos para cada variable por separado y todas conjuntamente, así como las medidas discriminantes. Todas las etiquetas de los gráficos serán presentadas con una amplitud de 10 dígitos. Las dimensiones de éstas han sido solicitadas en la figura 4.16.

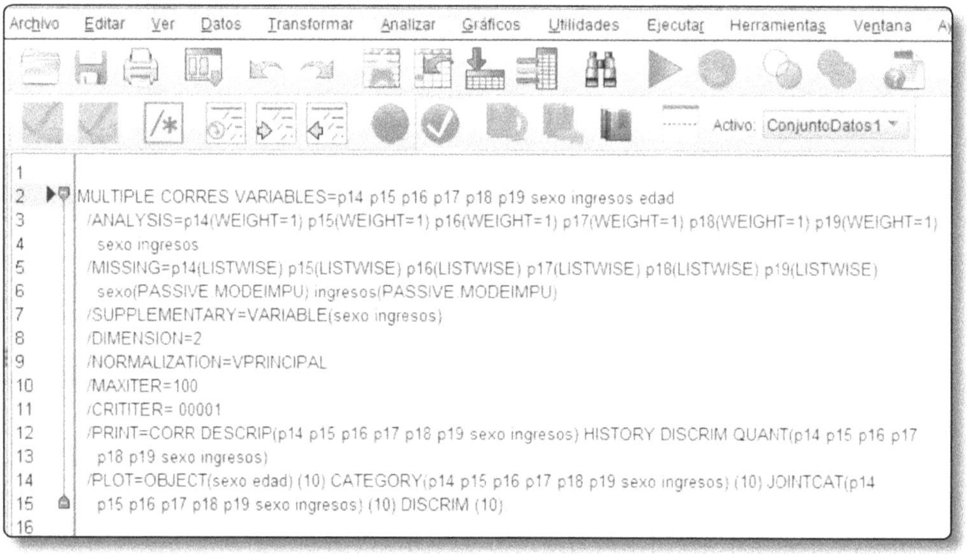

Figura 4.20. Editor de sintaxis: análisis de correspondencias múltiples.

Situados en cualquier parte de la instrucción mostrada en la figura 4.20, basta con pulsar el símbolo *botón-flecha* de la barra de herramientas que se encuentra debajo de *Ejecutar* (el duodécimo botón comenzando a contar desde la izquierda) para que se proceda con el análisis de correspondencias múltiples.

4.4.4 Interpretación de resultados

En primer lugar el programa presenta las frecuencias marginales de todas las variables utilizadas, que permite considerar dos aspectos de importancia capital en el análisis de correspondencias múltiples: la presencia de modalidades con pocos sujetos, y comprobar si existen variables con un elevado número de categorías de respuesta[50]. En la tabla 4.16 se puede apreciar que las variables tienen dos, tres y cuatro categorías, que en principio son adecuadas para llevar a cabo un análisis de correspondencias.

RESUMEN DEL PROCESAMIENTO DE LOS CASOS	
Casos activos válidos	2174
Casos activos con valores perdidos	2173
Casos usados en el análisis	2172

FRECUENCIAS MARGINALES

P14 ¿Cuál de estas dos situaciones es la que se da con más frecuencia en su hogar...?

	FRECUENCIA	
	Datos originales	Datos analizados
Gasta todo mismo mes	777	775
Ahorran una parte[a]	1397	1397
Total	2174	2172

P15. Durante el año pasado, en su casa, ¿se ha ahorrado mucho dinero, bastante, poco o nada?

	FRECUENCIA	
	Datos originales	Datos analizados
Mucho	32	32
Bastante	303	303
Poco	1016	1016
Nada	823	821
Total	2174	2172

P16. En todo caso, ¿cree usted que este año ahorrarán más, igual o menos dinero que el año pasado?

	FRECUENCIA	
	Datos originales	Datos analizados
Ahorrarán más	333	333
Ahorrarán igual[a]	1231	1231

---

50 Aunque es posible realizar una inspección de la distribución de las variables de esta forma, es recomendable llevarlo a cabo antes de utilizar el análisis de correspondencias utilizando, para ello, el análisis exploratorio o –en su defecto– la distribución de frecuencias.

Ahorrarán menos	445	445
No contesta	163	163)
Perdidos (sistema)	2	
Total	2174	2172

P17. Hoy en día, ¿diría usted que para la gente el ahorro es...?

	FRECUENCIA	
	Datos originales	Datos analizados
Muy importante	578	578
Bastante importante	1019	1017
Poco importante	405	405
Nada importante	112	112
Total	2174	2172

P18. Y hace algunos años (aproximadamente cinco), ¿usted hubiera dicho que para la mayoría de la gente el ahorro era...?

	FRECUENCIA	
	Datos originales	Datos analizados
Muy importante	700	700
Bastante importante	1088	1086
Poco importante	321	321
Nada importante	65	65
Total	2174	2172

P19. Actualmente, ¿cuál es su posición personal ante el ahorro...?

	FRECUENCIA	
	Datos originales	Datos analizados
Puedo y quiero ahorrar	944	944
Puedo pero no quiero	70	70
No puedo pero quisiera	1100	1098
Ni puedo ni quiero	60	60
Total	2174	2172

a. Moda.

b. Estrategia para valores perdidos: Excluir objetos con valores perdidos.

Tabla 4.16. Estadísticos descriptivos

Respecto a la existencia de categorías con pocos sujetos, los análisis marginales muestran presencias elevadas en todas las modalidades, a excepción de la opción "mucho" en la variable p15, las respuestas "nada importante" de la p17 y p18, y la categoría segunda ("puedo pero no quiero") y cuarta ("ni puedo ni quiero") de la p19. Se analizará en detalle cada una de estas situaciones:

▶ Variable p15: los 32 entrevistados que se posicionan en la primera categoría son un 1,5% de la muestra, por lo que se considera conveniente unir las opciones "mucho" y "bastante", obteniendo así una modalidad elegida por 335 personas. Para hacerlo debe utilizarse la función *Transformar→Recodificar en distintas variables*, que abre un cuadro de diálogo donde se solicita la variable a modificar y la nueva variable (figura 4.21). Introducida esta información, tal y como se muestra en la figura 4.22, pulsando el botón *Cambiar* el nombre de la nueva variable aparecerá en la ventana central

Transformar→Recodificar en distintas variables…

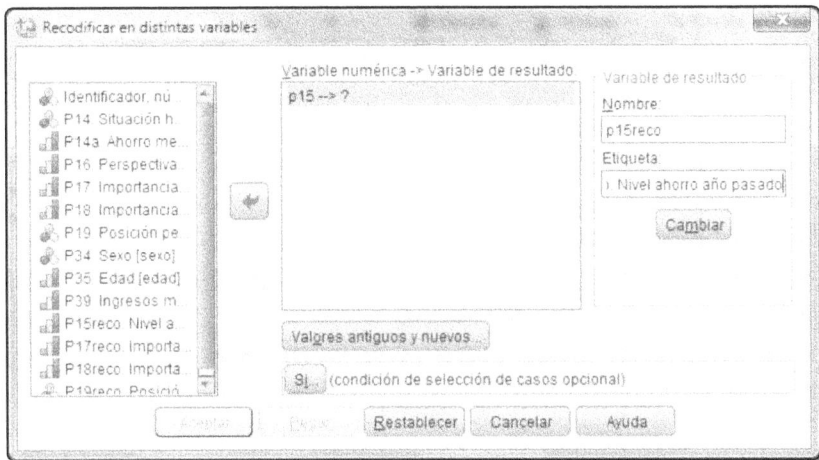

Figura 4.21. Cuadro de diálogo Recodificar en las mismas variables: Guardar.

Pulsando el botón *Valores antiguos y nuevos* aparece un cuadro de diálogo (figura 4.22) para indicar que el valor 1 y 2 ("mucho" y "bastante") se agregan en un solo valor, el 3 ("poco") adoptará a partir de ahora el código 2, y el 4 ('nada') el valor 3. Para ello hay que colocar el valor antiguo (por ejemplo 1 y 2) en la ventana de la izquierda, el nuevo en la derecha (valor 1), y pulsar el botón *Añadir*[51]. Posteriormente se repite este proceso con la categoría 3, asignando el 2 como valor nuevo; y con la cuarta, que adopta el valor 3.

---

51   Si se pulsa el botón Continuar antes de Añadir el programa no llevará a cabo el cambio de valores; y avisando de la situación con el siguiente mensaje: *Se perderá cualquier operación de de Añadir o Cambiar pendiente*.

Respecto a las personas que no han respondido, codificadas con el 9, pueden ser cambiadas por otro valor o, si no se indica nada, no serán trasladadas a la nueva variable.

Transformar→Recodificar en distintas variables…
Botón *Valores antiguos y nuevos*

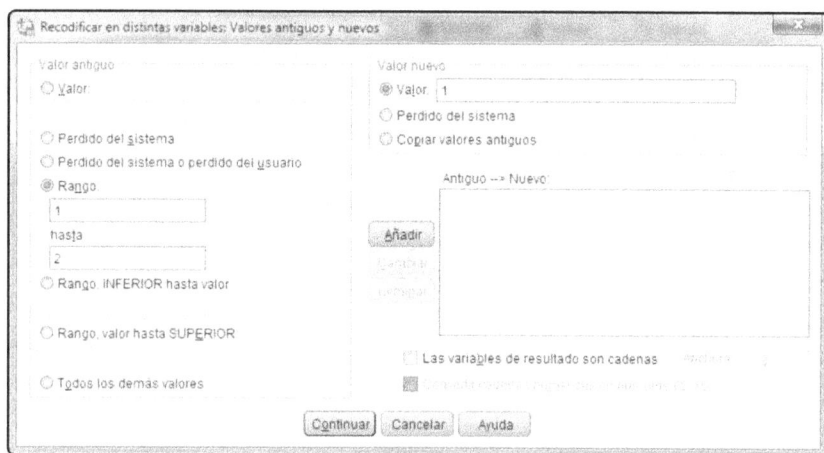

Figura 4.22. Cuadro de diálogo Recodificar en las mismas variables: Botón Valores antiguos y nuevos

Una vez creada la nueva variable faltaría definir los valores de cada una de las categorías. Para ello, situados en la *Vista de variables*, hay que pulsar sobre la parte derecha de la celdilla en la columna valores, que abre un cuadro de diálogo para identificar las categorías de la nueva variable (figura 4.23). Colocado el nuevo valor y la etiqueta, el botón *Añadir* permite validar la definición. Colocados todos, el botón *Aceptar* permite proceder con otros análisis[52].

---

52   Si se pulsa el Aceptar antes de realizar toda la asignación de categorías, sucederá lo que se ha señalado en la nota a pie anterior. Un análisis más detallado de este proceso se realiza en Díaz de Rada (2009).

Doble clic sobre la celdilla *Valores* en la fila de la nueva variable

Figura 4.23. Introducción de valores en una nueva variable

▶ Volviendo al tema del caso práctico, a continuación es el turno de las variables p17 y p18: en la variable p17 tan sólo 112 personas consideran el ahorro *nada importante*, número que desciende a 65 en la p18. En ambas variables se han unido estas modalidades con su categoría contigua, 'poco importante', obteniendo una categoría de personas que consideran el ahorro 'nada y poco importante' elegida por 517 personas en p17, y por 386 en p18.

▶ Variable p19: el escaso número de personas que no quieren ahorrar (categorías 2 y 4) ha recomendado unir las dos primeras opciones, elegidas por las personas que pueden ahorrar (944+70); así como la tercera y cuarta que tienen en común la imposibilidad de ahorrar (1100+60). De este modo esta variable queda convertida en una variable dicotómica, cuyo primer valor agrupa a los entrevistados que pueden ahorrar (1014), y el segundo a los que no pueden hacerlo (1160).

En síntesis, se han unido las categorías "mucho" y "bastante" de la pregunta "P15reco", en la "P17reco" y "P18reco" se han colocado en la misma categoría los que consideran el ahorro "poco" y "nada importante" y en la "P19reco" se ha diferencia los que "pueden ahorrar' (ahorren o no, categorías 1 y 2) de los que "no pueden" hacerlo (categorías 3 y 4). La sensibilidad del análisis de correspondencias múltiples a las categorías con pocos casos, como ya se señaló en el párrafo anterior a la tabla 4.3 –recuérdense las recomendaciones de Di Franco (201) y García y

Grande (2005)– ha generado también que sean eliminados los entrevistados que no proporcionan respuesta (no contesta). Esta situación sucede únicamente en la pregunta 16 por lo que se pulsará sobre la parte derecha del recuadro de esta fila en la columna *Perdidos*, que abre un cuadro de diálogo para identificar los valores que no serán considerados en los análisis (figura 4.24). En este caso, donde la respuesta "No contesta" ha sido definido con el 9, bastará con introducirlo y pulsar el botón *Aceptar*.

Doble clic sobre la celdilla *Perdidos* en la fila de la variable afectada.

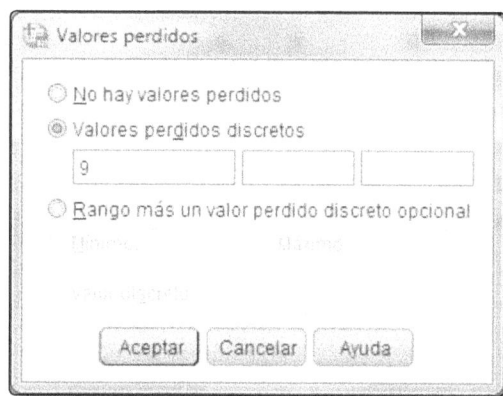

Figura 4.24. Definición como Perdido en una variable el valor 9.

Tras llevar a cabo las transformaciones se realiza de nuevo el análisis. El programa vuelve a presentar las nuevas frecuencias marginales, que no serán mostradas aquí por problemas de espacio, reseñando tan sólo que esta situación implica la pérdida de 166 casos, al reducirse la muestra de las 2.174 personas entrevistadas a 2.008 que ha proporcionado una respuesta a la pregunta 16 (recordar las implicaciones de la "eliminación según lista" del segundo y tercer capítulo).

Tras las frecuencias marginales se muestra el *historial* del proceso de homogeneización, mostrando las distintas iteraciones que el programa considera necesarias para alcanzar una solución de convergencia (tabla 4.17). En la columna de la derecha aparece la diferencia entre las iteraciones consecutivas[53], interrumpiéndose el proceso cuando la diferencia sea menor que el valor de convergencia.

---

53 Por motivos de espacio se han colocado las siete primeras y las siete últimas.

Número de iteración	Varianza contabilizada para		
	Total	Aumentar	Pérdidas
1	,004561	,004561	5,995439
2	1,495298	1,490737	4,504702
3	1,603376	,108077	4,396624
4	1,653947	,050571	4,346053
5	1,690069	,036122	4,309931
6	1,716028	,025959	4,283972
7	1,732901	,016874	4,267099
8	..	..	..
9	..	..	..
...	..	..	..
39	1,883606	,000075	4,116394
40	1,883658	,000052	4,116342
41	1,883695	,000037	4,116305
42	1,883720	,000026	4,116280
43	1,883738	,000018	4,116262
44	1,883751	,000013	4,116249
45[a]	1,883760	,000009	4,116240

a El proceso de iteración se ha detenido porque se ha alcanzado el valor de prueba de convergencia.

Tabla 4.17. Historial de iteraciones

Tras el historial de iteraciones se muestra el resumen del modelo (tabla 4.18), donde se presenta el valor Alpha de Cronbach, los autovalores de cada dimensión, el porcentaje de inercia total y el explicado por cada factor. En este caso el primer factor explica el 36,2% y el segundo un 26,6%; lo que supone una explicación conjunta del 62,8%. Este último valor, teniendo en cuenta que se obtiene con dos factores, implica una contribución media de 0,314 por cada factor (0,628/2). El hecho de haber conseguido este nivel de ajuste con 45 iteraciones, de las 100 disponibles, demuestra la dificultad con la que se ha conseguido homogeneizar las modalidades objeto de estudio.

Dimensión	Alfa de Cronbach	Varianza contabilizada para		
		Total (autovalor)	Inercia	% de varianza
1	,648	2,173	,362	36,211
2	,448	1,595	,266	26,581
Total		3,768	,628	
Media	,563[a]	1,884	,314	31,396

a. La media de alfa de Cronbach se basa en la media de autovalor.

Tabla 4.18. Resumen del modelo

Debe tenerse en cuenta que estas dos dimensiones proporcionan una interpretación en función de distancias, de modo que cuando una variable discrimine adecuadamente está indicando que los sujetos están cerca de las categorías a las que pertenecen. La situación ideal es que los sujetos de la misma categoría estén cerca los unos de los otros (tengan puntuaciones similares), y las categorías de las diferentes variables estén cerca cuando hayan sido elegidas por los mismos sujetos (Meulman y Heiser, 2012).

A continuación aparecen las *cuantificaciones* de las categorías, esto es, sus coordenadas en cada uno de los factores y su representación gráfica (serán analizadas más adelante) y posteriormente las medidas de discriminación de las variables en cada dimensión; la varianza de la variable al ser cuantificada óptimamente en una determinada dimensión (tabla 4.19[54]). Cuanto más alta sea la medida de discriminación de una variable en una dimensión mayor será la importancia de esta variable dentro del factor. El valor máximo es la unidad, e indica que todas las puntuaciones de los sujetos caen en grupos mutuamente excluyentes, y que dentro de cada grupo todas las puntuaciones son idénticas (Meulman y Heiser, 2011).

Para determinar la dimensión en la que cada variable tiene un mayor poder discriminante se comparan los valores obtenidos por cada variable en las distintas dimensiones. Al igual que se vio en los análisis factoriales anteriores, la situación ideal es que una variable tenga un valor alto en una dimensión y bajo en el resto, algo que ocurre en la mayor parte de las variables, a excepción de la p16. Del gráfico 4.6 se desprende que las variables p14, p15 y p19 están muy relacionadas con la primera dimensión, mientras que p17 y p18 muestran más relación con la segunda.

---

54 Las medidas de discriminación aparecen al final de los resultados, pero se ha adelantado su interpretación por su gran relevancia para conocer el ajuste del modelo. Tal y como se señaló anteriormente, con el objetivo de mejorar la interpretación la exposición de resultados difieren de la secuencia en la que aparecen.

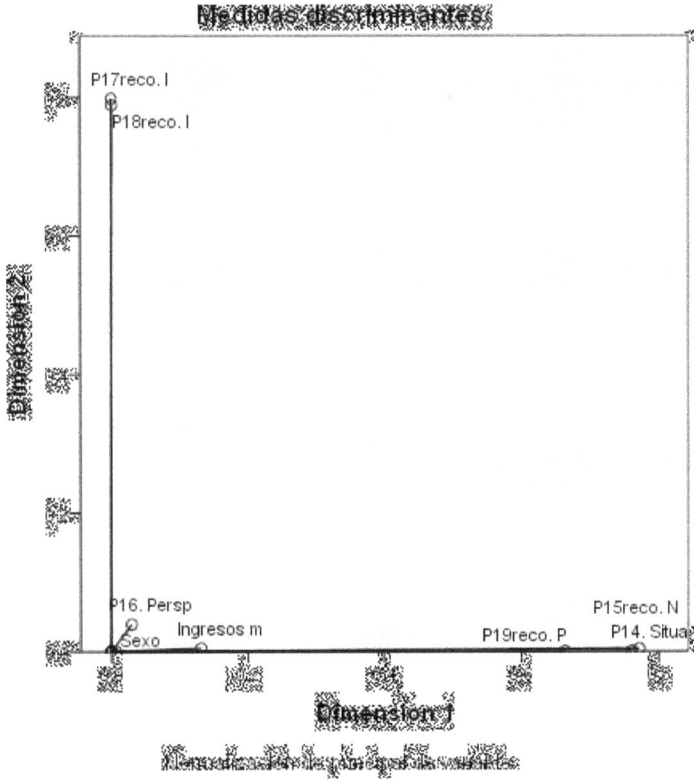

Gráfico 4.6. Representación de las medidas de discriminación

La tabla 4.19 presenta los valores de la representación del gráfico 4.6, donde se aprecia que las variables que explican mayor cantidad de la primera dimensión son la p15 y la p14, con valores relativamente cercanos a la unidad, aunque la p17 y p18 presentan los valores más altos (ambas situadas en la segunda dimensión). Obsérvese, por otro lado, la escasa aportación de p16, muy cercana al origen, lo que está indicando un bajo poder discriminatorio, si bien discrimina algo más en la segunda dimensión que en la primera (valores 0,045 y 0,035 respectivamente). Por este motivo sería mejor eliminarla del análisis[55], al igual que se procedió con el análisis de componentes.

---

55 Por este motivo no fueron analizadas las cuantificaciones de las categorías, por la conveniencia de realizar un segundo modelo.

	Dimensión		
	1	2	Media
P14. Situación hogar: ahorro/no ahorro	,735	,002	,369
P15reco. Nivel ahorro año pasado	,748	,006	,377
P16. Perspectivas de ahorro durante año actual	,035	,046	,041
P17reco. Importancia del ahorro hoy en día	,003	,775	,389
P18reco. Importancia del ahorro hace algunos años	,002	,765	,383
P19reco. Posición personal ante el ahorro	,650	,001	,325
Sexo[a]	,006	,000	,003
Ingresos mensuales hogar[a]	,123	,006	,065
Total activo	2,173	1,595	1,884
% de varianza	36,211	26,581	31,396
a Variable suplementaria/ilustrativa.			

Tabla 4.19. Medidas de discriminación

El modelo sin p16 consigue un ajuste notablemente superior, al converger en 18 iteraciones, la mitad que el modelo anterior, y llegar a explicar el 75,2% de la inercia (tabla 4.20). Se trata, por otro lado, de un análisis realizado con más parte de la muestra al pasar de 2.008 a 2.173 casos; producido porque la pregunta p16 tenía 165 entrevistados que no proporcionaron ninguna respuesta En la tabla 4.21 se muestran las medidas de discriminación donde puede apreciarse que todas las variables tienen un valor alto en una dimensión y bajo en el resto. No se muestra el gráfico por su similaridad al 4.6, pero sin la variable p16.

Dimensión	Alfa de Cronbach	Varianza contabilizada para		
		Total (autovalor)	Inercia	% de varianza
1	,675	2,172	,434	43,444
2	,462	1,587	,317	31,734
Total		3,759	,752	
Media	,585[a]	1,879	,376	37,589
a. La media de alfa de Cronbach se basa en la media de autovalor.				

Tabla 4.20. Resumen del modelo (Eliminada p16)

Analizando el contenido de las distintas proposiciones podría decirse que la primera dimensión está enfatizando las pautas de ahorro; el hecho de ahorrar o no ahorrar (p14 "Situación del hogar: ahorro /no ahorro", p15 "nivel de ahorro en el año anterior"; y p19 "poder/no poder ahorrar"); mientras que la segunda dimensión está reflejando la actitud hacia el ahorro (p17 "importancia del ahorro hoy en día", y p18 "importancia del ahorro respecto a los últimos cinco años"). Para terminar el comentario sobre las medidas de discriminación, señalar que la suma de estas medidas en cada dimensión equivale al autovalor de la dimensión[56], mientras que la media es la suma de cada una dividida entre dos.

	Dimensión		Media
	1	2	
P14. Situación hogar: ahorro/no ahorro	,745	,000	,372
P15reco. Nivel ahorro año pasado	,773	,004	,389
P17reco. Importancia del ahorro hoy en día	,000	,792	,396
P18reco. Importancia del ahorro hace algunos años	,001	,791	,396
P19reco. Posición personal ante el ahorro	,653	,000	,326
Sexo[a]	,007	,000	,003
Ingresos mensuales hogar[a]	,123	,003	,063
Total activo	2,172	1,587	1,879
% de varianza	43,444	31,734	37,589
a Variable suplementaria/ilustrativa.			

Tabla 4.21. Medidas discriminantes (Sin p16)

En la tabla 4.22 se muestran las frecuencias marginales y las cuantificaciones de las categorías, esto es, el promedio de las puntuaciones de los objetos en cada categoría para las diferentes dimensiones. Las cuantificaciones de las categorías permiten mejorar la interpretación de los resultados. Tomando como ejemplo la variable p14, el valor 1,157 de la primera categoría en el factor 1 es la media de las puntuaciones en esta dimensión de las 777 personas que se gastan todo en el mismo mes. Estos valores son similares a las coordenadas del análisis de correspondencias simples, y con ellos se elabora las ilustraciones mostradas en el gráfico 4.7. Al igual que en el análisis de correspondencias simples, en el origen de coordenadas se encuentran las categorías similares al valor medio de cada variable, mientras que las categorías más alejadas del origen se caracterizan por su gran contribución en la definición de cada dimensión. Más concretamente, las categorías más alejadas están indicando una homogeneidad máxima entre los sujetos dentro de cada categoría, y una heterogeneidad importante respecto al resto de categorías.

---

56   Se detalla el cálculo:
Autovalor dimensión 1 = (0,745 + 0,773 + 0,000 + 0,001 + 0,653) = 2,172
Autovalor dimensión 2 = (0,000 + 0,004 + 0,792 + 0,791 + 0,000) = 1,587
Obsérvese que no se consideran las variables ilustrativas.

P14. ¿Cuál de estas dos situaciones es la que se da con más frecuencia en su hogar...?

| | | Coordenadas de centroide | |
| | | Dimensión | |
	Frecuencia	1	2
Gasta todo	777	1,157	0,003
Ahorran	1397	-0,644	-0,002

P15. Durante el año pasado, en su casa, ¿se ha ahorrado mucho dinero, bastante, poco o nada?

| | | Coordenadas de centroide | |
| | | Dimensión | |
	Frecuencia	1	2
Mucho y bastante	335	-1,033	-0,135
Poco	1016	-0,556	0,040
Nada	823	1,680	,006

P17. Hoy en día, ¿diría usted que para la gente el ahorro es...?

| | | Coordenadas de centroide | |
| | | Dimensión | |
	Frecuencia	1	2
Muy importante	578	-0,024	1,456
Bastante importante	1079	0,009	-0,401
Poco y nada importante	517	0,008	-0,791

P18. Y hace algunos años (aproximadamente cinco), ¿usted hubiera dicho que para la mayoría de la gente el ahorro era...?

| | | Coordenadas de centroide | |
| | | Dimensión | |
	Frecuencia	1	2
Muy importante	700	-0,002	1,290
Bastante importante	1088	0,024	-0,606
Poco y nada importante	386	-0,064	-0,631

P19. Actualmente, ¿cuál es su posición personal ante el ahorro...?

| | | Coordenadas de centroide | |
| | | Dimensión | |
	Frecuencia	1	2
Puedo ahorrar	1014	-0,864	0,002
No puedo ahorrar	1160	0,755 -0,002	
Sexo			

	Frecuencia	Coordenadas de centroide	
		Dimensión	
		1	2
Hombre	1062	-0,083	,008
Mujer	1112	0,079	-,008

Nivel de ingresos del hogar[a]

		Coordenadas de centroide	
		Dimensión	
Menos de 600 Euros	465	0,551	-0,000
De 600 a 900	448	0,092	0,067
De 901 a 1.200	322	-0,071	0,044
De 1.201 a 1.800	305	-0,366	-0,017
De 1.801 a 2.400	116	-0,508	0,092
Más de 2.400 Euros	106	-0,668	-0,129
No sabe	163	-0,105	-0,060
No contesta	248	-0,061	-0,103
Perdidos	1		

a Variable suplementaria/ilustrativa

Tabla 4.22. Cuantificaciones

En el gráfico 4.7 se presenta cada una de las variables empleadas, mostrando las cuantificaciones de las categorías que más discriminan en cada dimensión, lo que facilita notablemente la interpretación. Son las variables introducidas en la ventana superior de la figura 4.19 (página 239), y se han representado únicamente el gráfico de las variables p15 y p18 por problemas de espacio. La tercera ilustración incluye las variables incluidas en *Gráficos de categorías conjuntas* en la figura 4.19; concretamente todas las variables activas[57], y es muy adecuada para el estudio de los valores atípicos. Además, permite ver las coincidencias de categorías en el gráfico, como sucede con la p17 y p18 en la parte positiva del segundo factor. La dificultad de visualización, debido a la superposición de las categorías, no es un problema al haber estudiado previamente cada variable por separado. En el último gráfico se añade al tercero las variables suplementarias, donde se aprecia –por un lado– su escasa discriminación al estar muy cerca del centro y, por otro, la importancia del ahorro en los entrevistados con ingresos de 600 a 900 Euros y entre 1.800 y 2.400 Euros.

---

57   Estas ilustraciones se presentan sin los ejes. Para mostrar las líneas de los ejes hay que proceder tal y como se mostró en el análisis de correspondencias simples.

Cuantificaciones de la variable p15

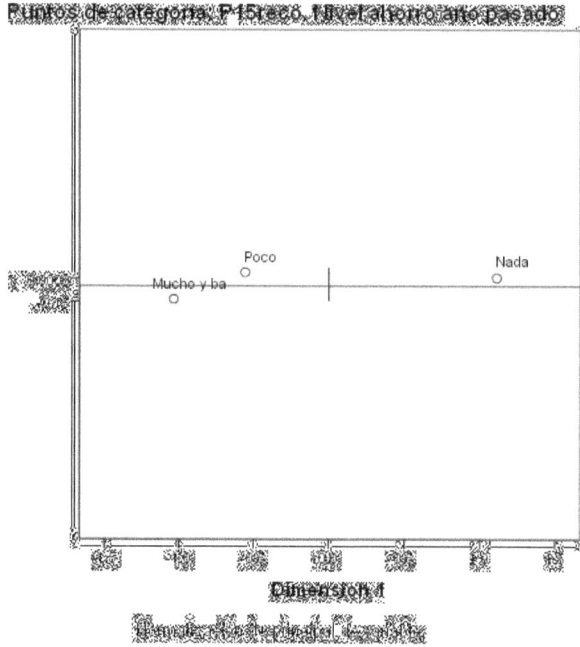

Cuantificaciones de la variable p18

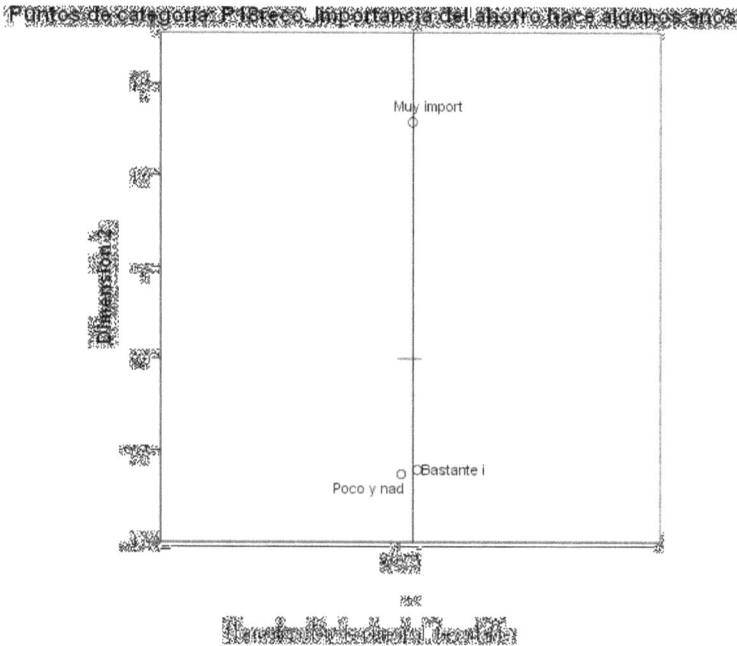

Cuantificaciones de las variables de forma conjunta (solo activas)

Gráfico conjunto de puntos de categoría

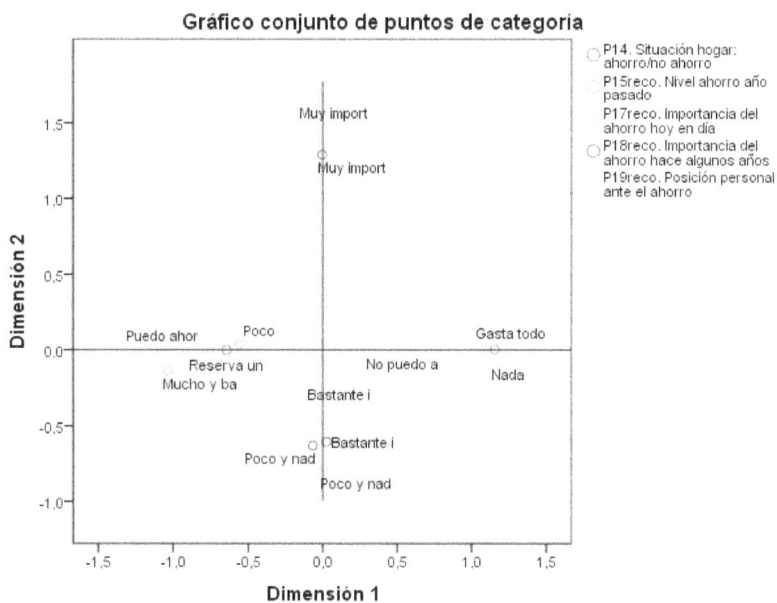

Normalización de principal de variable.

Cuantificaciones de TODAS las variables conjuntamente

Gráfico conjunto de puntos de categoría

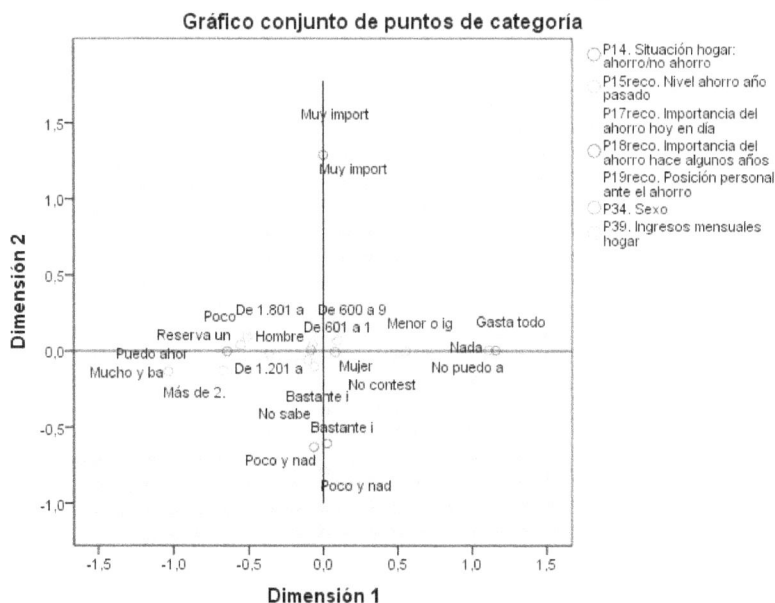

Normalización de principal de variable.

Gráfico 4.7. Puntos de categoría

Del análisis de esta información se desprende que en la parte positiva del primer factor se sitúan los entrevistados que gastan la mayor parte de los ingresos en el mismo mes (p14), los que no ahorraron nada el año anterior a cuando fueron preguntados (p15) y aquellos que no pueden ahorrar (p19); mientras que en el extremo opuesto están colocados los que ahorraron mucho y bastante en el año anterior (p15), y aquellos que manifiestan poder ahorrar (p19). Más cercanos al origen de coordenadas (aunque en la parte negativa del factor) se sitúan los que ahorraron poco el año anterior (p15).

El factor 2 segmenta las actitudes hacia el ahorro, oponiendo los entrevistados que consideran que el ahorro es muy importante frente al resto. En la parte positiva se sitúan los que creen que el ahorro es muy importante, hoy en día y hace cinco años. En el extremo inferior aparecen aquellos que piensan que el ahorro es poco y nada importante, y algo más cerca del origen de coordenadas –pero en esta parte negativa del factor 2– aquellos que creen que el ahorro es bastante importante. De modo que el primer factor está diferenciando entre las pautas de ahorro, el hecho de ahorrar o no hacerlo, y el factor dos las actitudes (positivas o negativas) hacia el ahorro.

Analizar→Reducción de datos→Escalamiento óptimo...
Botón *Gráfico de objetos...* Botón *Guardar*

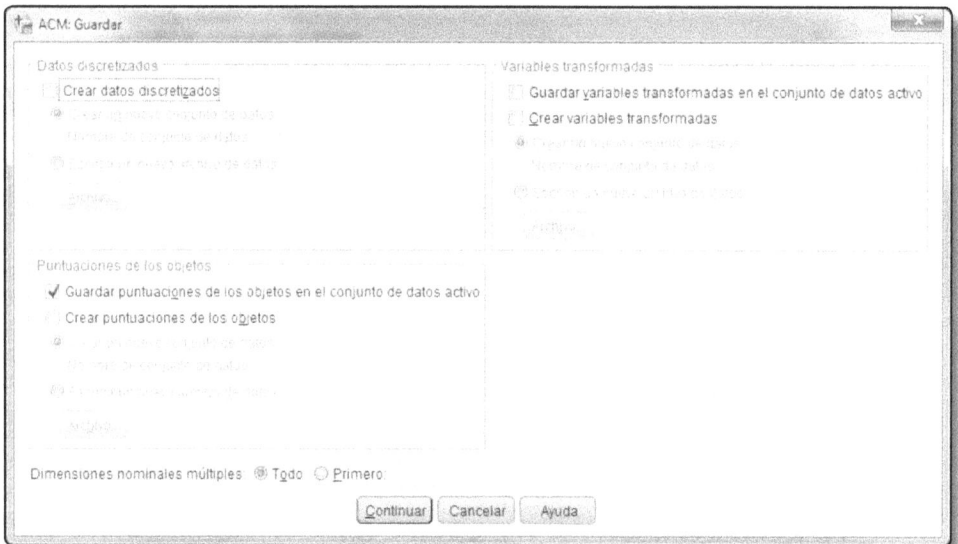

Figura 4.25. Cuadro de diálogo análisis de correspondencias múltiples: Guardar.

Es posible conseguir una mayor profundización en la interpretación de los resultados analizando las puntuaciones de los entrevistados en las dimensiones especificadas. En la tabla 4.23 se muestran las puntuaciones de los objetos (las personas entrevistadas en este caso) en las dos dimensiones, obtenidas tras marcar la opción *Guardar puntuaciones de los objetos* en el cuadro de diálogo de la figura 4.25. Puntuaciones positivas y elevadas en el primer factor estarán indicando que estos entrevistados ahorran, mientras que puntuaciones cercanas a cero muestran sujetos situados en el origen de coordenadas, escasamente discriminados por el análisis de correspondencias en cuanto a su capacidad de ahorro. Evidentemente estas puntuaciones son las mismas que aparecen en el cuadro de diálogo *Resultados* (figura 4.17) cuando se selecciona la opción *Puntuaciones de los objetos*, aunque la mostrada en la figura 4.25 tiene la ventaja de permitir realizar nuevos tratamientos. Así, por ejemplo, es posible seleccionar los sujetos con puntuaciones mayores y menores a un determinado valor, por ejemplo el 1,5, y mediante el análisis de sus rasgos sociodemográficos ver los sujetos que muestran comportamientos y actitudes de ahorro más extremas en cada dimensión.

Nº caso	Dimensión 1	Dimensión 2	Nº caso	Dimensión 1	Dimensión 2
1	-0,93	-0,61	26	0,64	-0,86
2	-0,98	-0,63	27	1,41	-0,63
3	0,63	1,74	28	-0,23	0,52
4	-0,96	1,76	29	-0,98	-0,87
5	-0,22	1,75	30	1,36	-0,65
6	0,55	1,73	31	-0,93	-0,61
7	1,41	-0,63	32	0,66	-0,63
8	1,38	1,73	33	-1,18	1,65
9	-0,19	-0,86	34	1,36	-0,9
10	1,41	-0,88	35	-0,93	-0,61
11	1,41	-0,63	36	1,38	1,73
12	1,36	-0,9	37	-0,96	1,76
13	-0,94	-0,86	38	-0,13	1,76
14	-0,2	1,73	39	1,41	-0,63
15	1,41	-0,63	40	-0,96	1,76
16	-0,98	-0,87	41	1,41	-0,63
17	1,39	0,57	42	1,36	-0,9
18	1,41	-0,63	43	-1,18	1,65
19	-0,93	-0,61	44	-0,15	-0,87
20	-0,93	-0,61	45	-0,93	-0,61
21	1,41	-0,63	46	-0,94	-0,86
22	1,41	-0,63	47	-0,12	0,56
23	-0,19	-0,61	48	-1,15	-0,72
24	-0,19	-0,61	49	-0,93	-0,61
25	-0,23	-0,88	50	-0,15	-0,87

Nota: Se presentan únicamente los primeros 50 entrevistados.

Tabla 4.23. Puntuaciones de los sujetos en las dimensiones

Estas puntuaciones son representadas en los gráficos. Ahora bien, el elevado tamaño muestral impide utilizar adecuadamente este recurso, de modo que se llevará a cabo una representación con los primeros 50 entrevistados del archivo de datos, aquellos cuyas puntuaciones se han mostrado en la tabla 4.23.

Tras introducir la variable número de cuestionario en la ventana *Etiquetar los gráficos de las puntuaciones de objeto con* (figura 4.18) se obtendrá la primera representación del gráfico 4.8. Debe tenerse en cuenta que estas puntuaciones se proyectan sobre los ejes ya construidos, sin participar en su elaboración, de modo que tienen una interpretación muy similar a las modalidades ilustrativas del análisis de correspondencias simples.

...el sexo

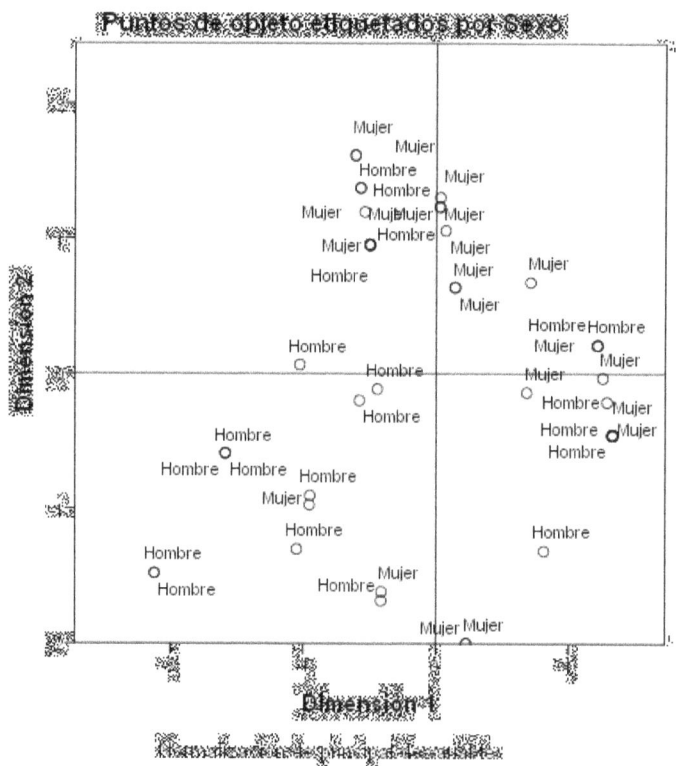

...la edad del entrevistado

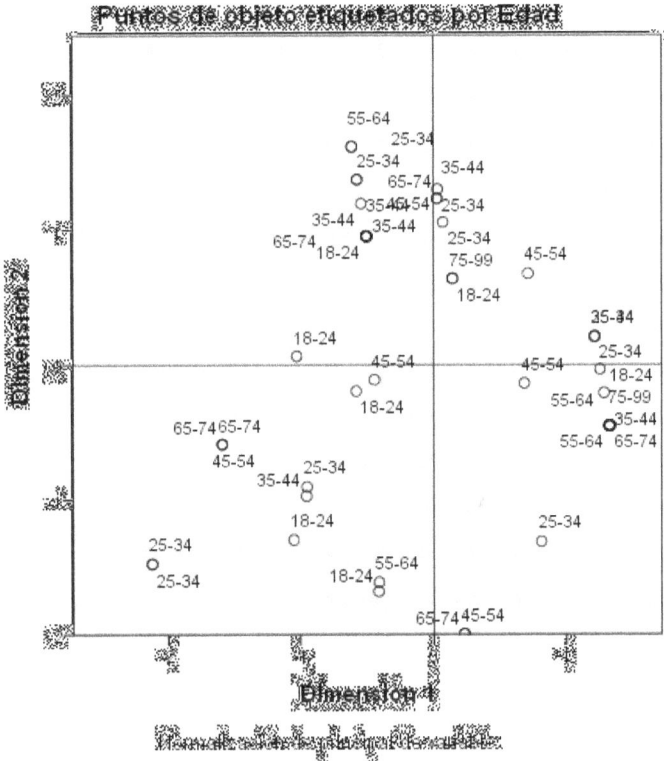

Nota: Representaciones restringidas a los primeros 50 sujetos.

Gráfico 4.8. Puntuaciones de los objetos etiquetadas con...

El análisis de la ilustración inferior del gráfico 4.8 muestra el predominio de edades medias en la parte positiva del factor 1, y la presencia de personas más jóvenes en su parte negativa. Al analizar el segundo factor se observa un predominio de edades elevadas en la parte superior del factor, y un mayor número de jóvenes en la parte inferior.

Analizar los cincuenta sujetos proporciona una aproximación a la realidad estudiada, aproximación útil para mostrar las potencialidades del programa, pero nunca para analizar la realidad. Por este motivo se repite la segunda ilustración del gráfico 4.9 con todos los entrevistados, con el fin de analizar hasta qué punto lo más jóvenes tienen actitudes negativas hacia el ahorro, tal y como se formuló en la hipótesis. Un análisis en detalle del gráfico 4.9 demuestra la mayor presencia de personas mayores de 55 años en la parte positiva de ambos factores, con un mayor predominio de personas menores de 45 años en su parte negativa, lo que indica que las personas de menos edad se caracterizan por su bajo nivel de ahorro y por tener actitudes negativas hacia el ahorro. Las personas de más edad aparecen situadas en la parte positiva de ambos factores, si bien la edad media es más elevada en el primer factor. Recordando la interpretación apuntada más arriba, estos colectivos destacan por un elevado nivel de ahorro y una actitud positiva hacia esta práctica.

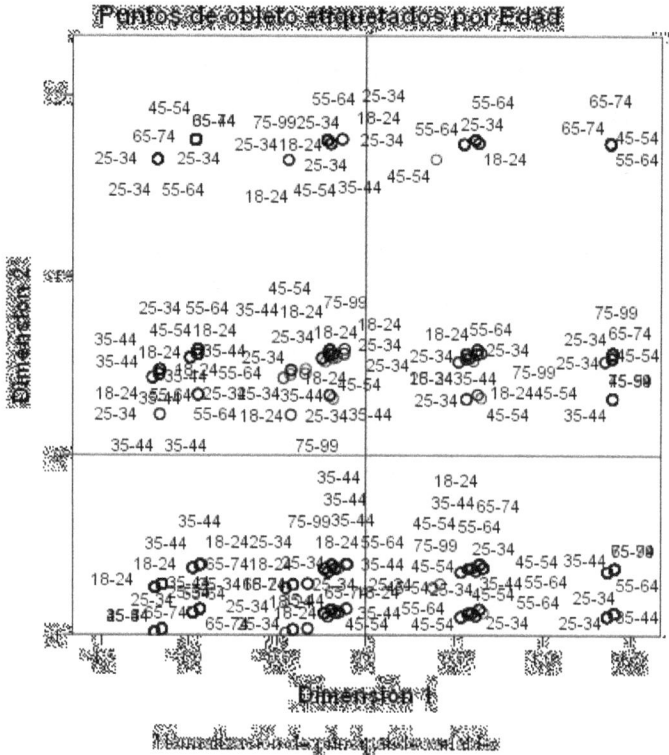

Gráfico 4.9. Puntuaciones de los objetos etiquetados según la edad del entrevistado

La interpretación de este fenómeno hay que buscarla en el gran cambio de valores y comportamientos experimentado por todas las generaciones, pero introducidas sobre todo por las más jóvenes. De este modo este análisis está señalando algo que va más allá del simple hecho monetario, está comenzando a mostrar no sólo dos modos de consumir, sino dos actitudes completamente distintas de ver la vida; enfrentando la actitud hacia el ahorro y la compra por necesidad frente al placer por gastar; el sacrificio frente al placer inmediato (Ritzer, 2000).

La tardanza en el acceso al consumo masivo de la sociedad española, sobre todo comparado con otros ámbitos geográficos como Estados Unidos y otros países europeos, nos lleva a plantear que las generaciones más jóvenes son las primeras que se han educado y socializado en una sociedad de consumo masivo, frente a las generaciones anteriores que han sido socializadas en el espíritu del ahorro y del sacrificio de la España franquista. En una investigación sobre la sociedad española realizada hace unos años, Rafael López Pintor ya destacaba este fenómeno cuando señalaba que "los grupos más jóvenes son los más orientados al gasto, los que menos conciencia tienen de los precios; a los que molesta menos entrar a comprar en las tiendas... y son los que tienen una actitud menos hostil frente a la publicidad, estando además muy dispuestos para las promociones y rebajas... la mujer joven tiene menos rutinizados sus hábitos de consumo, está más dispuesta a adquirir nuevos productos, tiene menos conciencia del precio y disfruta comprando más que las mujeres de edad elevada" (López Pintor, 1975).

4.5 EJEMPLOS RECIENTES DE INVESTIGACIONES UTILIZANDO EL ANÁLISIS DE CORRESPONDENCIAS

Pese a la adecuación de esta técnica para el análisis de variables cualitativas, las más habituales en investigación social y de mercado, así como su facilidad de comprensión por la gran importancia de los aspectos gráficos, las investigaciones publicadas utilizando esta técnica no son muy numerosas. Algunos expertos explican esta situación por el origen francés de esta técnica y la ignorancia del mundo anglosajón (entre otros, Di Franco, 2016; Grande y Abascal, 2014; Kienstra y Van Der Heijden, 2015). De hecho, hasta la segunda mitad de la década de 1990 no fueron incluidas en paquetes estadísticos como SPSS.

Destacando las publicaciones en el último decenio, García y Grande (2005) lo utilizan para segmentar los usuarios de turismo rural en Navarra considerando criterios sociodemográficos, que les lleva a adoptar una postura crítica en relación a la estrategia seguida en la potenciación de este tipo de turismo. Desde su punto de vista se ha producido una falta de diferenciación de la oferta al no considerar la variedad y riqueza de la Comunidad, ofreciendo una oferta indiferenciada, lo que le ha impedido diseñar estrategias competitivas. En esta misma comunidad, Sánchez de la Yncera (2010) emplea esta técnica para realizar una clasificación de la población navarra considerando su relación con los medios audiovisuales. La utilización del análisis factorial de correspondencias le lleva a localizar cinco tipos de navarros definidos, respectivamente, como *escéptico hacia los medios audiovisuales* y *visión crítica hacia los medios navarros* (tipo I); entusiastas *de los medios audiovisuales y alta valoración a los medios navarros* (tipo II); televisivos netos –con una valoración intermedia de la televisión regional navarra– (tipo III); *sumergidos en televisión –* con gran confianza en los medios navarros– (tipo IV); y, por último, *desapegados de los medios de comunicación navarros* (tipo VI). Hay, también, un 2,5% de *desconectados* de los medios audiovisuales (tipo V).

Un equipo de investigadores coordinado por Abascal (Abascal et al., 2012) compara la estructura muestral obtenida a través de dos formas de encuesta, una presencial y otra telefónica, empleando el análisis de correspondencias. Esta técnica permite analizar simultáneamente todas las preguntas de caracterización del encuestado y comparar la estructura global de ambas encuestas. Para demostrar su idoneidad se ha aplicado sobre una investigación electoral realizada por el Centro de Investigaciones Sociológicas, concretamente el estudio preelectoral de Galicia para las elecciones autonómicas del 19 de junio del año 2005 (estudio número 2.608). El procedimiento propuesto permitió constatar que la composición de las muestras, aunque no es idéntica, si es semejante en ambas encuestas, incluso en aquellas variables (nivel de estudios, tipo de ocupación,…) que no han sido controladas a través del diseño muestral.

Abascal y Grande (2014) exponen diversos ejemplos de aplicaciones del análisis factorial con el objetivo de conocer los atributos destacados en una serie de marcas de gel de baño; adscripción de una cualidad a un producto mediante la valoración dadas por expertos de siete características de coches (mecánica, estabilidad, habitabilidad, comodidad, equipamiento, prestaciones y consumo); imagen y el posicionamiento de una marca de ropa frente a la competencia; detectar las características que más diferencian a una serie de productos de limpieza y conocer las propiedades que posee cada limpiador en mayor medida que los demás; y decidir el tipo de envase para un refresco.

Abascal y Díaz de Rada (2014) utilizan el análisis de componentes y correspondencias en el análisis de una pregunta sobre conocimiento y valoración de líderes políticos; cuyas respuestas se realizan sobre una valoración entre 0 y 10: donde "0" significa que lo valora "muy mal" y "10" que lo valora "muy bien". El análisis de componentes considera la escala como métrica y, al estar basado en la localización de relaciones lineales entre las variables, no detecta las relaciones de otro tipo (no lineales); muy frecuentes en este tipo de preguntas. Además, tampoco analiza de forma específica la falta de respuesta, así como otras categorías/ modalidades *imprecisas* como el "no conozco". El Análisis de Correspondencias, al considerar que las respuestas son categóricas, detecta todo tipo de asociaciones entre las modalidades de respuesta, algo muy apropiado en preguntas como la empleada aquí donde la relación es aproximadamente lineal en los valores intermedios de la escala pero no en los extremos. Además, el análisis de correspondencias es más apropiado para emplear en estas situaciones en las que un grupo de personas responden forma semejante a todas las preguntas excepto en una, en la que eligen las dos posiciones más contrarias.

Otra aplicación diferente realiza Martínez-Buján (2014) sobre los modelos territoriales de organización del cuidado a personas mayores en los hogares. Tras detectar las diferentes formas de organización social del cuidado a personas mayores en los hogares, procede a la localización de relaciones identificables entre los diferentes proveedores y su ubicación espacial, para confirmar así la existencia de *modelos regionales de asistencia* (Martínez-Buján, 2014). Considerando la información sobre la provisión (familiar, pública y privada) de los cuidados en los hogares destinados a personas mayores según comunidades autónomas, lleva a cabo un análisis que con dos factores explica el 72,1% de la inercia. El primero es denominado "cuidado familiar y cuidado gestionado por la familia". El cuidado familiar es muy elevado en comunidades como Canarias, Galicia y Andalucía. El segundo factor, que diferencia entre "potenciación de recursos en el servicio de ayuda al domicilio y prestaciones económicas"; diferencia las comunidades de Madrid y Extremadura –por un lado– y Navarra, Andalucía y Cantabria, por otro. En base a estos factores localiza seis tendencias en la organización del trabajo de cuidados, definidas como: modelo familista absoluto; modelo familista doméstico no subvencionado; modelo familista subvencionado; modelo doméstico subvencionado; modelo profesional; y, por último, modelo opcional.

Considerando los gastos medios del hogar en ocio y hoteles-cafés-restaurantes según la Encuesta de Presupuestos Familiares (grupos de gasto 9 y 11), E. Abascal y V. Díaz de Rada (2017) realizan una tipología del consumo de ocio en España localizando cuatro tipos sociales con unos comportamientos claramente diferenciados, y que han sido definidos como "no consumidores de cultura ni ocio, hogares unipersonales formados mayormente por mujeres" (tipo I); "hogares con gastos altos pertenecientes a clases medias (clase de servicio y medias altas)", tipo II; "hogares urbanos con gastos medios empleados en actividades dentro del hogar" (tipo III) y "hogares familiares con altos ingresos y gasto bajo ocio 'exterior', ocio cultural" (tipo IV). Cada uno de éstos tiene una presencia diferente en la sociedad española, perteneciendo al primero un 53%, al segundo el 21,5%, al tercero 10,91% y al cuarto 14,5%.

La Encuesta de Presupuestos Familiares ha sido utilizada también por E. Pérez Esáin (2015) para elaborar una tipología de las Comunidades Autónomas según sus patrones de gasto. Considerando los gastos en la última edición de la encuesta, el gasto medio anual por hogar presenta un primer factor que diferencia los gastos en "alimentación-bebidas" (parte izquierda) de "enseñanza" (parte derecha), que son los gastos definitorios de la primera dimensión. La gran distancia de "enseñanza" del centro del gráfico indica la gran influencia que tienen en este grupo de gasto las determinadas comunidades, concretamente Madrid, Navarra y el País Vasco.

El plano vertical, segundo factor, desvela una diferenciación entre los gastos en "salud" y en "artículos de vestir" en la parte superior, y los gastos en "transportes" (y "comunicaciones") en la parte inferior. Seguidamente se considera a qué comunidades están asociados cada uno de estos patrones de gasto. Del análisis de las coordenadas se desprende que en la parte inferior del factor se sitúan Baleares, Cantabria, Canarias y Madrid caracterizadas por un elevado gasto, comparativamente hablando, en transporte. En el extremo opuesto aparecen Galicia, Murcia, Aragón, Asturias y La Rioja: Galicia y Murcia con gasto elevado en *bienes de primera necesidad*, mientras que Asturias y Aragón se caracterizan por un mayor gasto en "enseñanza" y "ocio-cultura". Con estos factores se explica el 65% de la inercia total.

Se han presentado aquí ejemplos relacionados con la investigación social y comercial, dos de las disciplinas en las que más se ha utilizado esta técnica. Numerosos ejemplos en otros ámbitos como la arqueología, ecología, etc. presenta Greenacre (2008) a lo largo de la explicación, así como en los capítulos dedicados a ejemplos. A modo de síntesis, Grande y Abascal (2014) destacan la adecuación de la técnica para cualquier tipo de tabla de números positivos cuyas frecuencias marginales de filas y columnas tengan sentido para el aspecto abordado; por ejemplo test de producto, test de envase, estudio de posicionamiento, estudio de actitudes y segmentación por beneficios buscados.

4.6 MEJORANDO LA COMPRENSIÓN CON CASOS PRÁCTICOS

Llegados a este punto recomendamos al lector que acceda a los *documentos adicionales adjuntos* y que lleve a cabo dos prácticas; la primera es un estudio de mercado sobre marcas de agua mineral y el segundo, algo más complejo, busca llevar a cabo una tipologización de las comunidades autónomas según los patrones de gasto de sus habitantes.

El primero "propone" al lector cómo elaborar una tabla de datos accesible para SPSS, por lo que recomendamos que se intente hacer –sin consultar la solución– la tabla de datos con la información del texto. Respecto a la segunda práctica, es una tabla muy compleja, con 17 filas y 12 doce columnas, y busca que el lector comprenda la verdadera utilidad del análisis de correspondencias. Se recomienda que se intente hacer la práctica sin consultar la solución, se proceda con la interpretación, y que vuelva de nuevo a los materiales del *caso* para que se compruebe hasta qué punto es diferente de la propuesta disponible.

4.6.1 Caso práctico sencillo: estudio de mercado sobre agua mineral

La empresa AQUA, dedicada al envasado y distribución de agua mineral, desea lanzar al mercado un nuevo producto. Con este nuevo producto buscan ser percibidos de forma diferente por los consumidores de sus grandes competidores (MARCA 3 y MARCA 8) y, a la vez, conseguir un posicionamiento diferente –en la medida de lo posible– de los dos productos que ya tienen en el mercado (MARCA 1 y MARCA 2).

Con este fin han realizado una investigación que ha consistido –básicamente– en la valoración de diversos atributos del productos (tipo de envase, material de envasado, niveles de sodio...) por una muestra (1.866 personas) de la población de compradores y consumidores habituales de agua mineral.

Los aspectos (atributos) del nuevo producto que los encuestados debían asignar para cada marca son:

MARCAS DE AGUA MINERAL	ATRIBUTOS DEL PRODUCTO
MARCA1	ATRIB1: Niveles óptimos de sodio
MARCA2	ATRIB2: Envase original
MARCA3	ATRIB3: Tiene efectos beneficiosos para la salud
MARCA4	ATRIB4: No ha sido tratada químicamente
MARCA5	ATRIB5: Es económica
MARCA6	ATRIB6: La respalda el grupo empresarial embotellador/ distribuidor
MARCA7	ATRIB7: Presenta envases de diferentes medidas
MARCA8	ATRIB8: Tiene alto contenido de sales
	ATRIB9: Me ayuda a mantener la línea
	ATRIB10: Siempre la encuentro en el punto de venta

La pregunta utilizada en el cuestionario, junto con los resultados obtenidos, es la siguiente:

P*.- (MOSTRAR TARJETA Y) ¿Cuáles de las marcas de agua que 1 muestro asociarías a cada uno de los siguientes aspectos / atributos que te voy a leer...? (LEER ATRIBUTOS UNO A UNO Y ANOTAR RESPUESTAS. VARIAS RESPUESTAS VÁLIDAS) (ROTAR EL ORDEN EN QUE SE PREGUNTA POR LOS DISTINTOS ATRIBUTOS, COMENZANDO UNAS VECES POR EL PRIMERO Y OTRAS POR EL ÚLTIMO)

	Marca 1	Marca 2	Marca 3	Marca 4	Marca 5	Marca 6	Marca 7	Marca 8
Tiene niveles óptimos de sodio	4	19	22	3	1	91	12	0
Envase original	9	43	19	30	9	15	15	5
Tiene efectos beneficiosos para la salud	9	38	29	30	9	57	20	10
No ha sido tratada químicamente	9	18	17	13	4	122	8	3
Es económica	9	80	21	25	6	74	2	4
La respalda el grupo empresarial embotellador/ distribuidor	5	54	23	23	10	47	2	21
Presenta envases de diferentes medidas	8	84	18	25	8	27	2	12
Tiene alto contenido de sales	3	73	20	11	6	57	2	12
Me ayuda a mantener la línea	14	42	39	21	7	61	5	12
Siempre la encuentro en el punto de venta	14	38	22	6	6	90	9	13

La investigación plantea los siguientes objetivos:

1. Realiza el análisis para conocer qué Atributos y Marcas tienen mayor peso en el posicionamiento según la formación de los ejes. Analiza el posicionamiento de las diferentes marcas de agua mineral; considerando –como no– las marcas de la empresa AQUA (MARCA 1 y MARCA 2).

2. A partir del mapa de posicionamiento obtenido y a través de las puntuaciones de los elementos en los ejes definidos identifica y caracteriza grupos de posicionamientos similares (pregunta a responder tras el estudio del capítulo 5).

3. Comenta los resultados obtenidos en ambos análisis.

4. Según todos los resultados obtenidos, ¿qué recomendaciones tanto en características como en diferenciación sobre las marcas del mercado le harías a los responsables de la empresa AQUA para el lanzamiento de su nuevo producto?

4.6.2 Caso práctico con datos reales: "una propuesta de tipologízación de las comunidades autónomas según sus patrones de gasto"

La finalidad del ejemplo utilizado en esta sección es realizar una tipología de las comunidades autónomas considerando como criterio clasificador la distribución de los gastos familiares, según se desprende de la información aportada por la Encuesta de Presupuestos Familiares.

Considerando que la estructura del gasto está condicionada por la vida cotidiana de cada uno, mediante el análisis del patrón de gasto es posible obtener una magnífica visión de los modos de vida de los individuos. Analizando los gastos en ocio puede conocerse el tipo de ocio, la frecuencia con la que se realizan ciertas actividades ociosas, etc. Este argumento es esgrimido por numerosos científicos sociales cuando consideran que estas "elecciones (de compra) están limitadas únicamente por las necesidades objetivas de los individuos y sus recursos, la totalidad de la cultura material y las reglas de la economía política" (Sobel 1983); de modo que cada individuo es el que configura y determina su propio *estilo de vida*, concepto que es definido como conjunto de elecciones de comportamiento observables que los individuos hacen (Sobel, 1981). Son numerosos los autores que conceden gran importancia a estas elecciones porque, junto a la ocupación, es uno de los mejores indicadores para determinar el prestigio social, además de ser más estable y observable que otros aspectos de la vida del individuo.

Pese al atractivo que ejerce realizar una investigación sobre los modos de vida a través de los patrones de gasto, este ejemplo tiene un objetivo mucho más modesto como es realizar una tipologización de las comunidades autónomas considerando como criterio clasificador la distribución de los gastos familiares, según se desprende de la *Encuesta de Presupuestos Familiares (Base 2006)*. De modo que la pregunta esencial de la investigación cuestiona la existencia de relación o dependencia entre comunidad autónoma y tipo de gasto; dicho de otro modo, si hay comunidades que pueden caracterizarse por una serie de gastos diferenciados, o si más bien comunidad y tipo de gasto son independientes.

Cuando se postula que las comunidades autónomas tienen patrones diferenciados de gasto se está asumiendo la existencia de una cierta estructura de interdependencia entre tipos de gasto y comunidades autónomas; de modo que podría plantearse: ¿cuáles son las características más importantes de esa relación?, ¿qué comunidades autónomas tienen pautas similares –o diferenciadas– de gasto?, ¿qué grupos de gasto tienen una distribución semejante en las Comunidades? El análisis de correspondencias permite plantear también cómo las categorías de una variable explican las diferencias –o similaridades– observadas en la otra, es decir,

¿qué gastos explican las diferencias –o similaridades– entre las comunidades?, y ¿qué comunidades explican la similaridad –o diferencia– en los patrones de gasto?

La matriz de datos a analizar se presenta en un archivo de datos denominado "Caso práctico Gasto medio hogar por CCAA Tabla", donde se muestra el gasto anual medio por hogar. En las filas se recogen las cantidades medias por hogar gastadas en cada comunidad autónoma, mientras que las columnas se recogen las cantidades gastadas en cada concepto según los nueve grandes grupos de gasto formulados por las Encuestas de Presupuestos Familiares:

- Grupo 1: Alimentos y bebidas no alcohólicas ("Alimentos-bebidas" a partir de ahora)

- Grupo 2: Bebidas alcohólicas, tabaco y narcóticos ("Bebidas-tabaco" en adelante)

- Grupo 3: Artículos de vestir y calzado ("Vestido-calzado" en adelante)

- Grupo 4: Vivienda, agua, electricidad, gas y otros combustibles ("Vivienda")

- Grupo 5: Mobiliario, equipamiento del hogar y gastos corrientes de conservación de la vivienda ("Mobiliario-equipamiento hogar")

- Grupo 6: Salud ("Salud")

- Grupo 7: Transportes ("Transportes")

- Grupo 8: Comunicaciones ("Comunicaciones")

- Grupo 9: Ocio, espectáculos y cultura ("Ocio-cultura")

- Grupo 10: Enseñanza ("Enseñanza")

- Grupo 11: Hoteles, cafés y restaurantes ("Hotel-café-restaurante")

- Grupo 12: Otros bienes y servicios ("Otros bienes-servicios")

De este modo el cruce entre una fila y una columna representa los Euros que los habitantes de una comunidad dedican en un determinado concepto: los andaluces gastaron en "alimentos-bebidas" 4.126,40 Euros (celda 1), mientras que en Aragón los gastos en alimentación ascendieron a 4.138,17 Euros. Obsérvese que se trata de una información que cumple las cualidades de pertinencia, homogeneidad y exhaustividad que son imprescindibles para someter una matriz de datos al análisis de correspondencias (Clapier, 1986; Cornejo, 1988).

5

ANÁLISIS DE CONGLOMERADOS (CLUSTER)

5.1 INTRODUCCIÓN: OBJETIVOS DE LA TÉCNICA

El término *análisis de conglomerados*, o análisis clúster, define una diversidad de técnicas cuyo fin es lograr una clasificación o agrupamiento de los individuos en grupos, según el comportamiento de éstos en una serie de variables. Es decir, tomando como criterio las características de los individuos descritos en un conjunto de variables, esta técnica trata de reducir el conjunto de individuos "n" en una serie de grupos "g" de modo que n > g. Al igual que las técnicas vistas a lo largo de este trabajo, el análisis conglomerados no trata de explicar ningún fenómeno sino de describir la situación de unas observaciones en relación con determinados fenómenos, mediante su agrupación en grupos homogéneos. Así los elementos que forman parte de estos grupos deben ser muy similares (alta homogeneidad interna) y, a su vez, muy diferentes con relación al resto de agrupamientos (alta heterogeneidad entre grupos). En definitiva, se trata de clasificar un conjunto de elementos –definidos por unas características determinadas– en el menor número posible de grupos (conglomerados o clústers) mutuamente exclusivos y exhaustivos. La gran utilización del término *clúster* en la literatura especializada genera que suene mejor *análisis clúster* que *análisis de conglomerados*. Aquí serán utilizados ambos términos indistintamente.

El origen de estas técnicas se sitúa a principios de la década de 1970 en el campo de las ciencias naturales con objeto de clasificar las diferentes especies y familias de animales, plantas, etc. La publicación del libro de Sokal y Sneat (1963) *Principles of Numerical Taxonomy* es considerado como el inicio formal de la materia. Sin embargo, muy pronto traspasaron el campo de las ciencias naturales y fueron aplicadas con éxito a otros campos como la sociología, la medicina, la psiquiatría, la psicología, el comportamiento del consumidor, etc. Según el clásico trabajo de Mark S. Aldenderfer y Roger K. Blashfield, la literatura sobre análisis de conglomerados aumentó poderosamente después de la publicación del libro de Sokal y Sneat: "el número de publicaciones sobre aplicaciones del análisis de conglomerados en todos los campos científicos se multiplicaba, en el período entre 1963 y 1975, por dos cada tres años" (1984). Estos autores consideran dos razones que permiten explicar el rápido crecimiento de la literatura sobre el análisis de conglomerados: por un lado el enorme desarrollo de los computadores personales que realizan grandes operaciones aritméticas en cortos espacios de tiempo y, por otro, la importancia que han adquirido los procesos de clasificación como procedimiento científico (Aldenderfer y Blashfield, 1984).

Terminar este apartado introductorio con unos breves comentarios referidos a las situaciones donde más se utiliza este tipo de análisis. El objetivo fundamental de la mayor parte de las investigaciones sociales o comerciales es obtener un conocimiento detallado de la población objeto de estudio a fin de poder localizar subcolectivos o agrupaciones homogéneas de personas que pueden, potencialmente, ser consumidores de un producto, estar más perceptivos a una determinada publicidad, etc. De este modo, la aplicación fundamental del análisis de conglomerados es el conocimiento de "pequeños subcolectivos", o mejor aún, el conocimiento detallado de todo el espectro social al dividir la población objeto de estudio en segmentos definidos en función de determinadas variables. El proceso más común es realizar un análisis de conglomerados con variables "de contenido" (frecuencia de compra, preferencias por marcas, actitudes hacia determinados objetos, lugares de compra, escalas sobre estilos de vida, etc.) para, una vez formados los agrupamientos, utilizar tablas de contingencia entre cada uno y diversas variables sociodemográficas. Esto permitirá conocer con precisión no sólo los rasgos de las personas que forman cada conglomerado, sino también la cantidad de elementos en cada grupo y el peso proporcional dentro de la población objeto de estudio.

5.2 TIPOS DE ANÁLISIS DE CONGLOMERADOS

La gran cantidad de publicaciones aparecidas en los últimos años hace muy difícil realizar un análisis exhaustivo de todos los métodos y procedimientos desarrollados, de modo que la exposición se limitará a la revisión de los métodos más utilizados en investigación social y comercial. Atendiendo a la técnica de agrupamiento utilizada para establecer los conglomerados es posible diferenciar dos tipos de métodos, *jerárquicos* y *no jerárquicos*. Los primeros, a su vez, pueden dividirse en *aglomerativos* o *ascendentes* y *disociativos* o *descendentes* (cuadro 5.1). Los métodos jerárquicos aglomerativos parten de los casos individuales y siguiendo un determinado criterio, son clasificados en grupos cada vez más grandes hasta conseguir un único conglomerado, de modo que comienza con tantos conglomerados como observaciones y finaliza con un solo agrupamiento. Los métodos *jerárquicos disociativos* parten del conjunto general y van desagregando los individuos hasta la unidad. De los métodos de agrupamiento jerárquicos disociativos uno de los más utilizados es el de William-Lambert, que está indicado principalmente cuando se trabaja con variables dicotómicas y está basado en la distancia Chi-Cuadrado. A este grupo pertenece también el "Detector Automático de la Interacción" (*Automatic Interaction Detector-AID* y *CHAID*). Aunque no es propiamente un método de análisis de conglomerados, el AID trata de combinar las categorías de las distintas variables, a fin de generar grupos que difieran al máximo respecto de los valores de una variable dependiente. En el tercer apartado se presentará, utilizando un ejemplo, distintos métodos jerárquicos ascendentes.

CUADRO 5.1.
Principales tipos de análisis de conglomerados

▼ Métodos jerárquicos:

- Aglomerativos o ascendentes
- Disociativos o descendentes

▼ Métodos no jerárquicos:

- Reasignación
- Búsqueda de densidad
- Métodos directos
- Reducción de dimensiones

El elemento común a los métodos jerárquicos es que tras efectuar la agrupación el investigador debe decidir el número de grupos que desea. Distinta forma de actuar tienen los métodos no jerárquicos, también llamados de partición, que parten de un número de grupos determinado y van agrupando las observaciones en cada fase según una determinada medida de similaridad o distancia. A diferencia de los anteriores, en los métodos no jerárquicos el número de grupos es elegido a priori por el investigador, mientras que en los jerárquicos los grupos son elegidos al final del proceso. En relación con el número de grupos a elegir, debe considerarse que fijar un número muy reducido puede llevar a conclusiones muy pobres al considerar grupos bastante heterogéneos, mientras que un elevado número de grupos complica la interpretación.

Otra diferencia es que los métodos no jerárquicos parten de la matriz original de puntuaciones y no de la matriz de proximidades, y que las agrupaciones resultantes no están anidadas con otras, sino que son independientes. Estos métodos calculan en cada etapa las distancias entre los casos y el centroide de los conglomerados, a diferencia de los métodos jerárquicos que calculan las distancias entre todos los pares de objetos[58], Paz Caballero (1989) aconseja la utilización de estos métodos cuando se desea, no tanto analizar la estructura jerárquica de los individuos, sino conocer el número de grupos construidos y las características de cada uno. Otros autores destacan –entre sus grandes ventajas– la gran fiabilidad, ya que una incorrecta asignación de un caso a un grupo puede ser modificada y corregida posteriormente. Alcantud (2008) considera que los métodos no jerárquicos son los que mejor se adaptan a los estudios sociológicos y de mercados caracterizados por el empleo de grandes conjuntos de datos. Una síntesis de las diferencias entre los métodos jerárquicos y no jerárquicos se muestra en el cuadro 5.2.

CUADRO 5.2.
Comparación entre los métodos jerárquicos y no jerárquicos

Jerárquicos	No Jerárquicos
No exigen una definición previa del número de conglomerados	Exigen definir previamente el número de conglomerados
Llevan a cabo un proceso iterativo, de abajo hacia arriba con n-1 pasos, partiendo de n grupos para terminar en 1 (aglomerativos)	Poseen algunos índices que indican el número óptimo de conglomerados
Permite obtener distintos tipos de resultados gráficos y numéricos que facilitan la interpretación de los resultados	Proporcionan los valores de los centroides de los grupos, que facilita interpretación.
Precisan una gran cantidad de cálculos, que en ocasiones limita su posibilidad de aplicación con muestras muy grandes	Ofrecen resultados adicionales que permiten seleccionar las variables para interpretación de los conglomerados.
Pueden aplicarse sobre los casos y sobre las variables	Sólo pueden aplicarse sobre casos. Dan soluciones de tipo óptimo

Fuente: Miquel et al., 1997: 276.

---

58   En el ejemplo utilizado en el tercer apartado, para clasificar los 600 casos en cuatro conglomerados es preciso calcular 2.400 distancias en cada etapa, mientras que la utilización de un método jerárquico implicaría el cálculo de 179.700 [600(600-1/2)] distancias entre los pares de casos.

Bisquerra (1989) y Miquel et al. (1997) distinguen cuatro métodos de asignación no jerárquicos:

1. Los métodos de reasignación (u optimización), que realizan una reasignación de los casos a los distintos conglomerados de modo que un caso asignado a un conglomerado en una determinada iteración puede ser asignado a otro en una iteración posterior. El proceso termina cuando no existen más casos cuya reasignación mejore el criterio de clasificación.

   Dentro de éstos se puede establecer una segunda división según se especifiquen o no los centros iniciales de los conglomerados. Los métodos de los centroides permiten especificar los centros iniciales de los conglomerados, mientras que las nubes dinámicas los calculan mediante un proceso iterativo. Al primer grupo pertenecen el Quick cluster y el algoritmo de Forgy; mientras que en el segundo destaca el método K-Medias y el Hill-Climbing (Miquel et al., 1997).

2. Métodos basados en la búsqueda de densidad, que pueden diferenciarse según utilicen una aproximación tipológica o probabilística. En la primera los grupos se forman buscando las zonas donde existe la máxima concentración de casos. La aproximación probabilística considera que las variables siguen una ley de probabilidad según la cual los parámetros varían de un grupo a otro; y se trata de encontrar los individuos que pertenecen a la misma distribución" (Bisquerra, 1989).

3. Métodos directos que clasifican simultáneamente individuos y variables.

4. Métodos de reducción de dimensiones, como el factorial tipo Q, donde se buscan unos factores que identifiquen a los distintos casos.

A la hora de elegir entre la técnica a utilizar, Aldenderfer y Blashfield (1984) señalan que debe considerarse que sea compatible con el deseo de clasificación, las variables utilizadas y la medida de similaridad seleccionada. Algunos autores señalan que los métodos jerárquicos aglomerativos tienen el inconveniente de ser muy inestables, poco fiables en sus resultados (Hair et al., 2009), y que únicamente pueden utilizase con muestras pequeñas. Otra crítica recibida por estos métodos es la dificultad para decidir cuántos grupos hay que seleccionar tras el análisis, de modo que la decisión va a estar condicionada por el propio conocimiento que el investigador tenga del fenómeno estudiado, así como por el análisis del dendograma al permitirle observar la mayor distancia entre las agrupaciones. En contrapartida, su gran ventaja es la facilidad de lectura e interpretación.

En cuanto a los métodos no jerárquicos, muchos autores afirman que son los que mejor se adaptan a los estudios que emplean grandes conjuntos de datos, ya que su fin es realizar una agrupación formando grupos uniformes bajo la premisa de maximizar la varianza inter-grupos y minimizar la varianza dentro del grupo (intra-grupos). Este aspecto implica que el investigador debe decidir cuántos agrupamientos desea obtener antes de comenzar con todo el proceso de cálculo, y ello conlleva que los agrupamientos resultantes no estén enlazados con otros sino que sean independientes. La solución proporcionada por estos métodos está menos influida por la presencia de casos atípicos, por la medida de distancia utilizada, y por la inclusión de variables irrelevantes o inapropiadas (Hair et al., 2009).

5.3 ANÁLISIS DE CONGLOMERADOS JERÁRQUICO: EXPLICACIÓN MEDIANTE UN CASO PRÁCTICO

Tras la explicación de los objetivos de la técnica y los tipos de análisis de conglomerados, se llevará a cabo una interpretación del *análisis de conglomerados Jerárquico Aglomerativo* utilizando un ejemplo real que tiene como fin efectuar una agrupación de las comunidades autónomas considerando una serie de variables referidas a la actividad de las salas de proyección en el año 2011.

5.3.1 Definición del caso a investigar: "agrupación de las comunidades autónomas considerando la actividad de las salas de proyección (cines)"

Como se ha señalado, el objetivo del análisis de conglomerados es identificar grupos homogéneos de casos considerando una serie de criterios (la información incluida en las variables). Se explicó también que los métodos jerárquicos se caracterizan porque comienzan con casos individuales que van siendo clasificados hasta formar un único conglomerado. En este ejemplo los casos a agrupar son las comunidades autónomas, y los criterios utilizados para realizar esta agrupación están relacionados con la actividad de los cines en el año 2011; actividad referida, concretamente, al "número de cines", "salas de exhibición", "número de largometrajes", "número de espectadores (en millones)", "espectadores por sala" y "asistencia media por habitante". Los tres últimos indicadores diferencian entre películas españolas y extranjeras.

Estas variables serán los criterios mediante los cuales se agruparán las comunidades autónomas. Las variables introducidas van a determinar totalmente la agrupación realizada, de modo que debe planificarse con sumo detalle su elección puesto que considerar otras variables proporcionará una clasificación totalmente distinta. Por todo ello la elección de variables debe realizarse en base a consideraciones teóricas, conceptuales y prácticas (Picón et al., 2003). Los datos de las variables consideradas en este ejemplo se muestran en la tabla 5.1.

	Cines	Salas	Peliculas	Especta_ESP	Especta_EXT	Especta_sala_ESP	Especta_sala_EXT	Especta_habit_ESP	Especta_habit_EXT
0.Total	876	4.044	1.506	15,5	82,8	3.839	20.480	0,3	1,8
1.Andalucía	115	688	500	2,1	12,2	3.114	17.681	0,3	1,5
2.Aragón	41	103	408	0,4	2,1	4.332	20.060	0,3	1,6
3.Asturias	12	76	314	0,3	1,4	3.679	17.836	0,3	1,3
4.Baleares, Islas	20	93	415	0,4	2,3	3.983	24.926	0,3	2,1
5.Canarias, Ils.	22	150	397	0,4	3,7	2.651	24.504	0,2	1,8
6.Cantabria	14	37	408	0,2	0,9	4.928	24.981	0,3	1,6
7.Castilla y León	47	201	474	0,7	3	3.722	15.031	0,3	1,2
8.Castilla-La Mancha	40	134	326	0,5	2	3.475	14.651	0,2	1
9.Cataluña	172	799	884	2,9	16,9	3.671	21.126	0,4	2,3
10.Co.Valenciana	104	461	532	1,6	9,4	3.574	20.483	0,3	1,9
11.Extremadura	23	65	248	0,3	0,9	3.876	13.622	0,2	0,8
12.Galicia	37	182	423	0,5	3,2	2.953	17.443	0,2	1,2
13.C. de Madrid	87	549	878	3,5	16,9	6.318	30.824	0,5	2,7
14.R. de Murcia	41	147	325	0,4	2,4	2.951	16.579	0,3	1,7
15.CF de Navarra	21	78	412	0,3	1,1	3.306	13.648	0,4	1,7
16.País Vasco	68	228	601	0,8	3,8	3.541	16.836	0,4	1,8
17.Rioja, La	10	45	308	0,1	0,5	3.012	12.050	0,4	1,7

Información de cada variable:

Cines: Número de cines

Salas: número de salas de exhibición

Películas: Número de películas exhibidas,

Especta_ESP: Número espectadores películas españolas (en millones de personas)

Especta_EXT: Número espectadores películas extranjeras (en millones de personas)

Especta_sala_ESP: Espectadores por sala en películas españolas

Especta_sala_EXT: Espectadores por sala en películas extranjeras

Especta_habit_ESP: Asistencia media por habitante películas españolas

Especta_habit_EXT: Asistencia media por habitante películas extranjeras

Fuente: Ministerio de Educación, Cultura y Deporte, reproducido de INE, 2013: http://www.ine.es/jaxi/menu.do?type=pcaxis&path=/t12/a116/a01/&file=pcaxis

Tabla 5.1. Actividad de las salas de proyección por comunidades autónomas año 2011

5.3.2 Primer análisis de la información

El análisis debe comenzar con una exploración de la información para conocer la distribución de las variables y, por tanto, una primera descripción del fenómeno a investigar. Aplicado al ejemplo, el primer aspecto a tener en cuenta es la presencia de una fila "total" que, lógicamente, debe desaparecer antes de llevar a cabo el análisis descriptivo de las variables. Haciendo un clic sobre el margen izquierdo la variable es seleccionada y, pulsando la tecla suprimir, desaparecerá de la *Vista de datos*[59].

Los estadísticos de la tabla 5.2 dan cuenta de una media de 51,4 cines por comunidad autónoma, media que se reduce a 47 si se considera la media del 95% de valores centrales y al 40,5 cuando se tiene en cuenta la mediana. Estos cines cuentan con un promedio de 237,41 salas, número que oscila entre las 37 de Cantabria y las 799 de Cataluña. De hecho, el valor promedio desciende de forma importante al observar la media truncada (217,3), y aún más cuando se considera la mediana (147). No menos importante es señalar que se trata de una de las variables con mayor variabilidad (236 de desviación típica y 268 de amplitud intercuartil). En el año 2011 fueros proyectadas un promedio de 462 películas, que ascendieron hasta 884 en Cataluña y descendieron hasta 248 en Extremadura. De nuevo se observa un ligero descenso en la media truncada (450,4), notablemente inferior en el caso de la mediana (412).

Variable	Media aritmética	Media truncada	Mediana	Desviac. típica	Amplitud intercuartil	Asimetría	Mínimo	Máximo
Cines	51,41	47,01	40,5	44,52	57,0	1,530	10,0	172,0
Salas	237,41	217,35	147,0	236,35	268,0	1,466	37,0	799,0
Películas	461,94	450,38	412,0	180,61	191,0	1,535	248,0	884,0
Especta. películas ESP	0,91	0,81	0,4	1,01	0,9	1,742	0,1	3,5
Especta. películas EXT	4,86	4,44	2,4	5,47	5,4	1,554	0,5	16,9
Especta. por sala (ESP)	3.710,94	3.624,99	3.574,0	871,61	866,5	1,827	2.651,0	6.318,0
Especta. por sala (EXT)	18.957,71	18.862,23	17.681,0	5.033,65	7.974,0	0,825	12.050,0	30.824,0
Especta._ habitante (ESP)	0,31	0,31	0,3	0,08	0,1	0,429	0,2	0,5
Especta. habitante (EXT)	1,64	1,63	1,7	0,47	0,6	0,355	0,8	2,7

Tabla 5.2. Actividad de las salas de cine: análisis descriptivo

59 Con esta forma de proceder el "total" desaparece para siempre, no es posible recuperarlo. Más adelante, en la figura 5.1, se muestra otra forma de proceder que permite volver a utilizar los datos presentes en una línea que no es considerada en un momento determinado.

El número medio de espectadores de películas extranjeras quintuplica el de películas españolas, siendo Cataluña y Madrid las comunidades con un mayor número de espectadores. En la situación opuesta se encuentran Cantabria y La Rioja. Lógicamente, el número medio de espectadores de las películas extranjeras es muy superior al de películas españolas (5,33 veces más), basta con comprobar la ocupación media por sala (18.957 y 3.710 espectadores respectivamente) o la cuota de pantalla considerando el total de espectadores por habitante; que proporciona una asistencia media por habitante del cine español del 0,31, muy inferior al 1,64 de las películas extranjeras.

No menos importante es prestar atención a las grandes diferencias entre la media, media truncada y la mediana en la mayor parte de las variables, muy elevada en las cinco primeras, que está indicando la presenta de casos atípicos. Por este motivo será conveniente el estudio de su distribución con el fin de detectar la presencia de estos casos. Solicitar los gráficos de caja con la opción "dependientes juntas" –cuyos resultados se muestran en el gráfico 5.1– permite detectar rápidamente la presencia de casos atípicos en la mayor parte de variables, excepto en "asistencia media por habitante en películas españolas". Un análisis del gráfico 5.1 desvela la constante presencia de la comunidad autónoma número 13, con casos atípicos en la mayor parte de las variables (en todas menos en cines). El gráfico de caja *Dependientes juntas* proporciona una excelente visión panorámica, pero impide conocer detalladamente la distribución de variables con varios casos atípicos.

Opción "dependientes juntas"

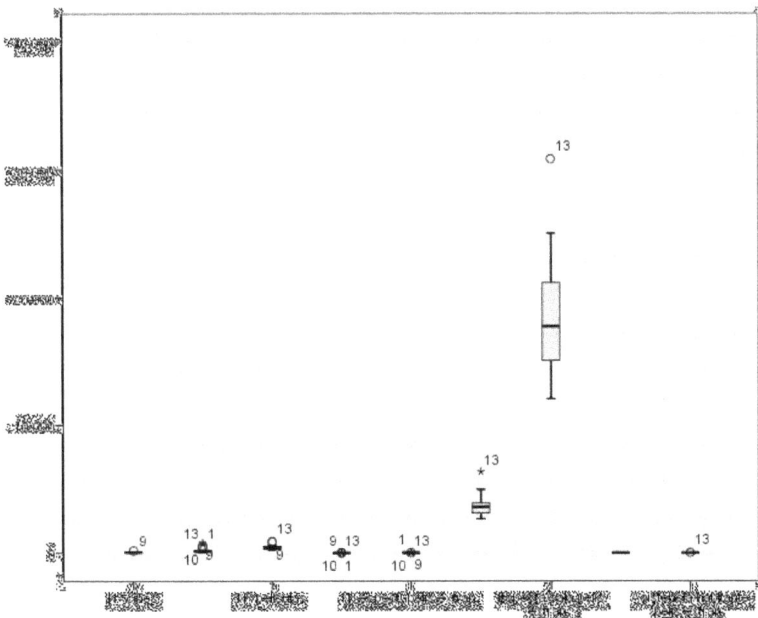

Gráfico 5.1. Gráfico de caja de las variables utilizadas

De hecho, un análisis más detallado utilizando la opción *Niveles de los factores juntos* muestra que el caso 13 es atípico en siete de las nueve variables, comportándose como *extremo* (siempre según la terminología de SPSS, tal y como fue expuesta en el segundo capítulo) en tres de ellas. El análisis de la tabla de datos desvela que este caso 13 es la Comunidad de Madrid, que destaca por el gran número de asistencia al cine. Si el objetivo es agrupar las comunidades autónomas según su comportamiento en variables relacionadas con el cine, ya se cuenta con una comunidad con un comportamiento muy específico, muy diferente al resto de comunidades.

Esta situación genera la formación de un "primer grupo" con la Comunidad de Madrid, procediendo a realizar la agrupación con el resto de comunidades. Para ello será necesario apartar durante un tiempo esta comunidad utilizando el procedimiento *Datos→Seccionar casos*. De las posibles opciones, que se muestran en la parte superior de la figura 5.1, se utiliza *Si satisface la condición* y se procede con la selección de la primera variable, que identifica las comunidades autónomas con números. Situada esta variable en la ventana superior se pulsa el botón (diferente de) y se coloca el valor 13, que es el que corresponde a la Comunidad de Madrid (ver parte inferior de la figura 5.1).

El botón *Continuar* vuelve al cuadro de diálogo principal de la *Selección de datos* (parte superior de la figura 5.1) que indica (por defecto) *Destacar datos no seleccionados*, lo que permitirá utilizar esta comunidad más adelante, tras la agrupación del resto de variables. Pulsando el botón *Aceptar* en el cuadro de diálogo principal de *Seleccionar casos...* (parte superior de la figura 5.1) se llevará a cabo la orden, apareciendo Madrid como "no seleccionada", siendo fácilmente identificable al aparecer "tachada" ( ) en la parte izquierda de la pantalla.

Datos→Seleccionar casos…

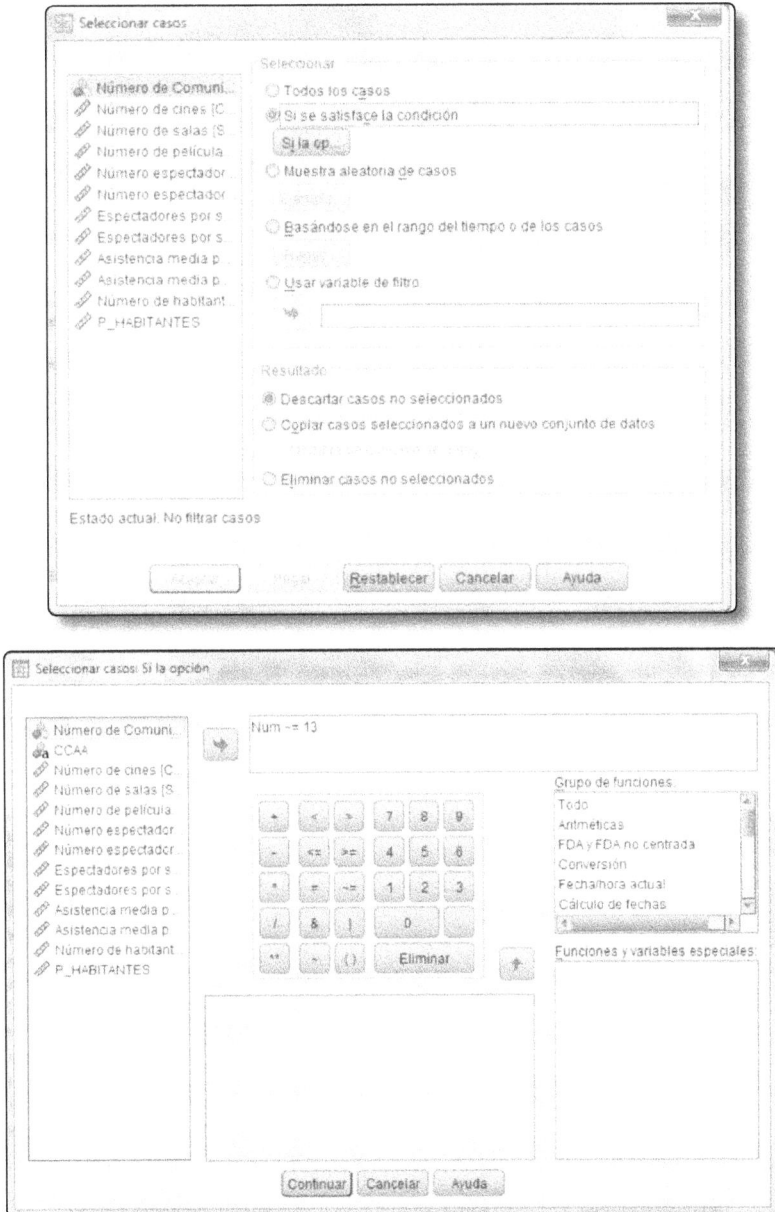

Figura 5.1. Cuadro de diálogo Seleccionar Casos→Si se satisface la condición

Solicitar de nuevo el gráfico de caja ofrece una nueva imagen, reduciéndose los casos extremos al estar presentes solo en cuatro variables: cines, salas y espectadores (diferenciando entre películas españolas y extranjeras), tal y como se muestra en el gráfico 5.2. Esta situación explica la gran diferencia entre el valor de la media y la media recortada, y la gran diferencia de ambas con la mediana; a lo que ya se aludió en el comentario de la tabla 5.2. Considerar los números absolutos al hablar de "salas" en lugar de número promedio por habitante genera que las comunidades con más habitantes tengan un mayor equipamiento, un mayor número de salas.

Opción "dependientes juntas"

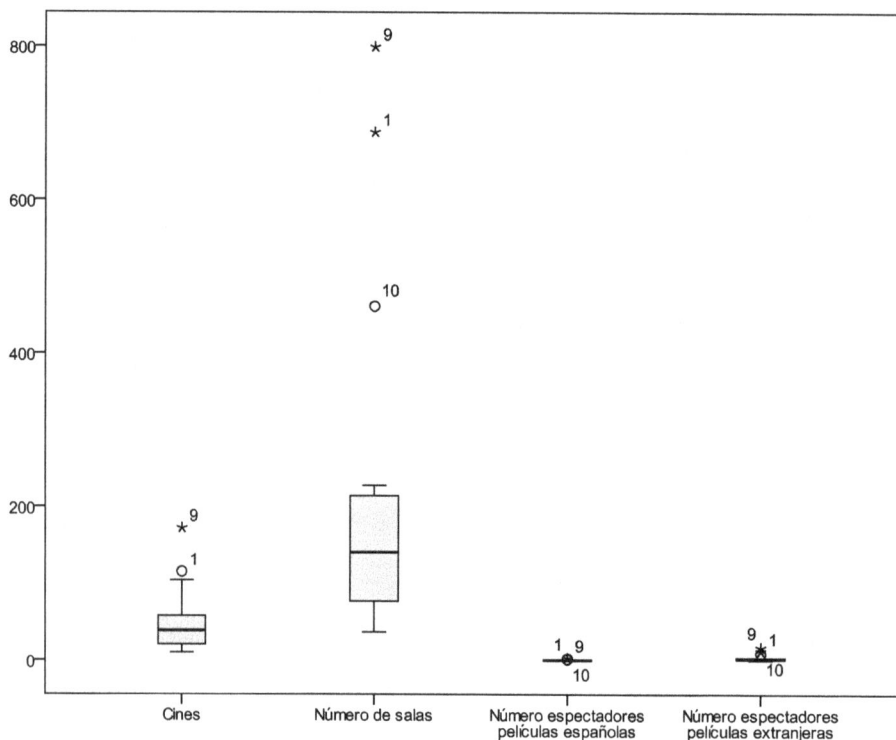

Gráfico 5.2. Gráfico de caja de cuatro variables sin la comunidad "13"

La presencia de casos extremos dificulta sobremanera el empleo del análisis de conglomerados. Dos soluciones permiten solventar este problema: la primera consiste en cambiar los datos de la tabla 5.1 por datos promedio, por ejemplo el número de salas por 1.000 habitantes. La segunda se fundamenta en la realización de transformaciones de la distribución. Se utilizará esta última con el fin de repasar algunos de los conceptos que ya fueron utilizados en el segundo capítulo, así como por la imposibilidad –en determinadas circunstancias– de disponer de datos promedio. Se parte de que se ha invertido una gran cantidad de recursos en conseguir los datos de la tabla 5.1, y que es imposible volver a realizar otra recogida de datos.

La localización de los casos atípicos en la parte superior de la distribución indica que se trata de distribuciones con asimetría positiva (recordar la antepenúltima columna de la tabla 5.2), distribuciones que será preciso simetrizar antes de aplicar el análisis de conglomerados. En las transformaciones mostradas en la tabla 2.7 (página 68) se indicó que la asimetría positiva se corrige sustituyendo los datos recogidos por su raíz cuadrada o su logaritmo, aunque también se señaló que cuando dos transformaciones proporcionen resultados muy similares es recomendable utilizar la menos potente. En el gráfico 5.3 se muestra la distribución de la variable "salas" tras aplicar cada transformación, donde se aprecia que la raíz cuadrada es suficiente para eliminar los casos extremos, por lo que esta será la utilizada en este ejemplo. El resto de variables se comportan de forma similar, por lo que se evitará mostrar aquí su distribución con el fin de ahorrar espacio en un capítulo que ya está siendo demasiado extenso.

Opción "dependientes juntas"

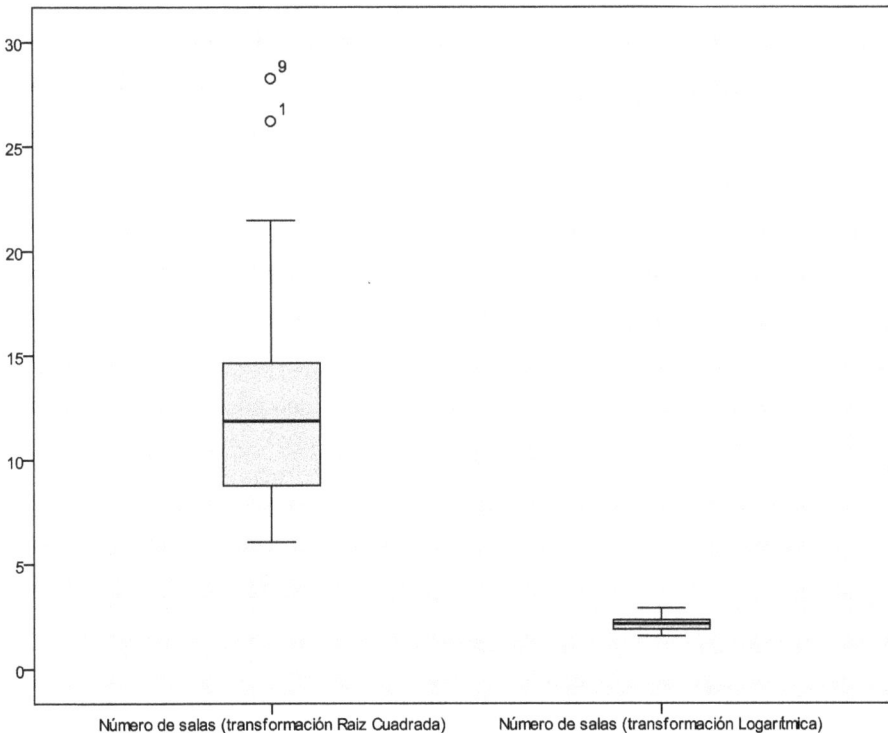

Gráfico 5.3. Transformación de la variable "salas"

Llegados a este punto –teniendo siempre presente que el objetivo es realizar una agrupación de las comunidades autónomas– las características específicas de la técnica del análisis de conglomerados precisa, en primer lugar, averiguar hasta qué punto los datos cumplen sus supuestos básicos. Se señaló que este análisis estudia las características estructurales de un conjunto de observaciones con el fin de agruparlas en conjuntos homogéneos, de modo que al no ser propiamente una técnica de inferencia estadística apenas tienen importancia las exigencias de normalidad, linealidad y homocedasticidad tan importantes en otros procedimientos (Hair et al., 2009). Sin embargo, una correcta aplicación del análisis de conglomerados requiere que los datos cumplan tres requisitos básicos: a) número de variables no muy elevado; b) ausencia de correlación entre las variables; y, c) que éstas no estén medidas en unidades diferentes. Se comenzará por esta última, comprobando los supuestos en el orden inverso a como han sido enumerados en la línea anterior.

El análisis descriptivo ha dejado claro la presencia de unidades diferentes. Everitt (1993) señala tres posibles soluciones para solucionar este problema: la primera de ellas se fundamenta en recategorizar todas las variables en variables binarias, y aplicar a éstas una distancia apropiada para ese tipo de medidas. Otra solución es realizar distintos análisis de conglomerados con grupos de variables homogéneas (en cuanto a su métrica), y sintetizar después los diferentes resultados. La tercera opción es utilizar la distancia de Gower, que es aplicable con cualquier tipo de métrica (Everitt, 1993).

Una de las propuestas más habituales para reducir la influencia de las unidades diferentes es la estandarización (o tipificación) de todas las unidades a tratar, es decir, tratando de eliminar la incidencia de las diferentes métricas unificando las medias en 0 y las desviaciones típicas en 1. Existe cierta controversia sobre si la tipificación debe ser un procedimiento a utilizar en todo análisis de conglomerados. A juicio de Everitt (1993) el proceso de estandarización puede reducir las diferencias entre los grupos en aquellas variables que más discriminan. Este mismo criterio es sostenido por Edelborck (1979) cuando afirma que la estandarización puede producir una transformación de las variables y modificar así la relación entre éstas. Sin embargo, Aldenderfer y Blashfield (1984) critican estos argumentos basados en un experimento en el que realizaron sucesivos análisis de conglomerados utilizando diferentes coeficientes de correlación y otros métodos de clusterización jerárquicos. En este experimento no se encontraron diferencias sustanciales en los agrupamientos formados por las variables estandarizadas y no estandarizadas. Pese a la falta de acuerdo y la cantidad de alternativas que surgen ante este problema, la mayoría de los expertos aconsejan realizar el análisis con las variables estandarizadas (Paz Caballero, 1990).

Volviendo al ejemplo, el lector estará de acuerdo con la imposibilidad de comparar el "número de cines", valor mínimo 10 y máximo 172, con el "número de espectadores de películas extranjeras", valor mínimo 0,5 millones de personas y máximo 16,9. Por este motivo se procederá a estandarizar las variables. En la figura 2.20 (página 86) ya se mostró cómo estandarizar las variables con el software elegido.

Respecto a la segunda condición para aplicar correctamente el análisis de conglomerados, ausencia de correlación entre variables, la existencia de correlación entre las variables indica que unas variables son combinaciones lineales de otras, que comparten información con otras variables; lo que implica que esta información compartida tiene una mayor importancia que el resto de información. Se explicará con un ejemplo: supóngase una investigación sobre los estilos de vida de los españoles donde se emplean 15 variables referidas a hábitos de compra, hábitos culturales, y valores. Un análisis en detalle revela que 9 variables están referidas a los hábitos culturales, mientras que el resto recoge información de hábitos de compra (3 variables) y valores (3 variables). Si el interés es clasificar los estilos de vida de la población española en base a las tres temáticas apuntadas será necesario disminuir la sobrerrepresentación temática del nivel cultural. Al tener un número de variables tres veces superior al de las otras temáticas, el nivel cultural afectará a la medida de similaridad mucho más que los hábitos de compra y los valores. En consecuencia, las personas serán agrupadas fundamentalmente atendiendo a sus hábitos culturales, ya que las otras temáticas tan sólo cuentan con seis de las quince variables utilizadas.

Además, cuando las variables están correlacionadas se corre el peligro de incluir información redundante en el modelo, algo que debe evitarse en todo momento, tal y como se señaló en la explicación del principio de la parsimonia científica. Por este motivo es importante que el investigador estudie cuidadosamente la matriz de correlaciones antes de llevar a cabo el análisis de conglomerados, colocando un mismo número de variables de cada temática, o utilizando una medida –como la distancia de Mahalanobis– que compense esta correlación. Cuando no existe correlación entre variables esta distancia es similar a la distancia euclídea (Aldenderfer y Blashfield, 1984).

En el párrafo después del gráfico 5.1 se recomendó no considerar la Comunidad de Madrid, puesto que sus valores diferenciados lo configuraron como "un grupo específico". Una vez "apartada" esta comunidad se procede con la elaboración de una matriz de correlaciones con la orden *Analizar→Correlaciones→Bivariadas...*, presentando los resultados que se muestran en la tabla 5.3. Esta tabla desvela una elevada relación de la variable cines con "salas", con "número de películas exhibidas" y con "número de espectadores de películas españolas y extranjeras", valores 0,963, 0,828, 0,972 y 0,944 respectivamente, todos ellos significativos a 0,01%. Algo lógico en la medida que contar con muchas salas de proyección implicará, con toda seguridad, la presencia de un gran número de cines. Del mismo modo contar con muchos cines y salas implicará, necesariamente, la proyección de un gran número de películas y, en buena lógica, la asistencia de un elevado número de espectadores. Realizar la agrupación de las comunidades autónomas incluyendo esas cuatro variables implicaría que la agrupación se realizará, fundamentalmente, en base a la información de estas cuatro variables; en perjuicio de otras como "espectadores por sala" y "asistencia media por habitante". Ante esta presencia de información redundante hay que tomar algunas decisiones antes de efectuar el análisis.

De la situación anteriormente descrita se desprende que, en primer lugar, o la variable "cines" o "salas" debe desaparecer del análisis al estar indicando una situación muy similar. En este caso se optará por eliminar la primera en la medida que salas proporciona un mejor conocimiento de la realidad. Conocer el número de salas, y contar con una variable que recoge el "número de espectadores por sala" (en películas españolas y extranjeras) hace innecesarias las dos variables referidas al número de espectadores, por lo que estas últimas serán eliminadas del análisis. "Salas" también correlaciona con el número de películas exhibidas, también lógico si se tiene en cuenta que un mayor número de salas implicará también la proyección de un mayor número de títulos.

La eliminación de esta última variable del análisis reduce notablemente el número de información con la que realizar el análisis de conglomerados, al pasar de 9 a 5 variables. Aún se aprecia la presencia de algunas correlaciones, rondando el 0,62, entre la "asistencia media por habitante" de películas españolas y extranjeras, que indica que las comunidades donde se asiste mucho a películas españolas también se acude a películas extranjeras. Se ha optado por dejar tal información en la medida que se está interesado en diferenciar la nacionalidad de las películas. Otra posible solución, cuando las variables están correlacionadas, es aplicar un análisis factorial que reduzca todo el conjunto de variables observadas a un número menor de factores comunes incorrelacionados entre sí. Este mismo procedimiento puede utilizarse cuando el número de variables utilizadas sea muy elevado.

Volviendo a los tres supuestos del análisis de conglomerados, el primero, relativo al número de variables no muy elevado, es cumplido por los datos del ejemplo al tratarse de nueve variables que se reducen a cinco tras eliminar la información relativa al número de cines, películas y espectadores.

En la tabla 5.4 se muestra la información del archivo con los datos empleado para realizar el análisis de conglomerados. Las comunidades autónomas españolas serán clasificadas considerando los valores estandarizados del número de "salas" (ZSALAS), el "número de espectadores por sala de películas españolas y extranjeras" (ZEspecta_sala_ESP y ZEspecta_sala_EXT), y el "número de espectadores por habitante" en películas españolas y extranjeras (ZEspecta_habit_ESP y ZEspecta_habit_EXT _XTR).

		Nº de cines	Nº de salas	Nº de películas exhibidas	Nº especta. películas españolas	Nº especta. películas extranjeras	Especta. por sala pelíc. españolas	Especta. por sala pelíc. extranjeras	Asist. media por habitante pelíc. españolas	Asist. media por habitante pelíc. extranj.
Nº de cines	Corr. de Pearson	1	,963**	,828**	,972**	,944**	-,098	,099	,232	,365
	Sig. (bilateral)		,000	,000	,000	,000	,717	,715	,387	,165
Nº de salas	Corr. de Pearson	,963**	1	,798**	,987**	,987**	-,237	,144	,187	,380
	Sig. (bilateral)	,000		,000	,000	,000	,376	,595	,488	,147
Nº de películas exhibidas	Corr. de Pearson	,828**	,798**	1	,834**	,825**	,061	,312	,493	,637**
	Sig. (bilateral)	,000	,000		,000	,000	,821	,239	,052	,008
Nº espectadores películas españolas	Corr. de Pearson	,972**	,987**	,834**	1	,981**	-,101	,183	,210	,387
	Sig. (bilateral)	,000	,000	,000		,000	,711	,497	,436	,139
Nº espectadores películas extranjeras	Corr. de Pearson	,944**	,987**	,825**	,981**	1	-,184	,290	,165	,466
	Sig. (bilateral)	,000	,000	,000	,000		,495	,276	,541	,069
Espectadores por sala en películas españolas	Corr. de Pearson	-,098	-,237	,061	-,101	-,184	1	,358	,092	-,016
	Sig. (bilateral)	,717	,376	,821	,711	,495		,173	,736	,954
Espectadores por sala en películas extranjeras	Corr. de Pearson	,099	,144	,312	,183	,290	,358	1	-,145	,546*
	Sig. (bilateral)	,715	,595	,239	,497	,276	,173		,592	,029
Asistencia media por habitante películas españolas	Corr. de Pearson	,232	,187	,493	,210	,165	,092	-,145	1	,623**
	Sig. (bilateral)	,387	,488	,052	,436	,541	,736	,592		,010
Asistencia media por habitante películas extranjeras	Corr. de Pearson	,365	,380	,637**	,387	,466	-,016	,546*	,623**	1
	Sig. (bilateral)	,165	,147	,008	,139	,069	,954	,029	,010	

Tabla 5.3. Matriz de correlaciones

Comunidades autónomas	zSalasRAIZ	zEspecta_sala_EXT	zEspecta_sala_ESP	zEspecta_habit_ESP	zEspecta_habit_ESP
1 Andalucía	1,95639	-,75674	-,12957	,0	-,18948
2 Aragón	-,47771	1,36702	,44653	,0	,06316
3 Asturias	-,69433	,22842	-,09204	,0	-,69478
4 Islas Baleares	-,55419	,75848	1,62488	,0	1,32639
5 Canarias	-,16006	-1,56405	1,52268	-1,36931	,56845
6 Cantabria	-1,09319	2,40623	1,63819	,0	,06316
7 Castilla y León	,13208	,30339	-,77129	,0	-,94742
8 Castilla La Mancha	-,26172	-,12729	-,86331	-1,36931	-1,45271
9 Cataluña	2,26470	,21447	,70467	1,36931	1,83168
10 Comunidad Valencia	1,23606	,04533	,54896	,0	,82110
11 Extremadura	-,79356	,57191	-1,11250	-1,36931	-1,95800
12 Galicia	,02813	-1,03747	-,18720	-1,36931	-,94742
13 Madrid					
14 Murcia	-,17869	-1,04095	-,39643	,0	,31581
15 Navarra,	-,67708	-,42196	-1,10620	1,36931	,31581
16 País Vasco	,27167	-,01221	-,33420	1,36931	,56845
17 La Rioja	-,99852	-,93459	-1,49317	1,36931	,31581

Información de cada variable (puntuaciones estandarizadas):

zSalasRAIZ: número de salas de exhibición

zEspecta_sala_ESP: Espectadores por sala en películas españolas

zEspecta_sala_EXT: Espectadores por sala en películas extranjeras

zEspecta_habit_ESP: Asistencia media por habitante películas españolas

zEspecta_habit_EXT: Asistencia media por habitante películas extranjeras

Tabla 5.4. Actividad de las salas de proyección en el año 2011 (Puntuaciones transformadas estandarizadas)

5.3.3 Proceso de realización del análisis de conglomerados Jerárquico con el programa SPSS

Para llevar a cabo un análisis de conglomerados jerárquico hay que situar el ratón en la función *Analizar*, seleccionar posteriormente la subfunción *Clasificar*, y por último *Conglomerados jerárquicos*. El cuadro de diálogo obtenido se muestra en la figura 5.2. Como en el resto de procedimientos vistos hasta el momento, en la ventana de la izquierda aparecen todas las variables del archivo de datos (las originales y las creadas en las páginas anteriores) y, a la derecha, las incluidas en el análisis. En la ventana superior derecha, encabezada con el nombre *Variables*, serán incluidas las variables sustantivas para definir los grupos; mientras que la ventana inferior derecha, encabezada con *Etiquetar los casos mediante*, se reserva para colocar una variable que identifique cada uno de los casos.

Analizar→Clasificar→Clúster jerárquico...

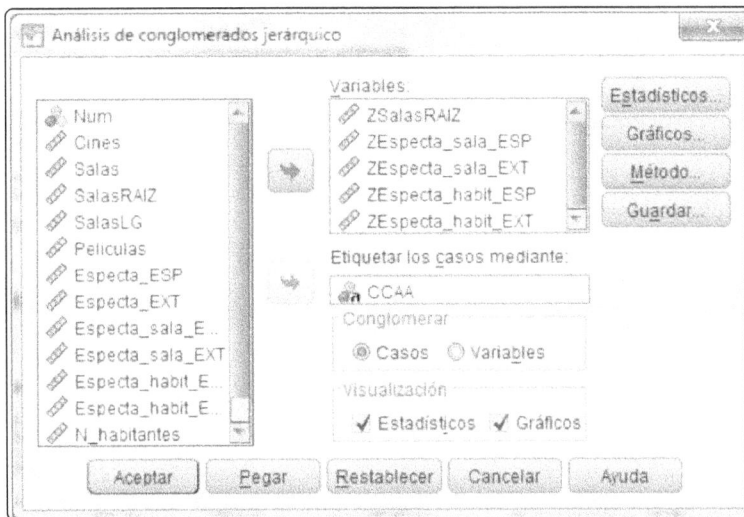

Figura 5.2. Cuadro de diálogo Conglomerados jerárquico

El investigador deberá seleccionar las variables oportunas y, a continuación, pulsar el botón-flecha situado en la parte central superior del cuadro de diálogo, para pasar las variables de una ventana a otra. En la ventana izquierda el lector observará la presencia de unas cuantas variables con nombres muy similares, por ejemplo "Salas", "SalasRAIZ", "SalasLG" y "zSalasRAIZ". La que terminan en "RAIZ" es el resultado de realizar la transformación utilizando la raíz cuadrada, mientras que las que comienzan con la "Z" son las variables estandarizadas. Realizada esta aclaración se procederá a seleccionar la variable zSalasRAIZ y todas las que comienzan con Z. Para etiquetar cada uno de los casos se utilizará la variable CCAA, donde se identifican las comunidades autónomas.

Bajo estas ventanas aparecen dos opciones, la primera relacionada con los "objetos"/observaciones a unir, y que permite realizar un análisis de conglomerados de casos o variables. En este caso se dejará la opción por defecto, análisis de conglomerados de casos. Más abajo el programa ofrece la posibilidad de mostrar los resultados estadísticos, los gráficos, o ambos, que es la opción por defecto.

Al introducir las variables en la ventana superior derecha el botón *Aceptar* cambia de color, indicando que ya es posible proceder con el análisis. Sin embargo, antes de llevar a cabo la agrupación serán explicados brevemente el resto de botones situados en la parte inferior de la figura 5.2 con el fin que el lector conozca todas las opciones ofrecidas. La exposición comienza pulsando el botón *Método...*, que es el más importante puesto que permite seleccionar el proceso de agrupamiento, la distancia a utilizar, y el tipo transformación a llevar a cabo en el caso que se precise alguna. El cuadro de diálogo obtenido se muestra en la figura 5.3, pudiendo escoger entre (Aldenderfer y Blashfield, 1984):

Analizar→Clasificar→Clúster jerárquico... Botón *Método*

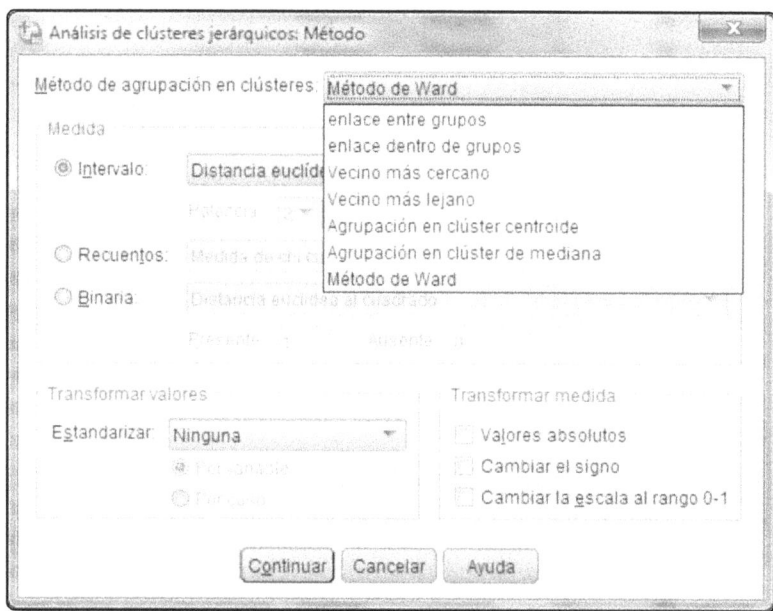

Figura 5.3. Cuadro de diálogo Conglomerados jerárquico: Método, Método de conglomeración.

▶ *Vecino más cercano*, distancias mínimas: agrupa a los casos que se encuentran a menor distancia. Unidos dos casos, a continuación se forma el tercer conglomerado buscando la distancia más corta entre los tres elementos. El problema de este método es que suele provocar un "efecto línea" al unir los casos más cercanos (Aldenderfer y Blashfield, 1984), al tiempo que es muy sensible a la presencia de casos extremos.

▶ *Vecino más lejano*, distancias máximas: similar al anterior aunque aquí se procede a unir los casos que se encuentran a mayor distancia, siendo un método más restrictivo que el anterior. Elimina el "efecto línea", aunque al igual que el anterior es muy sensible a la presencia de casos extremos.

▶ *Vínculos entre grupos*, promedio entre grupos: la distancia entre los grupos es la media aritmética de las distancias existentes entre todos los componentes de cada grupo, considerados dos a dos. Emplea mucha más información que los métodos anteriores, consiguiendo grupos con varianzas similares y pequeñas.

▶ *Vínculos dentro de grupos*, promedio intra-grupos o media ponderada: es una variante del anterior, aunque en este caso se combinan los grupos buscando que la distancia promedio dentro de cada conglomerado sea la menor posible. Así en vez de considerar los pares de los elementos que pertenecen a cada uno de los grupos, se tienen en cuenta todos los pares resultantes en caso que los dos grupos se unieran.

▶ *Agrupación en clúster centroide*: la distancia entre dos grupos es la distancia existente entre sus centros de gravedad (centroides). El proceso comienza calculando el centro de gravedad de cada conglomerado, para agrupar los conglomerados cuya distancia entre centroides sea mínima. Tras unir dos conglomerados se calcula de nuevo el centro de gravedad y se procede de forma similar. Con este procedimiento se reduce la influencia de los casos extremos.

▶ *Agrupación en clúster de mediana*: es una variación del método anterior, donde no se considera el número de individuos que forman cada uno de los agrupamientos. En el método anterior se calcula el centroide en función del número de individuos de cada conglomerado, de modo que cuando se une un gran conglomerado (por ejemplo de 10 casos) con otro muy pequeño (por ejemplo de dos casos), este último apenas varía la situación del centroide inicial. En el método de la mediana no se considera el número de elementos de cada conglomerado, sino el número de conglomerados.

▶ *Método de Ward*, o método de pérdida de la inercia mínima. Cuando se unen dos conglomerados, con independencia del método utilizado, la varianza aumenta. El método de Ward une los casos buscando minimizar la varianza dentro de cada grupo. Para ello se calcula, en primer lugar, la media de todas las variables en cada conglomerado. A continuación, se calcula la distancia entre cada caso y la media del conglomerado, sumando después las distancias entre todos los casos. Posteriormente se agrupan los conglomerados que generan menos aumentos en la suma de las distancias dentro de cada conglomerado. Este procedimiento crea grupos homogéneos y con tamaños similares (Aldenderfer y Blashfield, 1984). A juicio de Picón et al. (2003) es uno de los mejores, excepto cuando existen outliers. este ha sido el utilizado en el ejemplo presentado.

Elegido el método se procede con la elección de la distancia a considerar, puesto que el método de agrupamiento se realiza sobre esta matriz de distancias. Por ello el primer tratamiento a realizar con los datos de la tabla 5.4 es medir qué grado de *similaridad o de diferencia* tienen los casos seleccionados. Con objeto de solucionar esta cuestión se han desarrollado una gran cantidad de índices de distancia y de proximidad que permiten medir el grado de diferencia o semejanza entre dos casos (figura 5.4).

Analizar→Clasificar→Clúster jerárquico... Botón *Método*

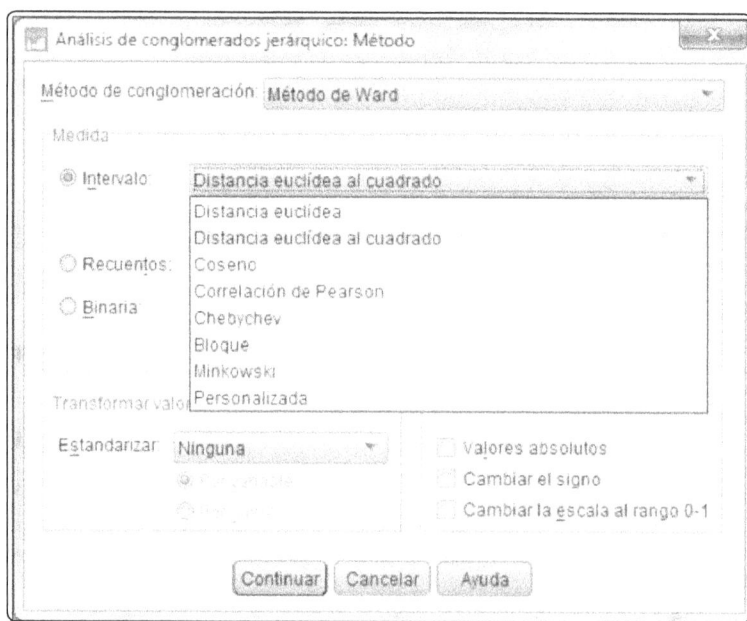

Figura 5.4. Cuadro de diálogo Conglomerados jerárquico: Método, medidas de intervalo.

La elección de la medida de distancia va a variar en función de la métrica de la variables utilizadas en el análisis. Con variables dicotómicas deberá utilizarse la distancia de Jacccard, Russel y Rao, Rogers y Tanimoto, etc., mientras que con variables nominales se emplea la medida de Chi o Phi-Cuadrado. En número de distancias disponibles aumenta considerablemente cuando se tienen variables de intervalo, como se muestra en el cuadro 5.3. De todas las medidas disponibles, en este trabajo se utilizará la distancia euclídea al cuadrado, que es la más adecuada para los datos empleados (Jain y Dubes, 1988: 17). La distancia euclídea al cuadrado entre dos individuos, considerando dos variables, se define como la suma de las diferencias entre los elementos al cuadrado.

CUADRO 5.3.
Clasificación de las principales medidas de distancia

▶ Datos binarios:

- Jaccard
- Russel y Rao
- Sokal y Sneath
- Rogers y Tanimoto

▶ Variables discretas:

- Chi-Cuadrado
- Phi-Cuadrado

▶ Variables continuas:

- Distancia euclídea
- Distancia euclídea al cuadrado
- Coseno de vectores
- Correlación de Pearson (asociación)
- Distancia métrica de Chebynev
- Bloque, Manhattan o City-block
- Distancia de Minkowski

Unas páginas más atrás se señaló la necesidad de estandarizar las variables cuando están medidas en distintas unidades. En la parte inferior del cuadro de diálogo de la figura 5.3 aparece una cómoda opción para llevar a cabo esta tarea, realizando una transformación de los valores antes de proceder con el cálculo de las distancias. Las posibilidades se muestran en la figura 5.5:

Analizar→Clasificar→Clúster jerárquico... Botón *Método*

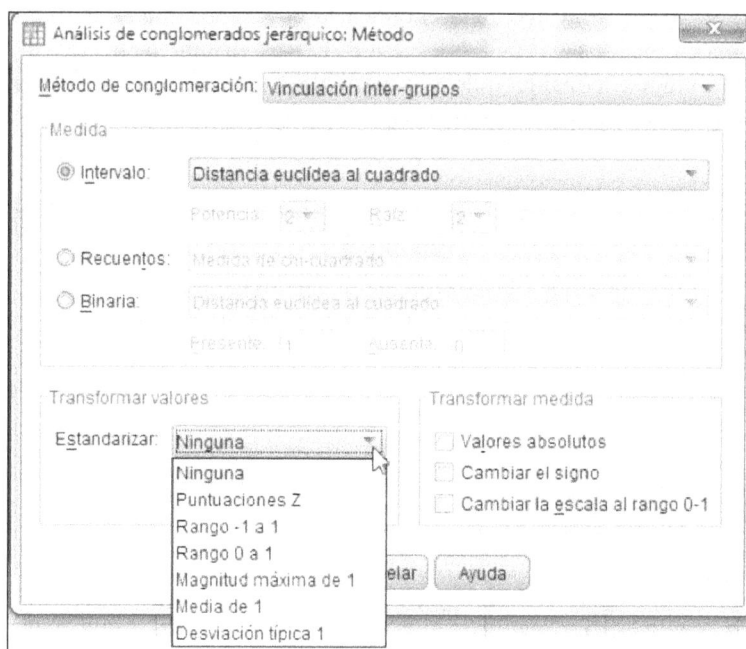

Figura 5.5. Cuadro de diálogo Conglomerados jerárquico: Método, transformar valores.

▼ *Puntuaciones Z*: media 0 y desviación típica 1.

▼ *Rango de -1 a 1*: divide entre el rango de la variable o caso.

▼ *Rango de 0 a 1*: resta el mínimo de cada valor y lo divide entre el rango de la variable o caso.

▼ *Magnitud máxima de 1*: divide entre el valor máximo de la variable o caso.

▼ *Media de 1*: divide entre la media.

▼ *Desviación típica 1*: divide entre la desviación típica de la variable o caso.

En la figura 5.3 aparecía seleccionada la opción *ninguno* porque en este ejemplo se han estandarizado los datos utilizando la opción *Guardar valores tipificados como variables* del procedimiento *Estadísticos Descriptivos* (figura 2.20).

Por último, existe la posibilidad de transformar las medidas de distancia, pudiendo elegir entre:

▼ *Valores absolutos*: considera el valor absoluto de la distancia, eliminando el signo. Interesante cuando interesa la magnitud de la distancia y no su signo.

▼ *Cambiar el signo*: transforma medidas de distancia en medidas de similaridad, y viceversa.

▼ *Cambiar la escala al rango 0-1*: estandariza los valores restando el valor de la distancia menor y dividiendo después entre el rango, consiguiendo así convertir todas las medidas al rango 0-1.

Pulsando el botón *Continuar* se vuelve al menú principal y, una vez aquí, la selección del botón *Estadísticos...* proporciona el cuadro de diálogo de la figura 5.6:

Analizar→Clasificar→Clúster jerárquico... Botón *Estadísticos*

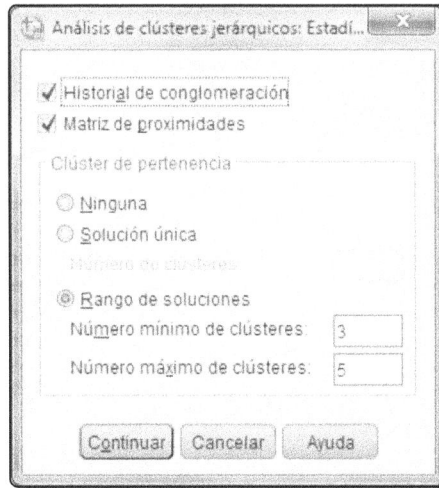

Figura 5.6. Cuadro de diálogo Conglomerados jerárquico: Estadísticos

▼ *Historial de conglomeración*: presenta el proceso de elaboración de los agrupamientos, mostrando los casos (o variables) combinados en cada etapa y la distancia entre cada uno.

▼ *Matriz de proximidades (distancias* en versiones anteriores del programa): proporciona las distancias o similaridades entre los casos (o variables).

▼ *Conglomerado de pertenencia*: indica el conglomerado al que se asigna cada caso. El investigador puede seleccionar una *solución única*, o un *rango de soluciones* para conocer cómo varía la composición de los grupos en función del número final de conglomerados. En este caso se ha optado por la segunda opción, buscando conocer el conglomerado de pertenencia de cada comunidad autónoma cuando se solicitan 3, 4 y 5 grupos.

De nuevo se pulsa el botón *Continuar* para acceder al menú principal, ocasión que es aprovechada para analizar las opciones gráficas que ofrece el análisis de conglomerados jerárquico. Pulsando el botón *Gráficos...* aparece el cuadro de diálogo mostrado en la figura 5.7, permitiendo elegir entre dos tipos:

Analizar→Clasificar→Clúster jerárquico... Botón *Gráficos*

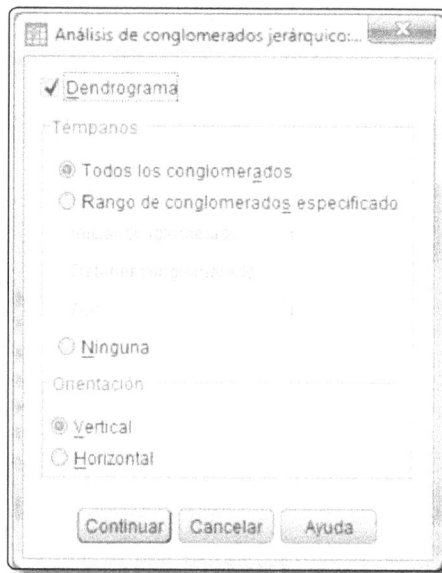

Figura 5.7. Cuadro de diálogo Conglomerados jerárquico: Gráficos

▼ *Dendograma*: gráfico donde se muestra el proceso de agrupamiento entre los casos y la distancia en la que se produce cada agrupamiento. Es la representación gráfica del *historial de conglomeración* visto en la opción *estadísticos*, y proporciona información muy valiosa sobre el número final de conglomerados a conservar.

▼ *Témpanos*: presenta un diagrama de témpanos donde se muestra el proceso de combinación de los casos en cada conglomerado. Existe la posibilidad de mostrar todos los conglomerados o un determinado rango.

Pulsando el botón *Continuar* se accede de nuevo al menú principal. El último de los botones ofrece la posibilidad de crear una nueva variable donde se recoge el conglomerado de pertenencia de cada caso (figura 5.8). Marcando la opción *Guardar...* el programa permite guardar una *solución única* o un *rango de soluciones*, de forma similar a cómo se procedió en el submenú estadísticos. Esta variable recibirá el nombre de CLU*_1, y podrá ser utilizada en análisis posteriores, como se verá en las siguientes páginas.

Analizar→Clasificar→Clúster jerárquico... Botón *Guardar*

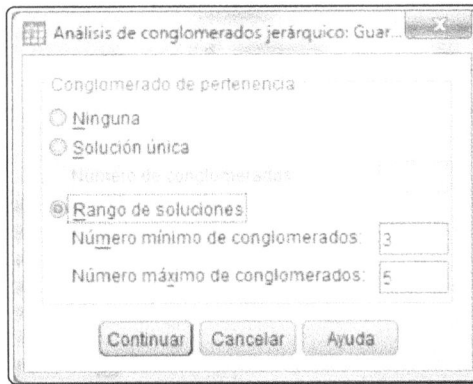

Figura 5.8. Cuadro de diálogo Conglomerados jerárquico: Guardar

Como en el resto de capítulos, pulsar el botón *Pegar* mostrará los comandos de sintaxis del análisis de conglomerados jerárquico, que son mostrados en la figura 5.9. Las instrucciones comienzan con la palabra CLUSTER, que es el nombre del comando que el programa utiliza para llevar a cabo el análisis de conglomerados jerárquico. En las siguientes líneas aparece el método de aglomeración y la distancia elegida, en este caso los conglomerados serán formados utilizando el método WARD sobre una matriz de distancias euclídeas al cuadrado (SEUCLUD). En la línea cinco se utiliza una variable para identificar los casos, en este caso la CCAA y, a continuación, aparecen los estadísticos solicitados en la figura 5.3: el historial de conglomeración se solicita mediante la palabra SCHEDULE, la matriz de distancias con DISTANCE, mientras que CLUSTER (3,5) proporciona el rango de soluciones del conglomerado de pertenencia.

En la penúltima línea se solicitan los diagramas gráficos, concretamente el dendograma. En la última se indica al programa que guarde una variable con el conglomerado de pertenencia de cada comunidad autónoma, solicitando una solución en tres, cuatro y cinco conglomerados. Las nuevas variables creadas, llamadas CLU3_1, CLU4_1 y CLU5_1, aparecerán situadas en la parte derecha en el editor de datos, tal y como se mostró en la figura 2.22 (página 87). Ejecutar del editor de sintaxis, o pulsar *Aceptar* en el cuadro de diálogo de la figura 5.2, proporcionará los resultados que serán mostrados en el siguiente apartado.

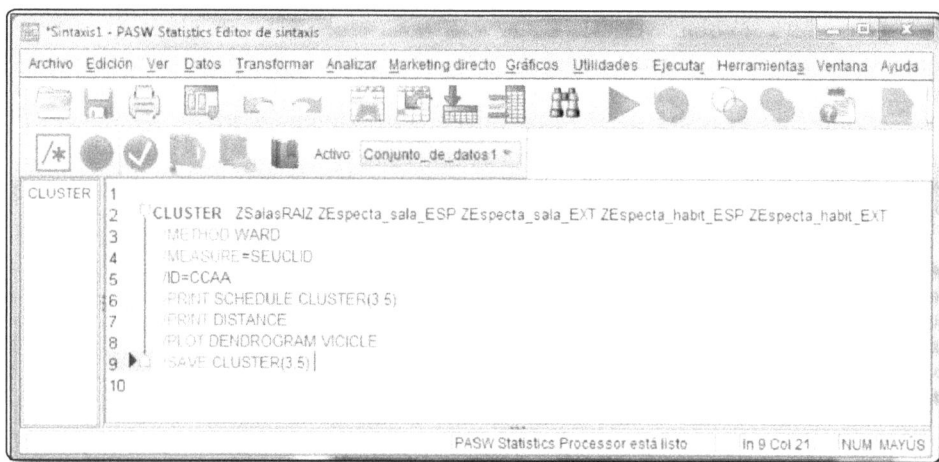

Figura 5.9. Editor de Sintaxis: análisis de conglomerados jerárquicos

5.3.4 Explicación de los resultados obtenidos

La exposición de resultados comienza presentando la matriz de distancias entre las comunidades autónomas, calculando las n[(n-1)/2] medidas de proximidad entre los n casos tomados de dos en dos. En este caso, el análisis de las 17 Comunidades proporcionan 136 medidas de distancia [17(17-1)/2].

En la tabla 5.5 se muestran los coeficientes elaborados utilizando la distancia euclídea al cuadrado; que recuérdese es la suma de las diferencias al cuadrado entre dos elementos de una variable. Considerando las puntuaciones transformadas estandarizadas mostradas en el cuadro 5.3, la distancia 10,831 entre Andalucía y Aragón se obtiene de la expresión:

$$D^2_{\text{Andalucía y Aragón}} = [(1,95639) - (-0,47771)]^2 + [(-0,75674) - (1,36702)]^2 +$$
$$[(-0,12957) - (0,44653)]^2 + [(0) - (0)]^2 + [(-0,18948) - (0,06316)]^2 = 10,8309175$$

Los coeficientes de esta tabla indican la distancia entre las comunidades autónomas considerando las variables del análisis, de modo que cuanto mayor sea el coeficiente entre dos comunidades existirá más distancia entre ellas, y por lo tanto serán más diferentes. Un análisis detallado de los coeficientes de la tabla 5.5 desvela una gran similitud en la actividad de los cines de La Rioja y Navarra, al tener una distancia de 0,516, la más baja de todas. Otras Comunidades con pautas similares son Castilla La Mancha y Extremadura, distancia 1,089, y Asturias y Castilla León con una distancia de 1,214. Véase, de nuevo, el cálculo de las distancias de las cuatro comunidades más similares:

$$D^2_{\text{Navarra y La Rioja}} = [(-0,67708) - (-0,99852)]^2 + [(-0,42196) - (-0,93459)]^2 + [(-1,1062) - (-1,49317)]^2 + [(1,36931) - (1,36931)]^2 + [(0,31581) - (0,31581)]^2 = 0,51585897$$

$$D^2_{\text{Castilla La Mancha y Extremadura}} = [(-0,26172) - (-0,79356)]^2 + [(-0,12729) - (0,57191)]^2 + [(-0,86331) - (-1,1125)]^2 + [(-1,36931) - (-1,36931)]^2 + [(-1,45271) - (-1,958)]^2 = 1,08914807$$

	1:Andalucía	2:Aragón	3:Asturias	4:Baleares	5:Canarias	6:Cantabria	7:Castilla y León	8:Castilla La Mancha
1:Andalucía	,000	10,831	8,254	13,975	10,311	22,493	5,438	9,325
2:Aragón	10,831	,000	2,208	3,360	11,980	2,879	4,007	8,168
3:Asturias	8,254	2,208	,000	7,334	9,576	8,470	1,214	3,358
4:Baleares	13,975	3,360	7,334	,000	8,009	4,601	11,590	16,660
5:Canarias	10,311	11,980	9,576	8,009	,000	18,777	13,008	11,853
6:Cantabria	22,493	2,879	8,470	4,601	18,777	,000	12,750	17,540
7:Castilla y León	5,438	4,007	1,214	11,590	13,008	12,750	,000	2,479
8:Castilla La Mancha	9,325	8,168	3,358	16,660	11,853	17,540	2,479	,000
9:Cataluña	7,694	13,919	17,649	11,219	18,807	21,953	16,333	27,245
10:Comunit_ Valenciana	2,644	5,269	6,469	5,126	7,426	12,760	6,156	11,313
11:Extremadura	15,296	9,123	4,640	20,248	18,291	16,981	3,942	1,089
12:Galicia	6,250	9,335	4,072	13,893	5,534	19,345	4,025	1,625
14:Murcia	4,966	6,662	2,991	8,486	5,896	16,923	3,640	6,062
15:Navarra	10,131	7,590	4,348	11,764	16,047	17,642	4,764	10,946
16:País Vasco	5,884	5,204	4,520	7,563	13,543	13,732	4,483	12,163
17:Rioja, La	12,753	11,270	6,305	15,682	17,758	22,914	6,803	12,219

	9:Cataluña	10:Comunit_ Valenciana	11:Extremadura	12:Galicia	14:Murcia	15:Navarra	16:País Vasco	17:Rioja, La
1:Andalucía	7,694	2,644	15,296	6,250	4,966	10,131	5,884	12,753
2:Aragón	13,919	5,269	9,123	9,335	6,662	7,590	5,204	11,270
3:Asturias	17,649	6,469	4,640	4,072	2,991	4,348	4,520	6,305
4:Baleares	11,219	5,126	20,248	13,893	8,486	11,764	7,563	15,682
5:Canarias	18,807	7,426	18,291	5,534	5,896	16,047	13,543	17,758
6:Cantabria	21,953	12,760	16,981	19,345	16,923	17,642	13,732	22,914
7:Castilla y León	16,333	6,156	3,942	4,025	3,640	4,764	4,483	6,803
8:Castilla La Mancha	27,245	11,313	1,089	1,625	6,062	10,946	12,163	12,219
9:Cataluña	,000	4,007	34,645	22,588	12,932	14,636	6,699	19,097
10:Comunit_ Valenciana	4,007	,000	16,755	8,176	4,331	8,748	3,652	12,254
11:Extremadura	34,645	16,755	,000	5,143	10,537	13,672	15,965	15,127
12:Galicia	22,588	8,176	5,143	,000	3,557	10,816	10,930	11,866
14:Murcia	12,932	4,331	10,537	3,557	,000	3,010	3,204	3,761
15:Navarra	14,636	8,748	13,672	10,816	3,010	,000	1,728	,516
16:País Vasco	6,699	3,652	15,965	10,930	3,204	1,728	,000	3,871
17:Rioja, La	19,097	12,254	15,127	11,866	3,761	,516	3,871	,000

Tabla 5.5. Matriz de distancias (Distancia euclídea al cuadrado)

Las Comunidades más diferentes en cuanto a la actividad cinematográfica son Extremadura y Cataluña. Será conveniente retener esta información para realizar un seguimiento del proceso de formación de los agrupamientos, ayudados por el historial de aglomeración de la tabla 5.6, así como de su representación gráfica en el dendograma (figura 5.3). Se indicó en el párrafo anterior que las Comunidades más similares son Navarra y La Rioja, y por esto son las primeras que se unen en el historial de aglomeración. De la última columna se desprende que este primer agrupamiento volverá a ser utilizado en la etapa 8. Una vez realizado el primer conglomerado, el programa vuelve a reelaborar una nueva matriz de distancias entre los 16 elementos restantes, es decir los 15 elementos y la agrupación Navarra/La Rioja.

Antes de continuar con el comentario del historial de aglomeración, y una vez que el lector ha analizado la tabla 5.6 para comprender la explicación del párrafo anterior, es necesario realizar una breve explicación de los elementos contenidos en esta tabla. En la primera columna se enumeran las etapas del análisis. Las columnas segunda y tercera indican los conglomerados unidos en cada etapa y, a continuación, la distancia en la que se produce el agrupamiento. Las columnas quinta y sexta serán explicadas más adelante, cuando sean necesarias para la interpretación del ejemplo, mientras que la séptima indica en qué etapa volverá a ser utilizado el agrupamiento que se acaba de formar.

Etapa	Conglomerado que se combina		Coeficientes	Etapa en la que el conglomerado aparece por primera vez		Próxima etapa
	Conglo. 1	Conglo. 2		Conglo. 1	Conglo. 2	
1	15[60](Navarra)	17(L_Rioja)	,258	0	0	8
2	8(Cast L.Man)	11(Extremad)	,803	0	0	7
3	3(Asturias)	7(Cast-León)	1,409	0	0	10
4	1(Andalucía)	10(C_Valencia)	2,731	0	0	11
5	2(Aragón)	6(Cantabria)	4,171	0	0	9
6	14(Murcia)	16(País Vasco)	5,773	0	0	8
7	8	12	7,847	2	0	10
8	14	15	10,010	6	1	13
9	2	4	12,184	5	0	14
10	3	8	15,275	3	7	15
11	1	9	18,735	4	0	12
12	1	5	26,676	11	0	13
13	1	14	39,469	12	8	14
14	1	2	56,217	13	9	15
15	1	3	75,000	14	10	0

Tabla 5.6. Historial de aglomeración

Volviendo a los datos de la tabla 5.6, en la segunda etapa se realiza un agrupamiento con las Comunidades 8 y 11 (Castilla La Mancha y Extremadura), a una distancia de 0,803 que supone un ligero aumento del coeficiente de la etapa anterior. Esta agrupación volverá a ser utilizada en la etapa 7 (columna derecha del historial de conglomeración).

En la tercera etapa Asturias (número 3) se une a Castilla León (7), en la cuarta se produce la unión de Andalucía (1) y la Comunidad Valenciana (10). A

---

60   El programa únicamente proporciona el número de cada comunidad. Se han colocado los números de los seis primeros agrupamientos por motivos didácticos, para facilitar la comprensión.

continuación Aragón (2) se une a Cantabria (6), y en la sexta etapa se produce la unión de Murcia (14) y el País Vasco (16).

Hasta ahora se ha hablado de agrupamientos simples formados por dos comunidades, pero es posible también formar conglomerados con la unión de agrupamientos anteriores. Esto se produce por primera vez en la séptima etapa, donde el conglomerado 8 se une al 12. En este momento conviene recordar que se ha hablado del primero de estos agrupamientos, concretamente en la segunda etapa. En la segunda etapa Castilla La Mancha (conglomerado 8) se unió a Extremadura (11), de modo que en este momento se produce un agrupamiento entre Castilla La Mancha-Extremadura y Galicia (número 12).

Ahora bien, ¿qué ocurre si no se recuerda que estas comunidades han aparecido anteriormente? Para facilitar la interpretación el programa ayuda a recordar estos aspectos utilizando las columnas quinta y sexta en la tabla 5.6, donde se indica la etapa en la que el conglomerado ha aparecido por primera vez (2^a y 0^a). En la unión de la etapa 7 con la quinta columna (Conglomerado 1) aparece un 2 que indica que el primer conglomerado que se une, en este caso el denominado con el 8, ya se utilizó en la segunda etapa. En la sexta columna se indica que el segundo conglomerado utilizado en esta etapa, el 12, es la primera vez que se utiliza (por este motivo aparece el valor 0). En la siguiente línea (etapa 8) aparece un 1 que indica que el segundo elementos agrupado (denominado con el 15 en la tercera columna) ya apareció en la etapa 1. El proceso continúa hasta formar un sólo grupo, que marca el final del proceso de formación de conglomerados jerárquicos aglomerativos.

Un aspecto de la tabla 5.6 que apenas ha recibido atención es la columna central, que muestra las distancias en las que se produce cada agrupamiento, distancias que van aumentando a medida que se van formando nuevos grupos. Las distancias pequeñas están indicando conglomerados muy homogéneos, mientras que grandes distancias indican conglomerados más heterogéneos. Recuérdese que el objetivo de este análisis es agrupar a las comunidades en conglomerados homogéneos, de modo que será necesario prestar mucha atención a los incrementos de las distancias. De hecho, el análisis de las distancias es de gran utilidad para determinar el momento de *detener* el proceso de agrupamiento; detectando la etapa donde la gran diferencia entre dos agrupamientos produce un aumento sustancial de la distancia para unirlos, y por tanto una pérdida de homogeneidad. En la etapa once los dos conglomerados se unen a una distancia de 18,735, mientras que en la doce la distancia de unión es de 26,676, aumentando casi 8 puntos (exactamente 7,9) desde la etapa anterior. No deja de llamar la atención este elevado aumento, mucho más cuando en las etapas anteriores la distancia aumentaba en 2 ó 3 puntos entre una etapa y la anterior. El aumento es muy superior en la siguiente etapa, al aumentar la distancia hasta 39,469 que implica una diferencia de 12,79 respecto a la etapa anterior.

Esta información es esencial para la selección del número óptimo de conglomerados. De hecho, diversos expertos recomiendan emplear la *tasa de variación* entre los coeficientes de conglomerados obtenidos entre etapas sucesivas" (Uriel y Aldás, 2005), deteniendo el proceso de agrupamiento cuando esta tasa aumente significativamente. Otros autores, como Hair et al. (2009), se refieren a este como el "cambio porcentual en el coeficiente del nivel siguiente", definición más ilustrativa desde nuestro punto de vista, y que es calculada dividiendo la distancia de una etapa (por ejemplo x) entre la anterior (x-1), y restando el valor 1 al valor resultante. La cifra final debe multiplicarse por cien; tal y como se indica a continuación: [(Media año X / media año x – 1) – 1] * 100.

Etapa	Conglomerado que se combina		Coeficientes	Nueva información (no proporcionada por SPSS)		Tasa de variación[61] (*)
	Conglomerado 1	Conglomerado 2		Cambio de etapas	Número de grupos	
1	15	17	0,258			
2	8	11	0,803		15	
3	3	7	1,409		14	
4	1	10	2,731		13	
5	2	6	4,171		12	(**)
6	14	16	5,773	…de 5 a 6	11	38,41
7	8	12	7,847	…de 6 a 7	10	35,93
8	14	15	10,01	…de 7 a 8	9	27,56
9	2	4	12,184	…de 8 a 9	8	21,72
10	3	8	15,275	…de 9 a 10	7	25,37
11	1	9	18,735	…de 10 a 11	6	22,65
12	1	5	26,676	…de 11 a 12	5	42,39
13	1	14	39,469	…de 12 a 13	4	47,96
14	1	2	56,217	…de 13 a 14	3	42,43
15	1	3	75	…de 14 a 15	2	33,41

(*) *Cambio porcentual en el Coeficientes del nivel siguiente,* según Hair et al., 2009).

(**) No calculado debido al gran número de grupos.

Tabla 5.7. Número de conglomerados utilizando el cambio porcentual en el coeficientes del nivel siguiente (Tasa de variación)

---

61 Distancia de una etapa (por ejemplo x) entre la anterior (x-1), y restando el valor 1 al valor resultante. La cifra final debe multiplicarse por cien; tal y como se indica en la siguiente fórmula: [(Media año X / media año X – 1) – 1] * 100.

Los resultados se presentan en la última columna de la tabla 5.7. El análisis de la columna "coeficientes" desvela que el cambio porcentual del coeficiente que aumenta casi en diez puntos al pasar de la etapa 11 a l2 (de 18,735 a 26,676), aunque es el paso de la etapa 12 a la 13 la que muestra los mayores valores, con una magnitud de 39,47, tasa de variación. La magnitud de esta cifra recomienda no llevar a cabo la etapa 14, deteniendo el proceso de conglomeración aquí; lo que implica la obtención de cuatro grupos.

Otras estrategias para la selección del número de conglomerados consideran la Raiz cuadrada de la media de las desviaciones típicas del nuevo conglomerado, la R^2 semiparcial, R cuadrado, y la Distancia entre los conglomerados (Uriel y Aldás, 2005), estrategias que no serán explicadas aquí al no estar disponibles en el programa utilizado. A los interesados en su fundamentación y cálculo se recomiendan las páginas 65-77 de la obra de Uriel y Aldás (2005).

Volviendo a los resultados proporcionados por el programa es el momento de analizar el dendograma, que no es otra cosa que una representación gráfica del historial de aglomeración mostrado en la tabla 5.6 permitirá localizar fácilmente la distancia donde detener el proceso de agrupamiento, además de ofrecer una excelente representación gráfica de la explicación de la tabla 5.6. En la parte superior aparece una regla donde se muestran de las distancias entre los agrupamientos, si bien se ha cambiado la "escala" de las distancias a unos valores que oscilan entre el 0 y el 25. Es decir, la amplitud de las distancias de la tabla 5.6 (de 0,258 a 75) se calcula para adoptarla a una escala entre 0 y 25.

La lectura del dendograma se realiza de izquierda a derecha, y en su interior aparecen líneas horizontales y verticales, utilizando estas últimas para indicar el punto de unión entre dos Comunidades. Así la posición de la línea vertical respecto a la *regla* situada en la parte superior indica la distancia donde se han realizado la unión de los grupos, de modo que cuando más a la derecha se produzca una agrupación existirá más diferencia entre los casos, formando grupos más heterogéneos. La interpretación del dendograma será explicada con el ejemplo utilizado. Navarra y La Rioja se agrupan muy pronto (en la etapa 1 según el historial de aglomeración) y por este motivo la línea que los une está situada muy a la izquierda. Una situación similar se produce con Asturias y Castilla León, así como con Castilla La Mancha y Extremadura. Todos estos agrupamientos están indicando una escasa distancia entre estas Comunidades.

El grupo formado por Navarra-La Rioja se une con Murcia-País Vasco (comunidades número 14 y 16 respectivamente), aunque en este caso la línea de unión está situada más a la derecha, en torno al punto 3, lo que indica que la agrupación se produce a una distancia mayor. Esta distancia es similar a la agrupación entre Aragón-Cantabria y Baleares. Obsérvese que esta situación se muestra en las etapas 5 y 9 del historial de conglomeración de la tabla 5.6.

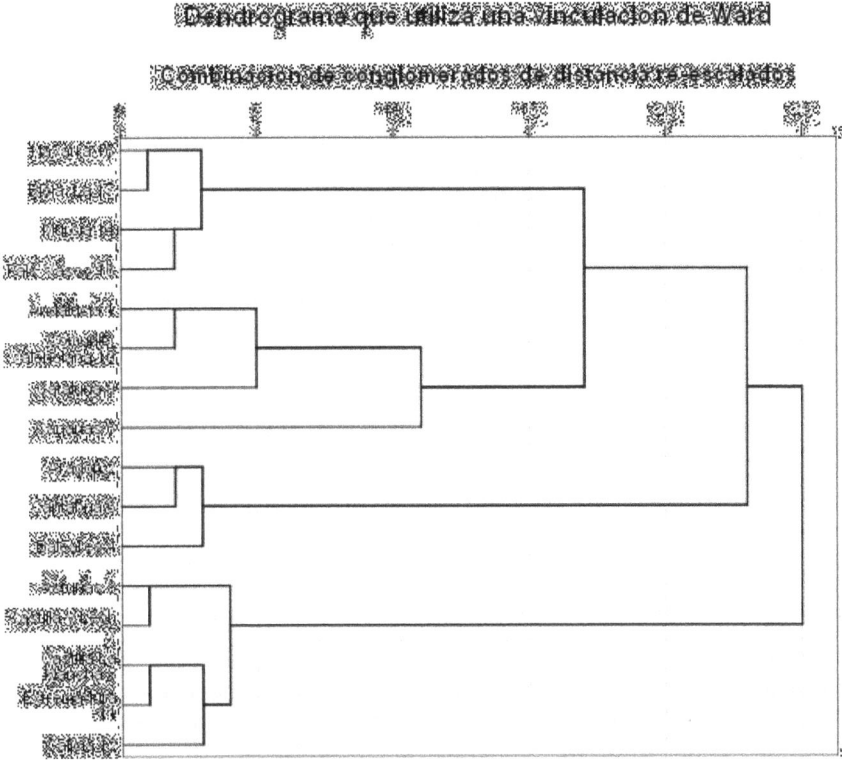

Gráfico 5.4. Dendograma

En la distancia 4 se produce la fusión de Asturias-Castilla León con Castilla La Mancha-Extremadura y Galicia, produciendo un grupo formado por cinco Comunidades. La siguiente *línea de unión* situada más a la derecha –en torno al valor cinco– une Andalucía-Comunidad Valenciana con Cataluña, agrupación a la que posteriormente será añadida Canarias en la distancia 11.

En la distancia 17 se unirán estas comunidades con el grupo formado por Navarra-La Rioja-Murcia-País Vasco. Será necesario aumentar cinco puntos para volver a unir dos grupos, el mayor aumento de distancias ocurrido hasta el momento. Así en la distancia 22-23 este grupo (Navarra-La Rioja-Murcia-País Vasco) se une con Andalucía-Comunidad Valenciana-Cataluña- Canarias. Los grupos seguirán juntándose hasta formar una única agrupación. En la distancia 25 se juntan todas las comunidades en un solo conglomerado.

El objetivo del ejemplo utilizado es agrupar las Comunidades considerando la actividad en las salas de cine, pero no es posible reducir todas a un solo grupo, de modo que será preciso detener el proceso de agrupamiento en un punto determinado. Bajo la premisa que distancias pequeñas indican conglomerados homogéneos y que grandes distancias definen conglomerados heterogéneos, será conveniente detener el proceso de unión cuando las líneas horizontales sean muy largas. Deteniendo el proceso de agrupación en la distancia 24 se obtendrían dos conglomerados, uno con 5 y otro con 11 comunidades; hacerlo en la distancia 20 formaría tres conglomerados; mientras que si se elige la distancia 15 se forman cuatro conglomerados. En el párrafo anterior se señaló que el primer gran incremento en las distancias se produjo al unir (Navarra-La Rioja-Murcia-País Vasco con Andalucía-Comunidad Valenciana-Cataluña- Canarias. Este gran aumento nos lleva a detener el proceso de agrupamiento en la distancia 15, obteniendo cuatro conglomerados.

En realidad esta decisión se venía meditando desde el comentario de la tabla 5.4, cuando se dijo que en la etapa doce los dos conglomerados se unieron a una distancia de 26,67, mientras que en la etapa trece la distancia de unión es de 39,469, aumentando casi 13 puntos desde la etapa anterior. De no haber detenido aquí el proceso de conglomeración se hubiera conseguido un conglomerado muy heterogéneo por el notable incremento de la distancia entre sus elementos.

Este análisis visual coincide con el realizado anteriormente en base al incremento en la *tasa de variación*. Es en este momento, y no antes, cuando se deben marcar el número de conglomerados en el cuadro de diálogo *Estadísticos* (figura 5.6) y en la figura 5.8 que *Guarda* las puntuaciones en el archivo de datos. Los fines didácticos del presente ejemplo generó que se solicitara en el primer análisis tres posibles soluciones, considerando 3, 4 y 5 conglomerados.

En la tabla 5.8 se ofrece la composición de cada uno de los conglomerados, presentando el *rango de soluciones* solicitado en el cuadro de diálogo *Estadísticos* de la figura 5.6. En los párrafos anteriores se ha explicado que la mejor solución es la que presenta cuatro conglomerados, de modo que la atención deberá fijarse en la columna central de la tabla 5.8. La unión de esta columna con cada fila muestra un 1 en Andalucía, que indica que esta Comunidad pertenece al primer conglomerado, un 2 en el caso de Aragón, un 3 en Asturias, un 2 en Baleares... En definitiva, la clasificación siguiente:

- Conglomerado 1: Andalucía, Canarias, Cataluña, Comunidad Valenciana.
- Conglomerado 2: Aragón, Baleares y Cantabria.
- Conglomerado 3: Asturias, las dos Castillas, Extremadura y Galicia.
- Conglomerado 4: Murcia, Navarra, País Vasco y La Rioja.

Caso	5 conglomerados	4 conglomerados	3 conglomerados
1:Andalucía	1	1	1
2:Aragón	2	2	2
3:Asturias	3	3	3
4:Baleares	2	2	2
5:Canarias	4	1	1
6:Cantabria	2	2	2
7:Castilla y León	3	3	3
8:Castilla La Mancha	3	3	3
9:Cataluña	1	1	1
10:Comunit_Valenciana	1	1	1
11:Extremadura	3	3	3
12:Galicia	3	3	3
14:Murcia	5	4	1
15:Navarra	5	4	1
16:País Vasco	5	4	1
17:Rioja, La	5	4	1

Tabla 5.8. Conglomerado de pertenencia

A esta agrupación sería necesario incorporar Madrid, que compondría el quinto conglomerado. Para hacerlo se selecciona, en la primera parte de la figura 5.1, la primera opción (*Todos los casos*)

Hasta ahora únicamente se conoce la formación de los conglomerados, pero se tiene muy poca información sobre las características de cada uno. Será realizada una descripción de cada conglomerado en el apartado siguiente.

5.3.5 Interpretación de la clasificación resultante: características de los conglomerados

Realizado el proceso de aglomeración es el momento de proceder con la caracterización de los conglomerados, utilizando para ello las nuevas variables donde se recoge el conglomerado de pertenencia de cada Comunidad, variable que fue creada en la figura 5.8 y que se encuentra situada en la parte derecha del editor de datos. Ahora bien, es importante tener en cuenta que la Comunidad de Madrid fue *eliminada* antes de realizar la conglomeración, de modo que es el momento de incorporarla para conocer su diferencia del "quinto conglomerado" con los anteriores. Para ello hay que eliminar la selección de casos efectuada en la figura 5.1 marcando la opción *Todos los*

306 TÉCNICAS MULTIVARIANTES DE INTERDEPENDENCIA

casos en la *Selección de Casos→Si se satisface la condición* (figura 5.1, página 279). Posteriormente, y dado que en la nueva variable creada no tiene ningún valor en esta posición (ver figura 5.10), se colocará un cinco en ese espacio vacío en el archivo de datos. Madrid será, de este modo, el conglomerado número 5.

Una vez codificados los pertenecientes a todos los conglomerados para conocer las características de cada uno debería analizarse los valores del número de salas de cine, espectadores por sala, etc. en los cinco grupos, y así determinar las diferencias en las pautas cinematográficas en cada uno de los *agrupamientos* de comunidades autónomas.

Num	CCAA	CLU5_1	CLU4_1	CLU3_1
1	Andalucia	1	1	1
2	Aragon	2	2	2
3	Asturias	3	3	3
4	Baleares	2	2	2
5	Canarias	4	1	1
6	Cantabria	2	2	2
7	Castilla y León	3	3	3
8	Castilla La Mancha	3	3	3
9	Cataluña	1	1	1
10	Comunit_Valenciana	1	1	1
11	Extremadura	3	3	3
12	Galicia	3	3	3
13	Madrid		5	
14	Murcia	5	4	1
15	Navarra	5	4	1
16	Pais Vasco	5	4	1
17	Rioja_La	5	4	1

Figura 5.10. Tabla de datos. Centrada en la variable Clu5_1, Clu4_1 y Clu3_1 y en el caso 13.

Al tratarse de variables medidas a nivel de intervalo debe utilizarse el procedimiento *explorar* con la variable CLU4_1 como factor, el *análisis de varianza* o *la comparación de medias*. Se opta por esta último con el fin de utilizar nuevos procedimientos de análisis de datos[62]. En la figura 5.11 aparece el cuadro de diálogo

---

62 El autor de este texto prefiere el análisis de varianza porque permite disponer rápidamente del test de homogeneidad de las varianzas, tal y como se mostró en el tercer capítulo. La mejora en el análisis visual de las medias, y el empeño en mostrar nuevos procedimientos de análisis de datos, ha llegado a recomendar aquí el empleo de la comparación de medias.

de la comparación de medias, de modo que será preciso colocar las variables "Salas", "Especta_sala_ESP", "Especta_sala_EXT", "Especta_habit_ESP" y "Especta_habit_EXT" en la ventana *Dependientes*, y la variable "CLU4_1" en *Independientes*. El botón *Opciones* permite elegir los estadísticos univariantes (no se muestra el cuadro de diálogo por motivos de espacio y porque ha sido explicado en el segundo capítulo, página 86), aunque en este caso se dejan los especificados por defecto: media, número de casos y desviación típica; a los que se añade la mediana, valor mínimo, máximo y análisis de varianza. Las condiciones de homocedasticidad que precisa el Análisis de Varianza recomiendan llevar a cabo un test que garantice esta situación, empleando –por ejemplo– las pruebas explicadas en el tercer capítulo en el ejemplo mostrado en el análisis de las puntuaciones factoriales (figuras 3.11 y 3.12[63]). Los resultados obtenidos se presentan en la tabla 5.9.

Analizar→Comparar medias→Medias...

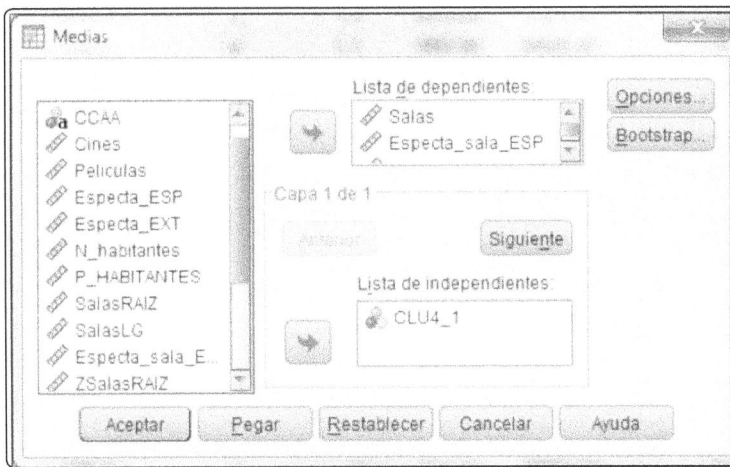

Figura 5.11. Cuadro de diálogo Medias

El análisis de varianza desvela que en todas las variables hay diferencia significativa con un nivel de confianza superior al 99%, lo que implica la existencia de diferencias entre los agrupamientos efectuados. El elevado tamaño del tema, mucho más extenso que lo que se planteaba en un primer momento, lleva a realizar una caracterización muy breve, animando al lector a que descubra por sí mismo las características de cada agrupamiento. Comenzar la interpretación con Madrid, conglomerado número cinco, al ser el más sencillo al contar con el mayor número

---

63   En este caso solo la variable "Salas" presenta varianzas no homogéneas (heterocedasticidad).

de salas de cine, mayor número de espectadores por sala y por habitante tanto en películas españolas como extranjeras. Un análisis de la última variable del archivo de datos ("p_habitantes") desvela que se trata de un conglomerado donde reside un 14% de la población española.

		Número de salas	Espectadores por sala en películas españolas	Espectadores por sala en películas extranjeras	Asistencia media por habitante películas españolas	Asistencia media por habitante películas extranjeras

CONGLOMERADO 1: Andalucía, Canarias, Cataluña, Comunidad Valenciana.

		Número de salas	Espectadores por sala en películas españolas	Espectadores por sala en películas extranjeras	Asistencia media por habitante películas españolas	Asistencia media por habitante películas extranjeras
1	Media	524,5000	3252,5000	20948,5000	,3000	1,8750
	N	4	4	4	4	4
	Desv. típ.	286,56878	468,85996	2802,75656	,08165	,33040
	Mediana	574,5000	3344,0000	20804,5000	,3000	1,8500
	Mínimo	150,00	2651,00	17681,00	,20	1,50
	Máximo	799,00	3671,00	24504,00	,40	2,30

CONGLOMERADO 2: Aragón, Baleares y Cantabria.

		Número de salas	Espectadores por sala en películas españolas	Espectadores por sala en películas extranjeras	Asistencia media por habitante películas españolas	Asistencia media por habitante películas extranjeras
2	Media	77,6667	4414,3333	23322,3333	,3000	1,7667
	N	3	3	3	3	3
	Desv. típ.	35,57152	477,84970	2825,39738	,00000	,28868
	Mediana	93,0000	4332,0000	24926,0000	,3000	1,6000
	Mínimo	37,00	3983,00	20060,00	,30	1,60
	Máximo	103,00	4928,00	24981,00	,30	2,10

CONGLOMERADO 3: Asturias, las dos Castillas, Extremadura y Galicia.

		Número de salas	Espectadores por sala en películas españolas	Espectadores por sala en películas extranjeras	Asistencia media por habitante películas españolas	Asistencia media por habitante películas extranjeras
3	Media	131,6000	3541,0000	15716,6000	,2400	1,1000
	N	5	5	5	5	5
	Desv. típ.	61,01065	358,51430	1834,74884	,05477	,20000
	Mediana	134,0000	3679,0000	15031,0000	,2000	1,2000
	Mínimo	65,00	2953,00	13622,00	,20	,80
	Máximo	201,00	3876,00	17836,00	,30	1,30

CONGLOMERADO 4: Murcia, Navarra, País Vasco y La Rioja.

4						
	Media	124,5000	3202,5000	14778,2500	,3750	1,7250
	N	4	4	4	4	4
	Desv. típ.	81,03703	273,76206	2323,63571	,05000	,05000
	Mediana	112,5000	3159,0000	15113,5000	,4000	1,7000
	Mínimo	45,00	2951,00	12050,00	,30	1,70
	Máximo	228,00	3541,00	16836,00	,40	1,80

CONGLOMERADO 5: Madrid.

5						
	Media	549,0000	6318,0000	30824,0000	,5000	2,7000
	N	1	1	1	1	1
	Desv. típ.	.	.	.	.	.
	Mediana	549,0000	6318,0000	30824,0000	,5000	2,7000
	Mínimo	549,00	6318,00	30824,00	,50	2,70
	Máximo	549,00	6318,00	30824,00	,50	2,70

Tabla 5.9. Características de cada conglomerado

El conglomerado número 1 está formado por cuatro comunidades (Andalucía, Canarias, Cataluña y Comunidad Valenciana) que destacan por contar con un gran número de salas de cine y la mayor asistencia por habitante en películas extranjeras, únicamente superado por Madrid. Es la parte costera oriental de la Península Ibérica, a excepción de Murcia, y son regiones que han experimentado un gran crecimiento en las últimas décadas del siglo XX. El número de espectadores por sala en películas españolas es el segundo menor (el primero es el conglomerado número 4), situación que cambia cuando se considera esta magnitud en películas extranjeras, al situarse en una posición intermedia. En estas comunidades reside casi la mitad (exactamente un 49,3%) de la población española. Aunque no es lo más apropiado tener un conglomerado tan grande, el análisis de su proceso de formación desvela que, como mucho, podría separarse Canarias, que supondría reducir su tamaño tan solo un 4,5%. El resto de comunidades son grandes, y además las dos primeras se unen en una etapa muy temprana, formando así un conglomerado muy *compacto*. En la tabla 5.6 puede apreciarse que Andalucía y Comunidad Valenciana se unen en la cuarta etapa, con una distancia de 2,731, conglomerado al que se añade Cataluña en la etapa undécima, a un distancia de 18,7.

Al conglomerado número 2, pertenecen las tres comunidades autónomas donde hay un menor número de salas de cine, cifra muy por debajo de la media nacional (78 y 237 respectivamente), pero también un elevado número de espectadores por sala en películas españolas. El bajo número de salas puede explicar los altos valores de esta segunda magnitud, puesto que la media de espectadores por habitante es ligeramente inferior al promedio. Se trata de comunidades que –exceptuando Madrid– presentan el mayor visionado de películas, tanto españolas como extranjeras, aunque el promedio por habitante es inferior al primer conglomerado, superando ligeramente el promedio nacional. Forman parte de este grupo Aragón, Baleares y Cantabria, que suponen un 6,5% de la población española.

El conglomerado número 3 está formado por Asturias, las dos Castillas, Extremadura y Galicia; que son las cinco comunidades con menor tasa de espectadores por habitante en ambos tipos de películas, y un bajo número de espectadores por sala en películas extranjeras (el segundo más bajo). Cuando se considera este aspecto en películas españolas se sitúa en un lugar intermedio. Detectado el escaso número de espectadores por habitante sorprende el elevado número de salas de cine, la tercera mayor magnitud. Uno de cada cinco españoles presenta este comportamiento.

El conglomerado número cuatro es el segundo con menor número de salas de cine y el que presenta un menor número de espectadores por sala (tanto en películas españolas como extranjeras). Por otro lado, presenta la segunda tasa más elevada en el número de asistentes por habitantes en películas españolas (solo superada por Madrid). Murcia, Navarra, País Vasco y La Rioja pertenecen a este conglomerado, donde reside el 10% de la población española.

Haber solicitado tres soluciones (figuras 5.8 y 5.6) permite realizar un seguimiento de los cambios experimentados por la agrupación. La comparativa 3 y 4 conglomerados desvela que la segunda solución tiene lugar al fragmentar en dos partes el primer conglomerado, formando así los conglomerados 1 y 4. La división en cuatro es una propuesta mejor porque se trata de dos grupos muy diferentes en cuanto a infraestructura (salas de cine) y al número de espectadores por sala en películas extranjeras, aunque en ambos el número de espectadores por habitante es elevado.

La solución en cinco conglomerados se produce al separar UNA comunidad del primer conglomerado: Canarias. El análisis de la tabla de medias, unido a escaso porcentaje de población que ahí reside (4,52%), no parece que sea una situación adecuada. En definitiva, la solución en cuatro conglomerados es la mejor.

5.4 ANÁLISISDECONGLOMERADOSNOJERÁRQUICOAPLICADOA LOSRESULTADOSDELANÁLISISDECOMPONENTESPRINCIPALES

Una de las razones por las que se ha colocado este capítulo al final del libro es la posibilidad de utilizar el análisis de conglomerados sobre los resultados proporcionados por otras técnicas de análisis de datos, buscando clasificar en grupos homogéneos las puntuaciones factoriales obtenidas por el análisis de componentes principales, por los distintos análisis de correspondencias, etc. De hecho, la gran utilización del análisis de conglomerados sobre los resultados obtenidos por otras técnicas ha sido fundamental a la hora de realizar este ejemplo de esta técnica utilizando los resultados proporcionados por el análisis de componentes principales en el tercer capítulo. Se ha procedido de esta forma porque el análisis de conglomerados es más estable cuando se trabaja sobre puntuaciones factoriales que sobre los datos directos (Abascal y Grande, 2005).

5.4.1 Definición del caso a investigar

El objetivo de este ejemplo es realizar una tipología de las puntuaciones factoriales elaboradas por el análisis factorial del tercer capítulo, buscando conocer si existen distintos tipos de consumidores considerando los comportamientos y actitudes de compra proporcionados por la pregunta mostrada en el cuadro 3.1. Del análisis de esta pregunta se obtuvieron cuatro factores referidos al estatus que los productos poseídos confieren al propietario (consumo conspicuo); el hecho que la vestimenta "comunica", unido al placer y calidad de vida (compra social); el placer experimentado en el acto de compra y, por último, compras buscando la calidad y la marca. En el cuadro 5.4. se muestran estos factores, junto con el porcentaje de varianza explicado por cada uno. Tomando como base esta información se buscará elaborar una tipología de entrevistados, conociendo el tamaño de cada uno de estos grupos, así como sus características más importantes.

CUADRO 5.4.
Origen de la información analizada: factores localizados en el segundo capítulo

	% varianza explicada
F.1 ESTATUS que dan los productos poseídos, EXCLUSIVIDAD	20,97%
F.2 Vestimenta comunica, placer y calidad de vida; COMPRA SOCIAL	17,19%
F.3 PLACER en la compra	16,56%
F.4 Compras buscando CALIDAD y MARCA	15,13%

Para realizar esta tipología se ha utilizando el análisis de conglomerados no jerárquico aplicado a puntuaciones factoriales. Una de las ventajas de utilizar las puntuaciones factoriales es la facilidad para conseguir que los datos cumplan los requisitos imprescindibles para utilizar el análisis de conglomerados. En el segundo apartado ya se explicó que los *métodos no jerárquicos* parten de un número de grupos determinado, normalmente elegido *a priori* por el investigador, y van agrupando a los casos en cada fase tratando de maximizar la varianza entre los grupos y minimizar la varianza dentro del grupo. Estos métodos se diferencian de los jerárquicos en que parten de la matriz original de puntuaciones, y no de la matriz de proximidades, y que los grupos resultantes no están anidados unos en otros, sino que son independientes. Otras diferencias se mostraron esquemáticamente en el cuadro 5.4.

De todos los métodos no jerárquicos expuestos anteriormente será utilizado el *k-medias* sin especificar los centros de los conglomerados. Con centros desconocidos, el método *K-medias* comienza con una división del conjunto de los datos en x grupos configurados al azar y posteriormente busca mejorar esta primera clasificación reasignando los elementos al centroide del grupo más cercano, tratando de reducir la distancia media entre cada elemento de un grupo y su centroide. Aldenderfer y Blashfield (1984) explican el proceso de funcionamiento de este método de la siguiente forma:

1. Comienza con una partición inicial de los datos en un específico número de agrupamientos, para calcular posteriormente el centro de cada uno. Esta partición inicial comienza con los casos más alejados entre sí.

2. El siguiente paso trata de reasignar cada caso al agrupamiento más cercano, aquel cuya distancia al centro de gravedad del conglomerado sea menor. Debe tenerse presente que este método, al formar parte de los métodos de reasignación, un caso asignado a un conglomerado en una determinada iteración puede ser reasignado a otro en una iteración posterior.

3. Calcula los nuevos centros de los conglomerados cada vez que se incorpora un nuevo caso.

4. Repite alternativamente el segundo y tercer paso hasta que ninguna reasignación de un caso a un nuevo grupo permita reducir más la distancia entre los individuos dentro de cada agrupamiento, ni aumentar la distancia entre los distintos conglomerados.

El método K-medias es uno de los más utilizados en investigación social y comercial y es considerado, a juico de algunos expertos (entre otros, Picón et al., 2003), como uno de los mejores métodos de conglomerados, junto con la vinculación inter-grupos y el método de Ward. Ahora bien, el método K-medias funciona mejor que éstos por su robustez cuando hay presencia de outliers o existen errores en las medidas de distancia. Es, también, el menos afectado por la presencia de variables o niveles irrelevantes.

5.4.2 Proceso de realización del análisis de conglomerados No Jerárquico con el programa SPSS

La realización del análisis de conglomerados no jerárquico con el SPSS es muy similar al jerárquico, eligiendo secuencialmente las funciones *Analizar*, *Clasificar* y por último *Clúster de K-medias...* en lugar de *Clúster jerárquico*. Este proceso da lugar al cuadro de diálogo la figura 5.12. A continuación se procede a incluir en la ventana superior derecha las variables utilizadas para definir los grupos, en este caso los cuatro factores descritos en el cuadro 5.4, siendo posible utilizar una variable para identificar los casos. El elevado número de casos recomienda no considerar esta opción, y por este motivo la ventana inferior derecha aparece vacía en la figura 5.12.

Analizar→Clasificar→Clúster de K-medias...

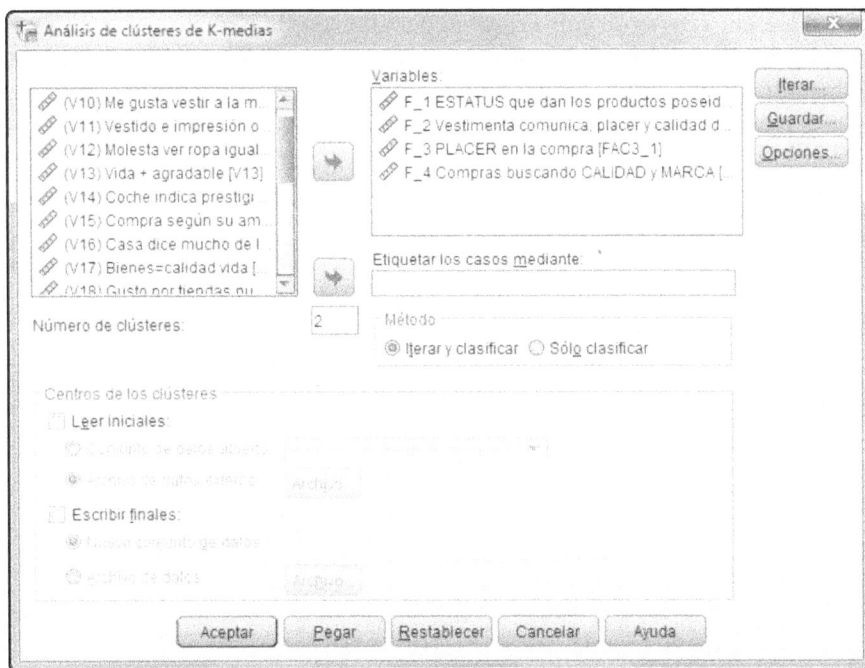

Figura 5.12. Cuadro de diálogo Conglomerados de k-medias

En el cuadro de diálogo del menú principal el programa ofrece dos posibilidades para realizar el agrupamiento: actualizar los centros de los conglomerados de forma (*Iterar y clasificar*) o *sólo clasificar*. El primero se utiliza para realizar un análisis de conglomerados de *nubes dinámicas*[64], mientras que el segundo únicamente procede a clasificar los casos en función de los centros de conglomerados especificados previamente (*método de los centroides*).

En el centro de la pantalla aparece una pequeña ventana para especificar el número de conglomerados, que por defecto son dos. En este ejemplo se ha llevado a cabo un proceso exploratorio en cuatro y cinco conglomerados con el fin de comparar la situación actual con la realizada hace cinco años. En aquel momento se elaboró una tipología de cuatro grupos, al que se añade un quinto este año con el fin de comprobar hasta qué punto la situación permanece estable o ha experimentado cambios.

En la parte superior derecha de la figura 5.12 se observan tres botones para elegir el número de iteraciones (*Iterar*), crear nuevas variables con los resultados de la clasificación (*Guardar*), o solicitar una serie de estadísticos (*Opciones*). El primero de ellos (*Iterar...*) permite definir el número de iteraciones, indicando al programa que se detenga después de llevar a cabo 10 (valor por defecto); si bien puede llegar hasta 999. No siempre lleva a cabo el número máximo de iteraciones, ya que depende del *Criterio de convergencia* para detener la iteración, y que se refiere concretamente a la proporción de distancia mínima entre los centros iniciales de los conglomerados. Un criterio de convergencia de 0,001, por ejemplo, indica que el proceso se detiene cuando una iteración no logre desplazar los centros iniciales en una distancia superior al 0,1% de la distancia menor entre cualquiera de los centros. Al tratarse de una proporción este valor debe oscilar entre 0 y 1, y cuanto más pequeño sea el programa realizará más iteraciones.

Analizar→Clasificar→Clústeres de K-medias... Botón Iterar

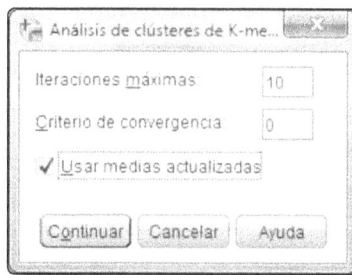

Figura 5.13. Cuadro de diálogo Conglomerados de k-medias: Iterar

---

64   En la página 273 se señaló la diferencia con el método K medias.

La tercera opción de la figura 5.13 solicita del programa una "nueva" actualización del grupo tras asignar cada caso, en lugar de llevar a cabo el cálculo al final. Cuando no se selecciona esta opción los centros de los conglomerados se calculan tras la asignación de todos los casos. Como es evidente, el botón de la iteraciones únicamente está disponible cuando se utiliza el método *Iterar y clasificar*.

Pulsando el botón *Continuar* se vuelve al menú principal, situación que es aprovechada para marcar el botón *Opciones...*, presentando un cuadro de diálogo dividido en dos partes. La parte superior proporciona información sobre los *centros de conglomerados iniciales* (antes de la iteración), esto es, la primera estimación de las medias de las variables para cada uno de los grupos creados. Como se ha señalado en el apartado anterior esta partición inicial comienza con los casos más alejados entre sí. El cuadro de diálogo de la figura 4.14 ofrece también una *tabla de ANOVA* para conocer si las medias de cada variable en cada uno de los conglomerados difieren significativamente y, más abajo, presenta el conglomerado asignado y la distancia de cada caso al centro del conglomerado (*Información del clúster para cada caso*). Aunque el elevado número de casos recomienda no solicitar esta información, se ha solicitado por motivos didácticos.

Analizar→Clasificar→Clústeres de K-medias... Botón *Opciones*

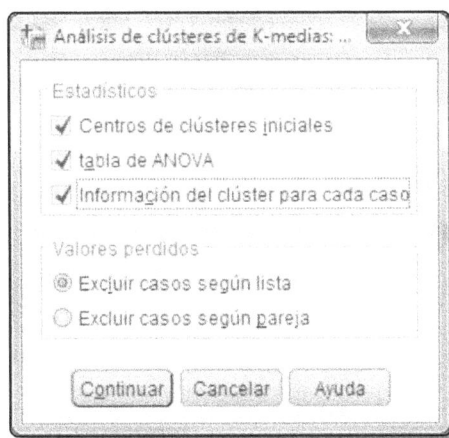

Figura 5.14. Cuadro de diálogo Conglomerados de k-medias: Opciones

En la parte inferior se presentan las posibilidades de tratamiento de los valores perdidos, permitiendo elegir entre eliminar los casos con valores perdidos en cada par de variables (*Excluir casos según pareja*), o excluir aquéllos con valores perdidos en cualquier variable (*Excluir según lista*). Solicitados todos los estadísticos, y dejando los valores perdidos tal y como son preseleccionados por el programa, *Continuar* permite acceder al menú principal.

Pulsando el botón *Guardar...* aparece la figura 5.15 que permite crear dos nuevas variables. En la primera se indica la pertenencia de los casos a cada conglomerado, mientras que la segunda recoge la distancia de cada caso al centro del conglomerado. Como en anteriores ocasiones estas variables se añaden a la derecha del editor de datos, a continuación de las puntuaciones factoriales (recordar figura 3.9).

Analizar→Clasificar→Clústeres de K-medias... Botón *Guardar*

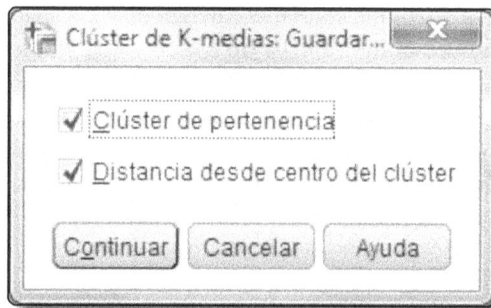

Figura 5.15. Cuadro de diálogo Conglomerados de k-medias: Guardar

Antes de terminar, una breve referencia al botón situado en la parte inferior izquierda de la figura 5.12, que permite llevar a cabo el análisis especificándole los centros iniciales de los conglomerados. Para ello –evidentemente– debe contarse con un archivo que contenga tal información. Esta información puede tomarse del *Conjunto de datos abierto*, seleccionando esta opción, o de un *Archivo de datos externo*, ofreciendo el programa una localización del mismo. Esto implica, como fue señalado unas líneas más atrás, que cuando se conocen los centros de los conglomerados deberá marcarse la opción *Sólo clasificar* dentro de la opción *Método*.

Quedaría por resolver un aspecto relativo a la procedencia de la información sobre los centros iniciales de los conglomerados. Una posibilidad es que provengan de un análisis jerárquico realizado con anterioridad (ver ejemplo en Norusis, 1990). Otra alternativa es crearlos utilizando una parte de la muestra. Para ello se selecciona una muestra aleatoria de casos (figura 5.16) y, utilizando el método *Iterar y clasificar*, se determinan los centros iniciales de los conglomerados, que serán guardados en un archivo de datos marcando la opción *Escribir finales*. Posteriormente se elimina la selección *Muestra aleatoria de casos* para volver a trabajar con toda la muestra.

Datos→Seleccionar casos… Muestra aleatoria de casos...

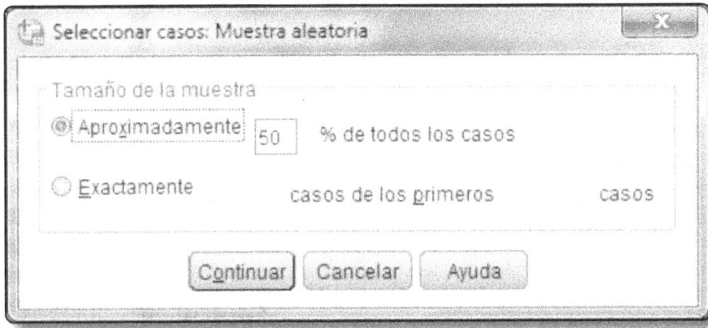

Figura 5.16. Cuadro de diálogo Seleccionar casos: Muestra aleatoria de casos

A continuación se procede con el proceso de conglomeración utilizando los centros iniciales creados en la etapa anterior. Para ello es necesario pulsar el botón *Leer iniciales de* (nombre de archivo) y seleccionar el método *Sólo clasificar*. De este modo se procederá con una clasificación del archivo completo utilizando los centros estimados en una parte de la muestra.

En este apartado se llevará a una clasificación no jerárquica sin predefinir los centros iniciales de los conglomerados, con el fin de observar detalladamente cómo los centros elegidos aleatoriamente al principio del proceso van siendo desplazados en el proceso de iteración. Para realizar este análisis no es necesario marcar el botón *Centros>>*, ni especificar ningún nombre de archivo con los centros iniciales o finales.

En la figura 5.17 se muestran los comandos de sintaxis del análisis de conglomerados K-medias, considerando la información aportada por los cuadros de diálogo 5.12, 5.13, 5.14, y 5.15. Las instrucciones comienzan con la palabra QUICK CLUSTER, que es como el SPSS define el comando que realiza el análisis de conglomerados no jerárquico. A continuación aparecen los nombres de las variables utilizadas, en este caso las puntuaciones de los cuatro factores del capítulo tres y, en la línea siguiente, el tratamiento de los casos perdidos: eliminar casos según lista. En la línea número cuatro se solicita la creación de cuatro conglomerados, al tiempo que se indican las opciones del proceso de iteración: 10 iteraciones y un valor de convergencia de 0. Seguidamente aparece el método elegido para realizar la conglomeración no jerárquica, recalculando el centro de los conglomerados tras la asignación de cada caso (UPDATE). También es posible realizar este cálculo después de asignar todos los casos, opción NOUPDATE, no marcando la opción *Utilizar medidas actualizadas* en la figura 5.13.

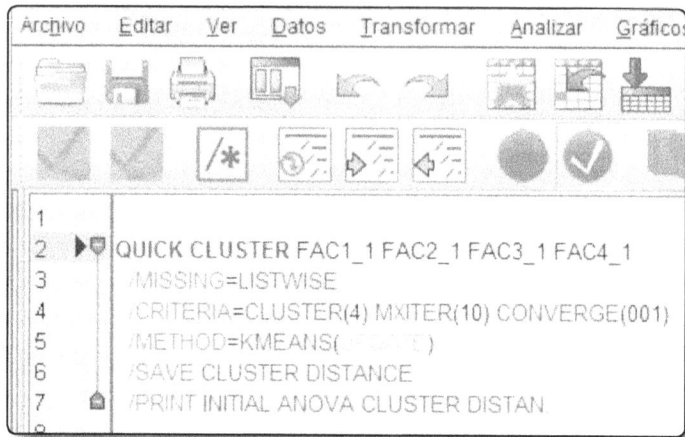

Figura 5.17. Editor de sintaxis: Conglomerados no jerárquicos: método k-medias

En la penúltima línea se crean dos nuevas variables donde se recoge la pertenencia de los casos a cada conglomerado (CLUSTER), y la distancia de cada caso al centro del conglomerado (DISTANCE). Por último los estadísticos solicitados en la figura 5.14: centros de conglomerados iniciales (INITIAL), tabla de análisis de varianza (ANOVA), conglomerado de pertenencia de cada caso (CLUSTER), y distancia entre los centros de los conglomerados (DISTAN). La ejecución del editor de sintaxis, o las opciones señaladas en los cuadros de diálogo anteriores, dan lugar a los resultados que serán comentados a continuación.

5.4.3 Análisis de resultados

Con las opciones solicitadas en el apartado anterior el programa presenta, en primer lugar, una tabla con los *centros iniciales de los conglomerados* donde se muestran las primeras estimaciones de los centros de cada agrupación. Recuérdese que el procedimiento K-medias con centros desconocidos comienza con una partición inicial de los datos en un específico número de agrupamientos, eligiendo como centros iniciales aquellos casos que tengan una distancia máxima entre ellos. Los casos presentados en la tabla 5.10 son los entrevistados más diferentes, y estos valores serán utilizados como estimadores iniciales.

Cuatro conglomerados				
	1	2	3	4
F_1 Estatus que dan los productos poseídos, exclusividad	2,32042	1,75747	-,49642	-3,09659
F_2 Vestimenta comunica, placer y calidad de vida; compra social	,52863	-2,98660	1,75326	-,39211
F_3 placer en la compra	1,39020	-,20052	-1,93195	1,07098
F_4 Compras buscando calidad y marca	-3,34443	,54646	2,39416	-,28804

Cinco conglomerados					
	1	2	3	4	5
F_1 Estatus que dan los productos poseídos, exclusividad	-2,08373	-,49642	2,32042	-1,71670	1,75747
F_2 Vestimenta comunica, placer y calidad de vida; compra social	-,87145	1,75326	,52863	-1,20044	-2,98660
F_3 Placer en la compra	1,36696	-1,93195	1,39020	-1,70663	-,20052
F_4 Compras buscando calidad y marca	1,71371	2,39416	-3,34443	-1,27056	,54646

Tabla 5.10. Centros iniciales de los conglomerados

A continuación se calculan las puntuaciones del resto de los elementos, que serán unidos al agrupamiento más cercano, aquel cuya distancia al centro del conglomerado sea menor. Cada vez que un nuevo caso es incluido en un grupo vuelven a recalcularse los centros del grupo, repitiendo el proceso hasta que ninguna reasignación de un caso a un nuevo grupo permita reducir la distancia entre los individuos dentro de cada agrupamiento, ni aumentar la distancia entre los distintos agrupamientos. Recuérdese que este método permite que un caso asignado a un conglomerado en una determinada iteración sea reasignado a otro en una iteración posterior. En la tabla 5.11 se muestra el proceso de cambio en los centros de los conglomerados fruto de este proceso iterativo.

	Cuatro conglomerados			
Iteración	Cambiar en los centros de conglomerados			
	1	2	3	4
1	3,815	1,848	2,512	3,444
2	,992	2,433	,318	,689
3	,382	,222	,137	,219
4	,142	,069	,125	,078
5	,001	,000	,001	,000
6	3,655E-6	2,959E-6	6,038E-6	1,742E-6
7	1,855E-8	1,934E-8	4,193E-8	8,258E-9
8	9,418E-11	1,264E-10	2,912E-10	3,914E-11
9	4,783E-13	8,267E-13	2,022E-12	1,856E-13
10	2,562E-15	6,135E-15	1,399E-14	8,313E-16

a. Se han detenido iteraciones porque se ha realizado el número máximo de iteraciones. Las iteraciones no han podido converger. El cambio de la coordenada máxima absoluta para cualquier centro es 1,149E-14. La iteración actual es 10. La distancia mínima entre los centros iniciales es 5,251.

	Cinco conglomerados				
Iteración	Cambiar en los centros de conglomerados				
	1	2	3	4	5
1	3,219	2,368	3,089	2,032	1,962
2	,510	,122	,596	,195	,481
3	,151	,119	,442	,101	,190
4	,070	,249	,389	,109	,460
5	,161	,067	,194	,039	,326
6	,410	,107	,129	,140	,370
7	,096	,109	,213	,074	,191
8	,035	,060	,073	,011	,103
9	,000	,001	,000	7,124E-5	,001
10	4,579E-6	5,132E-6	2,937E-6	4,657E-7	2,570E6

a. Se han detenido iteraciones porque se ha realizado el número máximo de iteraciones. Las iteraciones no han podido converger. El cambio de la coordenada máxima absoluta para cualquier centro es 4,636E-6. La iteración actual es 10. La distancia mínima entre los centros iniciales es 4,312.

Tabla 5.11. Historial de iteraciones

En la tabla 5.12, obtenida tras marcar en el cuadro de diálogo *Estadísticos* la opción *información del conglomerado para cada caso*, se presenta la asignación de cada caso a un conglomerado y la distancia al centro del mismo. En la primera columna aparece el número o valor identificativo de cada caso (la variable colocada en la ventana *Etiquetar los casos mediante* o el número de línea), en el centro una columna donde se indica el número del grupo al que fue asignado, y más a la derecha la distancia entre el caso y el centro del grupo. Nuestra recomendación es no solicitar esta información, optando por guardarla utilizando el cuadro de diálogo de la figura 5.15. En este caso la información de las columnas de la derecha se insertará en el archivo de datos con los nombres QCL_1 y QCL_2. En la primera se indica la pertenencia de los casos a cada conglomerado, y en la segunda la distancia de cada caso al centro del conglomerado.

Número de Caso	Cuatro conglomerados		Cinco conglomerados	
	Número de conglomerado	Distancia al centro	Número de conglomerado	Distancia al centro
1	4	,566		
2	1	3,18726	3	3,12236
3	2	1,70014	4	1,67918
4	2	2,49185	4	2,57058
5	2	2,01334	4	2,28592
6	4	2,01385	5	1,80179
7	4	3,15919	5	2,61573
8	2	1,43553	5	1,10338
9	4	,56558	1	,89533
10	3	1,64563	2	1,48459
11	1	2,02052	3	2,10170
12	2	2,18365	4	2,14603
13	3	1,75621	2	1,67384
14	1	,98690	3	1,04212
15	3	1,42163	2	1,40417
16	1	1,37559	3	1,21930

Nota: información limitada a los primeros 15 casos.

Tabla 5.12. Distancia de cada caso al centro del conglomerado

Cuando todos los casos han sido asignados se obtienen los centros de los conglomerados finales, que no es otra cosa que la media de los individuos en cada una de las variables consideradas. En la tabla 5.13 se puede apreciar que estos centros difieren sustancialmente de los iniciales, como consecuencia del proceso de asignación de los 701 casos.

Cuatro conglomerados					
		1	2	3	4
F_1 Estatus que dan los productos poseídos, exclusividad	C. inicial	2,32042	1,75747	-0,49642	-3,09659
	C. final	0,7078	-1,1939	-0,20357	0,34934
F_2 Vestimenta comunica, placer y calidad de vida; compra social	C. inicial	0,52863	-2,98660	1,75326	-0,39211
	C. final	0,28294	-0,50614	0,33209	-0,10956
F_3 Placer en la compra	C. inicial	1,39020	-0,20052	-1,93195	1,07098
	C. final	-0,11341	0,11921	-1,18138	0,79096
F_4 Compras buscando calidad y marca	C. inicial	-3,34443	0,54646	2,39416	-0,28804
	C. final	-0,77616	-0,64311	0,67329	0,75674

Tabla 5.13. Centros de los conglomerados iniciales y finales

Los centros de los conglomerados finales (tabla 5.13) pueden utilizarse para conocer las características definitorias de cada agrupamiento, considerando las puntuaciones medias de cada una de las variables (factor en este caso). Obsérvese la gran relación negativa del segundo conglomerado con el primer factor, que indica que los entrevistados en este grupo no consideran el estatus que dan los productos, ni tampoco llevan a cabo sus compras buscando la calidad y la marca de los productos (-0,64311). La siguiente puntuación más alta se localiza en el tercer agrupamiento, e indica que se trata de un colectivo que no experimenta placer en la compra, aunque presentan un comportamiento de compra considerando la calidad y la marca de las adquisiciones.

CUADRO 5.5.
(Primera) Denominación de los agrupamientos

....

Gr. 1: Importancia del estatus, no compra buscando calidad y marca

Gr. 2: No estatus, no compra buscando calidad y marca

Gr. 3: No disfruta en la compra, compra buscando calidad y marca

Gr. 4: Disfruta en la compra, compra buscando calidad y marca

....

El cuarto agrupamiento, por su parte, se caracteriza por sus altas valoraciones de los dos factores relacionados con los hábitos de compra, con puntuaciones ligeramente más elevadas en el tercer factor. Los valores del primer agrupamiento presentan una mayor suavidad, caracterizándose por la presencia –en ese agrupamiento– de personas que valoran mucho el estatus que dan los productos y que no llevan a cabo sus compras considerando la calidad y la marca (con puntuaciones negativas).

	Cinco conglomerados				
	1	2	3	4	5
F_1 Estatus que dan los productos poseídos, exclusividad	,20148	-,20081	,71927	-1,35063	,45667
F_2 Vestimenta comunica, placer y calidad de vida; compra social	,81611	,53900	,33592	-,36945	-1,08878
F_3 Placer en la compra	,97073	-1,18865	-,13488	,06200	,25937
F_4 Compras buscando calidad y marca	,62856	,68749	-,89214	-,64398	,50727
Comparación con el modelo 4 grupos:	antes 4°	antes 3°	antes 1°	antes 2°	Nuevo

Tabla 5.14. Centros finales de los conglomerados

Una descripción similar se llevó a cabo en el análisis con 5 conglomerados. Obsérvese que la solución con cinco grupos presenta una gran similitud con el modelo anterior (de cuatro conglomerados): El primer conglomerado es muy similar al conglomerado 4 de la tabla 5.13 (comportamientos de compra), el segundo presenta rasgos análogos al 3 (no placer en la compra, compra calidad), el tercero es muy similar al primero (estatus y no compra buscando calidad), y el cuarto presenta un gran parecido con el segundo (no estatus, no compra buscando calidad en la compra); tal y como puede apreciarse en la última línea de la tabla 5.14. El quinto conglomerado puntúa negativamente el segundo factor (vestimenta comunica) y presenta altos valores en compras buscando calidad y marca.

Conocidos los centros de los conglomerados y la definición de los agrupamientos, será interesante conocer el grado de diferencia entre ellos considerando la distancia entre los centros (tabla 3.15). Recuérdese que el método K-medias del SPSS utiliza la distancia euclídea para calcular las distancias, de modo que la distancia de 2,076 entre el conglomerado 1 y el 2 en el modelo de cuatro grupos se calcula de la siguiente forma:

$$2,076 = \text{Raiz } [0,7078 - (-1,1939)]^2 + [0,28294 - (-0,50614)]^2 + \\ + [(-0,11341) - (0,11921)]^2 + [-0,77616 - (-0.64311)]^2$$

Este mismo proceso se realiza para calcular el resto de las distancias entre los centros de los conglomerados. En la tabla 5.15 se aprecia que, del modelo con cuatro conglomerados, los más diferentes son el 2 y el 3, con una distancia de 2,26, mientras que los dos más parecidos son el 1 y el 4. Son los dos más parecidos, aunque los elevados coeficientes de la tabla están indicando que todos los conglomerados están muy "separados", no pudiéndose encontrar conglomerados similares. Ahora bien la separación entre los grupos localizados es mayor en el modelo con cinco, oscilando entre una distancia de 2,05 (grupo uno y cinco) y 2,505 (grupo 1 y 4). Considerando la homogeneidad interna y heterogeneidad respecto a otros, la solución en cinco grupos es la más adecuada.

Cuatro conglomerados				
Conglomerado	1	2	3	4
1		2,076	2,019	1,857
2	2,076		2,260	2,225
3	2,019	2,260		2,097
4	1,857	2,225	2,097	
Cinco conglomerados					
Conglomerado	1	2	3	4	5
1		2,215	2,008	2,502	2,053
2	2,215		2,120	2,342	2,283
3	2,008	2,120		2,210	2,052
4	2,502	2,342	2,210		2,269
5	2,053	2,283	2,052	2,269	

Tabla 5.15. Distancias entre centros de conglomerados finales

Por último, en la tabla 5.16 se presenta el número de casos de cada conglomerado, oscilando entre los 211 casos del conglomerado cuatro y los 155 del segundo en el modelo de cuatro grupos. La solución en cinco grupos, por su parte, genera grupos de tamaño más similar, desapareciendo ese "cuatro grupo" donde se incluía casi 1/3 de los entrevistados. A la luz de estos resultados el lector se preguntará por las razones de realizar dos modelos con cuatro y cinco conglomerados, ¿por qué no tres?, ¿por qué no seis[65] o más? Como se señaló en un primer momento se trataba de conocer la permanencia en el tiempo de una tipología similar a la realizada cinco años antes. Los procedimientos utilizados para elegir la mejor configuración se presentan en el próximo apartado.

---

65 No se presta atención al modelo con seis grupos porque generó grupos muy pequeños; justo lo opuesto al modelo con tres agrupamientos. Por otro lado, recuérdese que el objetivo del trabajo era constatar la estabilidad de una tipología en cuatro grupos localizada en esa misma región cinco años antes.

Cuatro conglomerados			
	Conglomerado	Nº casos	Porcentaje
Conglomerado	1	197	28,1%
	2	155	22,1%
	3	138	19,7%
	4	211	30,1%
	Total	701	100,0%
Cinco conglomerados			
	Conglomerado	Nº casos	Porcentaje
Conglomerado	1	121	17,3%
	2	121	17,3%
	3	165	23,5%
	4	140	20,0%
	5	154	22,0%
	Total	701	100,0%

Tabla 5.15. Número de casos (y porcentaje) en cada conglomerado

5.4.4 Validación de la clasificación efectuada

Antes de llevar a cabo la interpretación de la tipología resultante debe procederse con la evaluación de la clasificación obtenida con el fin de asegurar que esta solución es representativa de la población, estable en el tiempo y generalizable a otros contextos. Comenzar señalando que no se pretende realizar una exposición exhaustiva de estas técnicas, ya que la literatura sobre validación es casi tan grande como la literatura dedicada a la formulación y planteamiento del análisis de conglomerados, de modo que únicamente se procederá con un breve listado de las principales técnicas de validación; a la vez que se aconseja al lector interesado la lectura del cuarto capítulo de un estupendo libro sobre el tema escrito por Jain y Dubes (1988).

Las técnicas más utilizadas han sido el análisis de varianza a fin de conocer las diferencias significativas que cada una de las variables utilizadas producen en la formación de los agrupamientos; y el análisis discriminante con objeto de descubrir el porcentaje de sujetos que están correctamente clasificados.

En las tablas 5.13 y 5.14 se mostró el promedio de los valores de las variables para cada conglomerado, y en la 5.15 las distancias entre los centros de los conglomerados, pero ninguna de ellas aporta información sobre la homogeneidad interna de cada conglomerado, el fin último del análisis de conglomerados. Una forma de comprobar que la distancia entre los agrupamientos es mayor que la distancia dentro (alta homogeneidad interna y alta heterogeneidad entre conglomerados se señaló en las primeras líneas de este capítulo), es realizar un análisis de varianza considerando la diferencia entre las sumas cuadráticas entre grupos, en relación con las sumas cuadráticas intra-grupos.

Recuérdese que el análisis de varianza trata de dividir la varianza de la variable dependiente –en este caso los cuatro factores utilizados– en varios componentes, cada uno de los cuales puede ser atribuido a una fuente (variable o factor) identificable. En este apartado se utilizará esta técnica para conocer si las variables (factores) utilizadas permiten localizar diferencias significativas entre cada una de las agrupaciones realizadas. De no ser así, se debería eliminar esa variable en el proceso de formación de los conglomerados, o proceder a una nueva reconfiguración seleccionando un número distinto de conglomerados. Se trata, en definitiva, de conocer hasta qué punto los factores utilizados permiten diferenciar significativamente los individuos de cada agrupación.

El análisis de varianza de ambos modelos se muestra en la tabla 5.16, considerando las diferencias cuadráticas no sobre casos, como en el tercer capítulo, sino entre conglomerados. La suma cuadrática (variabilidad) entre grupos aparece en la segunda columna, y la suma de cuadrados dentro de cada grupo en la cuarta. El ratio entre ambas se presenta en la sexta columna, de modo que altos valores de F estarán indicando que la variabilidad entre los grupos es mucho mayor que la variabilidad dentro de cada grupo; indicando que los conglomerados elaborados son homogéneos, especialmente en el primer y cuarto factor. Teniendo en cuenta que el valor de la F puede utilizarse para conocer las variables más importantes dentro del conglomerado (IBM, 2010); los dos primeros factores (en ambos modelos) presentan altos valores, si bien la diferencia respecto al resto de factores es muy superior en el modelo con cuatro conglomerados que en el modelo con cinco.

En la sexta columna aparece la significación del test, señalando que en los cuatro factores utilizados la variabilidad entre grupos supera la variabilidad intra-grupos. Sin embargo, y pese a los resultados obtenidos, aconsejamos prudencia en su interpretación puesto que el propio programa advierte que este test únicamente debe utilizarse con una finalidad descriptiva, ya que los conglomerados han sido previamente elegidos para maximizar las diferencias entre los casos en diferentes conglomerados. En cualquier caso, su utilización permite valorar la relevancia de las variables seleccionadas y comparar las diferentes agrupaciones.

Sintetizando, la utilización del análisis de varianza en los dos modelos elaborados (cuatro y cinco grupos) indicó que la solución en cuatro factores proporcionaba los mayores valores de F. Dicho de otro modo, es la solución que maximiza la distancia entre los conglomerados y minimiza la distancia entre los elementos de cada conglomerado, uno de los motivos que nos animó a decantarnos por esta solución.

Cuatro conglomerados

	Conglomerado		Error		F	Sig.
	Media cuadrática	gl	Media cuadrática	gl		
F_1 ESTATUS que dan los productos poseídos, EXCLUSIVIDAD	120,952	3	,484	697	250,051	,000
F_2 Vestimenta comunica, placer y calidad de vida; COMPRA SOCIAL	120,426	3	,486	697	247,806	,000
F_3 PLACER en la compra	45,881	3	,807	697	56,866	,000
F_4 Compras buscando CALIDAD y MARCA	99,890	3	,574	697	173,914	,000

Cinco conglomerados

	Conglomerado		Error		F	Sig.
	Media cuadrática	gl	Media cuadrática	gl		
F_1 ESTATUS que dan los productos poseídos, EXCLUSIVIDAD	95,664	4	,456	696	209,813	,000
F_2 Vestimenta comunica, placer y calidad de vida; COMPRA SOCIAL	84,007	4	,523	696	160,640	,000
F_3 PLACER en la compra	74,720	4	,576	696	129,651	,000
F_4 Compras buscando CALIDAD y MARCA	83,502	4	,526	696	158,794	,000

Las pruebas F sólo se deben utilizar con una finalidad descriptiva puesto que los conglomerados han sido elegidos para maximizar las diferencias entre los casos en diferentes conglomerados. Los niveles críticos no son corregidos, por lo que no pueden interpretarse como pruebas de la hipótesis de que los centros de los conglomerados son iguales.

Tabla 5.16. Análisis de varianza

La segunda prueba utilizada para validar los resultados se fundamenta en evaluar la clasificación y asignación de un individuo –cuyas características se conocen– a un determinado grupo (Paz Caballero, 1989) o, como afirma Alcantud "analizar la bondad de la clasificación utilizando la asignación de cada sujeto al conglomerado que pertenece como una nueva variable, y mediante el análisis discriminante estudiar la bondad de la clasificación obtenida" (1985). Recuérdese que el análisis discriminante analiza cómo un conjunto de individuos con unas determinadas características puede clasificarse en una serie de grupos definidos *a priori*, tratando de localizar las variables que mejor contribuyen a la clasificación de cada individuo (Cea D' Ancona, 2016). Por las propias pretensiones de este trabajo se eludirá realizar una exposición de esta técnica, centrándose únicamente en analizar el número de individuos que han sido clasificados correctamente, una vez comprobada que la función discriminante es significativa.

La tabla 5.17 muestra la relación entre los individuos pertenecientes a cada conglomerado (en líneas) y aquellos que están correctamente especificados según el análisis discriminante. Considerando el modelo de 4 grupos, en el primer grupo hay 12 entrevistados que están incorrectamente clasificados, cifra que desciende a 5 en el segundo conglomerado. En el tercero hay 3 entrevistados que el análisis discriminante los coloca en agrupamientos diferentes, que descienden a 1 en el cuarto. Sin embargo, la clasificación en cuatro grupos es la que presenta mejores resultados ya que el 97% de los entrevistados está correctamente clasificado. Esta cifra desciende al 94% en el modelo con cinco grupos.

		N° casos	Clasificación correcta	Clasificación incorrecta	% casos correctamente clasificados
Conglomerado	1	197	185	12	93,9
	2	155	150	5	96,8
	3	138	135	3	97,8
	4	211	210	1	99,5
	Total				97,0
		N° casos	Clasificación correcta	Clasificación incorrecta	% casos correctamente clasificados
Conglomerado	1	121	115	6	95,0
	2	121	114	7	94,2
	3	165	160	5	94,0
	4	140	135	5	96,4
	5	154	137	17	89,1
	Total				94,3

Tabla 5.17. Número de casos en cada agrupamiento: solución en cuatro y cinco conglomerados

Ninguna de las técnicas empleadas informa de la consistencia interna y la estabilidad de cada una. Por este motivo se han desarrollado otras estrategias como es el proceder a la extracción de un diferente número de grupos y comparar sucesivamente las distancias entre los conglomerados y las distancias dentro de cada agrupación, tratando de seleccionar aquella división que maximice la primera (distancia inter-grupos) y que minimice la segunda (intra-grupos). Llegados a este nivel, hay autores que proponen repetir el proceso de agrupamiento con diferentes medidas y procedimientos de agrupación con el fin de comprobar la estabilidad de los grupos, aconsejando utilizar conjuntamente métodos jerárquicos y no jerárquicos (Luque, 2012).

Francisco Alcantud propone un método de validación para los métodos no jerárquicos que consiste en extraer paulatinamente diferentes agrupamientos y comprobar la solidez teórico-interpretativa de cada uno de ellos, al tiempo que se realiza un "recorrido" de cómo se distribuyen los sujetos de cada partición. Es decir, cuando se han seleccionado cuatro conglomerados y se hace de nuevo el análisis con cinco; se trata de comprobar el comportamiento de cada uno de éstos en ambas particiones con el fin de localizar cómo se distribuyen los sujetos en los distintos agrupamientos, así como conocer el origen de los sujetos del nuevo agrupamiento (Alcantud, 1985).

Una de las estrategias más utilizadas es la repetición del análisis de conglomerados en submuestras aleatorias extraídas de la muestra objeto de estudio, técnica conocida como el "grado de replicabilidad de un clúster" (Aldenderfer y Blashfield, 1984). En la figura 5.16, página 317, ya se explicó como extraer submuestras aleatorias con el programa estadístico SPSS. De hecho, entre todas las técnicas de validación disponibles se ha prestado especial atención a la replicación porque, según Cea D'Ancona (2002) es "lo que comúnmente se entiende por fiabilidad: capacidad de obtener resultados consistentes en mediciones sucesivas del mismo fenómeno". Se trata, por otro lado, de la técnica más exigente y, al mismo tiempo, la más recomendada por la mayor parte de los textos sobre la matera (entre otros, Luque, 2012; Hair et al, 1998); aconsejando el empleo de otras técnicas de validación cuando esta proporcione resultados diferentes. Dos de los mayores expertos en la materia, Aldenderfer y Blashfield (1984) recomiendan la replicación tras considerar que la correlación cofenética y el análisis de varianza con los grupos creados plantean serios problemas, y lo mismo opinan sobre el cálculo de test de significación con variables externas.

Cuatro conglomerados

(Porcentajes verticales)

Tipo	Denominación (ver cuadro 5.5)	Muestra completa	1/4 (25%)	1/2 (50%)	60% de la muestra	1/3 (66%)	3/4 (75%)	Dife-rencias
I	Estatus, no calidad	28,1%	28,3%	<u>26,4%</u>	28,6%	29,4%	**29,7%**	3,3%
II	No estatus, no calidad	22,1%	21,7%	**22,1%**	21,4%	<u>21,0%</u>	21,5%	1,1%
III	No gusta compra…	19,7%	19,7%	<u>19,5%</u>	**20,0%**	18,7%	19,5%	0,5%
IV	Disfruta, calidad…	30,1%	30,3%	**32,1%**	30,0%	30,9%	<u>29,3%</u>	2,8%
	Número de casos	701	152	349	406	466	522	
	Diferencias/nº de conglomerados							1,925

Tipo	Denominación (ver cuadro 5.5)	Muestra completa	1/4 (25%)	1/2 (50%)	60% de la muestra	1/3 (66%)	3/4 (75%)	Diferencias
	Cinco conglomerados							
	(Porcentajes verticales)							
I	Estatus, no calidad	17,3%	17,5%	16,6%	**19,8%**	18,3%	17,0%	2,8%
II	No estatus, no calidad	**17,3%**	16,9%	16,6%	16,9%	16,3%	16,2%	1,0%
III	No gusta compra…	23,5%	23,0%	22,7%	24,2%	23,8%	**24,8%**	2,1%
IV	Disfruta, calidad…	20,0%	**21,9%**	21,1%	17,4%	21,3%	20,3%	4,5%
V	Vestido no importante	22,0%	20,8%	**23,0%**	21,8%	20,4%	21,7%	2,6%
	Número de casos	701	183	374	409	442	517	
	Diferencias/n° de conglomerados							2,60

Negrita: valores altos (de la columna)

Subrayado: valores bajos

Diferencia: valores en negrilla menos valores subrayados

Tabla 5.18. Grado de replicabilidad de la solución

En el presente análisis se llevaron a cabo cinco replicaciones, con el 25, 50, 60, 66 y 75% de la muestra, siendo la solución en cuatro grupos la que proporciona valores más estables en cuanto a distribución e interpretación. Las mayores diferencias se localizan en el primer grupo, cuyo tamaño oscila entre un 26,4% cuando se considera la mitad de la muestra y el 29,7% cuando se considera el 75% de los casos; justo la tendencia inversa a la que sucede con el cuarto grupo. En el resto de grupos las diferencias son muy pequeñas. El promedio de diferencias es de 1,925, muy inferior al localizado en el modelo con cinco grupos, donde se constatan importantes diferencias en las replicaciones efectuadas.

En síntesis, el análisis de la tabla 5.18 desvela que la solución en cuatro conglomerados es la más estable cuando se comprueba el grado de replicabilidad del clúster. Ahora bien, y pese a la importancia de los criterios expuestos con anterioridad, ninguno de ellos es adecuado si la clasificación resultante carece de sentido teórico o es muy difícil su interpretación (Fernández Santana, 1991). En última instancia este es el criterio más importarte de validación, una correcta interpretabilidad.

5.4.5 Una tipología del consumidor

La aplicación de los criterios expuestos anteriormente proporciona una tipología del consumidor en cuatro grupos. En este apartado se realizará una interpretación de cada uno analizando las puntuaciones de los factores en cada agrupamiento, ayudados también por el análisis de las características sociodemográficas que se muestran en la tabla 5.14. Para facilitar esta tarea se ha elaborado un gráfico donde se representa la puntuación de los centros de los conglomerados finales.

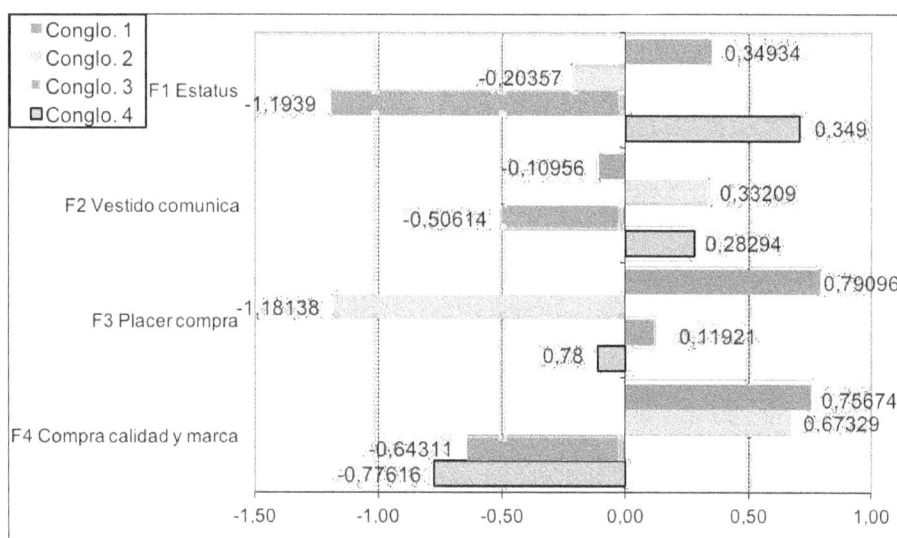

Gráfico 5.5. Centros de los conglomerados finales. Fuente: elaboración propia.

Debe quedar claro que el objetivo de esta interpretación es puramente técnico y tiene como objeto comprobar la homogeneidad interna de cada uno y la diferencia con el resto, de modo que se eludirá realizar un comentario detallado de los hallazgos encontrados en un libro que tiene una extensión muy superior a la inicialmente planificada.

CONGLOMERADO I: *Comprar "para los demás". 197 personas, 28,1% del total.*

Este agrupamiento, al que pertenece casi un 30% de los entrevistados, se caracteriza por la elevada importancia que conceden al estatus social y a la creencia que el vestido es importante por lo que comunica a los demás; y esto pese a que nunca utilizan la calidad y la marca como criterio de compra. El análisis de la tabla

5.14 informa que un 40% de este colectivo tiene menos de 35 años y un 42% dispone de trabajo fijo.

CONGLOMERADO II: *Compra "tradicional". 155 personas, 22,1% del total.*

Agrupamiento formado por casi el 20% de los entrevistados, y se caracteriza por las valoraciones negativas en tres de los cuatro factores, fundamentalmente a los dos primeros, experimentando un ligero disfrute en el acto de compra. El análisis de sus rasgos sociodemográficos desvela que se trata de un colectivo con estudios básicos, que vive solo, y la mitad tiene más de 46 años.

CONGLOMERADO III: *Comprando calidad. 138 personas, 19,7% del total.*

Se trata de un colectivo que utiliza criterios de calidad y marca a la hora de comprar, que no experimenta ningún placer en la compra, más bien todo lo contrario. Otro aspecto que lo caracteriza es su creencia que el vestido es importante por la impresión que transmite. a los demás. Los rasgos sociodemográficos informan de una mayor presencia de entrevistados entre 46 y 56 años, estudios básicos, y un gran número de trabajadores eventuales y estudiantes.

CONGLOMERADO IV: *"Jóvenes que disfrutan en la compra, compran buscando la calidad y la marca y están preocupados por el estatus". 211 personas, 30,1% del total.*

En el gráfico 5.5 pueden apreciarse que son personas que muestran altas puntuaciones positivas en el tercer y cuarto factor, que aluden a los comportamientos de compra, y con una puntuación moderadamente alta en el primero. Elevada presencia de personas menores de 35 años, bajo número de solteros, y un 10% con estudios superiores.

Puntuaciones factoriales					
	TIPO I	TIPO II	TIPO III	TIPO IV	
FACTOR 1: *Estatus* que dan los productos poseídos, *exclusividad*	0,7078	-1,1939	-0,2035	,349340	
FACTOR 2: Vestimenta comunica, placer y calidad de vida	0,2829	-0,5061	0,3321	-0,109558	
FACTOR 3: Placer en la compra	-0,1134	0,1192	-1,1814	0,790961	
FACTOR 4: Compras buscando calidad y marca	-0,7762	-0,6431	0,67329	0,756742	
	TIPO I	TIPO II	TIPO III	TIPO IV	

Porcentajes verticales					
RELACIÓN CON LA ACTIVIDAD (Ji-Cuadrado significativo 0,05)					
Trabajo fijo	↑42,3%	37,0%	34,3%	33,6%	37,0%
Eventual o temporal	7,1%	9,7%	↑14,6%	7,1%	9,2%
Parado	8,7%	7,1%	6,6%	7,6%	7,6%
Labores domésticas sin remunerar	23,5%	26,6%	↓20,4%	↑34,6%	26,9%
Jubilado/pensionista	9,2%	4,5%	8,0%	9,0%	7,9%
Estudiante	9,2%	14,9%	↑16,1%	8,1%	11,5%
NIVEL DE ESTUDOS (Ji-Cuadrado significativo 0,05)					
Básicos	19,3%	↑31,6%	↑31,2%	↓18,0%	24,0%
Medios	71,1%	↓58,7%	65,2%	71,6%	67,3%
Superiores	9,6%	9,7%	↓3,6%	10,4%	8,7%
ESTADO CIVIL (Ji-Cuadrado NO significativo)					
Soltero	25,5%	↑36,8%	33,3%	↓25,1%	29,4%
Casado/convive-pareja	69,9%	-60,0%	63,0%	70,6%	66,6%
Separado, divorciado	1,0%	1,3%	,7%	1,4%	1,1%
Viudo	3,6%	1,9%	2,9%	2,8%	2,9%
EDAD (Ji-Cuadrado significativo 0,01)					
Entre 16 y 25 años	↑17,8%	↓11,6%	15,2%	↑26,1%	18,4%
Entre 26-35 años	↑21,8%	16,1%	↓10,1%	19,4%	17,5%
Entre 36-45 años	24,9%	23,2%	23,9%	22,7%	23,7%
Entre 46-55 años	20,3%	21,3%	↑29,7%	18,5%	21,8%
Entre 56 y 65 años	15,2%	↑27,7%	21,0%	↓13,3%	18,5%
SEXO (Ji-Cuadrado NO significativo)					
Hombre	50,3%	48,4%	47,8%	49,8%	49,2%
Mujer	49,7%	51,6%	52,2%	50,2%	50,8%
Número de casos	197	155	138	211	701

(↑) Altos porcentajes, cifras significativamente más altas que el promedio. Residuos estandarizados corregidos (valor positivo) con un nivel de confianza superior al 95,5%.

(↓) Bajos porcentajes, valores menores que el promedio. Residuos estandarizados corregidos (valor negativo) con el mismo nivel de confianza.

Porcentajes verticales

Tabla 5.14. Rasgos de los tipos de consumidores

Que duda cabe que la interpretación de la tipología elaborada hubiera proporcionado más información si es "acompaña" con otras preguntas relativas a sus hábitos de compra, estilos de vida, etc.; información que –desgraciadamente– no ha permitido difundir la empresa que sufragó los costes de la investigación.

5.5 EJEMPLOS RECIENTES DE INVESTIGACIONES UTILIZANDO EL ANÁLISIS DE CONGLOMERADOS

El análisis de conglomerados se utiliza profusamente en la actualidad, por lo que –como se señaló en el caso del análisis factorial– resulta casi imposible realizar una clasificación exhaustiva. Como en el resto de capítulos, en este apartado se reseñan algunas investigaciones recientes (en el último decenio, ya que este trabajo se redactó en el otoño del año 2015), siempre considerando que está destinado a trabajos de investigación social e investigación comercial con encuestas.

Narvaiza et al. (2007) llevan a cabo un análisis de conglomerados sobre una encuesta del Observatorio Vasco de Inmigración realizada en 2004, utilizando de forma secuencial dos métodos. En primer lugar, el método no jerárquico de k-medias sobre el conjunto de los datos, que crea 150 conglomerados de pequeño tamaño y, posteriormente, un método jerárquico –utilizando la distancia de Ward– sobre los centroides de los 150 grupos. El incremento de la variabilidad interna de los grupos les lleva a seleccionar seis tipos, denominados "intolerantes" (6,8% de la población vasca), "intolerantes tibios" (15,2%), "intolerantes políticamente correctos" (9,7%), "asimilacionistas" (19,7%), "tolerantes multiculturales" (26,6%) y "tolerantes entusiastas sin modelo" (22,0%).

Díaz de Rada y Núñez Villuendas (2008) utilizan la técnica para elaborar "conjuntos de provincias" según el número y tipo de incidencias localizadas en encuestas presenciales realizadas a muestras representativas de la sociedad española. Esto es, se busca reducir el número de categorías formando grupos de provincias que se comporten de forma similar respecto a las incidencias ocurridas en los barómetros de 2004. El objetivo es formar una variable agrupada del tipo "comunidad autónoma" –es decir que suponga una reducción del número de provincias– pero utilizando como *criterio de unión* las similaridades respecto a las incidencias, en vez de criterios históricos, administrativos y políticos.

Extremadamente conocidos son los trabajos del PRIZM (Nielsen Claritas, 2009) con el fin de realizar una clasificación de los consumidores combinando criterios geográficos y demográficos. Estos autores elaboran una *tipología geográfico-social* para clasificar a los consumidores, relacionando el lugar donde viven, su modo de consumir y su capacidad adquisitiva. En la elaboración de los conglomerados se utilizan aspectos tan distintos como la localización geográfica, la ideología predominante, el voto en las elecciones presidenciales, las comidas preferidas, el tipo de música preferido, revistas y periódicos más leídos, número de Mercedes, Jaguar..., etc. con el objetivo de hacer un *retrato robot* de los habitantes de cada zona.

Se ha señalado este estudio por ser uno de los más importantes realizados con esta metodología, aunque en el momento presente son muy numerosas las investigaciones que aplican un proceso metodológico similar; destacando especialmente los trabajos sobre la evolución de los estilos de vida de los italianos realizados por Calvi a través de una clusterización de las puntuaciones factoriales de 114 indicadores referidos a la vida cotidiana (Calvi, 1982) de la denominada *corriente/escuela* de los Estilos de Vida (Sarabia Sánchez et al., 2009). En España son numerosos los estudios realizados con una metodología similar, como el realizado por García Ferrando sobre la modernización de la sociedad valenciana, las investigaciones de estilos de vida y ocio de Ruiz Olabuénaga, etc.

En el ámbito específico de la investigación comercial, las áreas principales de aplicación del análisis de conglomerados son (Luque, 2012; Punj y Stewart, 1983):

▶ Tipologización de clientes con objeto de segmentar el mercado en función de la homogeneidad de los individuos. Si se considera que el objetivo de la segmentación de mercados es determinar grupos de objetos o individuos cuyas características sean similares, esta técnica ha sido utilizada tradicionalmente en la configuración de distintos grupos de consumidores homogéneos. Conviene precisar que el concepto segmentar es utilizado aquí como un sinónimo de división o fragmentación del mercado. Una exposición de las diferencias entre el análisis de conglomerados y la segmentación de mercados puede encontrarse en Verhallen y Barzarilay (1989); Sarabia y Munuera (1994) y Sánchez Cuenca (1990).

▶ Estudio del comportamiento del consumidor a fin de conocer los consumidores actuales y su frecuencia de consumo; identificar los no-consumidores y las razones que argumentan para serlo; afianzar los consumidores de una determinada marca y localizar la tipología de consumidores de la competencia; diseñar la política de promociones, precios, etc. en función de los diversos tipos de consumidores; dirigir mensajes publicitarios específicos a los compradores de cada tipo de producto; conocer los tipos de consumidores según sus hábitos de compra, etc.

▼ Desarrollo de nuevos productos. La tipologización de marcas y productos puede mostrar la estructura competitiva de mercados amplios y así determinar "espacios de mercado" no cubiertos, permitiendo detectar las posibilidades de éxito al introducir determinadas características diferenciadoras en los nuevos productos.

▼ Lograr clasificaciones de productos, marcas y empresas, con el fin de poder determinar sus parecidos y diferencias por parte de los consumidores; así como el posible "efecto sustitución" de unos por otros.

▼ El análisis de conglomerados es empleado también en la localización de "mercados de prueba" para la introducción de nuevos productos. Se trata de identificar pequeños mercados que sean similares al conjunto del mercado al que se piensa destinar un nuevo producto.

En numerosas ocasiones esta técnica se aplica sobre puntuaciones factoriales (resultado del análisis factorial), porque el análisis de conglomerados es más estable cuando se trabaja sobre estas puntuaciones que sobre los datos directos (Abascal y Grande, 2005). Así, procede, por ejemplo, la investigación sobre las actitudes de la población andaluza hacia la inmigración (Observatorio Permanente Andaluz de las Migraciones-OPAM, 2013), de la que se dio cuenta en el tercer capítulo. El tamaño de la muestra, 2.402 entrevistas, les lleva a utilizar una clasificación no jerárquica, concretamente el método de las K-medas, identificando cinco tipos sociales que, ordenados según tu tamaño, son denominados como *agraviados* (32,7% de la población andaluza), *funcionalistas* (21,8%), *excluyentes* (19,6%), *solidarios* (13.6%) y *vulnerables* con un 12,3% de la población andaluza (Observatorio Permanente Andaluz de las Migraciones-OPAM, 2013).

La investigación de valores señalada en el tercer capítulo, pero esta vez en la aplicación del cuestionario a toda la población española (Elzo, 2010), lleva a cabo un análisis de conglomerados a los doce factores obtenidos tras aplicar el análisis factorial a las preguntas sobre *valores finalistas* (importancia concedida al trabajo, familia, amistad, ocio, política y religión), confianza en instituciones, y justificación de 20 comportamientos (éticos y no éticos). Las agrupaciones con tres, cuatro, cinco y seis grupos son analizadas en detalle buscando la solución con la mínima varianza intragrupal y la máxima intragrupal. La propuesta de cinco tipos es la que proporciona unos grupos más compactos y más diferentes de los otros. La denominación de cada uno, junto con el porcentaje de entrevistados que engloba, son: "comprometido, moderno" (18,8%), "disfrutador, postmoderno" (18,1%), "autoritario" (18,9%), "ventajista, pragmático" (15,5%), "tradicional, familista (28,6%).

De forma similar proceden Pedro López Roldán y Carlos Lozares Colina (2007) que utilizan el análisis de conglomerados para realizar una muestra estratificada que garantice la homogeneidad dentro de cada estrato. Con los datos del último Censo de Población disponible, y utilizando el análisis factorial de componentes principales y el análisis de conglomerados, realizan una división de Barcelona en diez estratos homogéneos; estratos que son utilizados posteriormente para llevar a cabo la afijación muestral.

En el capítulo del Análisis Factorial se ha señalado que en la investigación sobre religiosidad, realizada por Alfonso Pérez Agote, utilizó el análisis factorial como un *paso intermedio* con el fin de elaborar posteriormente una tipología de la población española considerando las formas de religiosidad y construcción del sentido de la vida. En la ficha técnica de la investigación (Pérez Agote, 2012) se indica que se ha utilizado una agrupación jerárquica con el método de vinculación inter-grupos, proporcionando una solución que oscila entre 2 y 12 grupos. Se utilizaron tres criterios para seleccionar el número de tipos resultantes:

▼ Que cada *tipo* tuviera un adecuado número de entrevistados, considerando que no exista una gran diferencia numérica con el resto de tipos.

▼ Existencia de una significación clara en relación con los objetivos de la investigación, significación que va más allá que las relaciones estadísticas entre variables.

▼ En la medida que el trabajo de investigación tenía previsto profundizar en cada tipo con grupos de discusión, se utilizó como tercer criterio "soluciones de agrupación con una expresión en variables que pudieran ser fácilmente operacionales en el trabajo de contactación" (Pérez Agote, 2012: 415).

La aplicación de estos criterios lleva a definir una solución en ocho tipos sociales, cuya definición y características se señalan a continuación (Pérez Agote, 2012: 416-418):

1. "Anticlericalismo suavizado": hombres, mayores de 60 años, obreros, jubilados, ateos, partidos/sindicatos de izquierda.

2. "Catolicismo tradicional": mujeres, más de 55 años, casadas y con varios hijos, práctica religiosa semanal, nivel de estudios primarios, votantes del PP.

3. "Catolicismo de logro": ambos sexos, entre 40 y 55 años, clase media alta, católicos practicantes, hijos en centros de estudios religiosos muy conservadores, municipios de nivel social muy alto.

4. "Catolicismo traumatizado": ambos sexos, entre 45 y 60 años, casados con varios hijos, cierta práctica religiosa, estudios primarios, pequeños empresarios/comerciantes, área política de la democracia cristiana.

5. "Catolicismo vacío": ambos sexos, entre 45 y 54 años, casados/algún matrimonio civil, centro-izquierda, estudios primarios/formación profesional, autónomos/profesionales con negocio propio.

6. "Catolicismo desengañado": ambos sexos, entre 35 y 45 años, casados, titulados superiores, cierta neutralidad religiosa y política.

7. "No católicos": ambos sexos, entre 30 y 40 años, la mitad solteros/ matrimonio civil, ateos/agnósticos, titulados superiores, centro izquierda e izquierda, asalariados con contrato fijo, la mitad en la función pública.

8. "No religiosos": ambos sexos, entre 25 y 34 años, solteros, ninguna práctica religiosa, ateos/agnósticos, titulados superiores, centro izquierda e izquierda.

5.6 PROFUNDIZANDO EN LA FORMACIÓN CON CASOS PRÁCTICOS

Del mismo modo que se procedió en los capítulos precedentes, es el momento que el lector "entre en faena". Para ello se proponen dos casos prácticos de análisis de conglomerados. El primero presenta el porcentaje de hogares con un determinado nivel de equipamiento del hogar, según comunidades autónomas. El objetivo es llevar a cabo un agrupamiento de estas según su nivel de equipamiento. El segundo es un estudio de distribución que busca clasificar 13 centrales de compra según el número medio de referencias adquiridas, tiempo medio de pago, gasto, frecuencia de compra y tiempo medio de reparto.

5.6.1 Caso práctico sencillo: equipamiento hogares españoles

Con el fin de impulsar la venta de electrodomésticos para el hogar, el gobierno estatal –junto con los gobiernos de algunas comunidades autónomas– está estudiando la posibilidad de conceder "créditos blandos" con el fin de impulsar el consumo de estos productos. Ahora bien, antes de llevar a cabo una negociación con las Comunidades Autónomas quiere conocer hasta qué punto éstas pueden clasificarse en grupos homogéneos respecto al equipamiento de los hogares.

En el archivo "Equipamiento hogares españoles" se muestra el porcentaje de hogares que disponen de cada equipamiento en las distintas comunidades autónomas, junto con el equipamiento medio de toda España, según se desprende de una de las últimas ediciones de la Encuesta Continua de Presupuestos Familiares.

Automovil_NUEVO: Porcentaje de hogares con automóviles nuevos
Automovil_2_MANO: Porcentaje de hogares con automóviles adquiridos
                     de segunda mano
TV: Porcentaje de hogares con televisión
Reproductor de DVD: Porcentaje de hogares con DVD
Microondas: "   "   "   con microondas.
Lavavajillas: "   "   "   con lavavajillas.
Cadena_hifi: "   "   "   con equipo de música.
Ordenador: "   "   "   con ordenador.

Realizar un "agrupamiento" de comunidades autónomas según el equipamiento disponible.

5.6.2 Caso práctico con datos reales: distribuidor alimentario

Un mayorista que realiza la distribución a 13 centrales de compra de productos de alimentación se está planteando llevar a cabo una clasificación de éstas con el fin de prestar su servicio de forma más eficaz y con menor coste económico. Para ello ha recogido información sobre las compras realizadas en el último año; concretamente referidas a

▶ V1: Número medio de referencias adquiridas.

▶ V2: Tiempo medio de pago (en días).

▶ V3: Importe de la compra (miles de Euros).

▶ V4: Frecuencia de compra (número de pedidos semanales).

▶ V5: Tiempo medio de reparto (horas).

En la siguiente tabla se presenta la información, que se ha incluido en el archivo "Distribuidor alimentario.sav:"

	V1	V2	V3	V4	V5
1. Empresa A	29,70	20,00	169,60	10,00	5,20
2. Empresa B	31,50	33,50	173,20	14,40	5,20
3. Empresa C	12,90	12,00	179,10	19,00	5,80
4. Empresa D	49,70	137,00	256,10	6,70	6,50
5. Empresa E	36,00	8,00	571,10	13,50	6,00
6. Empresa F	26,70	125,00	192,00	12,90	5,50
7. Empresa G	36,00	61,90	212,80	15,00	6,10
8. Empresa H	19,20	5,30	357,20	17,80	4,80
9. Empresa I	28,70	21,00	374,00	4,80	4,10
10. Empresa J	44,70	100,40	473,80	10,90	5,40
11. Empresa K	15,30	7,80	308,20	10,20	6,00
12. Empresa L	30,30	29,70	251,20	10,30	6,30
13. Empresa M	45,10	59,20	464,00	11,20	7,20

Desde el inicio de su actividad el distribuidor había dividido las empresas en dos grupos, aunque tiene la sospecha que no es una división acertada. El distribuidor solicita nuestros servicios para que llevemos a cabo una agrupación de sus clientes en grupos homogéneos considerando –en primer lugar– que valoremos su división en dos grupos. Ante la sospecha que tiene unos clientes muy heterogéneos (en relación a los criterios considerados) demanda que elaboremos una división en cuatro o cinco grupos. ¿Qué solución te parece más acertada? ¿Qué elementos caracterizan a cada una de las agrupaciones efectuadas?

5.7 ANEXO: MEDIDAS DE DIFERENCIA Y SIMILITUD

Hasta ahora se han presentado distintas medidas de proximidad y distancia dentro de procedimientos específicos. Es preciso recordar que en el análisis factorial se utiliza una medida de similaridad entre variables, concretamente la correlación de Pearson, mientras que en el tercer apartado de este capítulo los casos (comunidades autónomas) se han clasificado considerando la distancia euclídea al cuadrado. En ambos casos las distancias se calculan porque son necesarias para cada procedimiento, y en principio no existe la posibilidad de volver a trabajar con ellas, a no ser que el investigador *transcriba* los datos de la matriz en el archivo de datos.

El procedimiento que se presenta en este anexo permite el cálculo de un gran número de medidas para conocer las similaridades (parecidos) o disimilaridades (distancias, diferencias) entre variables o casos, y las guarda en un archivo para que puedan ser utilizadas posteriormente. La gran ventaja de este reside en la posibilidad de utilizar estas medidas con otros procedimientos como el análisis factorial, el análisis de conglomerados, el escalamiento multidimensional, etc. El conjunto de distancias disponibles en este procedimiento se muestra en el cuadro 5.6.

CUADRO 5.6. Medidas de distancia y similaridad disponibles en el procedimiento distancias

	Distancia o Disimilaridad	**Similitud o similaridad**
Intervalo /razón:	Euclídea	Corr. de Pearson
	Euclídea al cuadrado	Coseno
	Chebychev	
	Bloque	
	Minkowski	
Frecuencias:	Chi cuadrado	
	Phi cuadrado	
Binaria:	Euclídea binaria	Medidas de similaridad:
	Euclídea binaria al cuadrado	Russel y Rao
	Diferencia de tamaño	Concordancia simple
	Diferencia de patrón	Jaccard
	Varianza	Dice (*)
	Diferencia binaria de forma	Rogers y Tanimoto
	Lance y Williams	Sokal y Sneath 1
		Sokal y Sneath 2
		Sokal y Sneath 3
		Kulczynski 1
		Medidas de probrobabilidad condicional:
		Kulczynski 2
		Sokal y Sneath 4
		Hamann
		Medidas de predicción:
		Lambda Goodman/Kruskal
		D de Anderbeg
		Y de Yule
		Q de Yule
		Otras medidas binarias:
		Ochia
		Sokal y Sneath 5
		Phi
		Dispersión

(*)Czekanowski or Sorenson
Fuente: Norusis, 1990: 381-394.

Para calcular las distancias debe marcarse consecutivamente las funciones *Analizar*, *Correlaciones* y *Distancias*, apareciendo el cuadro de diálogo de la figura 5.18. En la ventana superior derecha deben colocarse las variables sobre las que se llevará a cabo el cálculo de las distancias, existiendo la posibilidad de colocar una variable en la ventana inferior para etiquetar los casos. El programa permite calcular las distancias entre los casos o entre las variables. En este ejemplo será seleccionada la primera opción.

Al pie de la figura 5.18 se ofrece la posibilidad de considerar *cuánto se parecen* (medidas de similaridad) o *cuánto se diferencian* (medidas de disimilaridad) las variables seleccionadas. Debe tenerse en cuenta que altos valores en las medidas de distancia implican grandes diferencias entre los pares de variables, mientras que en las medidas de similaridad los coeficientes elevados indican mayor proximidad entre los aspectos comparados.

Analizar→Correlaciones→Distancias...

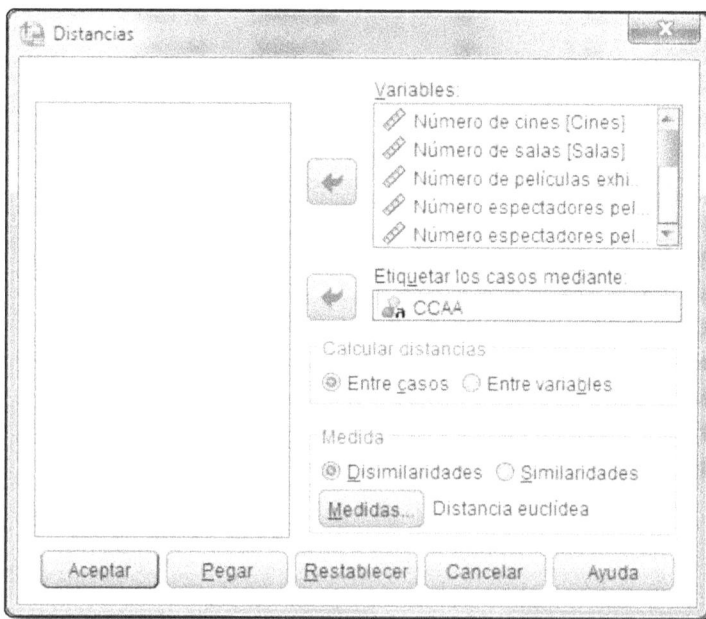

Figura 5.18. Cuadro de diálogo Distancias

Dejando marcada la opción *Disimilaridades*, y pulsando el botón *Medidas...* surge el cuadro de diálogo de la figura 5.19. Considerando la métrica de las variables el programa ofrecerá cada una de las distancias mostradas en el cuadro 5.6, de modo que las variables de intervalo del ejemplo permiten utilizar cinco distancias:

Euclídea, Euclídea al cuadrado, Chebychev, Bloque y Minkowski. El investigador deberá elegir la que más se ajuste a los requerimientos de su investigación. Este cuadro ofrece además la posibilidad de transformar los valores y las medidas de las variables, algo que no será explicado por haber sido tratado en el comentario a la figura 5.5.

Analizar→Correlaciones→Distancias...   Botón   *Medidas*   (marcado *Disimilaridades*)

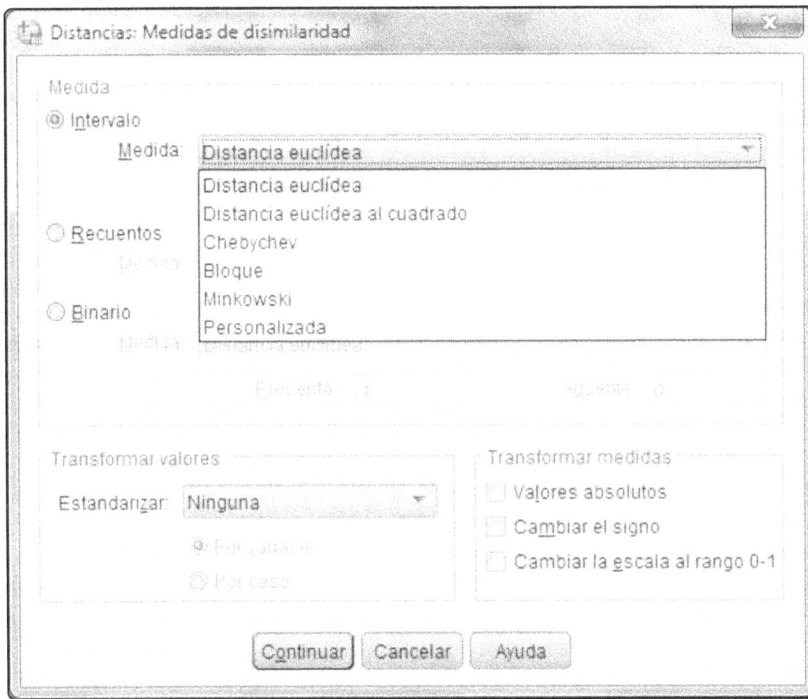

Figura 5.19. Cuadro de diálogo Distancias: Medidas de disimilari*dad*

Cancelar permite volver al menú principal sin realizar ninguna elección, dejando la medida preseleccionada por defecto. Marcada la opción *Similaridades* en la figura 5.18 y, tras pulsar el botón *Medidas*, aparecerá la figura 5.20 para seleccionar una medida de similaridad entre casos. De las medidas de similaridad para datos de intervalo será seleccionada la correlación de Pearson. Posteriormente se ha solicitado una transformación de las variables en puntuaciones Z, pulsando *Continuar* para volver al menú principal.

Analizar→Correlaciones→Distancias... Botón *Medidas* (marcado *Similaridades*)

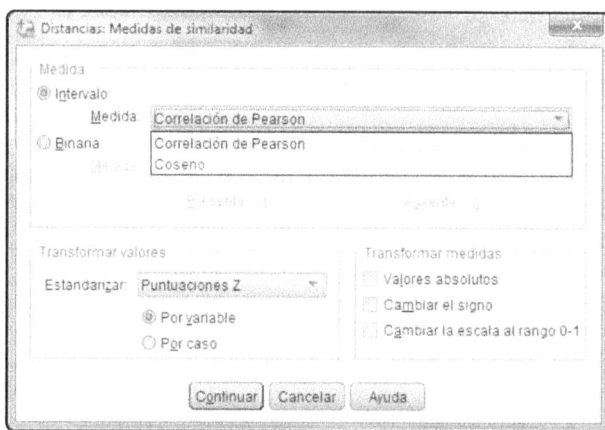

Figura 5.20. Cuadro de diálogo Similaridades: Medidas de similaridad

Como en los procedimientos anteriores existe la opción de ejecutar la orden pulsando el botón *Aceptar*, o pegarlo en un archivo de sintaxis para ejecutarlo posteriormente. En la figura 5.21 se muestra el comando de sintaxis de los mandatos realizados en este ejemplo, que busca conocer la correlación de Pearson entre las comunidades autónomas (casos) referidas a la actividad de los cines.

Las instrucciones comienzan con la palabra PROXIMITIES seguida de las variables a utilizar para elaborar la matriz de similaridad, y de la variable empleada para etiquetar los casos (CCAA). En la línea cinco se señala que las distancias serán calculadas entre los casos, utilizando la medida de correlación de Pearson (línea seis) sobre las puntuaciones tipificadas.

Figura 5.21. Editor de Sintaxis: Distancias

Ahora bien, lugar de ejecutar directamente esa orden se ha realizado un *filtrado* del archivo de datos utilizando el menú *Datos→Seleccionar casos… →Si se satisface la condición*, ya mostrada en la figura 5.1 para proceder con la eliminación de un caso. En esta ocasión se utilizará para limitar los análisis a las comunidades donde reside, por ejemplo, al menos un 4% de la población española. Para ello, en el cuadro de diálogo abierto en la segunda parte de la figura 5.1 se incluirá la variable "Porcentaje de habitantes" (P_HABITANTES) en la ventana superior y se añadirá el símbolo >=4. Si se hace la práctica con el ordenador se podrá apreciar que aparecen tachadas (⟋⟍) ocho comunidades: Aragón, Asturias, Baleares, Cantabria, Extremadura, Murcia, Navarra y La Rioja.

Los resultados de los coeficientes de correlación entre las comunidades autónomas donde reside más del 4% de la población española se muestran en la tabla 5.9, existiendo la posibilidad de grabarlos en un fichero si se añade, en la última línea de la figura 5.21, la opción "/MATRIX=OUT (nombre del archivo.SAV). No debe olvidarse que para añadir esta línea hay que eliminar el punto situado al final de las instrucciones, y colocar un punto después de esta nueva línea.

Obsérvense las grandes correlaciones entre Madrid con Andalucía, Cataluña y la Comunidad Valenciana, con valores negativos superando el 0,75. Valores inferiores presenta la relación entre Castilla-León con la Comunidad Valenciana, Canarias y el País Vasco, entre el 0,661 y 0,566. Una pena que esta matriz, a diferencia de la matriz de correlaciones presentada anteriormente (tabla 5.3), no proporciona información sobre la significatividad de las relaciones

Matriz de distancias

	1:Andalucía	5:Canarias	7:Castilla y León	8:Castilla La Mancha	9:Cataluña	10:Comunit_ Valenciana	12:Galicia	13:Madrid	16:País Vasco
	Correlación entre vectores de valores								
1:Andalucía	1,000	-,469	-,302	-,030	,731	,625	-,214	-,801	-,499
5:Canarias	-,469	1,000	-,620	-,385	-,451	,061	,516	,392	-,228
7:Castilla y León	-,302	-,620	1,000	,594	-,335	-,661	-,233	,311	,566
8:Castilla La Mancha	-,030	-,385	,594	1,000	-,423	-,161	,237	,218	-,221
9:Cataluña	,731	-,451	-,335	-,423	1,000	,554	-,332	-,866	-,101
10:Comunit_ Valenciana	,625	,061	-,661	-,161	,554	1,000	-,126	-,749	-,447
12:Galicia	-,214	,516	-,233	,237	-,332	-,126	1,000	,255	-,597
13:Madrid	-,801	,392	,311	,218	-,866	-,749	,255	1,000	,172
16:País Vasco	-,499	-,228	,566	-,221	-,101	-,447	-,597	,172	1,000

Esta es una matriz de similaridades

Tabla 5.15. *Resultados de las medidas de similaridad: correlación de pearson para variables tipificadas*

Anexo 1

DESCRIPCIÓN DEL ARCHIVO DE DATOS UTILIZADO EN EL CAPÍTULO 2

NOMBRE: 1c Nivel de renta comunidad autónoma.sav
TAMAÑO:
Número de casos: 1200
Número de variables: 4

Variables y libro de códigos

Pregunta	Variable	Código	Etiquetas
	Cues		Número de cuestionario
		—	Información anotada
	ING		Ingreso anual neto por persona (en miles)
		—	Información anotada
	MIEMBROS		Número de miembros del hogar
		—	Información anotada
	LUG_RES		Tamaño del municipio de residencia
		0	No sabe/No responde
		1	Municipio menor de 5000 habitantes
		2	Municipio entre 5.001 y 10.000 habitantes
		3	Municipio demás 10.001 habitantes
		4	Capital de comunidad autónoma

DESCRIPCIÓN DEL ARCHIVO DE DATOS UTILIZADO EN EL CAPÍTULO 3

NOMBRE: 1b Comportamientos de compra.sav
TAMAÑO:
   Número de casos: 736
   Número de variables: 21

Variables y libro de códigos

Pregunta	Variable	Código	Etiquetas
	Cues		Número de encuesta
		___	Información anotada
	V10		a) Me gusta vestir a la moda
		0	No sabe/No responde
		1	Totalmente de acuerdo
		9	Totalmente en desacuerdo
	V11		b) Procuro ir siempre bien vestido, porque para mí es muy importante la impresión que doy a los demás
		0	No sabe/No responde
		1	Totalmente de acuerdo
		9	Totalmente en desacuerdo
	V12		c) Me molesta ver a alguien con ropa igual que la mía
		0	No sabe/No responde
		1	Totalmente de acuerdo
		9	Totalmente en desacuerdo
	V13		d) Cuando compro algún producto para mi casa lo hago pensando únicamente en que va a hacerme la vida más agradable
		0	No sabe/No responde
		1	Totalmente de acuerdo
		9	Totalmente en desacuerdo
	V14		e) El coche es un objeto que puede indicar el prestigio de quien lo lleva
		0	No sabe/No responde
		1	Totalmente de acuerdo
		9	Totalmente en desacuerdo
	V15		f) La gente compra productos en consonancia con el ambiente social en el que vive
		0	No sabe/No responde
		1	Totalmente de acuerdo
		9	Totalmente en desacuerdo

V16		g) Me gusta "invertir" en una casa elegante, ya que dice mucho de los que en ella viven
	0	No sabe/No responde
	1	Totalmente de acuerdo
	9	Totalmente en desacuerdo
V17		h) Los bienes que poseo (casa, coche, etc.) únicamente son importantes porque mejoran mi calidad de vida
	0	No sabe/No responde
	1	Totalmente de acuerdo
	9	Totalmente en desacuerdo
V18		i) Me gusta conocer tiendas nuevas
	0	No sabe/No responde
	1	Totalmente de acuerdo
	9	Totalmente en desacuerdo
V19		j) Normalmente decido sobre la marcha lo que compro
	0	No sabe/No responde
	1	Totalmente de acuerdo
	9	Totalmente en desacuerdo
V20		k) Cuando compro doy más importancia a la calidad que a los precios
	0	No sabe/No responde
	1	Totalmente de acuerdo
	9	Totalmente en desacuerdo
V21		l) Me gusta acompañar a alguien que va de compras
	0	No sabe/No responde
	1	Totalmente de acuerdo
	9	Totalmente en desacuerdo
V22		m) Las diferencias entre unas marcas y otras se notan mucho, la marca es una garantía
	0	No sabe/No responde
	1	Totalmente de acuerdo
	9	Totalmente en desacuerdo
V23		n) Es frecuente que compre cosas que no tenía pensadas
	0	No sabe/No responde
	1	Totalmente de acuerdo
	9	Totalmente en desacuerdo
V24		o) Creo que es preferible no ahorrar y vivir mejor
	0	No sabe/No responde
	1	Totalmente de acuerdo
	9	Totalmente en desacuerdo
RELAC		Relación con la actividad
	0	No sabe/No responde
	1	Trabajo fijo
	2	Eventual o temporal
	3	Parado
	4	Labores domésticas no remuneradas

	5	Jubilado/pensionista
	6	Estudiante
ESTUDIOS		Nivel de estudios terminados
	0	No sabe/No responde
	1	Básicos
	2	Medios
	3	Superiores
E_CIVIL		Situación de convivencia-Estado civil
	0	No sabe/No responde
	1	Soltero
	2	Casado/Convive pareja
	3	Separado/Divorciado
	4	Viudo
EDAD		Edad en cuotas
	1	Entre 16 y 25 años
	2	Entre 26 y 35 años
	3	Entre 36 y 45 años
	4	Entre 46 y 55 años
	5	Entre 56 y 65 años
SEXO		Sexo
	1	Hombre
	2	Mujer

PRÁCTICA 2 DE ANÁLISIS FACTORIAL

En el archivo "Indicadores sociedad del conocimiento.sav" se presenta información referente a aspectos relacionados con el desarrollo de la sociedad del conocimiento en varios países europeos (Alemania, Bélgica, España, Finlandia, Francia, Holanda, Italia, Noruega, Portugal, Reino Unido y Suecia), en Estados Unidos y en Japón.

V1: Ordenadores personales por cien habitantes.
V2: Estimación de usuarios de Internet (usuarios por mil habitantes).
V3: Evolución de los servidores de Internet (número de servidores por mil habitantes)
V4: Volumen de ventas empresas información (tasas de variación en porcentajes)
V5: Líneas telefónicas principales (número de líneas por cien habitantes).
V6: Telefonía móvil (abonados por mil habitantes).
V7: Ventas realizadas en artículos de telecomunicaciones (tasas de variación en porcentaje
V8: Gasto en TIC (valores absolutos en porcentaje sobre el PIB).

A partir de estas variables, realiza un análisis factorial con el fin de determinar qué factores diferencian los países, considerando el desarrollo de la sociedad de la información.

PRÁCTICA 3 DE ANÁLISIS FACTORIAL

1. Archivo
Archivo
NOMBRE: Mentalidad drogas.sav
TAMAÑO:
Número de casos: 900 (686 tras eliminar no respuestas)
Número de variables: 25

2. Objetivo del estudio
"Mentalidad de la sociedad ante el problema de las drogodependencias"

OBJETIVOS GENERALES:

– Se trata de comprobar si existe diferencia ente la mentalidad actual de la población hacia las drogodependencias, y la mentalidad "ideal" que se desea conseguir con un plan de intervención institucional; detectando y analizando los "puntos de diferencia" entre ambas concepciones.

– En definitiva, con esta investigación se pretenden dos objetivos fundamentales: a) conocer la situación social de la imagen de las drogas, y b) señalar las "carencias sociales" y la "representación social de este colectivo específico" a fin de dirigir una adecuada campaña publicitaria.

OBJETIVOS ESPECÍFICOS:
1. Definición de la figura del toxicómano.
     A. Definición.
     B. ¿La toxicomanía tiene su origen en causas endógenas o internas a los individuos?.
     C. Consideración del toxicómano: ¿es un enfermo?.

2. Evolución de la atención y de la gravedad del problema.

3. Efectividad de las medidas de prevención:
     A. Cómo prevenir.
     B. Quién debe prevenir.
     C. Que se hace.

4. Opinión de la población general sobre la prohibición del consumo.

5. Conocimiento de las drogas por parte de la población general.

HIPÓTESIS I. IMAGEN SOCIAL DEL TOXICÓMANO.

H1.A. "Existe una **indefinición de la figura del toxicómano**, ya que esta viene dada por la sustancia consumida, la cantidad y las circunstancias del consumo". La definición de la figura del toxicómano va a depender:

– De la **sustancia** consumida. Así por ejemplo no se tiende a considerar toxicómano a un consumidor de sustancias socialmente aceptadas, mientras que a los consumidores de sustancias ilegales si. Esta definición tenderá a acentuarse en el caso de sustancias más *duras*.

– De la **cantidad** o **frecuencia** del consumo, un consumo esporádico u ocasional puede no ser considerado como una forma de toxicomanía, mientras que un consumo habitual –aunque sea de una sustancia blanda– sí que se verá como tal.

– De las **circunstancias** del consumo. Hay determinadas situaciones sociales en las cuales se da una justificación del consumo. De tal manera que el uso de sustancias dentro de un grupo es más aceptado que cuando éste se realiza de manera individual.

3. Cuestionario utilizado

        Nº DE LA ENTREVISTA _____   v1

        TERRITORIO: A   1   v2
                        B   2
                        C   3

PRESENTACIÓN:

Buenos días/tardes:

Soy un miembro de un Equipo de Investigación que trabaja para XXX. Estamos estudiando las opiniones que tiene la población sobre el fenómeno de las drogodependencias.

Si Ud. no tiene inconveniente, le agradecería que me responda sinceramente a las preguntas que le voy a hacer.

Por nuestra parte le garantizamos que las respuestas que Ud. nos dé serán totalmente confidenciales y nos comprometemos a no darles un uso inadecuado.

Si no tiene más preguntas, comenzamos…

1. ¿Cómo cree usted que ha evolucionado el problema de las drogas en Euskadi en los últimos años?.

2. Dígame con cuál de estas frases está usted más de acuerdo.

3. ¿Cómo valora la labor (trabajo, soluciones) realizada en Euskadi por las administraciones y asociaciones privadas en los últimos años…

4. En relación con el tema de drogas, (síntomas, consecuencias...), ¿se siente usted informado?

5. ¿De cuál de estas personas e instituciones ha aprendido más sobre drogas?

6. ¿podría Ud. decirme que drogas cree que consume un toxicómano?.

7. Ahora le voy a leer una lista de sustancias. dígame, por favor, si cree Ud. que producen toxicomanías o no producen toxicomanías.

8. Dígame, por favor: según la puntuación de 1 a 9 (1 = **nada toxicómano**y 9 = **muy toxicómano**) qué opinión le merecen cada uno de estos casos.

		NS/NC	
- El borracho que bebe excesivamente para olvidar penas		0	v26
- El yonki o persona que se droga diariamente		0	v27
- El txikitero de todos los días		0	v28
- El chico que bebe esas cervezas de litro en la calle		0	v29
- El que se emborracha todos los fines de semana		0	v30
- El señor que bebe mucho, pero que aguanta sin emborracharse		0	v31
- El joven que consume heroína de vez en cuando		0	v32
- Un científico (médico, biólogo,...) que, como tiene heroína a mano, la consume a menudo por gusto		0	v33
- Un bohemio (un hippie, un artesano, un artista) que fuma porros de vez en cuando		0	v34
- Una persona que fuma porros todos los días		0	v35
- Una señora que fuma más de un paquete de tabaco al día		0	v36
- Una chica que consume cocaína de vez en cuando para animarse		0	v37
- Un agente comercial que consume cocaína a menudo para poder trabajar más		0	v38
- Un estudiante, que consume anfetaminas en exámenes		0	v39
- El ama de casa que toma normalmente tranquilizantes para dormir		0	v40
- El joven que toma tranquilizantes para colocarse con los amigos		0	v41

RASGOS SOCIODEMOGRÁFICOS:

30.- ¿Cual es su actividad actual y principal?	V121
- Trabajo fijo	1
- Trabajo eventual o temporal	2
- Parado	3
- Ama de casa	4
- Jubilado, pensionista, inválido	5
- Estudiante	6
- NS/NC	0

32.- ¿Como se posicionaría Ud. ideológicamente en esta escala, donde 1 es extrema izquierda y 10 extrema derecha?   V123

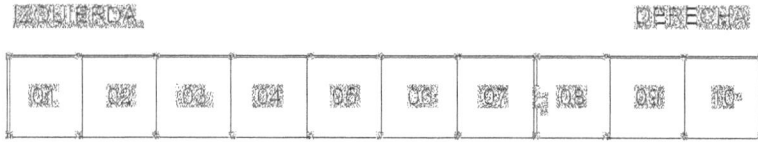

IZQUIERDA   DERECHA

01	02	03	04	05	06	07	08	09	10

0.- NS/NC

33.- En materia religiosa, ¿cómo se considera Ud.?   v124
- No creyente (ateo)   1
- Católico muy practicante   2
- Católico que practica con cierta asiduidad   3
- Católico que solo va a misa en bodas,
  bautizos, funerales   4
- Católico no practicante   5
- Creyente otra religión no católica   6
- Otros   7
- NS/NC   0

36.- ¿Con quién vive Ud.?   v127
- Con la familia de origen (padres)   1
- Con familia propia (pareja, ...)   2
- Con familiares y otras personas   3
- Un grupo no familiar   4
- Solo/a   5
- Realquilado, pensión o acogida   6
- Otra situación   7
- NS/NC   0

37.- Situación de convivencia   V128
- Soltero   1
- Casado/convive con pareja   2
- Separado, divorciado   3
- Viudo   4
- NS/NC   0

38.- ¿Podría decirme su edad?_____   v129

39.- Encuestador: apunte el sexo del entrevistado: v130
- Hombre   1
- Mujer   2

DESCRIPCIÓN DEL ARCHIVO DE DATOS UTILIZADO EN EL CAPÍTULO 4, APARTADO 3 (CORRESPONDENCIAS SIMPLES)

NOMBRE: 1c Razones elección establecimientos.sav
TAMAÑO:
Número de casos: 2.471
Número de variables: 3

VARIABLES:
Razones: Razones elección establecimientos: 8 razones
Establecim   Establecimientos comerciales
Elecciones   Número de respuestas (2.471 entrevistados por el Centro de Investigaciones Sociológicas en mayo del 2015)

CORRESPONDE A LA SIGUIENTE PREGUNTA DE CUESTIONARIO:

P.9 Ahora quisiera hacerle algunas preguntas sobre hábitos de compra. De las siguientes razones que aparecen en esta tarjeta, me gustaría que me dijera ¿cuál es la razón que a Ud. le parece más importante para comprar en grandes almacenes?. ¿Y para compra en tiendas o boutiques? ¿Y para comprar en supermercados? ¿Y para comprar en hipermercados? ¿Y para comprar en mercados tradicionales o de barrio? ¿Y para comprar en bazares o tiendas de todo a un euro?

	Grandes almacenes	Tiendas o boutiques	Super-mercados	Hiper-mercados	Mercados tradicionales o de barrio	Bazares o tiendas de todo a 1 euro
Permanecen abiertos más horas	01	01	01	01	01	01
Tienen mejores precios	02	02	02	02	02	02
Tienen productos de mayor calidad	03	03	03	03	02	02
Ofrecen mejor trato al/la cliente/a	04	04	04	04	04	04
Están más cerca	05	05	05	05	05	05
Tienen mayor variedad de productos	06	06	06	06	06	06
Abren algunos domingos y días festivos	07	07	07	07	07	07
Otras respuestas						
(NO LEÍDA) Ninguna razón	97	97	97	97	97	97
N.S.	98	98	98	98	98	98
N.C.	99	99	99	99	97	97

Fuente: Reproducida literalmente de Centro de Investigaciones Sociológicas, barómetro de mayo 2014, estudio 3.024, 2014.

DESCRIPCIÓN DEL ARCHIVO DE DATOS UTILIZADO EN EL CAPÍTULO 4, APARTADO 4 (correspondencias múltiples)

NOMBRE: 2a Importancia del ahorro en la sociedad española.sav
TAMAÑO:
Número de casos: 2.174
Número de variables: 11

Variables y libro de códigos

Pregunta	Variable	Código	Etiquetas
	Num		Número de cuestionario
		____	Información anotada
Pr.14	p14		Situación hogar: ahorro/no ahorro
		1	Gasta todo el mismo mes
		2	Reserva una parte para gastos futuros o ahorro
		3	No sabe
		4	No responde
Pr.14a	p14a		Cantidad de ahorro mensual.
		1	Menos de 60 euros
		2	Entre 60 y 150 euros
		3	Entre 151 y 300 euros
		4	Entre 301 y 450 euros
		5	Entre 450 y 600 euros
		6	Más de 600 euros
		7	Depende
		9	No responde
Pr.15	p15		Nivel de ahorro año anterior.
		1	Mucho
		2	Bastante
		3	Poco
		4	Nada
		8	No sabe
		9	No responde
Pr.16	p16		Perspectivas de ahorro durante el año actual.
		1	Ahorrarán más
		2	Ahorrarán igual
		3	Ahorrarán menos
		8	No sabe
		9	No responde

Pr.17	p17		Importancia del ahorro hoy en día.
		1	Muy importante
		2	Bastante importante
		3	Poco importante
		4	Nada importante
		8	No sabe
		9	No responde

Pr.18	p18		Importancia del ahorro hace algunos años.
		1	Muy importante
		2	Bastante importante
		3	Poco importante
		4	Nada importante
		8	No sabe
		9	No responde

Pr.19	p19		Posición personal ante el ahorro.
		1	Puedo y quiero ahorrar
		2	Puedo pero no quiero
		3	No puedo pero quisiera
		8	No sabe
		9	No responde

Pr. 20	Sexo:		Sexo del entrevistado.
		1	Hombre
		2	Mujer

Pr. 21	Edad:		Edad en cuotas
		1	Entre 18 y 24 años
		2	Entre 25 y 34 años
		3	Entre 35 y 44 años
		4	Entre 45 y 54 años
		5	Entre 55 y 64 años
		6	Entre 65 y 74 años
		7	Entre 75 y 99 años
		9	No responde

Pr. 22	Ingresos		Nivel de ingresos mensuales en el hogar
		1	Menor o igual a 600 euros
		2	De 600 a 900 euros
		3	De 601 a 1.200 euros
		4	De 1.201 a 1.800 euros
		5	De 1.801 a 2.400 euros
		6	Más de 2.400 euros
		8	No sabe
		9	No responde

PRÁCTICA 3 DE ANÁLISIS DE CORRESPONDENCIAS SIMPLES

La empresa AQUA, dedicada al envasado y distribución de agua mineral, desea lanzar al mercado un nuevo producto. Con este nuevo producto buscan ser percibidos de forma diferente por los consumidores de sus grandes competidores (MARCA 3 a MARCA 8) y, a la vez, conseguir un posicionamiento diferente –en la medida de lo posible– de los dos productos que ya tienen en el mercado (MARCA 1 y MARCA 2).

Con este fin han realizado una investigación que ha consistido –básicamente– en la valoración de diversos atributos del productos (tipo de envase, material de envasado, niveles de sodio...) por una muestra (1.866 personas) de la población de compradores y consumidores habituales de agua mineral.

Los aspectos (atributos) del nuevo producto que los encuestados debían asignar para cada marca son:

MARCAS DE AGUA MINERAL	ATRIBUTOS DEL PRODUCTO
MARCA1	ATRIB1: Niveles óptimos de sodio
MARCA2	ATRIB2: Envase original
MARCA3	ATRIB3: Tiene efectos beneficiosos para la salud
MARCA4	ATRIB4: No ha sido tratada químicamente
MARCA5	ATRIB5: Es económica
MARCA6	ATRIB6: La respalda el grupo empresarial embotellador/ distribuidor
MARCA7	ATRIB7: Presenta envases de diferentes medidas
MARCA8	ATRIB8: Tiene alto contenido de sales
	ATRIB9: Me ayuda a mantener la línea
	ATRIB10: Siempre la encuentro en el punto de venta

La pregunta utilizada en el cuestionario, junto con los resultados obtenidos, se muestra en la siguiente hoja, y los datos recogidos en el archivo "Marcas de agua.sav".

La investigación plantea los siguientes objetivos:

1. Realiza el análisis para conocer qué Atributos y Marcas tienen mayor peso en el posicionamiento según la formación de los ejes. Analiza el posicionamiento de las diferentes marcas de agua mineral; considerando –como no– las marcas de la empresa AQUA (MARCA 1 y MARCA 2).

2. A partir del mapa de posicionamiento obtenido y a través de las puntuaciones de los elementos en los ejes definidos identifica y caracteriza grupos de posicionamientos similares (**pregunta a responder tras el estudio del capítulo 5**).

3. Comenta los resultados obtenidos en ambos análisis.

4. Según todos los resultados obtenidos, ¿qué recomendaciones tanto en características como en diferenciación sobre las marcas del mercado le harías a los responsables de la empresa AQUA para el lanzamiento de su nuevo producto?

P*.- (MOSTRAR TARJETA Y) ¿Cuáles de las marcas de agua que l muestro asociarías a cada uno de los siguientes aspectos / atributos que te voy a leer...?. (LEER ATRIBUTOS UNO A UNO Y ANOTAR RESPUESTAS. VARIAS RESPUESTAS VÁLIDAS) (ROTAR EL ORDEN EN QUE SE PREGUNTA POR LOS DISTINTOS ATRIBUTOS, COMENZANDO UNAS VECES POR EL PRIMERO Y OTRAS POR EL ÚLTIMO)

	Marca 1	Marca 2	Marca 3	Marca 4	Marca 5	Marca 6	Marca 7	Marca 8
Tiene niveles óptimos de sodio	4	19	22	3	1	91	12	0
Envase original	9	43	19	30	9	15	15	5
Tiene efectos beneficiosos para la salud	9	38	29	30	9	57	20	10
No ha sido tratada químicamente	9	18	17	13	4	122	8	3
Es económica	9	80	21	25	6	74	2	4
La respalda el grupo empresarial embotellador/ distribuidor	5	54	23	23	10	47	2	21
Presenta envases de diferentes medidas	8	84	18	25	8	27	2	12
Tiene alto contenido de sales	3	73	20	11	6	57	2	12
Me ayuda a mantener la línea	14	42	39	21	7	61	5	12
Siempre la encuentro en el punto de venta	14	38	22	6	6	90	9	13

PRÁCTICA 4 DE ANÁLISIS DE CORRESPONDENCIAS SIMPLES

La finalidad del ejemplo utilizado en esta sección es realizar una tipología de las comunidades autónomas considerando como criterio clasificador la distribución de los gastos familiares, según se desprende de la información aportada por la Encuesta de Presupuestos Familiares. El objetivo principal de las Encuestas de Presupuestos Familiares es actualizar las ponderaciones de los distintos bienes y servicios que integran la *cesta de la compra* para la elaboración del Índice de Precios al Consumo (INE, 2012). No obstante, y aunque en su origen estas encuestas analizaban únicamente el gasto de las unidades familiares, en la actualidad recogen gran cantidad de información sobre las familias entrevistadas (número de miembros, origen de los ingresos, etc.), información que proporciona una visión detallada de los modos de vida que permite establecer conexiones entre los patrones de gastos, los ingresos de la unidad familiar, el "mobiliario-equipamiento hogar", las condiciones de las viviendas, etc.

En este sentido, y considerando que la estructura del gasto está condicionada por la vida cotidiana de cada uno, mediante el análisis de los patrones de gastos es posible obtener una magnífica visión de los modos de vida de los individuos. Analizando los gastos en ocio puede conocerse el tipo de ocio, la frecuencia con la que se realizan ciertas actividades ociosas, etc. Este argumento es esgrimido por numerosos científicos sociales cuando consideran que estas "elecciones (de compra) están limitadas únicamente por las necesidades objetivas de los individuos y sus recursos, la totalidad de la cultura material y las reglas de la economía política" (Sobel, 1983: 521-523); de modo que cada individuo es el que configura y determina su propio *estilo de vida*, concepto que es definido como conjunto de elecciones de comportamiento observables que los individuos hacen (Sobel, 1981). Este autor concede gran importancia a estas elecciones porque, junto a la ocupación, es uno de los mejores indicadores para determinar el prestigio social, además de ser más estable y observable que otros aspectos de la vida del individuo.

Pese al atractivo que ejerce realizar una investigación sobre los modos de vida a través de los patrones de gasto, este ejemplo tiene un objetivo mucho más modesto como es realizar una tipologización de las comunidades autónomas considerando como criterio clasificador la distribución de los gastos familiares, según se desprende de la *Encuesta de Presupuestos Familiares (Base 2006)*. De modo que la pregunta esencial de la investigación cuestiona la existencia de relación o dependencia entre comunidad autónoma y tipo de gasto; dicho de otro modo, si hay comunidades que pueden caracterizarse por una serie de gastos diferenciados, o si más bien comunidad y tipo de gasto son independientes.

Cuando se postula que las comunidades autónomas tienen patrones diferenciados de gasto se está asumiendo la existencia de una cierta estructura de interdependencia entre tipos de gasto y comunidades autónomass; de modo que podría plantearse: ¿cuáles son las características más importantes de esa relación?, ¿qué comunidades autónomas tienen pautas similares -o diferenciadas- de gasto?, ¿qué grupos de gasto tienen una distribución semejante en las comunidades?. El análisis de correspondencias permite plantear también cómo las categorías de una variable explican las diferencias –o similitudes– observadas en la otra, es decir, ¿qué gastos explican las diferencias –o similitudes– entre las comunidades?, y ¿qué comunidades explican la similitud –o diferencia– en los patrones de gasto?.

La matriz de datos a analizar se presenta en la tabla siguiente, donde se muestra el gasto medio anual medio por hogar. En las filas se recogen las cantidades medias por hogar gastadas en cada comunidad autónoma, mientras que las columnas se recogen las cantidades gastadas en cada concepto según los nueve grandes grupos de gasto formulados por las Encuestas de Presupuestos Familiares:

Grupo 1:   Alimentos y bebidas no alcohólicas ("Alimentos-bebidas" a partir de ahora)
Grupo 2:   Bebidas alcohólicas, tabaco y narcóticos ("Bebidas-tabaco" en adelante)
Grupo 3:   Artículos de vestir y calzado ("Vestido-calzado" en adelante)
Grupo 4:   Vivienda, agua, electricidad, gas y otros combustibles ("Vivienda")
Grupo 5:   Mobiliario, equipamiento del hogar y gastos corrientes de conservación de la vivienda ("Mobiliario-equipamiento hogar")
Grupo 6:   Salud ("Salud")
Grupo 7:   Transportes ("Transportes")
Grupo 8:   Comunicaciones ("Comunicaciones")
Grupo 9:   Ocio, espectáculos y cultura ("Ocio-cultura")
Grupo 10:   Enseñanza ("Enseñanza")
Grupo 11:   Hoteles, cafés y restaurantes ("Hotel-café-restaurante")
Grupo 12:   Otros bienes y servicios ("Otros bienes-servicios")

De este modo el cruce entre una fila y una columna representa los euros que los habitantes de una comunidad dedican en un determinado concepto: los andaluces gastaron en "alimentos-bebidas" 4.126,e0 euros (celda 1), mientras que en Aragón los gastos en alimentación ascendieron a 4.138,17 euros.

GASTO MEDIO POR HOGAR SEGÚN COMUNIDAD AUTÓNOMA
Contenido del archivo "4c Gasto medio hogar 2012 por CCAA Tabla"

	Total	Grupo 1	Grupo 2	Grupo 3	Grupo 4	Grupo 5	Grupo 6.	Grupo 7	Grupo 8	Grupo 9	Grup. 10	Grup. 11	Grup. 12
Total	28.151,51	4.140,93	579,02	1.403,74	9.089,67	1.246,23	896,91	3.320,63	862,14	1.670,06	332,20	2.458,96	2.151,03
Andalucía	25.615,41	4.126,40	640,25	1.332,92	7.729,36	1.105,66	789,00	3.257,43	816,59	1.432,77	200,67	2.269,91	1.914,43
Aragón	28.003,31	4.138,17	596,92	1.409,03	9.253,93	1.443,52	1.025,04	2.925,46	865,07	1.678,04	337,38	2.457,14	1.873,61
Asturias, Principado de	26.096,46	3.951,27	552,83	1.322,22	8.671,01	1.144,07	712,10	2.695,08	810,56	1.640,63	235,83	2.443,63	1.917,21
Balears, Illes	28.458,93	3.761,52	565,04	1.118,51	9.936,86	1.312,69	672,58	3.681,07	1.022,16	1.527,49	253,71	2.285,52	2.321,79
Canarias	22.793,40	3.648,43	360,40	913,29	6.861,05	1.018,02	740,98	3.155,86	863,40	1.340,35	274,56	1.785,78	1.831,28
Cantabria	28.935,14	3.903,14	564,28	1.636,14	9.410,43	1.277,25	787,87	4.202,03	849,80	1.592,70	218,08	2.370,09	2.123,33
Castilla y León	25.443,66	4.018,44	477,83	1.294,62	8.255,59	985,65	841,63	3.040,78	786,69	1.628,18	179,93	2.130,44	1.803,88
Castilla - La Mancha	24.320,43	3.948,87	590,74	1.191,31	7.948,21	965,01	797,27	3.033,99	748,39	1.375,65	172,54	1.838,46	1.710,00
Cataluña	29.959,61	4.364,69	511,98	1.414,35	10.102,62	1.291,77	1.029,98	3.348,36	892,97	1.781,87	453,88	2.472,42	2.294,74
Comunitat Valenciana	26.036,74	3.832,60	591,38	1.281,84	8.066,93	1.109,19	841,52	3.176,69	795,86	1.682,43	291,97	2.304,01	2.062,32
Extremadura	22.218,36	3.563,12	600,12	1.251,81	6.707,99	1.060,85	592,05	2.925,49	724,29	1.286,01	159,71	1.617,71	1.729,20
Galicia	27.204,59	4.610,15	590,78	1.657,40	7.921,46	1.355,97	1.072,91	3.254,36	839,57	1.428,05	225,11	2.197,82	2.051,00
Madrid, Comunidad de	34.766,15	4.207,36	674,34	1.663,67	11.858,62	1.561,40	1.037,60	3.903,61	996,51	2.129,55	598,48	3.306,20	2.828,82
Murcia, Región de	27.371,70	4.304,51	623,64	1.586,31	8.082,42	1.370,62	951,69	3.325,47	833,28	1.576,69	236,42	2.280,59	2.200,05
Navarra, Comunidad Foral	31.646,22	4.571,00	459,32	1.593,07	10.398,98	1.476,35	783,06	3.570,33	914,44	2.055,06	516,68	3.138,77	2.169,14
País Vasco	33.117,57	4.529,77	597,44	1.624,47	11.530,00	1.499,87	942,14	3.298,18	932,77	1.971,57	458,10	3.312,39	2.420,87
Rioja, La	26.176,16	4.015,11	538,91	1.262,20	8.694,62	1.060,36	819,70	2.740,81	790,93	1.536,35	164,00	2.504,67	2.048,50

Gasto anual medio por hogar (en euros) por grupos de gasto, según comunidades autónomas.
Fuente: Instituto Nacional de Estadística, *Encuesta de Presupuestos Familiares (Base 2006) 2014*. Reproducido de http://www.ine.es/jaxiT3/Tabla.htm?t=10722

DESCRIPCIÓN DEL ARCHIVO DE DATOS UTILIZADO EN EL CAPÍTULO 5

NOMBRE: 1c Cinematografia_con población.sav
TAMAÑO:
Número de casos: 18
Número de variables: 13

VARIABLES:
Número de caso:
Ccaa: Comunidad autónoma.
Cines: Número de cines
Salas: Número de salas
Pelis: Número películas proyectadas
Especta_ESP: Número espectadores películas españolas.
Especta_EXT: Número espectadores películas extranjeras.
Especta_sala_ESP: Espectadores por sala en películas españolas.
Especta_sala_EXT: Espectadores por sala en películas extranjeras.
Especta_habit_ESP: Asistencia media por habitante películas españolas
Especta_habit_EXT: Asistencia media por habitante películas extranjeras
N_habitantes: Número de habitantes según Padrón del año 2011
P_HABITANTES   Porcentaje de población que reside en la comunidad

PRÁCTICA 2 DE ANÁLISIS DE CONGLOMERADOS JERÁRQUICO

Con el fin de impulsar la venta de electrodomésticos para el hogar, el gobierno estatal –junto con los gobiernos de algunas comunidades autónomas– está estudiando la posibilidad de conceder "créditos blandos" con el fin de impulsar el consumo de estos productos. Ahora bien, antes de llevar a cabo una negociación con las comunidades autónomass quiere conocer hasta qué punto **éstas pueden clasificarse en grupos homogéneos** respecto al equipamiento de los hogares.

En el archivo **"Equipamiento hogares españoles"** se muestra el porcentaje de hogares que disponen de cada equipamiento en las distintas comunidades autónomas, junto con el equipamiento medio de toda España, según se desprende de la última edición de la Encuesta Continua de Presupuestos Familiares.

Automovil_NUEVO: Porcentaje de hogares con automóviles nuevos
Automovil_2_MANO: Porcentaje de hogares con automóviles adquiridos de segunda mano
TV: Porcentaje de hogares con televisión
Reproductor de DVD: Porcentaje de hogares con dvd
Microondas: "   "   "   con microondas.
Lavavajillas: "   "   "   con lavavajillas.
Cadena_hifi: "   "   "   con equipo de música.
Ordenador: "   "   "   con ordenador.

Se trata de realizar un "agrupamiento" de comunidades autónomas según el equipamiento disponible.

PRÁCTICA 2 DE ANÁLISIS DE CONGLOMERADOS JERÁRQUICO

Un mayorista que realiza la distribución a 13 centrales de compra de productos de alimentación se está planteando llevar a cabo una clasificación de éstas con el fin de prestar su servicio de forma más eficaz y con menor coste económico. Para ello ha recogido información sobre las compras realizadas en el último año; concretamente referidas a

V1: Número medio de referencias adquiridas.
V2: Tiempo medio de pago (en días).
V3: Importe de la compra (miles de euros).
V4: Frecuencia de compra (número de pedidos semanales).
V5: Tiempo medio de reparto (horas).

Los datos recogidos, introduciros en el archivo "Distribuidor alimenario.sav", se presentan en la siguiente tabla:

	V1	V2	V3	V4	V5
1. Empresa A	29,70	20,00	169,60	10,00	5,20
2. Empresa B	31,50	33,50	173,20	14,40	5,20
3. Empresa C	12,90	12,00	179,10	19,00	5,80
4. Empresa D	49,70	137,00	256,10	6,70	6,50
5. Empresa E	36,00	8,00	571,10	13,50	6,00
6. Empresa F	26,70	125,00	192,00	12,90	5,50
7. Empresa G	36,00	61,90	212,80	15,00	6,10
8. Empresa H	19,20	5,30	357,20	17,80	4,80
9. Empresa I	28,70	21,00	374,00	4,80	4,10
10. Empresa J	44,70	100,40	473,80	10,90	5,40
11. Empresa K	15,30	7,80	308,20	10,20	6,00
12. Empresa L	30,30	29,70	251,20	10,30	6,30
13. Empresa M	45,10	59,20	464,00	11,20	7,20

Desde el inicio de su actividad el distribuidor había dividido las empresas en dos grupos, aunque tiene la sospecha que no es una división acertada. El distribuidor solicita nuestros servicios para que llevemos a cabo una agrupación de sus clientes en grupos homogéneos considerando –en primer lugar– que valoremos su división en dos grupos. Ante la sospecha que tiene unos clientes muy heterogéneos (en relación a los criterios considerados) demanda que elaboremos una división en **cuatro** o **cinco** grupos. ¿Qué solución te parece más acertada?. ¿Qué elementos caracterizan a cada una de las agrupaciones efectuadas?.

Anexo 2

▼ **Análisis factorial**: método de análisis multivariante que explica un conjunto de variables observables mediante un número reducido de variables hipotéticas llamadas factores.

▼ **Análisis factorial de correspondencias**: análisis factorial para variables cualitativas, variables nominales, tablas de frecuencias, etc.

▼ **Autovalor**: coeficientes de correlación de las variables en cada factor, calculados mediante la suma cuadrática de todos los coeficientes de las variables en el factor.

▼ **Carga, peso, ponderación, saturación factorial**: relación entre las variables y los factores o, dicho de otro modo, la influencia de cada variable en el factor. La situación ideal es que todas las variables tengan pesos factoriales altos en un factor y bajos en el resto.

▼ **Comunalidad**: porcentaje de varianza de cada variable que es explicado por el análisis factorial (en su conjunto), y se calcula sumando los coeficientes al cuadrado de cada variable en los factores, de modo que cuando se consideran todos los factores las comunalidades son iguales a la unidad.

▼ La comunalidad es la "parte" de la variable que participa del análisis, la parte de la variable "incluida" en el análisis. Se eliminan las variables con baja comunalidad (por ejemplo 0,30) porque menos de la mitad de la variable está incluida en el análisis efectuado.

▼ **Contribución absoluta**: la contribución de cada punto a la definición de la dimensión o, dicho de otro modo, proporción de la inercia explicada por un eje (factor) debida a cada categoría. La suma de las contribuciones absolutas de todas las modalidades en un factor será igual a la unidad. Rotulada como "Contribución de los puntos a la inercia de la dimensión" por el SPSS. Sería el equivalente a las saturaciones factoriales en el Análisis Factorial de Componentes.

▼ **Contribución relativa**: contribución de un factor a la explicación de una fila o columna, expresando la calidad de la representación de un punto sobre una dimensión (similar a las comunalidades en el análisis factorial vistas en el tercer capítulo). Rotulada como "Contribución de la dimensión a la inercia del punto" por el SPSS.

▼ **Correlaciones anti imagen, matriz de**: coeficientes de correlación parcial, que indican la relación entre dos variables eliminando la influencia del resto. Bajos coeficientes de correlación parcial están indicando que la parte específica de las variables es menor que la parte común; de modo que cuanto más pequeños sean los coeficientes de correlación parcial se estará analizando una realidad con mayor influencia de unas variables en otras, detectando así la presencia de un factor.

▼ En la diagonal de esta matriz aparecen los valores de la medida de adecuación muestral para cada variable (KMO). Lo más adecuado es que sean cercanos a la unidad.

▼ **Correlaciones, matriz de**; **correlaciones de Pearson**: coeficientes de relación entre variables, con valores que oscilan entre -1 (correlación total negativa) y + 1 (correlación total positiva).

▼ **Correlaciones parciales, matriz de**: ver correlaciones anti imagen.

▼ **Correlaciones reproducidas, matriz de**: correlaciones entre la *parte* de las variables que es explicada por los factores extraídos, por los factores seleccionados por el análisis factorial.

▼ **Correlaciones residuales, matriz de**: diferencia entre las correlaciones *observadas* y las *reproducidas*.

▼ **Determinante (de la matriz de correlaciones)**: indicador del grado de intercorrelaciones, proporcionando información conjunta sobre la adecuación o no de la utilización del análisis factorial. Cuanto menor es el determinante está indicando una mayor presencia de intercorrelaciones y una mayor adecuación del empleo del análisis factorial.

▼ **Distancia chi-cuadrado**: expresión utilizada por el análisis de correspondencias para medir la distancia entre puntos y que trata de no favorecer los puntos con más masa.

▼ **Gráfico de sedimentación**: solución gráfica utilizada para decidir el número de factores a extraer en un análisis factorial, representando en ordenadas los autovalores y en abscisas el número de Componentes Principales.

▼ **Ilustrativas** (modalidades o categorías ilustrativas): ver suplementarias.

▼ **Inercia**: medida que expresa la dispersión del conjunto de puntos, ya sea en un espacio multidimensional (inercia de la nube) o unidimensional (inercia de un eje factorial).

▼ **Inercia de filas**: media de las distancias al cuadrado de cada punto de la fila al centro de gravedad.

▼ **Inercia de columnas**: media de las distancias al cuadrado de cada punto de las columnas al centro de gravedad.

▼ **Inercia total**: media de las distancias al cuadrado de cada punto al centro de gravedad.

▼ **KMO, Kaiser-Meyer-Olkin**: compara los coeficientes de correlación de Pearson con los coeficientes de correlación parcial entre variables, y se utiliza para conocer si las variables analizadas comparten factores comunes. Bajos valores de este coeficiente implican que las correlaciones entre cada pareja de variables no pueden explicarse por otras, de modo que no puede utilizarse el análisis factorial. Por contra, cuando esta cifra se aproxima a la unidad está desvelando la presencia de factores comunes, y por tanto está indicando la idoneidad del análisis factorial.

▼ Baremo de evaluación del índice, según Kaiser: "muy bueno" o "excelente" cuando tiene valores entre 0,9 y 1; "meritorios" cuando estos valores están entre 0,9 y 0,8; "medianos" si se encuentran entre 0,8 y 0,7; "mediocres" entre 0,7 y 0,6; "bajos" entre 0,6 y 0,5; e "inaceptables" cuando son menores a 0,5.

▼ Los valores detallados –para cada variable– se muestran en la matriz de correlaciones anti imagen.

▼ **Masa**: ponderación que se le otorga a cada punto, y que es igual a su frecuencia marginal.

▼ **Media truncada**: media de los casos centrales de la distribución, esto es, la media eliminando el 5% de los casos inferiores y superiores.

▼ **Perfil**: ponderación que se realiza sobre la tabla para que las filas (o las columnas) sean comparables entre sí.

▼ **Perfil de columna**: transformación realizada para que las filas y las columnas sean comparables entre sí. Número de personas que eligen una determinada característica de la variable situada en columnas (características en el caso del ejemplo) entre el total (presencia de esta característica), obteniendo ratio de los entrevistados que eligen una determinada característica de un producto, respecto a todas las elecciones recibidas por esa característica.

▼ **Perfil de fila**: transformación realizada para que las filas y las columnas sean comparables entre si. Número de personas que eligen una determinada característica de la variable situada en filas (productos en el ejemplo de los materiales didácticos) entre el total (todos los que utilizan ese producto en el ejemplo), obteniendo la distribución condicional de las características (columnas) dentro de cada fila (producto).

▼ **Porcentaje (total) de inercia**: capacidad del análisis factorial para representar adecuadamente a realidad que se está analizando, similar al porcentaje de varianza del Análisis Factorial de Componentes. Autovalores mayores explican una mayor cantidad de inercia.

▼ **Porcentaje (total) de varianza explicada**: capacidad del análisis factorial para representar adecuadamente a realidad que se está analizando. Autovalores mayores explican una mayor cantidad de varianza.

▼ **Principio de la parsimonia científica**: un fenómeno debe explicarse con el menor número posible de elementos, en el caso que nos ocupa con el menor número de factores.

▼ **Prueba de esfericidad de Bartlett**: utilizada para comprobar hasta qué punto la matriz de correlaciones obtenidas es una matriz *identidad*, es decir, que los coeficientes de la diagonal son iguales a la unidad y los extremos de la diagonal iguales a 0. Cuanto más alto sea el valor obtenido es más improbable que la matriz de correlaciones observadas sea una matriz identidad. Cuando la matriz de correlaciones es una matriz identidad debe cuestionarse el empleo del análisis factorial.

▼ **Puntuaciones factoriales**: puntuaciones de los entrevistados en cada factor, calculado como si de un modelo de regresión múltiple se tratara.

▼ **Recorrido intercuartílico**: medida de variabilidad calculado mediante la diferencia entre el tercer y el primer cuartil.

▼ **Rotación**: "giro" de los ejes de coordenadas que representan a los factores, tratando de que se aproximen lo máximo posible a las variables donde están saturados.

▼ **Rotaciones ortogonales**: rotaciones de los ejes ortogonalmente, en el mismo ángulo, utilizada cuando no existe relación entre los factores.

▼ **Rotación equamax**: proceso de *rotación* de factores que es una combinación de la variamax y la quartimax, y trata de minimizar el número de variables y factores.

▼ **Rotación varimax**: proceso de *rotación* de factores que intenta minimizar el número de variables con saturaciones altas en el mismo factor. El objetivo es aumentar las saturaciones más altas en un factor, al tiempo que se disminuyen las más bajas para que el factor sea más fácilmente interpretable. Es el más utilizado en la investigación social y comercial.

▼ **Rotación quartimax** (p. 129): proceso de *rotación* de factores que trata de reducir al máximo el número de factores a extraer, concentrando la mayor parte de la varianza de cada variable en un factor y dejando cercanas a cero el resto de saturaciones de esta variable.

▼ **Significaciones de la matriz de correlaciones**: un coeficiente de correlación es estadísticamente significativo cuando el grado de significación es mejor que 0,05, que implica el rechazo de la hipótesis nula que esta correlación es debida al azar (dicho de otro modo, que la relación localizada es importante).

REFERENCIAS BIBLIOGRÁFICAS

Abascal, Elena y Grande, Ildefonso (1989): *Métodos multivariantes para la investigación comercial*, Barcelona: Ariel.

Abascal Fernández, Elena y Grande Esteban, Ildefonso (2005): *Análisis de encuestas*, Madrid: Esic.

Abascal Fernández, Elena y Díaz de Rada, Vidal (2014): "Analysis of 0 to 10-point response scales using factorial methods: a new perspective", *International Journal of Social Research Methodology*, 17(5): 569-584.

Abascal Fernández, Elena; Díaz de Rada Igúzquiza, Vidal; García Lautre, Ignacio y Landaluce Calvo, Isabel (2012): "Face to face and telephone surveys in terms of sampling representativeness: a multidimensional analysis", *Quality and Quantity*, 46(1): 303-313.

Abascal Fernández, Elena y Díaz de Rada, Vidal (2016): "Tipología de la sociedad española según sus patrones de gasto en ocio", en V. Díaz de Rada (director). *Fragmentación de los consumos de ocio en un contexto de crisis económica*, Pamplona: Universidad Pública de Navarra.

Aguilar Rojas, Oscar y Fandós Herrera, Carmina (2013): "El papel de la experiencia previa y la justicia interpersonal en el sistema de recuperación del servicio tras un fallo", *Revista Española de Investigación de Marketing ESIC*, 17(2): 103-133.

Alcantud, Francisco (2008): *Técnicas de clasificación*, Valencia: Ediciones Universitarias de Valencia.

Aldenderfer, Mark S. y Blashfield, Roger K. (1984): *Cluster Analisis*, Beverly Hills y Londres: Sage.

Alvira Martín, Francisco (2011): *La encuesta: una perspectiva general metodológica*, Madrid: CIS, Cuadernos Metodológicos.

Andrés Orizo, Francisco (1977): *Las bases sociales del consumo y del ahorro en España*, Madrid: Confederación Española de Cajas de Ahorro.

Benzécri, Jean Paul (1979): "Sur le Calcul des Taux d'Inertie dans l'Analyse d'un Questionnaire", *Les Cahiers des l'analyse des Données*, 4, p. 377.

Berenguer, Gloria et al (1991): *Análisis del comportamiento del consumidor: la compra impulsiva*. Actas de los III encuentros de profesores universitarios de marketing, Salamanca, pp. 239-260.

Bisquerra, Rafael (1989): *Introducción conceptual al Análisis Multivariable*, Barcelona: PPU.

Blanco Moreno, Francisca (2015): "Introducción al análisis de datos". En M. García Ferrando, F. Alvira, L.E. Alonso y M. Escobar (eds.), *El Análisis de la Realidad Social. Métodos y técnicas de investigación*. Madrid: Alianza.

Bouchet-Valat, Milan (2015): "L'analyse statistique des tables de contingence carrées - L'homogamie socioprofessionnelle en France II. L'apport des modèles d'association ", *Bulletin of Sociological Methodology/Bulletin de Méthodologie Sociologique*, 126: 5-27. doi:10.1177/0759106315572556.

Calvi, Gerard (1982): "Five years of psychographic research in Italy: Social and political results", *European Research Review*, vol. 10, pp. 113-119.

Calvo, Félix y Lavía, Cristina (1993): "El 'método selectivo' factorial en el análisis de tipologías urbanas", *Estudios de Deusto*, 41/1: 99-11.

Cea D'Ancona, María Ángeles (2016): *Análisis discriminante*, Madrid: CIS.

Cea D'Ancona, María Ángeles (2002): *Análisis multivariable. Teoría y práctica*, Madrid: Síntesis.

Centro de Investigaciones Sociologías-CIS (2008): *Religiosidad*, estudio número 2.752, febrero.

Centro de Investigaciones Sociológicas (2014): *Barómetro de mayo*, estudio número 3024.

Clapier, Patrick (1983): *Análisis de datos*, Vitoria: Seminario internacional de Estadística de Euskadi.

Comrey, Andrew L. (1985): *Manual de Análisis Factorial*, Madrid: Cátedra.

Cornejo, José Manuel (1988): *Técnicas de Investigación Social: El Análisis de Correspondencias*, Barcelona: PPU.

Cruz Roche, Ignacio et al. (1984): "Un análisis comparativo del comportamiento del consumidor: resultados en diferentes áreas geográficas", *Estudios sobre consumo*, nº 2, pp. 197-202.

Cuadras, Carles M. (2014): *Nuevos métodos de análisis multivariante*, Barcelona: CMC Editions.

Dean Brown, James (2009): "Choosing the Right Type of Rotation in PCA and EFA", Shiken: JALT Testing & Evaluation SIG Newsletter, 13 (3), November: 20-25. http://jalt.org/test/PDF/Brown31.pdf

Delgado, Cristina (2013): "La cesta doblega al carro", *El País*, 10 de noviembre: 4-6.

De Vellis, Robert F. (2011): *Scale development*, Londres: Sage.

De Vicente y Oliva, María y Manera Bassa, Jaime (2003): "El análisis factorial y por componentes principales". En J.Pierre Lévy Mangin y J. Varela Mallou (eds.): *Análisis Multivariable para las Ciencias Sociales*. Madrid: Pearson.

Díaz de Rada, Vidal (2000): *Problemas originados por la no respuesta en investigación social: Definición, control y tratamiento*, Pamplona: Universidad Pública de Navarra.

Díaz de Rada, Vidal (2009): *Análisis de datos de encuestas*, Barcelona: UOC.

Díaz de Rada, Vidal y Abascal Fernández, Elena (2018): "Principales motivos por los que se come fuera del hogar: una tipología de la sociedad española", *Revista Española de Sociología*, en prensa.

Díaz de Rada, Vidal y Núñez Villuendas, Adoración (2008): *Estudio de las incidencias en la investigación con encuesta*, Madrid: Centro de Investigaciones Sociológicas

Di Franco, Giovanni (2015): "Toward a simple structure: a comparison of different rotation techniques", *Quality & Quantity*, Volume 48 (3): 1785-1797.

Di Franco, Giovanni (2016): "Multiple correspondence analysis: one only or several techniques?", *Quality & Quantity*, 50(3): 1299-1315.

Dillon, William R. y Goldstein, Matthew (1984): *Multivariante Analysis. Method and Applications*, Nueva York: Wiley.

Dirección General de Comercio Interior (1987): *El comprador español, hábitos de compra*, Madrid: Ministerio de Economía y Hacienda.

Elzo, Javier (2010): "Una tipología de los españoles de 2008, atendiendo a sus sistemas de valores", Elzo, Javier y Silvestre, María (2010): *Un individualismo placentero y protegido: cuarta encuesta europea en su aplicación a España*, Bilbao: Universidad de Deusto.

Eroski (varios años): *Barómetro de Consumo*, Mondragón: Fundación Eroski.

Escobar, Modesto (1999): *Análisis Gráfico/Exploratorio*, Madrid: Hespérides-La Muralla. Colección Cuadernos de Estadística número 2.

Escobar, Modesto (2015): "El análisis multivariable". En M. García Ferrando, F. Alvira, L.E. Alonso y M. Escobar (eds.), *El Análisis de la Realidad Social*. Madrid: Alianza.

Etxeberría, Juan (2004): *Estadística aplicada*, Bilbao: Universidad de País Vasco.

Everitt, Brian S. (1993): *Cluster Analysis*, Nueva York: Hodder & Stoughton.

Fernández Santana, Oscar (1991): "El Análisis de Clúster: aplicación, interpretación y validación", *Papers*, vol. 37, pp. 65-76.

Ferrando, Pere Joan y Anguiano-Carrasco, Cristina (2010): "El análisis factorial como técnica de investigación psicológica", *Papeles del Psicólogo*, 31 (1): 18-33.

Ferrer, Ramón; Freixa, Montserrat; Guàrdia, Joan y Horber, Enrique (1992): "Aportaciones del análisis exploratorio de datos al estudio de la resistencia", *Anuario de Psicología*, 55: 23-36.

Freixa, Montserrat.; Salafranca, Lluis; Guàrdia, Joan; Ferrer, Ramon y Turbany, Jaume (1992): *Análisis Exploratorio de datos: nuevas técnicas estadísticas*, Barcelona: PPU.

Fuentes Moraleda, Laura; Villacé-Molinero, Teresa y Muños-Mazón, Ana (2014): "Estudio de los atributos distintivos de los alojamientos boutique y su gestión desde la perspectiva del género del emprendedor: aplicación a los alojamientos boutique en España", *Esic Market Economics and Business Review*, 45(3): 305-632.

García, Teresa y Grande, Ildefonso (2005): "El diseño de la oferta de turismo rural. Una aplicación a la Comunidad Foral de Navarra", *Esic Market*, 122: 99-118.

Gorsuch, Richard L. (1983): *Factor analysis*, Hillsdale, N.J.: Erlbaum.

Grande Esteban, Ildefonso y Abascal Fernández, Elena (2014): *Fundamentos y técnicas de investigación comercial*, Madrid: Esic.

Green, Paul S. y Tull, Donald S. (1988): *Research for Marketing Decisions*, Nueva Jersey: Prentice-Hall.

Greenacre, Michael (2008): *La práctica del análisis de correspondencias*, Madrid: Fundación BBVA.

Guertin, Wilson H. y Bailey, John P. (1970): *Introduction to modern factor analysis*, Ann Arbor: Edwards.

Hair, Josep F.; Black, William C. Babin, barry J. y Anderson, Rolph E. (2009): *Multivariate data analysis* (7ª edición), New Jersey: Prentice Hall.

Harris, Richard J. (1985): *A primer of multivariate statistics*, Orlando, Florida: Academic.

Hartwig, Frederic y Dearing, Brian E. (1979): *Exploratory data analysis*, Beverly Hills y Londres: Sage Univeristy Paper series on Quantitative Applications in the Social Sciences, 16.

IBM (2010): *Advanced statistical analysis using SPSS Statistics,* Madrid.

Instituto Nacional de Estadística-INE (2012): *Encuesta de Presupuestos Familiares Base 2006: Ficheros de usuario Año 2012*, Madrid: INE.

Jain, Anil K. y Dubes, Richard C. (1988): *Algorithms for Clustering Data*, New Jersey: Prentice Hall.

Joaristi, Luis y Lizasoáin, Luis (2000): *Análisis de Correspondencias*, Madrid: La Muralla. Colección Cuadernos de Estadística número 5.

Kaiser, Henry F. (1974): "An index of factorial simplicity", *Psychometrika*, 39: 31-36.

Kendall, Maurice G. (1975): *Multivariate Analysis*, Londres: Griffin.

Kienstra, Natascha H.H. & van der Heijden, Peter G.M. (2015): "Using Correspondence Analysis in Multiple Case Studies", *Bulletin of Sociological Methodology*, 128: 5-22.

Kim, Jae-On y Mueller, Charles W. (1978): *Factor Analysis: statistical methods and practical issues*, Beverly Hills y Londres: Sage University Paper series on Quantitative Applications in the Social Sciences, 14.

Kinnear, Thomas C. y Taylor, James R. (1971): "Multivariate Methods in Marketing Research: A further attempt at classification", *Journal of Marketing*, 35(4): 56-59.

Lebart, Ludovic; Morineau, Alain y Fenelon, Jean Pierre (1985): *Tratamiento estadístico de Datos*, Paris: Dunod.

Leonardo, Jon Joseba (coordinador del equipo de Investigación "Deusto Valores Sociales") (2012): *Cambio de valores en los inicios del siglo XXI en Euskadi y Navarra*, Bilbao: Universidad de Deusto

López Pintor, Rafael (1975): *Los españoles de los años 70. Una versión sociológica*, Madrid: Tecnos.

López-Roldán, Pedro y Lozares, Carlos (2007): "Implicaciones sociológicas en la construcción de una muestra estratificada", *Empiria*, 14: 87-108.

Llamas, Andrés G. (2015): "Cultura de consumo y comunicación ahora: cómo comunicarse en un territorios de no oyentes", *Investigación y Marketing*, nº 129, diciembre, pp. 44-49.

Luque, Teodoro (2012): *Técnicas de análisis de datos para investigación de mercados*, Madrid: Pirámide.

Martínez-Buján, Raquel (2014): "Los modelos territoriales de organización social del cuidado a personas mayores en los hogares", *Revista Española de Investigaciones Sociológicas*, 145: 99-126.

Meulman, Jacqueline J. y Heiser, Willem J. (1999): *SPSS Categories*, Chicago: SPSS Inc.

Miquel, Salvador; Bigné, Enrique; Lévy, Jean-Pierre; Cuenca, Antonio C. y Miquel, María José (1997): *Investigación de mercados*, Madrid: McGraw-Hill.

Molina, Miguel A.; Barrio García, Salvador del y Luque Martínez, Teodoro (2000): "Posicionamiento mediante Análisis Factorial de Correspondencias", *Investigación y Marketing*, 68: 18-28.

Montanero Fernández, Jesús (2008): *Análisis multivariante*, Cáceres: Universidad de Extremadura.

Narvaiza, José Luís; Laka, Jon Paul y Silvestre, María (2007): *Actitudes hacia la inmigración extranjera*, Vitoria: Observatorio Vasco de la Inmigración.

Nicol, Adelheid A.M. y Pexman, Penny M. (2010): *Presenting your findings*, Washington: American Psychological Association.

Nielsen Claritas (2009): *Segmentation and customer loyalty. Using segmentation to strengthen customer loyalty*. En línea, http://www.nielsen.com/content/dam/corporate/us/en/reports-downloads/2009-Reports/Segmentation-and-Customer-Loyalty.pdf, acceso 15 de mayo de 2015.

Norusis, Marija J. (1990): *SPSS Advanced Statistics. User's Guide*, Chicago: SPSS inc.

Norusis, Marija J. (2012): *IBM SPSS Statistics 19 guide to Data Analysis*, Nueva York: Pearson.

Nueno, José Luis (2013): *El Declive de las calles comerciales y el nacimiento de un nuevo modelo multicanal*, Barcelona: AECOC.

Nueno, José Luis (2014): *El regreso del consumidor,* Madrid: AECOC.

O'Brien, Robert M. (1979): "The use of Pearson's *r* with Ordinal Data", *American Sociological Review*, 44: 851-857.

Observatorio Permanente Andaluz de las Migraciones-OPAM (2013): *Opiniones y actitudes de la población andaluza ante la inmigración (5º edición, OPIA-V)*, Córdoba: Consejería de Interior de la Junta de Andalucía.

Paz Caballero, M. Dolores (1990): "Análisis de Cluster". En Gillermo Vallejo, *Análisis Multivariante aplicado a las ciencias del comportamiento*. Oviedo: Servicio de Publicaciones de la Universidad de Oviedo.

Pérez-Agote, Alfonso (2010): *Secularización de la vida y formas de construcción del sentido en la sociedad española contemporánea*, Madrid: Centro de Investigaciones Sociológicas. Original sin publicar. Disponible para su consulta en la biblioteca del Centro de Investigaciones Sociológicas.

Pérez Agote, Alfonso (2012): *Cambio religioso en España: los avatares de la secularización*, Madrid: CIS.

Pérez Esáin, Ernesto (2015): *Las Encuestas de Presupuestos Familiares como fuente de investigación para estudios de consumo*. X Congreso Vasco de Sociología y Ciencia Política, "Sociedades en constante cambio: realidad social y reto científico", 1-3 de septiembre.

Picón, Eduardo; Varela Mallou, Jesús y Real Deus, Eulogio (2003): "Clasificación y Segmentación post hoc mediante el análisis de conglomerados". En Jeam Pierre Levy y Jesús Varela Mallou (2003): *Análisis Multivariable para las Ciencias Sociales*, Madrid: Pearson.

Punj, Girish y Stewart, David W. (1983): "Cluster analysis in marketing research: review and suggestions for application", *Journal of Marketing Research*, vol. 20, pp. 134-148.

Quintanilla, Ismael (2002): *Psicología del consumidor*, Madrid: Prentice hall.

Relaño, Alberto (2016): "Diez tendencias del consumidor conectado", *Investigación y Marketing*, nº 131, junio, pp. 26-29.

Ritzer, George (2000): *El encanto de un mundo desencantado. Revolución en los medios de consumo*, Barcelona: Ariel.

Rivero Rodríguez, Gonzalo (2011): *Análisis de datos incompletos en ciencias sociales*, Madrid: CIS.

Rodríguez Gómez, Gregorio, García Jiménez, Eduardo y Gil Flores, Javier (2000): *Análisis Factorial*. Madrid: Editorial La Muralla.

Rodríguez Molina, Miguel Ángel y Castañeda García, J. Alberto (2012): "Análisis de correspondencias simple y múltiple". En T. Luque (ed.), *Técnicas de análisis de datos para investigación de mercados*. Madrid: Pirámide.

Rodríguez Villarino, Rafael, Otero-López, José Manuel y Rodríguez Castro, Rosa (2001): *Adicción a la compra*, Madrid: Pirámide.

Sánchez Cuenca, Juan (1990): "La tipología", en E. Ortega, *Manual de Investigación Comercial*, Madrid: Pirámide, pp. 524-539.

Sánchez de la Yncera, Ignacio (2010): "Tipología de la población navarra en relación con los medios audiovisuales. Retrato de las prácticas de los usuarios a partir del Barómetro Audiovisual de Navarra". En Ignacio Blanco y Max Römer Pieretti (coords.), *Los niños frente a las pantallas*. Madrid, Editorial Universitas.

Sánchez Garcia, Javier; Tena Monferrer, Sandra y Fandos Roig, Juan Carlos (2014): "La experiencia y motivación de compra en el pequeño comercio urbano", En Rodolfo Vázquez Casielles, Juan A. Trespalacios Gutiérrez, Eduardo Estrada Alonso y Celina González Mieres (coord..), (eds.): *Experiencia y comportamiento del cliente en un entorno multicanal: claves de éxito para fabricantes y detallistas*. Oviedo: Cátedra Fundación Ramón Areces de distribución comercial.

Sánchez Montenegro, Javier (2009): "Análisis de Correspondencias Binario", *Curso de Análisis Multivariante*. 12 de febrero y 28 de marzo. Edición Madrid

Sarabia Sánchez, Francisco José; de Juan, María Dolores y González, Ana María (2009): *Valores y estilos de vida de los consumidores: como entenderlos y medirlos*, Madrid: Pirámide.

Sarabia, Francisco José y Munuera, José Luís (1994): "Concepto y usos de la segmentación de mercados: Una perspectiva teórica y práctica", *Información Comercial Española*, vol. 727, pp. 111-124.

Schroeder, Larry D.; Soquist David L. y Stephan, Paula L. (1990): *Understanding Regression Analysis: An introductory Guide*, Londres: Sage University Paper.

Sheth, Jagdish N. (1971): "The Multivariate revolution in Marketing Research", *Journal of Marketing*, 35(1): 13-19.

SPSS, Inc. (1990): *SPSS Categories*. Chicago, USA: SPSS Inc.

Sobel, Michael E. (1981): *Lifestyle and Social Structure*, Nueva York: Academic Press.

Sobel, Michael E. (1983): "Lifestyle Expenditures in Contemporary America", *American Behavioral Scientists*, vol. 26, n°4, pp. 521-533.

Sokal, Robert R. y Sneat, Peter H.A. (1963): *Principles of Numerical Taxonomy*, Kansas: Lawrence.

Soler Pujals, Pere (1990): *La investigación motivacional en marketing y publicidad*, Bilbao: Deusto.

Stewart, David W. (1981): "The application and misapplication of Factor Analysis in Marketing Research", *Journal of Marketing Research*, 18: 51-62.

Tabachnick, Barbara G. Fidell, Linda S. (2014): *Using Multivariate Statistics (6th edition)*, Nueva York: Pearson.

Tacq, Jacques (1997): *Multivariate Analysis Techniques in Social Science Research*. London: Sage.

Trespalacios Gutierrez, Juan Antonio; Rodolfo Vázquez Casielles, Rodolfo y Bello Acebrón, Laurentino (2005): *Investigación de Mercados*, Madrid: Thomson

Tukey, John W. (1977): *Exploratory Data Analysis*, Massachussets: Addison-Wesley.

Uriel, Ezequiiel y Aldás, Joaquín (2005): *Análisis Multivariante Aplicado*. Madrid: Thomson–Paraninfo.

Veblen, Thorstein (1899): *The theory of the Leisure Class*. New York: New American Library. (1974). *Teoría de la Clase Ociosa*. México: Fondo de Cultura Económica.

Vernette, Enric (1995): "Eficacia de los Instrumentos de Estudio: Evaluación de las Escalas de Medida", *Investigación y Marketing*, vol. 48, pp. 49-66.

Verhallen, Theo M.; Van Ozenoort Anthonie y Barzilay, John (1989): "Typology versus segmentation: a domain-specific approach to market segmentation". *Seminar on Is Marketing Keeping Up With the Consumer?: lessons from changing product attitudes and behaviour*. Amsterdam: ESOMAR, pp. 143-164.

Viejo Fernandez, Nuria, Sanzo Pérez, Maria Josó y Vázquez Casielles, Rodolfo (2014): "Factores condicionantes del comportamiento de compra multicanal del consumidor". En Rodolfo Vázquez Casielles, Juan A. Trespalacios Gutiérrez, Eduardo Estrada Alonso y Celina González Mieres (coord..), (2014): *Experiencia y comportamiento del cliente en un entorno multicanal: claves de éxito para fabricantes y detallistas*. Oviedo: Cátedra Fundación Ramón Areces de distribución comercial.

MATERIAL ADICIONAL

El material adicional de este libro puede descargarlo en nuestro portal web: *http://www.ra-ma.es*.

Debe dirigirse a la ficha correspondiente a esta obra, dentro de la ficha encontrará el enlace para poder realizar la descarga. Dicha descarga consiste en un fichero ZIP con una contraseña de este tipo: XXX-XX-XXXX-XXX-X la cual se corresponde con el ISBN de este libro.

Podrá localizar el número de ISBN en la página IV (página de créditos). Para su correcta descompresión deberá introducir los dígitos y los guiones.

Cuando descomprima el fichero obtendrá los archivos que complementan al libro para que pueda continuar con su aprendizaje.

INFORMACIÓN ADICIONAL Y GARANTÍA

- ► RA-MA EDITORIAL garantiza que estos contenidos han sido sometidos a un riguroso control de calidad.

- ► Los archivos están libres de virus, para comprobarlo se han utilizado las últimas versiones de los antivirus líderes en el mercado.

- ► RA-MA EDITORIAL no se hace responsable de cualquier pérdida, daño o costes provocados por el uso incorrecto del contenido descargable.

- ► Este material es gratuito y se distribuye como contenido complementario al libro que ha adquirido, por lo que queda terminantemente prohibida su venta o distribución.

ÍNDICE ALFABÉTICO

A

Análisis de componentes principales, 92

Análisis de conglomerados, 21

Análisis de correspondencias, 22, 354

Análisis de Factores Principales, 8

Análisis de Varianza, 150, 307

Análisis discriminante, 21, 22, 348

Análisis Exploratorio de Datos, 29, 68

Análisis factorial, 21, 22, 23, 144

Andrews, 35, 61, 62

Asimetría, 59, 64, 68, 69, 71, 76, 87

Asimetría negativa, 69

Asimetría positiva, 68

Autovalor, 144, 251

C

Contribución, 204, 205, 209

Correlación parcial, 21, 22

Correlaciones, 127, 141, 143, 284, 343, 344, 345

Correlaciones reproducidas, 127

Curtosis, 59, 64, 76, 87

D

de proximidad, 168, 272, 292, 295, 298, 312, 341

Dendograma, 296, 303

Descriptivos, 33, 35, 85, 86, 88, 107, 108, 114, 126, 151, 294

Desviación típica, 151, 202, 222, 294

Determinante, 109, 116

Diagrama de dispersión, 193, 196, 216, 217, 220

Diagramas de caja, 37

Distancia Euclídea, 192

Distribución, 47, 64, 74, 85

E

Editor de sintaxis, 41, 73, 146, 198, 240, 319

Error típico, 151

Escalamiento multidimensional, 21, 22

estimación de potencia, 38

Estimadores robustos centrales, 35, 61, 62

Exploratory Data Analysis, 29

F

Factor, 92, 107, 108, 110, 111, 112, 113, 136, 141, 149, 207, 214, 350, 351, 355

Factores, 38, 72, 73, 356

Frecuencias, 84, 141, 342

G

Gráfico de caja, 48, 54, 74, 278, 281
Gráfico de tallo y hojas, 45, 47, 66
Gráfico Q-Q normal, 56
Gráfico Q-Q normal sin tendencias, 56

H

Hampel, 35, 61, 62
Histograma, 66
Huber, 35, 61

I

Inercia, 202, 205, 209, 248, 250
Intervalo de confianza, 35, 42, 59, 64
Iteración, 321

J

jerárquicos, 20, 21, 270, 271, 272, 274, 275, 283, 289, 298, 302, 312, 329

K

KMO, 109, 119, 120, 136, 137, 141, 142, 143, 144, 146, 161, 162

M

Matriz de correlaciones, 116, 287
Matriz de distancias, 300, 346
Máxima verosimilitud, 95
Media, 59, 64, 71, 76, 87, 151, 152, 248, 250, 251, 277, 294, 303, 308, 309, 328
Mediana, 59, 64, 71, 76, 308, 309
Medidas de distancia, 342
Método de Ward, 291
Métodos jerárquicos, 271
Métodos no jerárquicos, 271
Mínimos cuadrados generalizados, 94
Moda, 242
Muestra, 317, 318

N

no jerárquico, 270, 271, 272, 274, 275, 312, 314, 318, 319, 329, 330, 335
no jerárquicos, 270, 271, 272, 274, 275, 312, 319, 329, 330

P

Percentiles, 35, 60
Perfiles de columna, 171, 201
Perfiles de fila, 171, 195, 200, 201
Ponderar, 189
Puntuaciones factoriales, 8, 112, 148, 149, 333

R

Rango, 59, 64, 87, 294
recorrido intercuartílico, 48, 51, 62, 63, 64, 103, 104
Residuos estandarizados corregidos, 334
Rotación, 107, 111, 129, 130, 160
Significaciones de la matriz de correlaciones, 117

T

Tabla de Burt, 177, 230
Tabla disyuntiva completa, 176
Técnicas de dependencia, 21, 26
Técnicas de interdependencia, 26
Témpanos, 297
Tipología, 348, 354
Transformaciones, 7, 67, 68, 72
Tukey, 29, 35, 60, 61, 62, 70, 355

V

Valor propio, 202
Valores atípicos, 35, 51
Varianza, 59, 64, 76, 87, 123, 134, 137, 139, 150, 247, 248, 250, 342
Vecino más lejano, 291

www.ingramcontent.com/pod-product-compliance
Lightning Source LLC
Chambersburg PA
CBHW082130210326

41599CB00031B/5935